LE PRÉSIDENT
DE BROSSES
EN ITALIE

II

Paris.—Imprimé chez Bonaventure et Ducessois, 55, quai des Augustins.

LE PRÉSIDENT
DE BROSSES
EN ITALIE

LETTRES FAMILIÈRES ÉCRITES D'ITALIE
EN 1739 ET 1740
PAR CHARLES DE BROSSES

DEUXIÈME ÉDITION AUTHENTIQUE
revue sur les manuscrits, annotée et précédée
d'un Essai sur la vie et les écrits de l'auteur
PAR M. R. COLOMB

TOME II

..........................saturnia tellus,
Magna virum : tibi res antiquæ laudis et artis
Ingredior.............................
Virg., *Georg.*, II, 173.

PARIS
DIDIER ET Cⁱᵉ, LIBRAIRES-ÉDITEURS
35, QUAI DES AUGUSTINS.
1858
Réserve de tous droits.

LE PRÉSIDENT DE BROSSES EN ITALIE

LETTRES FAMILIÈRES.

XXXVI[1]. — A M. DE NEUILLY.

Lettre générale sur Rome.

A ce bel argument, à ce discours profond,
Ce que Pantagruel à Panurge répond :
Prêchez, patrocinez jusqu'à la Pentecôte.....

Toutes vos raisons pour vouloir que je me remette au journal, sont belles et bonnes ; après les avoir entendues, je ne ferai rien de tout ce que vous demandez. Vous savez les raisons qui en ont causé l'interruption ; vous ne présumez pas assez de ma paresse, si vous vous figurez qu'après avoir laissé écouler un intervalle, je puisse prendre sur moi de regagner le passé et de me mettre au courant ; et vous présumez trop de ma mémoire en croyant que je me rappellerais tout ce qu'il faudrait vous dire. La matière est un peu trop

---

[1] Toutes les lettres suivantes, jusqu'au départ de Rome, se trouvent placées sans égard à l'ordre des dates. Elles ont été écrites dans le cours des trois derniers mois de 1739 et des quatre premiers de 1740. R. C.

ample. J'aimerais mieux, je crois, vous faire quatre fois la description de tout le reste de l'Italie, qu'une seule fois celle de Rome. Elle est belle cette Rome, et si belle que, ma foi, tout le reste me paraît peu de chose en comparaison. Quand je n'avais rien à faire dans les auberges, je me mettais en robe de chambre et en bonnet, et je vous écrivais à la hâte le *farrago* de tout ce qui m'avait précédemment passé par la tête ou devant les yeux. Aujourd'hui c'est un établissement fait, une vie réglée, où, le temps étant distribué, il n'est guère possible d'avoir de l'exactitude, et assez de loisir pour vous envoyer comme ci-devant de gros volumes. Tout ce que je puis faire c'est d'être exact dans la correspondance, et de vous parler aux uns et aux autres, tantôt d'une chose, tantôt d'une autre, selon vos goûts différents, et selon qu'elles me reviendront dans l'idée. Après tout, que pourrais-je vous dire sur cette matière qui ne fût un rabâchage perpétuel? Cette ville a été tant vue, tant décrite; il y a tant de plans, tant de figures, qu'il ne tient qu'à vous de faire, comme madame Houdart, un voyage sédentaire dans votre cabinet. Faites mieux, mon cher Neuilly, réservez-vous pour un temps plus propice : les circonstances ne sont pas toujours les mêmes. Ce que vos affaires n'ont pas permis que j'obtinsse de vous à mon départ, j'en veux avoir ma revanche une autre fois. J'y reviens avec vous, et nous débaucherons Malteste. C'est une grande affaire que ce voyage-ci, quand on l'examine de loin et qu'on le fait pour la première fois; à la seconde, ce n'est rien. L'expérience, la connaissance du pays et des usages, celle de la langue, aplanissent ce qu'il peut y avoir de difficultés. Les nôtres ne sont survenues que des fausses mesures que nous avons souvent prises, faute d'être instruits ; la plus fausse est la manière dont notre tour se trouve pris pour parcourir l'Italie.

Si vous voulez venir faire une course d'un an, je vous conseille de partir au commencement de septembre, et de passer par la Provence, sans oublier de voir Nîmes ; je vous engage aussi à vous embarquer à Toulon, à passer à Gênes, Viarregio, Livourne, Pise, Lucques, Florence, Sienne ; à arriver à Rome le 20 octobre, et à en partir huit jours après pour Naples, afin d'y être pour la Toussaint, où la belle saison dure encore, et où les spectacles commencent ; vous devez en être de retour avant la fin de novembre, et séjourner à Rome jusqu'aux environs de la fête de l'Ascension, pour laquelle il faut être arrivé à Venise, en passant tout droit et rapidement par la route de Lorette, Ancône, Ravenne. Vous aurez le petit carnaval de Venise plus beau et moins fastidieux que le grand, qui ennuie par sa longueur. Revenez en France par Vicence, Vérone, Mantoue, Bologne, Modène, la Lombardie, Parme, Plaisance, Milan, les îles Borromées, Pavie ; bientôt je vous vois à Turin, Chambéry, Genève, Besançon. Vous voilà de retour chez vous ; je vous ai mené sans fatigue. Or çà, à quand la partie ?

Quand vous serez ici, car je crois vous y voir déjà

avec moi, quelle impression croyez-vous que vous fera le premier coup d'œil de Saint-Pierre ? Aucune. Rien ne m'a tant surpris à la vue de la plus belle chose qu'il y ait dans l'univers, que de n'avoir aucune surprise ; on entre dans ce bâtiment dont on s'est fait une si vaste idée, cela est tout simple. Il ne paraît ni grand, ni petit, ni haut, ni bas, ni large, ni étroit. On ne s'aperçoit de son énorme étendue que par relation, lorsqu'en considérant une chapelle, on la trouve grande comme une cathédrale ; lorsqu'en mesurant un marmouset qui est là au pied d'une colonne, on lui trouve le pouce gros comme le poignet. Tout cet édifice, par l'admirable justesse de ses proportions, a la propriété de réduire les choses démesurées à leur juste valeur. Si ce bâtiment ne fait aucun fracas dans l'esprit à la première inspection, c'est qu'il a cette excellente singularité de ne se faire distinguer par aucune. Tout y est simple, naturel, auguste, et par conséquent sublime. Le dôme, qui est à mon avis la plus belle partie, est le Panthéon tout entier, que Michel-Ange a posé là en l'air, tout brandi de pied en cap. La partie supérieure du temple, je veux dire les toits, est ce qui étonne le plus, parce qu'on ne s'attend pas à trouver là-haut une quantité d'ateliers, de halles, de coupoles, de logements habités, de campaniles, de colonnades, etc., qui forment, en vérité, une espèce de petite ville fort plaisante. La moindre partie de l'église, à ce que je trouve, est le portail ; ni celui-là, ni celui qu'on vient de faire à Saint-Jean-de-Latran, quoique assez beau l'un et l'autre, ne répondent à la majesté des bâtiments. Comment ceci a-t-il pu être construit par des gens qui avaient devant leurs yeux la façade de la *Curia Antoniana* et celle du Panthéon ?

Ce que l'on fait de mieux à présent, c'est d'ôter tous les tableaux des chapelles de Saint-Pierre, que l'humidité avait presque entièrement perdus, et d'en faire des copies en mosaïques, les plus belles qu'on ait jamais vues. S'il vous plaît, chaque tableau coûte quatre-vingt mille francs ; ce qui devient moins surprenant quand, en les voyant travailler, on examine leur énorme grandeur, le temps nécessaire pour en faire un, et la matière qui y entre : ce sont des chevilles de verre coloré par le moyen des métaux qu'on y mélange dans la fusion.

Je ne vous dis rien de la colonnade au-devant de l'église : vous la connaissez ; mais vous n'avez pas vu jouer les deux fontaines à côté de l'obélisque. Figurez-vous deux feux d'artifice d'eau, qui jouent toute l'année jour et nuit sans interruption ; je n'ai rien trouvé qui m'ait fait plus de plaisir. Tous les jours je vais leur faire une visite d'amitié, surtout quand le soleil donne dessus. En général, la plus belle partie de Rome, à mon gré, ce sont les fontaines ; celle de la place Navone est de tout ce que j'ai vu dans mon voyage ce qui m'a le plus frappé. Le nombre de ces fontaines, qu'on trouve à chaque pas, et les fleuves entiers qui en sortent, sont plus agréables et plus étonnants encore que les édifices, tout magnifiques qu'ils sont en général, surtout les anciens : le peu qui reste de ceux-ci, défiguré comme il l'est, est encore autant au-dessus des modernes pour la simplicité et la grandeur, que la République romaine était au-dessus de l'État de l'Église. Enfin, pour vous dire en un mot ma pensée sur Rome, elle est, quant au matériel, non-seulement la plus belle ville du monde, mais hors de comparaison avec toute autre, même avec Paris, qui d'autre côté l'emporte infiniment pour tout ce qui se remue.

Les souverains qui, depuis Sixte V, ont fait des choses immenses pour l'embellissement de la ville, n'ont rien fait pour la culture de la campagne, où l'on n'aperçoit, à la lettre, ni une seule maison ni un seul arbrisseau. Le gouvernement est aussi mauvais qu'il soit possible de s'en figurer un à plaisir. Machiavel et Morus se sont plu à forger l'idée d'une utopie ; on trouve ici la réalité du contraire. Imaginez ce que c'est qu'un peuple dont le tiers est de prêtres, le tiers de gens qui ne travaillent guère et le tiers de gens qui ne font rien du tout ; où il n'y a ni agriculture, ni commerce, ni fabriques, au milieu d'une campagne fertile et sur un fleuve navigable ; où le prince, toujours vieux, de peu de durée et souvent incapable de rien faire par lui-même, est environné de parents qui n'ont d'autre idée que de faire promptement leur main, tandis qu'ils en ont le temps, et où, à chaque mutation, on voit arriver des voleurs frais, qui prennent la place de ceux qui n'avaient plus besoin de prendre ; où l'impunité est assurée à quiconque veut troubler la société, pourvu qu'il soit connu d'un grand ou voisin d'un asile ; où tout l'argent nécessaire pour les besoins de la vie ne se tire que des pays étrangers : contribution qui va toujours en diminuant ; où enfin est perpétuellement établi le système que nous avons vu en France, non pas à la vérité avec la même fureur ; mais observez que, les billets n'ayant pas cours hors de Rome, il faut payer en argent tous les besoins de la vie, parce qu'il les faut tirer d'ailleurs, et que le pays ne produit rien ; ce qui, à la longue, a tellement diminué la quantité des espèces, qu'aujourd'hui il n'est presque plus possible d'en apercevoir.

Voilà bien du mal que je vous dis d'un pays qui, avec tout cela, est fort agréable pour les étrangers, non-seulement pour les motifs de curiosité, mais par l'extrême liberté qui y règne, par la politesse des gens qui l'habitent, qui en général sont tous remplis, sinon de cordialité, du moins de prévenance ; obligeants et de facile accès bien plus qu'en nul endroit d'Italie. Il est fort aisé ici aux étrangers de se répandre dans la société et d'être bien venus partout ; et les Romains entre eux commencent à se mettre sur le pied de la vie familière et à manger ensemble comme en France. Vous voudriez bien, à cause de M. Thomas, qui aime les bocages, savoir un mot des vignes de Rome et de Frascati ; je vous dirai seulement là-dessus que les Italiens les estiment trop, et les Français trop peu. Quoique nous soyons autant au-dessus d'eux pour les jardins, qu'ils nous surpassent pour les édifices, c'est toujours un agrément que je ne vois nulle part ailleurs, que d'avoir en hiver des arbres toujours verts et feuillés, et en été les eaux les plus belles et les plus claires qu'il soit possible de voir. On estime fort les vues de ces lieux, mais elles ne me plaisent guère, car qu'est-ce que la vue d'une plaine étendue, mais aride et déserte? J'en dis autant des maisons ; elles sont recouvertes de bas-reliefs antiques de fond en comble, mais il n'y a point de chambres à coucher. Pour des statues admirables, vous en trouverez là tant que vous voudrez. On vient de découvrir deux centaures égyptiens qui ne le cèdent en rien à ce que Rome avait de plus beau, et un pavé entier de mosaïque antique d'une salle d'Adrien. Le pape ramasse tout ce qu'il peut en monuments et en forme un musée, au Capitole, qui n'est guère moins considérable que celui du grand-duc, et qui serait aussi beau s'il avait le même arrangement. Adieu, mon cher objet, mille compliments à Maleteste, Chevigny, Bevy, Montot et sa petite dame, etc.

XXXVII. — A MM. DE BLANCEY
ET DE NEUILLY.

Arrivée à Rome. Idée générale de la ville. Du genre de faste des Italiens. Douanes.

Vous êtes donc endiablés tous tant que vous êtes, de vous obstiner ainsi à vouloir que je vous parle en détail de cette Rome, pour vous en dire mille choses communes que vous savez déjà, et que personne n'ignore? N'auriez-vous pas dû être contents de ce que j'ai dernièrement écrit en bloc à Neuilly, sur ce sujet? Vaille que vaille, puisque vous l'exigez, je vais vous envoyer successivement, de poste en poste, une demi-douzaine de feuilles, où j'avais griffonné pour moi-même quelques remarques indigestes, auxquelles j'ajouterai en marge, en les relisant, ce qui me viendra dans la tête. Vous n'y trouverez ni ordre ni suite; ce sera à vous de débrouiller ce fatras si vous en avez envie. N'espérez pas que je m'en donne la peine. C'est encore beaucoup que ce que je fais ici pour vous, et plus que je n'espérais obtenir de moi-même en votre faveur. Si vous saviez combien la fainéantise me possède! je suis prêt, ainsi que madame de Sévigné « à me ca-« cher sous mon lit, quand j'aperçois mon écri-« toire. »

Pour reprendre donc la chose *da capo*, ce fut le 19 octobre, sur le soir, que nous aperçûmes enfin cette bien-aimée ville de Rome, principal but de notre course. Le dôme de Saint-Pierre est le premier objet que l'on découvre, à cause de sa grande élévation, quoique l'église soit construite dans le terrain de la ville le plus bas et le plus marécageux. Prêts à passer le Tibre sur le Ponte Molle, autrefois *Pons Milvius*, nous en examinâmes auparavant les bords avec soin, dans la crainte que Cicéron n'y eût posté quelques préteurs romains, pour nous enlever les blancs-seings¹ des complices de Catilina, comme à des ambassadeurs gaulois. Les indices pouvaient être pressants contre Loppin ; on ne peut disconvenir qu'il n'ait le nez d'un conspirateur, et l'on décida même que je ne pouvais mieux faire que d'en enrichir mon Salluste.

Au sortir du pont, on trouve une longue rue droite qui, traversant le faubourg, va aboutir à la porte de la ville faite en arc de triomphe ; c'est la porte *del Popolo*. Nous autres Français nous l'appelons la porte du Peuple : il faudrait dire la porte du Peuplier, car on la nomme *del Popolo*, à cause d'un bois de peupliers qui était jadis planté sur ce terrain : c'est l'ancienne porte Flaminia, et l'extrémité de la voie Flaminienne est aujourd'hui la longue rue du Cours ; d'autres disent que c'est la porte Flumentane ; mais je crois que la porte Fluméntane était plus avant dans la ville, sur le bord du Tibre.

Je ne pense pas qu'il y ait au monde une ville dont l'entrée, par terre, prévienne aussi favorablement. La porte fait le sommet d'un triangle formant une place publique, au milieu de laquelle est un obélisque de granit, le même qui était autrefois dans le

---

¹ Dans la nuit du 2 au 3 décembre 691, les envoyés des Allobroges se prêtèrent à une embuscade que Cicéron prépara sur le pont Milvius ; elle eut pour résultat de mettre aux mains du consul des lettres adressées par les conjurés, soit à Catilina, soit à la nation gauloise. Nanti de preuves aussi décisives, Cicéron n'hésita plus à prendre les mesures qu'exigeait le salut de la république.

(*Histoire de la Conjuration de Catilina,* traduction de M. de Brosses.)

grand cirque ; et au bas de l'obélisque une fontaine. La base du triangle est percée en face de ceux qui entrent, et présente pour point de vue les ouvertures de trois rues droites et longues, disposées en patte d'oie, dont les extrémités sont séparées par les portiques en colonnades de deux jolies églises à dôme, entièrement semblables. Des trois rues, les deux collatérales aboutissent l'une à la place d'Espagne, l'autre au port du Tibre appelé *Ripetta* ; celle du milieu, beaucoup plus longue, va droit comme un I jusqu'au palais Saint-Marc, situé presque au centre de la ville. L'obélisque de la place du Peuple est le plus petit des deux qui ornaient autrefois le grand cirque ; c'est celui du roi Sésostris, qu'Auguste fit venir à Rome. Sixte V l'a fait élever par Fontana : il est placé de manière que les trois rues de la patte d'oie l'ont également pour point de vue. Ce qu'on entend admirablement ici, c'est la manière de disposer les points de vue et de ménager le coup d'œil des objets singuliers. Cet art n'est pas l'article qui contribue le moins à donner à la ville cet air de grandeur et de magnificence. On ne l'entend point du tout à Paris ; il n'y a de coup d'œil que celui des quais. La place Vendôme, la place Royale, l'admirable façade du Louvre et le portail Saint-Gervais (deux monuments égaux à ce qu'on voit de plus beau ici), sont en pure perte pour la perspective.

Rien n'est plus propre à donner une grande idée de Rome que ce premier aspect qui frappe les yeux des arrivants ; mais regardez toujours vis-à-vis de vous, sans vous aviser de jeter les yeux sur les côtés du triangle ; vous ne verriez à droite que de grands vilains magasins à foin, à gauche, que l'église Sainte-Marie, assez médiocre bâtiment, suivi de plusieurs maisons particulières très-piètres ; de sorte que la place del Popolo, quoiqu'elle contienne plusieurs belles choses, n'est nullement une belle place. C'est un défaut assez général ici qu'une telle disparate ; tout est de palais ou de cabanes ; un bâtiment superbe est entouré de cent mauvaises maisonnettes ; quelques grandes rues principales, d'une longueur sans fin, alignées à merveille, presque toujours terminées par de beaux points de vue, servent heureusement à se retrouver, au milieu d'une foule de culs-de-sac, de ruelles tortueuses, ou de mauvais petits carrefours. Il n'y a rien de plus aisé que de savoir la ville en gros, et rien de si difficile que de s'en démêler en détail. Je croirais volontiers que Rome se ressent encore d'avoir été brûlée par les Gaulois, et de ce que, en la rebâtissant, chaque habitant édifia sans ordre et sans suite, dans la première place qu'il avait trouvée vacante. Ce n'est pas sans raison que les Romains appelaient leur maisons *insulæ*, il y en a encore un grand nombre qui méritent ce nom, et un peu plus grand qui ne l'ont perdu qu'en se rejoignant aux plus prochaines par de petits bâtiments, construits sans égard aux alignements des rues ; mais comme ces petits quartiers composés de ruelles sont la plupart enveloppés de rues droites, plus fréquentées que le reste, ils n'empêchent pas que la ville ne paraisse en général bien percée.

La rue du Cours (c'est celle qui fait le milieu de la patte d'oie dont je vous parlais) n'a pas moins d'un grand mille de la place Saint-Marc à la porte del Popolo, et autant de cette porte au Ponte Molle : elle est bordée en beaucoup d'endroits de fort beaux bâtiments; mais elle est de beaucoup trop étroite pour sa longueur, et les trottoirs qu'on y a pratiqués de côté et d'autre, pour la commodité des gens de pied, la rétrécissent encore. C'est dans cette rue que l'on fait les courses de chevaux pour les prix, les courses de mascarades en carnaval, et la promenade ordinaire du cours en deux files éternelles de carrosses à la queue l'un de l'autre. Je ne puis digérer cette plate manière italienne de se promener en carrosse au milieu d'une ville, suffoqué de chaleur et de poussière. Toute belle qu'est aujourd'hui cette rue, combien est-elle déchue de son antique splendeur, si les plans et les descriptions qu'on nous donne de l'ancienne rue Flaminia nous la représentent telle qu'elle était en effet du temps des Romains !

Que peut-on se figurer de plus magnifique et de plus frappant que cette double file de mausolées et de statues colossales, qui régnait de côté et d'autre dans toute sa longueur, et de temps en temps, à droite et à gauche, des places, des colonnades, des obélisques ? Mais je soupçonne qu'on ne nous décrit que ce qu'il y avait de beau chez messieurs les anciens. De tous les vilains objets qui s'y pouvaient trouver, n'ayez peur qu'ils en disent mot.

Mais il est temps de continuer ma route par la rue *del Babuino*, jusqu'à quelque hôtellerie banale, en attendant que nous ayons trouvé à louer un palais digne de recevoir nos excellences. Nous vînmes descendre à l'auberge du Mont-d'Or, place d'Espagne ; c'est la meilleure pour les étrangers qui débarquent, et presque la seule ; dans une si grande ville et si pleine d'étrangers, il y a très-peu d'auberges. Aussi n'est-ce pas la coutume ici de s'y loger, si ce n'est par entrepôt jusqu'à ce qu'on trouve ce qu'on appelle en terme figuré ordinaire du pays, un palais, et en style vulgaire, « un appartement garni ». C'est à quoi nous ne manquerons pas au bout de quelques jours, après avoir été chèrement *scorticati dall' oste del Monte d'Oro* ; mais le moyen d'en avoir regret quand on a mangé de ses poudings ! C'est une chose, mon ami, qui est au-dessus des tartes à la crème de Bedreddin-Hassan, qui produisent une reconnaissance si pathétique, si théâtrale dans les *Mille et une Nuits*. Nous avons aujourd'hui un petit cuisinier qui les fait d'une manière incroyable. Les Anglais, nos amis, à qui nous en faisons un *regalo*, conviennent unanimement que, quoique ce ragoût soit originaire de Londres, on n'en a jamais servi de si bon au parlement, même à Westminster. Prenez moelle de bœuf en quantité, et encore plus de mie de pain détrempée dans du lait, frangipane, cannelle et raisins de Corinthe, le tout en masse, comme un pain, cuit au pot dans un excellent bouillon, enveloppé dans une serviette fine ; puis faites-le cuire une seconde fois dans une tourtière pour y faire une croûte ; mangez-en beaucoup si vous avez l'estomac robuste, c'est-à-dire autant que fait ce goinfre de Sainte-Palaye, et dites que Martialot n'est qu'un fat de n'avoir pas mis cet entremets à la tête de son *Cuisinier français*. Je trouve seulement que les raisins de Corinthe y sont de trop. Nous avons délibéré qu'on les exilerait tous dans un coin du gâteau réservé au seul Sainte-Palaye, qui écrira autour de sa portion : *Non licet omnibus adire Corinthum*.

Nous sommes donc logés assez commodément dans une maison de louage, place d'Espagne, vis-à-vis de la fontaine de la Barcaccia, au pied et joignant l'escalier de la Trinité du Mont, en latin : *ad septa tributa, ad radices montis Pincii, sive collis hortulorum*; cela veut dire, mon doux objet, que si l'ambition vous porte à briguer quelque grande charge dans la République romaine, je suis fort à portée de vous y servir, me trouvant dans le centre du lieu des élections. Madame Peti, très-digne patronne de la case, nous fournit abondamment tout le nécessaire, excepté des rideaux de lit, qui sont regardés dans ce pays comme une superfluité condamnable. Peste ! je ne suis point assez fait aux manières de ces gens-ci, et je veux donner dans le luxe d'avoir un pavillon de serge grise. Nous avons tiré les logements au sort ; l'illustrissime nez du cousin Loppin a gagné le plus bel appartement. Nous avons quatre chevaux pâles de l'Apocalypse, traînant gravement deux carrosses de remise qui ne sont ni beaux ni chers, sous la conduite de deux cochers majestueux en perruques carrées et en rabats ; avec cela vous pourrez voir quand vous voudrez *quattro signori francesi* se promenant *in fiocchi nella strada del Corso*. A cette heure que voilà notre établissement fait, et que nous commençons à nous répandre dans le monde, je m'en vais donner à corps perdu dans les dames romaines.

J'ai d'abord voulu faire tout le tour de la ville, promenade très-longue : l'enceinte est à peu près égale à celle de Paris, peut-être un peu moins grande ; les murailles sont les mêmes qui y étaient du temps des empereurs ; avec cela on ne peut douter, par les dénombrements, que Rome ne contînt jadis cinq ou six fois autant d'habitants qu'en contient aujourd'hui Paris, ville très-peuplée et où les bâtiments sont fort exhaussés. Il n'y a pas d'apparence que ceux de Rome le fussent alors beaucoup plus ; il y avait un nombre infini de domestiques dans les grandes maisons, et il fallait que dans les petites les ménages fussent entassés les uns sur les autres, comme à Pékin, où, selon ce que j'ai appris du P. Fouquet, une famille de douze personnes n'a pour tout logement qu'une chambre de grandeur médiocre, où tous les gens couchent sur une estrade, rangés à côté les uns des autres comme des éperlans. Il ne faut pas douter aussi que, dans le nombre des habitants de l'ancienne Rome, on ne comprît ceux des faubourgs, qui étaient d'une immense étendue. Aujourd'hui cela est fort différent ; vous savez que la ville peut passer pour déserte, eu égard à l'étendue de son enceinte. Il n'y a presque d'habité que la partie comprise entre le Tibre, le mont de la Trinité, Monte-Cavallo et le Capitole ; ce qui peut faire un bon tiers de la ville. Ajoutez à cela, le Trastevere, petit canton entre Saint-Pierre et le château Saint-Ange. Tout le reste consiste en jardins, en champs, en grands édifices, en ruines et en quelques rues peuplées par-ci par-là. On dit que la ville peut contenir en tout cent cinquante mille âmes. Les palais des grands seigneurs sont la plupart aussi déserts que le reste de la ville. Le nombre des domestiques n'y est point à charge ; on conserve dans le garde-meuble un bon nombre d'habits de livrée, qui sont endossés par des estafiers de louage, les jours de représentation.

Il n'y a point de quais le long du Tibre ; jugez quel énorme défaut dans une ville aussi ornée que celle-ci ! Il arrive de là que les quartiers voisins de la rivière, qui devraient être les plus ouverts et les mieux aérés, sont au contraire les plus vilains ; celui des juifs surtout est une archi-saloperie. Les quais seraient le plus nécessaire et le plus grand embellissement qu'on pût donner à cette ville. On m'a dit qu'il n'en aurait pas plus coûté pour en faire un depuis l'entrée de la ville jusqu'au pont Saint-Ange, que pour décorer, ainsi qu'on vient de le faire, l'église de Saint-Jean-de-Latran ; que l'on avait mis en balance à laquelle de ces deux dépenses la somme serait employée, et que la dernière avait eu la préférence. Fort judicieusement pensé! Qu'en dites-vous? Cependant cette décision a été applaudie ici, où l'on aime par-dessus toute chose le culte et ce qui s'y rapporte. En vérité, cette nation est tout à fait dévote, et n'en est pas plus sage. On m'a dit que les juifs avaient offert de nettoyer et creuser à leurs frais le lit du Tibre, et de faire des quais jusqu'à l'île Saint-Barthélemi (c'est la partie où ce serait le plus nécessaire), si on leur voulait donner toutes les richesses et curiosités antiques qu'ils trouveraient dans la rivière. Il est certain qu'ils y auraient trouvé des richesses immenses; mais avec cela il est douteux qu'elles eussent pu suffire à payer la dépense. Leur proposition n'a pas été acceptée, dans la crainte que l'infection de la vase remuée ne mît la peste dans la ville.

Le fleuve du Tibre n'a pas, comme vous le savez, grande réputation hors de son pays; on le traite souvent de méchant petit torrent jaune. On lui fait tort : pour jaune, il l'est à la vérité autant et plus qu'une beauté jaune du royaume de Visapour, mais il est de même largeur que nos rivières moyennes de France, à peu près comme le Doubs vers son embouchure; son cours n'étant pas long depuis les montagnes est conséquemment fort rapide ; par la même raison, dans le temps des pluies abondantes ou des fontes de neiges, il déborde tout d'un coup, et fait le mauvais garçon : nous l'avons déjà vu dans toute sa pompe. On ne le passe guère que sur le pont Saint-Ange ou sur le pont Sixte ; les autres ponts sont ruinés ou peu fréquentés. Le pont Saint-Ange est très-magnifique, revêtu d'une balustrade de marbre blanc, portant sur les acrotères dix anges également de marbre blanc, tenant tous les instruments de la Passion. Sur ma foi ! les instruments de la passion font un pauvre effet sur un pont. Les anges et les saints se trouvent si bien dans les églises ! pourquoi ne les y pas laisser ? Ils n'ont pas l'air de se plaire ici, du moins y font-ils une figure assez déplacée.

Le port du Tibre, appelé *Ripetta*, n'a été accommodé que depuis peu par Clément XI, et l'ouvrage n'est pas aussi beau qu'il devrait l'être. On l'a revêtu de grands degrés de pierres cintrées dans le milieu et on l'a orné de quelques fontaines et d'un petit monument surmonté d'une étoile, pour marquer que c'est un ouvrage de ce pape, dont la maison a une étoile dans ses armoiries. Ici on est fort jaloux de laisser sa marque ou son nom à chaque édifice que l'on fait construire. Si plusieurs personnes y ont part, on a grand soin de distinguer ce qui appartient à chacune d'elles ; rien n'est plus propre à entretenir l'émulation que l'envie de laisser quelque mémoire durable de soi-même à la postérité : aussi faut-il avoir vu, pour le croire, combien cette émulation a fait construire ici d'édifices publics et particuliers par les souverains, les cardinaux et autres grands seigneurs. Ils approchent par là des anciens Romains, proportion gardée néanmoins à l'énorme différence de leurs facultés, qui ne leur permettent pas de faire de si vastes entreprises.

Nous disons souvent, nous autres Français, que les Italiens sont avares et mesquins, qu'ils ne savent pas dépenser, se faire honneur de leur bien, ni donner un verre d'eau à personne; qu'il n'y a que parmi nous que les seigneurs aient un air de magnificence, une table somptueuse, des équipages brillants, des meubles, des bijoux, des parures de goût, etc. J'ai souvent lieu de mettre ici en parallèle le genre différent du faste des deux nations française et italienne; à vous le dire sans fard, celui de cette dernière me paraît infiniment plus riche, plus noble, plus agréable, plus utile, plus magnifique, et sentant mieux son air de grandeur. Ce que nous appelons le plus communément en France faire une grande figure, avoir une bonne maison, c'est tenir une grande table. Un homme riche qui représente, a force cuisiniers, force services d'entrée et d'entremets, des fruits montés d'une manière élégante (dont l'usage, par parenthèse, nous vient d'Italie); la profusion des mets doit toujours être au triple de ce qu'il en faut pour les convives. Il rassemble le plus grand nombre de gens qu'il lui est possible pour consommer ces apprêts, sans se beaucoup embarrasser s'ils sont de ses amis, ou s'ils sont gens aimables; il lui suffit qu'on voie qu'il fait la chère du monde la plus délicate et la mieux servie, et qu'on puisse publier que personne ne sait mieux se faire honneur de son bien. Au milieu de cette espèce de dépense, il vit dans un embarras journalier, sans plaisir, si ce n'est même avec ennui ; malaisé, malgré ses richesses ; souvent ruiné, et à coup sûr oublié après la digestion.

Un Italien ne fait rien de tout cela ; sa manière de paraître après avoir amassé, par une vie frugale, un grand argent comptant, est de le dépenser à la construction de quelque grand édifice public, qui serve à la décoration ou à l'utilité de sa patrie, et qui fasse passer à la postérité d'une manière durable son nom, sa magnificence et son goût. Ce genre de vanité n'est-il pas mieux entendu que l'autre ? Ne va-t-il pas mieux à ses fins ? D'abord, si l'on mesure le faste par la dépense, comme cela est juste, celle de l'Italien est beaucoup plus grande ; ajoutez qu'il répand son argent parmi les métiers de première nécessité, encore plus que parmi les métiers de luxe, au lieu que parmi nous c'est le contraire. Quant au plaisir qu'on peut prendre soi-même à ces sortes de dépenses, n'y en a-t-il pas autant à voir croître sous ses yeux des ouvrages qui resteront, qu'à voir l'arrangement d'un festin qui va disparaître, outre que ce premier genre est d'une espèce plus satisfaisante et plus noble ; et, quant au plaisir que l'on peut donner aux autres, n'y en a-t-il pas autant à se régaler les yeux qu'à se régaler le palais ? Une belle colonne cannelée vaut bien une bonne gélinotte. Après l'avoir vue on la verra encore : c'est un régal perpétuel, présent et à venir, tous y sont invités nés ; et il est constant que plus la fête est générale, plus celui qui la donne sait représenter et se faire honneur de son bien.

XXXVII.—A MM. DE BLANCEY ET DE NEUILLY.

Il me semble, mon gros Blancey, que, malgré votre abominable goinfrerie, mon suffrage doit être de quelque poids sur cet article, à moins que votre langue de serpent n'ait menti au Saint-Esprit, quand elle m'a donné dans le public la réputation d'être d'une inouïe et superlative gourmandise. Pour vous, Neuilly, qui avez l'honneur de partager ce blâme avec moi, je me tiens néanmoins assuré que votre sentiment sera conforme au mien. Je conclus de cette savante et profonde dissertation que les Italiens n'ont pas grand tort de se moquer à leur tour de notre genre de faste, *che tutto se ne va al cacatojo* (c'est leur expression burlesque), et qu'ils seraient fondés à taxer de vilenie nos grands seigneurs, parce que ceux-ci ne font point d'édifices publics, au moins aussi bien que nous à leur faire un pareil reproche, parce qu'ils ne donnent pas à manger. Mais la table est en soi une chose très-agréable : d'accord. Qui le sait mieux que moi? C'est un amusement journalier qui forme un des principaux liens de la société. Oui, quand on mange sans faste entre un petit nombre d'amis ou de gens qui se plaisent ensemble. C'est ce que font chez nous les gens de bon goût et d'une fortune ordinaire. Je blâme les Italiens de ne pas savoir en user de même ; mais les gens d'une fortune ordinaire ne sont pas faits pour entreprendre des constructions publiques. Ainsi ma dissertation ne les regarde pas ; elle ne se rapporte qu'aux personnes faites pour représenter. Or, je soutiens que ceux-ci, dans leurs grandes dépenses de table, n'ont en vue ni le plaisir de manger, ni celui de la société; qu'ils n'ont pour but que d'étaler un faste qu'ils se croient obligés d'avoir par état; que l'objet de leur magnificence est fort mal choisi; qu'ils feraient mieux pour eux et pour les autres de donner de petits soupers et de construire de grandes fabriques, d'avoir des berlines unies et des statues de marbre. Telle est ma thèse en dépit de tous les arguments de Blancey. *Dixi.*

Indépendamment des curiosités anciennes et modernes dont cette ville fourmille, un seul des trois articles suivants, pris chacun en particulier, vaut la peine que l'on fasse exprès le voyage de Rome : l'église de Saint-Pierre, les Fontaines, le coup d'œil du Janicule. Il est vrai que Rome paraît située tout exprès pour avoir des eaux, entourée comme elle l'est d'un demi-cercle de montagnes abondantes en sources; mais elles sont toutes à une distance qui varie de quatre à neuf lieues. Quelles dépenses n'a-t-il pas fallu faire pour les conduire? Les aqueducs des anciens Romains, leurs égouts, leurs châteaux d'eau sont des ouvrages prodigieux. Il en a coûté, depuis deux à trois siècles, des frais énormes pour en remettre en état une partie seulement, qui, avec quelques nouvelles adjonctions, a suffi pour fournir la ville d'une innombrable quantité de fontaines, grandes ou petites. Il n'y a presque point de place vide où l'on n'en trouve une ou plusieurs. On en rencontre à chaque pas le long des rues, dans les maisons, dans les jardins, partout. L'inégalité du terrain de la ville et ses montagnes ont donné la facilité de les multiplier par l'attention qu'on a eue de faire d'abord arriver les eaux dans des lieux élevés; de sorte que les fontaines d'en haut servent de réservoirs à celles d'en bas.

Je n'imagine point d'ornements dans une ville comparables à cette profusion de sources et d'eaux jaillissantes; elles me font plus de plaisir encore que les bâtiments. Les grandes sont toujours d'un goût noble, les petites d'un goût agréable, qui quelquefois dégénère trop en badinerie, surtout dans les jardins, où à la vérité cela est plus supportable; mais dans les grandes, ce ne sont plus des filets d'eau, ce sont des torrents, des rivières entières qui s'échappent de tous côtés. Outre l'abondance naturelle de l'eau, on sait encore en ménager la chute avec l'adresse nécessaire pour lui donner la plus grande surface possible.

De tout ce que j'ai vu ici et ailleurs, rien ne m'a surpris davantage au premier coup d'œil que la fontaine de la place Navone; aussi faut-il dire que rien en ce genre n'est plus auguste, ni d'une plus merveilleuse exécution. L'admirable estampe que vous connaissez n'en donne encore qu'une faible idée; elle me fit à la première vue beaucoup plus d'effet que l'église de Saint-Pierre, non que je veuille néanmoins par là égaler ces deux objets l'un à l'autre; car Saint-Pierre est plus étonnant la millième fois que la première. Figurez-vous seulement au milieu d'une place cette masse de rochers percés à jour; ces quatre colosses du Danube, du Nil, du Gange et du Rio de la Plata, couchés sur les angles du rocher, versant de leurs urnes des torrents d'eau; ce Nil qui voile sa tête, ce beau lion qui sort de sa caverne et vient s'abreuver à la fontaine; ce cheval qui boit d'un autre côté; ces reptiles rampants sur la montagne; ces bouillons d'eau qui rejaillissent de tous côtés sur les pointes des rochers; et à la cime du roc un obélisque de granit, tant que l'on peut lever la tête. Avec tout ceci, la fontaine de Saint-Pierre *in Montorio* m'a fait encore plus de plaisir, et ne m'a guère moins causé de surprise : c'est un arc-de-triomphe à cinq portes au-dessus du mont Janicule; trois grandes et deux plus petites; au lieu de portes ce sont des nappes d'eau perpendiculaires, qui en ferment le vide en retombant dans un vaste bassin. En même temps que vous jouissez d'un spectacle si neuf et si agréable, retournez la tête du côté de la ville, au moment où le soleil incliné sur l'horizon en éclaire le sommet; voyez cet étonnant assemblage de dômes, de campaniles et de coupoles dorés, de faîtes, de façades, d'églises et de palais, d'arbres verts, d'eaux jaillissantes. Il n'y a point de coup d'œil de la ville de Paris égal à celui-ci, malgré l'ornement même qu'y ajoute la vue des environs de cette ville, infiniment plus agréables par la nature et plus embellis par l'art que les environs de Rome.

Le Janicule, sur lequel nous sommes à présent, est resté l'une des collines les plus élevées de Rome, se trouvant à l'extrémité du faubourg au delà du Tibre, dans un canton qui n'est sujet à être ruiné ni rebâti. Les destructions continuelles et les réédifications dans les quartiers habités de cette ville si souvent renversée ont tellement comblé les vallons, que l'on aurait peine à reconnaître aujourd'hui l'*urbs septicollis* : tant ses sept montagnes, ou, pour parler plus vrai, ses douze collines sont effacées en plusieurs endroits par l'exhaussement successif des lieux bas ; ce qui n'empêche pas qu'à tout prendre, le terrain ne reste encore fort inégal. Les collines dont le tertre reste marqué d'une manière fort distincte sont l'Aventin, le Cœlius, le Palatin, le mont Pincius dans la ville, et le Janicule au Trastevere : il n'y a que bien peu d'endroits dans les lieux bas où l'on aperçoive l'ancien sol et le vieux pavé de Rome, qui est de larges pierres plates. Dans quelques-autres, lorsque l'on veut jeter les fondements d'une maison neuve, on ne trouve, jusqu'à de grandes profondeurs, qu'un terrain remué ; alors, à ce que j'ai ouï dire, il faut, pour la solidité, creuser dans ce terrain mobile les fondations aussi profondes que l'on veut donner de hauteur extérieure au bâtiment, ce qui le tient en équilibre ; mais ce sont de grands frais.

Vous voudriez que je vous fisse une description circonstanciée de tous ces édifices et palais que l'on aperçoit d'ici ; mais, mes amis, c'est un radotage : je vous dis, je vous dis encore un coup, que cela ne se peut. Ignorez-vous l'aventure par laquelle j'ai débuté à mon entrée triomphante dans Rome? J'allai débarquer à la Douane; c'était autrefois la *curia Antoniana*. Tandis que j'étais, attaché comme un badaud, à considérer cet admirable portique de colonnes antiques cannelées, et à m'indigner contre les animaux indécrottables qui ont rempli les interstices de ces colonnes par un infâme torchis pour en faire un repaire de fripons, les maudits commis de la douane fouillaient mes hardes et trouvèrent, sur le coussin de ma chaise de poste, le second volume de Misson : aussitôt confisqué au profit de l'inquisition; c'est justement le volume de Rome; voilà mon guide-âne perdu. Ainsi vous voyez que je ne pourrai plus vous rien dire; je suis dans le cas de ce cardinal dont parle la *Satyre Ménippée* :

> Son éloquence il n'a pu faire voir,
> Faute d'un livre où gît tout son savoir.
> Seigneurs États, excusez ce pauvre homme,
> Il a laissé son calepin à Rome.

Jugeant qu'il me serait impossible de retrouver ici chez les libraires un livre si bien noté à l'index expurgatoire, j'ai tout tenté pour amollir le cœur de ces perfides commis; j'ai même offert de leur donner les deux autres volumes de Misson en contre-échange de celui-là. Rhétorique inutile :

> Les traîtres,
> Quand on a besoin d'eux, sont plus fiers que les maîtres.

C'était bien pis à l'autre chaise de poste, où l'on confisquait à M. Loppin une pièce de velours ciselé qu'il venait d'acheter à Florence, encore fut-il blâmé de toute la société pour l'avoir laissée exposée à la cupidité de ces gens-ci. Mais qui se serait douté que, dans une ville où les ouvriers ne font point d'ouvrages, on se fût nouvellement avisé d'y établir une manufacture de velours ciselé et de déclarer de contrebande ceux des manufactures étrangères? Cependant la bonne foi, fondée sur l'ignorance d'une loi nouvelle, et quelques sequins lâchés aux commis, ont remis M. Loppin en possession de son velours; tandis que mon cher Misson reste damné à perpétuité. Ce n'est pas que le P. Bremont, dominicain, membre du Saint-Office, ne m'ait offert de le tirer de la gorge de Satan, par la toute-puissance du saint-père, si je voulais dire à Sa Sainteté que j'avais un pouvoir particulier de mon évêque pour tenir des livres défendus. Diantre! je n'ai eu garde de me prêter à cette supercherie, de peur de tomber roide mort, comme Ananie, pour avoir menti au successeur de saint Pierre. Dans le vrai, je n'ai pas jugé que cette bagatelle valût la peine d'en parler au pape. Je me suis rejeté, pour me guider dans ma course, sur une plate et longue description de Rome, par Deseine, en marge de laquelle j'avais fait quantité de petites notes et de remarques. Mais vous n'êtes pas plus avancés; car j'ai égaré le premier tome dans une église. Voilà-t-il pas Blancey qui va dire que je perds tout! Parbleu! pour vous, vous n'avez pas perdu la parole.

XXXVIII. — A M. L'ABBÉ CORTOIS DE QUINCEY[1].

Finances. Billets de banque. Loterie, etc.

Qui vient d'être attrapé comme un renard qu'une poule aurait pris? c'est votre serviteur. Je croyais bonnement, sur la foi des lettres de crédit de M. Montmartel, que j'allais remplir mes poches d'or et d'argent; mais *il signor conte Giraud*, notre banquier, nous a appris ce que nous ignorions; savoir, qu'on ne sait presque ce que c'est que de l'argent à Rome, où le système des billets de banque existe depuis un temps infini; de sorte que notre grand trésorier, au lieu de nous payer en *Jules*, ne nous a proposé que des billets sur le Mont-de-Piété et sur la Banque *del Spirito Santo*. Quoique ces billets valent ici de l'or en barre, ils ne font cependant pas notre compte; car ils n'ont point cours hors de Rome, et je ne puis croire que, quand il faudra partir, messeigneurs les maîtres de poste ou autres pareilles gens veuillent nous faire crédit jusqu'à ce que nous revenions en Italie. D'ailleurs il faut même ici de l'argent réel en mille occasions, n'y ayant point de billets

[1] Depuis évêque de Belley. R. C.

au-dessous d'environ vingt écus de notre monnaie. Ainsi il a fallu prendre un ajournement. Nous nous sommes munis d'abord de lettres de change sur Naples, dont nous allons incessamment chercher le montant; cet événement précipitera notre voyage. Ces sequins nous serviront ici pour l'argent de poche, et la plus grande partie sera précieusement mise en prison au fond d'un coffre jusqu'à notre départ. Pour le séjour, nous avons pris du papier pour la grosse dépense. Il semblerait, quand on a ces billets, qu'il ne serait plus question que d'en aller, comme cela se dit, toucher le montant à la Banque; mais ne vous y fiez pas, ils vous couperont vos billets en d'autres moindres, et vous donneront seulement un *poco di denaro* pour faire l'appoint. Le seul secret de tirer d'eux de l'argent, ce serait de n'avoir à leur présenter que des billets tout ronds de vingt écus; aussi, pour n'y être pas attrapés, les rusés n'en fabriquent presque point de cette somme, et font presque tous leurs moindres billets de quelque chose au-dessus. A cela près, la confiance et la sûreté en cette banque ont été extrêmes jusqu'à présent. C'est de là que Law avait pris l'idée de ce *système* qui nous a fait tant de mal en France, et qui, au vrai, n'était pas mauvais en soi, s'il eût été retenu dans de certaines bornes, puisqu'en même temps qu'il multipliait l'agent universel, il en facilitait le transport et le commerce; mais il ne fallait pas avoir affaire à un prince trop facile, et à une nation fougueuse qui pousse tout à l'extrême.

Law est mort à Venise, n'ayant laissé pour tout bien à sa mort, de tant de millions qu'il avait maniés, qu'environ 80,000 écus, presque tout en meubles et en tableaux, dont il était fort amateur. Je tiens ce fait de son exécuteur testamentaire. Il vivait de la pension de ministre d'État. C'était un génie hardi, qui ne s'occupait guère du soin d'amasser des richesses, et qui n'était sensible qu'à celui de mettre à exécution des idées souvent trop vastes.

Les Italiens sont tout autrement modérés, et les choses subsistent longtemps avec eux sur le pied où elles ont été mises. On a cependant donné ici à la longue dans un des inconvénients qui nous ont fait tant de tort; c'est de fabriquer une quantité de billets dont la somme va fort au delà de l'argent monnayé qui est dans l'État; ce qui réduit à la nécessité de faire de gros emprunts pour faire face dans l'occasion, et a chargé l'État de dettes immenses qui, allant toujours en se multipliant, comme cela est inévitable, pourront bien enfin tout culbuter. L'argent effectif est aujourd'hui si rare à Rome, qu'à peine en aperçoit-on. On dit même que sous le règne du pape actuel on a pris, pour le multiplier, le parti le plus détestable de tous, c'est d'en affaiblir le titre : voilà le moyen d'achever de tout décrier vis-à-vis l'étranger. Les murmures sont grands ici sur ce pitoyable état des finances, et sur ce que sous ce pontificat-ci l'espèce est plus rare qu'elle n'a jamais été. On se figure que les Corsini, voyant approcher la mort de leur oncle, transportent le peu qu'il en a à Florence, leur patrie; et l'on est fort dans l'intention de prendre au prochain conclave un pape romain, ou du moins natif de l'État ecclésiastique, pour que l'argent que prendront ses parents reste au moins dans le pays papal. Quoi que l'on fasse, il ne faut pas croire, néanmoins, qu'on apportera jamais grand remède à cette maladie des finances, non plus qu'aux autres désordres du gouvernement, à cause des variations continuelles de ses vieux souverains, qui, étant élus dans un âge trop avancé pour avoir de longues vues, ne songent qu'à passer le moins mal possible le temps de leur pontificat, et à établir pendant qu'il dure le crédit et la fortune de leur famille (ce qu'on appelle ici le *népotisme*); sauf ensuite à ceux qui leur succéderont à se tirer d'affaire et à pourvoir aux choses comme ils aviseront. J'ai ouï assurer ces jours-ci à des gens qui en doivent avoir connaissance que la chambre apostolique devait à présent près de 380 millions de notre monnaie. Il n'est plus question d'acquitter jamais la totalité de ces capitaux; ce serait une entreprise presque impossible. On se contente d'en payer l'intérêt, qui, je crois, était dans le temps de l'institution à six pour cent, et n'est plus aujourd'hui qu'à trois. Le payement de ces intérêts est assigné sur les revenus qui proviennent de différentes provinces de l'État ecclésiastique. Il n'y a pas d'exemple qu'on ait encore manqué à ces assignats; ainsi ces dettes sont regardées comme fort bonnes, et comme le meilleur effet qu'on puisse avoir à Rome, où les terres ne rendent que fort peu.

Mais le grand mal, c'est que les gros créanciers du pape ne sont pas ses sujets, ce sont des Génois et des Florentins, ce qui fait sortir tout l'argent ecclésiastique hors de l'État, ou, pour mieux dire, il n'y en entre point; et l'argent qui devrait venir fait toujours un tel circuit par le maquignonnage des payeurs, qu'il va aboutir entre les mains des Génois ou des Florentins. Le pape n'a ni mines ni vaisseaux, ni commerce par terre ou par mer, très-peu de manufactures. Tout son revenu vient des impôts qu'il tire comme prince temporel de ses sujets qui, à cet égard, sont extrêmement peu chargés, et de la distribution qu'il sait faire par l'Europe de son parchemin. Cette distribution est lucrative, mais non pas autant qu'on se le figure ordinairement. Je tiens du cardinal de Tencin que ce qu'il tire de la France ne va pas à plus de 5 à 600,000 francs, par année commune; mais toutes ces sommes étrangères ne sont payées qu'en remises sur les banquiers des pays qui ont l'argent, lesquels s'entendent avec les créanciers de l'État ecclésiastique pour leur payer l'argent à eux-mêmes, qui par là n'a jamais l'honneur de voir Rome. Ainsi, cela n'apporte point d'argent en cette ville, où d'ailleurs rien n'y en produit.

Le Mont-de-Piété et la Banque du Saint-Esprit sont les deux endroits où l'on paye. Ce premier lieu surtout a un très-bel établissement, fort bien inventé et fort profitable tant au souverain qu'à ses sujets, à qui il épargne beaucoup de mauvais marchés. Tous ceux qui ont besoin d'argent, riches ou pauvres, y vont emprunter pour un an, sur des gages qu'ils y déposent, nippes, argenterie ou bijoux, etc., dont on leur donne une reconnaissance; on fait estimer très-loyalement par des connaisseurs la valeur de l'effet, et le Mont-de-Piété prête sur ces nantissements pour une année, avec intérêt à deux pour cent, presque jusqu'à concurrence de la valeur de l'effet; je pense que c'est jusqu'aux quatre cinquièmes. Si la somme est au-dessus de trente écus romains, qui font plus de cinquante des nôtres, on ne prend point d'intérêts pendant la première année. A défaut de retirer l'effet au bout de l'année, on le garde encore autant de temps, après quoi on le fait vendre. Le Mont-de-Piété se paye de ce qui lui est dû, intérêts et capital, et, s'il y a du surplus, on le garde en dépôt pour le rendre au propriétaire, quand il viendra le redemander. Il y a là de grands magasins où toutes choses sont serrées et rangées en bon ordre. Les gens les plus riches de Rome et les plus rangés, pour s'épargner le soin et le risque de garder beaucoup d'argent chez eux, font porter leurs revenus, à mesure qu'ils les reçoivent, à l'une de ces deux banques publiques, et tirent dessus à mesure qu'ils ont quelques payements à faire. On ne refuse pas même de payer au delà du dépôt, quand il a lieu; mais lors du décompte on fait payer l'intérêt.

Ces deux banques ont perdu beaucoup de leurs anciennes richesses, on n'y trouve plus, à beaucoup près, la même quantité d'*effettivo*, c'est-à-dire d'argent monnayé. J'ai ouï dire qu'il y a une douzaine d'années les fonds ordinaires étaient encore communément d'un million d'écus romains, et qu'aujourd'hui ils ne roulent que sur environ cent trente mille. Tout, comme je vous l'ai dit, s'y paye et s'y délivre en papier ou *carta*. Cependant leur crédit est si grand, que si le pape en voulait créer une nouvelle, en assignant le payement des intérêts sur quelqu'une des parties libres de l'État ecclésiastique, on ne doute pas qu'on n'y portât, en très-peu de temps, assez de fonds pour en faire le premier établissement. Ceux qui veulent vendre les actions qu'ils ont là-dessus en trouvent aujourd'hui cent vingt-huit pour cent, et cela ira toujours en augmentant. Il est assez singulier de voir qu'à mesure que le revenu diminue, le capital augmente. Je ne doute pas qu'il n'en faille attribuer la cause au mauvais état des fonds de terre, dont le dépérissement a mis dans la nécessité de se pourvoir de cet effet-ci, faute de meilleur. Le pape Benoît XIII voulut mettre l'intérêt des actions à deux pour cent; ce bruit, néanmoins, ne les fit baisser qu'à cent dix-huit.

Le pape actuel, pour grossir ses fonds, a établi dans son État une espèce de loterie qui se tire tous les mois, ou plutôt un biribi fort compliqué, semblable au jeu de Gênes, dont je vous ai déjà fait mention quand j'y étais [1]. Il me serait, je crois, très-

---

[1] Voyez tome Ier, page 62.   R. C.

difficile de vous donner, en peu de mots, une idée claire de ce jeu singulier. Il consiste dans l'extraction de cinq noms propres hors d'une roue qui en contient quatre-vingt-dix. Si le ponte joue simple, il le peut faire de deux manières : 1° en pariant pour un nom ; si ce nom est tiré dans les cinq, il gagne un peu plus de treize fois sa masse ; 2° en pariant que le nom qu'il a choisi viendra dans un tel ordre, par exemple le quatrième, auquel cas il gagne environ soixante-dix fois sa masse. Si le ponte joue double, il peut le faire également de deux manières : 1° en pariant que deux noms choisis viendront dans le tirage, auquel cas il gagne un peu moins de deux cent soixante-dix fois sa masse ; 2° en pariant que, de tout autant de noms qu'il en veut choisir, il en sortira deux dans le tirage des cinq ; alors il gagne de même deux cent soixante-dix fois sa masse. Mais il faut de cette manière qu'il paye autant de fois la masse, que le nombre des noms qu'il a choisis se peut combiner par deux ; en dix façons il paye dix masses. On joue de même triple de deux manières, et on gagne 3,430 et tant de masses ; soit, 1° en pariant que trois noms choisis viendront cumulativement parmi les cinq du tirage ; soit, 2° en choisissant tant de noms qu'on veut, en pariant pour trois de ces mêmes noms parmi les cinq ; mais dans ce cas on paye autant de fois la masse que la quantité de noms choisis peut se combiner par trois. Enfin on joue par triple, double, et c'est la manière la plus usitée ; ainsi on choisit tant de noms qu'on veut, s'il en vient deux on gagne le prix du jeu double; s'il en vient trois, l'on gagne le prix du jeu triple, et en jouant de la sorte l'on paye la masse autant de fois que le nombre de noms choisis se peut combiner en deux et trois façons.

Autant qu'on vient de me l'expliquer, ou plutôt autant que je l'ai pu comprendre après une très-grande contention d'esprit, voilà, en substance, ce que c'est que ce jeu extraordinaire, où il se perd tant d'argent en Italie; mais il est aisé de voir qu'il est très-désavantageux pour les pontes, et encore plus, à ce qu'il me semble, que ne sont nos loteries, pharaon et biribi; cependant l'espoir du gros gain y attire, comme aux nôtres, quantité de gens de toutes les provinces. Je ne vous ai marqué que les payements par nombres ronds, faute de me souvenir des nombres au juste. Le fonds du jeu romain monte, à ce que l'on dit, à plus de cent mille écus par mois. Là-dessus il y a gros gain certain pour le pape, gain qui est porté dans ses coffres en argent comptant. S'il était mis dans les banques publiques, il pourrait y remédier au défaut d'argent effectif; mais loin de là, la chambre apostolique le fait elle-même passer dans les pays étrangers, comme la Toscane, Gênes ou Naples, afin d'y gagner le profit qui est offert par ceux à qui cet argent est donné en échange de billets à prendre sur Rome.

Je ne veux point quitter la banque ni les banquiers sans vous faire part d'une bonne fortune que j'ai eue chez le *signor conte Giraud*. Après de grandes excuses sur ce qu'il ne nous donnait pas à dîner, n'étant point dans cet usage, il me pria de lui permettre de me présenter quelques bouteilles de vin de France, pour me dédommager de la froideur et de la platitude de ceux du pays. Cette permission lui ayant été donnée de grand cœur, à mon retour je trouvai dans notre palais six belles douzaines de bouteilles de vin de Champagne, moitié rouge, moitié blanc. Ma foi! le cadeau est tout à fait honnête; j'aimerai ce banquier à la folie, pourvu que son vin n'ait pas de déboire, et que je n'aille pas le retrouver dans l'escompte des lettres de change. Les gens qui donnent beaucoup sont sujets à prendre de même. En attendant voici un petit fonds pour le ménage, non sans besoin; car nous avons fait recrue de deux voyageurs fort altérés. Ceci vous annonce que nos compatriotes viennent d'arriver cette semaine. Mardi, en m'éveillant, un de mes gens m'annonça qu'il venait d'apercevoir dans la place un de ceux de Legouz. Je me levai à la hâte, et courus les embrasser à l'auberge du Mont-d'Or, où ils avaient mis pied à terre la veille fort tard. Migieu était déjà en course; Legouz était encore au lit. Nous avons commencé à perte d'haleine cent discours interrompus. Je vois qu'il y a parfois de petites noises dans la société des survenants; cela est tout simple. Un voyage est comme un mariage; on se voit jour et nuit; on se pratique, on se contraint si peu qu'il en résulte souvent du malaise et quelquefois de l'humeur. Nous n'en sommes pas toujours exempts entre nous quatre; mais nous sommes convenus tacitement de crier comme des démons pendant une mortelle seconde, après quoi autant en emporte le vent; la minute suivante on n'y fait pas attention. Il y a ici deux autres gentilshommes français, qui avouent de bonne foi que de partie faite ils s'étranglent tous les matins; encore conviennent-ils que cela vaut mieux que d'être seul en pays étrangers, et ils ont raison.

J'ai amené nos deux arrivants dans notre susdit palais, où, en nous retranchant, Lacurne et moi, chacun une pièce de nos appartements, nous avons trouvé moyen de loger Legouz. Pour Migieu, *surgat junior*, il a pris un logement dans le voisinage, et nous faisons ménage en commun. Nous voilà donc aujourd'hui tous six emmaisonnés, avec un nombreux cortége de domestiques, tant de chaises de poste qu'on ne sait où les fourrer, outre trois vénérables carrosses antiques, à qui la place d'Espagne sert de remise. Depuis le *Principe di Blaisy*[1], votre patrie n'avait pas fourni dans Rome un si grand train; j'espère pourtant que nous n'y mangerons pas, comme lui, cinquante mille écus chacun, pendant notre séjour.

A propos, messieurs les gens d'Église, de quoi vous avisez-vous de vouloir interrompre la liberté publique par une licence plus grande encore? Nous avions pris la coutume d'avoir la nuit, comme en

---

[1] M. Joly de Blaisy, président au parlement de Dijon, avait déployé un si grand faste à Rome, qu'il y était qualifié de prince.

R. C.

France, de grands flambeaux derrière nos carrosses. On nous a fait dire que cela était hors d'usage, et que les citoyens romains ne goûtaient pas cette illumination nocturne, qui, éclairant quelquefois les passagers plus qu'ils n'auraient voulu, pourrait nous attirer quelque mauvaise affaire.

J'ai pensé que l'avis venait de quelque prélat honteux; j'entends de quelque prélat honteux qui est bien aise d'exercer en secret sa charité envers le prochain. Il est pourtant dur d'aller à tâtons l'hiver dans une ville où il n'y a point de lanternes. Il a fallu se réduire à en porter une petite attachée au brancard. Tous les carrosses mal graissés rôdent ainsi la nuit en gémissant, semblables à de pauvres âmes du purgatoire en ce lugubre équipage; encore crie-t-on quelquefois : *Volti la lanterna;* c'est-à-dire *ne me troublez point dans mes opérations,* et chacun obéit à l'ordre. Voyez s'il y a rien de plus gracieux que cette liberté citadine, dont on jouit ici sous la protection du saint-père.

Adieu, mon bel abbé; mille tendresses et compliments à votre belle-sœur et à tous les vôtres. Ma lettre ne sera pas de fraîche date : j'ai trouvé cette première page que j'avais commencé à vous écrire peu après mon arrivée, et j'ai continué sur le même chapitre. Vous en ferez part à Neuilly.

XXXIX. — A M. DE QUINTIN.

Suite du séjour à Rome.

Mon cher Quintin, je commence avec vous mes mémoires par l'endroit le plus voisin de ma maison ; je les suivrai comme je pourrai en vaguant çà et là, à la manière du petit *Potot*[1], et, puisque vous voulez les avoir, vous les aurez dans l'ordre où je les ai couchés par écrit, à mesure que j'en avais le loisir.

Vous savez que je suis logé au pied de l'escalier de marbre de la Trinité-du-Mont, vis-à-vis de la fontaine de la Barcaccia. Cette fontaine représente un petit lac, sur lequel est une barque ; et du milieu de cette barque s'élève un jet d'eau qui en fait le mât. L'idée serait assez jolie ; mais l'exécution et l'effet m'en paraissent médiocres.

La montagne voisine, au-dessus de laquelle est le couvent des Minimes français de la Trinité, est entièrement revêtue de marbre blanc ; le tout formant le plus grand et le plus large escalier de l'Europe sans contredit, interrompu par huit terrasses, repos ou perrons pavés et revêtus de marbre, ornés de cintres, d'architectures, de balustrades et de longues

[1] Nom familier que l'on donnait à M. de Montot.   R. C.

inscriptions. Les marches sont variées par des cintres saillants ou rentrants, ou par des doubles rampes. Ce prodigieux ouvrage n'a pas été exécuté avec soin; il se dément déjà, quoique neuf. Comme l'église est aux Français, et que la montagne est censée être une dépendance de l'église, la France a beaucoup contribué aux frais de ce nouvel établissement, dont le cardinal de Polignac a procuré l'exécution; aussi a-t-on eu soin d'y mettre de belles inscriptions sur son compte. Notre cardinal d'aujourd'hui, alors abbé de Tencin, aurait fort souhaité d'avoir sa part de ces éloges lapidaires. Il prétend qu'il était alors à Rome, et que personne n'a plus contribué que lui à faire ce monument; mais le Polignac a toujours dit : *Nescio vos*, et pas un mot du Tencin. Je ne doute point que ceci ne soit une des premières causes de la mésintelligence qui règne entre ces deux princes de l'Église. Jugez combien elle a dû s'accroître par le mémoire que le cardinal de Polignac a envoyé à M. de Chauvelin, et par le retard qu'ils ont mis de concert à la promotion du Tencin au cardinalat. Ce qu'il y a de sûr, c'est que les deux Éminences se détestent très-cordialement; et le Tencin n'a pas envie qu'on l'ignore, à ce qu'il m'a paru plusieurs fois dans les conversations que nous avons eues ensemble. Je suis fort trompé, si la haine n'est pas une des passions dominantes de cet éminentissime prélat, et celle de toutes qu'il a le plus de peine à dissimuler. Au reste, la mémoire du Polignac est fort chérie des Romains. Je vois que chacun s'empresse à nous demander de ses nouvelles et à faire son éloge, ainsi qu'à montrer la joie qu'on aura de le revoir, s'il revient ici pour le prochain conclave. Ce n'est peut-être pas un grand politique ; mais c'est un homme d'esprit et de mérite, plein de noblesse et d'affabilité dans ses manières.

Les armes de France sont sur le portail de l'église de la Trinité ; et de plus, tandis que le cadran de l'horloge de l'une des tours marque les heures à l'italienne, d'un coucher du soleil à l'autre, le cadran de l'autre tour les marque à la française, par le passage du soleil au méridien ; c'est la seule horloge de Rome qui soit réglée de cette manière. Comment les Italiens peuvent-ils persister dans leur mauvaise méthode, qui rend chaque jour et chaque heure de la journée inégaux ? Elle n'a d'autre commodité que pour les voyageurs, à qui elle donne le petit avantage de toujours savoir combien il leur reste d'heures de soleil pour faire route. Au reste, on est bientôt fait à l'une des manières comme à l'autre ; et nous tenons depuis huit mois nos montres réglées sur celles du pays. C'est dans cette église qu'est ce fameux tableau de la Descente de Croix, par Daniel de Volterre, si estimé du Poussin, qui le jugeait un des quatre premiers tableaux de Rome. Quelque mérite qu'ait ce tableau, quelque respect qu'on doive avoir pour le suffrage du Poussin, j'aurais peine à mettre dans ce rang l'ouvrage en question. Le couvent est situé en bon air et en belle vue ; il a un jardin, un beau vaisseau de bibliothèque, et de très-honnêtes moines qui savent plus que leur métier. J'y ai trouvé un P. Jacquier, très-habile géomètre, qui travaille avec un sien compagnon[1] à un commentaire, en quatre volumes in-4°, sur les principes de philosophie de Newton. Les premiers volumes s'impriment actuellement à Genève. J'ai ouï dire beaucoup de bien de cet ouvrage. Vous savez ce que disait Malebranche, que Newton était monté au plus haut de la tour, et avait tiré l'échelle après lui. Le P. Jacquier[2] fabrique une nouvelle échelle pour pouvoir l'atteindre. Je lui reprochai, en riant, son ingratitude, d'avoir préféré la méthode newtonienne à celle de Wolff, qui a si bien mérité de l'ordre des Minimes par son traité *De Minimis et Maximis*: mauvaise pointe!

Près de la Trinité, ne manquez pas de voir la villa Medici; vous y trouverez une maison revêtue de bas-reliefs antiques, un joli parterre, un obélisque autrefois placé dans le cirque de Flore, quelques fontaines agréables, surtout celle où est un excellent lion, une montagne factice en pyramide, recouverte d'arbres disposés régulièrement avec un petit castel au sommet; des colonnes et des marbres dans les appartements et diverses statues antiques, tant en dedans de la maison qu'au dehors. Sans doute que vous n'oublierez pas la Niobé et ses enfants, histoire entière par Phidias ou par Praxitèles. (Dieu me

---

[1] Le P. Leseur.   R. C.
[2] Le P. Jacquier mourut à Rome le 29 août 1788, à l'âge de soixante-dix-huit ans.   R. C.

damne si je me souviens lequel des deux!) C'est un ouvrage très-célèbre; mais il y a des antiques plus belles que celle-là. Vous serez consolé de n'y plus trouver la Vénus de Médicis; car vous l'avez déjà vue à Florence, où on l'a fait transporter depuis plusieurs années : on la cassa en la voiturant. Oh! les damnables maladroits! Par bonheur elle est si bien rejointe qu'on ne s'en aperçoit point du tout.

Vous avez encore aux environs de notre place le vaste palais d'Espagne, habité par notre ami le cardinal Aquaviva, de qui j'aurai souvent occasion de vous parler.

L'église Saint-André *delle Frate* avec son dôme singulier, demi-dôme et demi-clocher, par le Borromini, qui ne peut se défendre des inventions d'un goût bizarre. Le collége de *Propaganda Fide*, où l'on engraisse des missionnaires pour donner à manger aux cannibales. C'est, ma foi! un excellent ragoût pour eux, que deux pères franciscains à la sauce rousse. Le capucin en daube se mange aussi comme le renard, quand il a été gelé. Il y a à la Propagande une bibliothèque, une imprimerie fournie de toutes sortes de caractères des langues orientales, et de petits Chinois qu'on y élève, ainsi que des alouettes chanterelles, pour en attraper d'autres. J'y vais voir quelquefois le prélat Monti, Bolonnais, frère de feu notre cordon-bleu, et souvent le P. Fouquet, notre compatriote, avec qui j'ai des conversations sur la Chine, qui ne finissent point. Monti est bibliothécaire en chef de la Propagande : il sera bientôt cardinal. C'est un homme de mérite et savant dans la littérature orientale. Je m'expliquais l'autre jour avec lui, sur la pensée que j'avais que l'on pourrait peut-être retrouver dans les manuscrits arabes quelques traductions de nos anciens historiens perdus. Il m'a ôté toute espérance à cet égard, en me disant que les Arabes n'ont jamais mis le nez dans aucun livre grec ou latin, qu'autant qu'il était relatif aux études de leur goût, telles que l'astrologie, la médecine ou la philosophie d'Aristote ; que c'est par là que nous avons recouvré les traductions arabes de l'Almageste de Ptolomée et quelques autres de ce genre ; que, pour l'histoire des nations étrangères à eux, ils ne s'y sont jamais adonnés, et que très-peu curieux de s'instruire de celle de notre Europe et des livres qui en traitent, ils se contentent d'apprendre celle de leur pays, dans leurs propres livres remplis de fables.

Le palais Borghese, de l'architecture de Longhi, est assurément un des beaux édifices de Rome. Il est situé sur une petite place carrée, où est la façade d'entrée ; mais la façade la plus longue et la plus belle est celle de côté. Le bâtiment est une espèce de pentagone irrégulier, presque de la forme d'un clavecin. La première cour est carrée, formée par quatre corps de logis à plusieurs étages, autour desquels, en dedans, règnent deux portiques, colonnades ou loges, comme il vous plaira de les appeler. La première d'ordre dorique, et la supérieure d'ordre ionique, portant un attique qui va jusqu'au toit. Le second portique est fermé par une balustrade entre les colonnes, et forme une tribune ou corridor, faisant le tour et la desserte des logements. Les fenêtres des chambres donnent sur le corridor ; les appartements en sont moins éclairés, mais aussi plus à l'abri du soleil. Cette manière de bâtir avec deux ou trois colonnades l'une sur l'autre est tout à fait magnifique ; et c'est ainsi que sont construits ici la plupart des grands palais. Les appartements d'en bas sont composés d'une suite de salles et galeries remplies de tableaux. On a fait paraître l'enfilade encore plus longue qu'elle ne l'est, par un artifice fort agréable. La pièce de l'extrémité donne sur le Tibre, et est ouverte par une porte-fenêtre ; dans le terrain vis-à-vis, de l'autre côté du Tibre, on a pratiqué une suite de jets d'eau qui, vus de l'autre bout de l'appartement, forment un joli coup d'œil ; la perspective est terminée par un petit bâtiment décoré ; toute cette distance paraît appartenir à la maison. Dans les salles, les embrasures des portes et les tables sont d'albâtre, aussi bien que certaines fontaines à jets d'eau naturels, retombant dans des bassins de marbre. Le milieu de l'appartement est égayé par un petit jardin de fleurs avec force jets d'eau. Je ne vous parle pas des cheminées, qui, dans ce pays-ci, ne sont que de grandes ouvertures carrées, revêtues de marbre : on n'y veut ni on n'y cherche la façon que nous y faisons en France. Ce qu'il y a de plus considérable au palais Borghese, c'est l'immense quantité de tableaux. Là-dessus, je vous renvoie à l'ordinaire au mémoire général, où j'en ai mentionné quelques-uns des principaux. Au reste, tous ces grands appartements si vastes, si superbes, ne sont là que pour les étrangers : ils ne sont pas logeables pour les maîtres de la maison, n'ayant ni cabinets, ni commodités, ni meubles de service ; et même de ceci il n'y en a guère dans les logements du haut qu'on habite. Demandez à ces gens-ci, tant que vous voudrez, de la magnificence et de la grandeur ; mais n'en attendez rien d'agréable et de bon goût pour les choses d'usage. Les meubles et l'arrangement qu'on a une fois mis dans une maison y subsistent à tout jamais, *al dispetto* de toutes les variétés de modes parisiennes : ils ne se piquent guère non plus de belles tapisseries. Tout l'ornement des pièces consiste en tableaux, dont les quatre murailles sont couvertes du haut en bas, avec tant de profusion et si peu d'intervalle, qu'en vérité l'œil en est aussi souvent fatigué qu'amusé. Ajoutez à cela qu'ils ne font presque aucune dépense en bordures, la plupart des cadres étant vieux, noirs et mesquins, et que, pour y en mettre une si furieuse quantité, il faut bien mêler grand nombre de choses médiocres parmi les belles. Je me souviens d'une galerie du palais Giustiniani qu'on s'est piqué de remplir uniquement de Vierges de Raphaël. Il y en a, en effet, des centaines ; mais pour un bon original, trente mauvaises copies.

Vous avez vu les Borghese à la ville ; voulez-vous les venir voir à la campagne, hors de Rome, près de la porte du Peuple, où vous ne les trouverez pas moins magnifiques ? Leur maison de campagne et celle des Panfili, sont à mon gré les plus belles de Rome, soit par l'étendue, soit par l'agrément des jardins, soit par le nombre prodigieux des choses rares qu'elles contiennent. La villa Borghese fourmille de statues antiques et modernes, en dedans et au dehors. Le jardin a de longues allées, des parterres, des bois, des parcs, des volières. La maison a des incrustations de bas-reliefs, des colonnes de porphyre, des tables et des vases de marbres précieux, divers tableaux et une galerie pleine, ainsi que le reste des appartements, d'incomparables statues. Vous y verrez le Gladiateur combattant, le coryphée des statues antiques. Jugez ce que c'est, car enfin, quelque beauté qu'on reconnaisse dans nos statues modernes qui se voient à Rome, à Versailles, à Florence, etc., on ne saurait se dissimuler qu'elles sont loin, bien loin d'égaler la perfection des plus belles antiques, surtout de celles qui sont dans le style grec. Celle du Gladiateur passe pour la plus parfaite de toutes, aux yeux de certains maîtres de l'art ; à mon gré ce serait le Laocoon, mais il faut en croire les connaisseurs. Ils assurent même que cet admirable Gladiateur n'est pas exempt de tout défaut, dans les proportions de ses diverses parties. Les Borghese le trouvèrent dans les ruines d'*Antium*, du vivant de leur oncle le pape Paul V.

Vous y verrez l'Hermaphrodite, autre antique de la première classe, trouvée dans les jardins de Salluste. Le dessus du corps est d'une femme et le bas d'un jeune garçon. La figure est couchée dans une telle attitude, que l'on n'aperçoit qu'un des sexes à la fois. Elle dort sur un matelas de marbre blanc, fait par le Bernin. C'est un de ses plus étonnants ouvrages; à le voir et à passer la main dessus ce n'est pas du marbre, c'est un vrai matelas de peau blanche ou de satin qui a perdu son lustre. Le Bernin excelle dans les ouvrages où il faut de la mollesse et de la délicatesse. Mais son goût maniéré est bien loin de la fierté, du grand goût et de la simplicité de l'antique, comme il est aisé d'en juger en ce lieu-ci même, par la comparaison de quelques-unes de ses plus fameuses pièces avec les antiques placées dans leur voisinage. Plus, le Faune portant dans ses bras le petit Bacchus; plus, le Bélisaire mendiant; plus, Sénèque expirant dans le bain, statue de basalte, tirant sur la pierre de touche. Il est debout, les pieds dans une cuvette, les jambes faiblissantes, tout le corps s'affaissant, vieux, hideux, tel enfin que vous le voyez dans le vilain et désagréable tableau de du Tilliot[1]. Oh! le dégoûtant philosophe! C'est le cas de dire avec Chapelle, que le sculpteur l'a si bien fait

> Triste, ridé, noir, effroyable,
> Qu'il ressemble, en vérité, moins
> Au bon Sénèque qu'au grand diable.

Sur le surplus des antiques, je vous renvoie à la notice générale. Parmi les modernes, les pièces les

---

[1] M. Lucotte du Tilliot, grand amateur d'antiquités, demeurait à Dijon, où il est mort en 1750. R. C.

plus distinguées sont deux morceaux célèbres du cavalier Bernin. David frondant Goliath : la statue est légère et son expression a beaucoup de force ; mais il fait une moue de la bouche, et fronce les sourcils d'une manière qui sent l'affectation et qui n'a rien de noble ni de satisfaisant à la vue. J'aime bien mieux le groupe d'Apollon près d'atteindre Daphné, qui se change en laurier. La figure de Daphné, longue et élancée, ne paraît retenue que par les doigts des pieds, déjà roidis et formés en racines. L'attitude de l'Apollon n'est pas moins bonne. Les contours des corps, la beauté des airs des têtes, et surtout les expressions, sont pareillement merveilleuses : dans l'une, la crainte ; dans l'autre, la surprise. Cet ouvrage, l'un des meilleurs du Bernin, est de la première classe parmi les modernes. Avec tout cela, je m'en tiens toujours à ce que j'ai dit plus haut de cet artiste.

La colonne vulgairement nommée Antonine a donné le nom à une petite place carrée assez jolie, d'où l'on découvre à son aise tout ce grand pilier ; car c'en est un plutôt qu'une colonne. Il est bien mieux situé que la colonne Trajane, étant entièrement découvert avec toute sa base. Cependant la colonne Trajane paraît beaucoup plus élevée. Nous en jugeâmes tous de même, et pensâmes devenir fous de la berlue, quand on nous eut unanimement assuré comme une chose certaine que, mesures prises mille fois pour une, l'Antonine était constamment beaucoup plus haute. Dites-moi comment cela se peut faire. Ce n'est point parce qu'on regarde de plus près la Trajane, qui est située dans une place plus étroite, car ces deux objets se découvrent de fort loin par-dessus tous les bâtiments. On a beau savoir que l'une est plus basse que l'autre, c'est toujours celle-là qu'on juge la plus haute, de loin comme de près. Il s'en faut de beaucoup que celle-ci vaille la Trajane ; les bas-reliefs ont moins de bosse et ne se voient pas aussi bien. D'ailleurs elle est toute noircie et gâtée d'un côté. On prétend que ce sont les Goths qui, en haine de ce que les victoires remportées sur eux faisaient le sujet de ces sculptures, les ont ainsi défigurées par le feu, n'ayant pu venir à bout de jeter à bas le monument en entier. C'est chose impossible à comprendre que les barbares aient été faire des échafauds prodigieux, pour brûler ces pierres en plein air, d'un côté seulement, au lieu de briser les bas-reliefs à coups de marteau dans tout le tour. Il paraît néanmoins que le marbre a été comme brûlé et calciné à force de feu. Les victoires qu'on y a représentées sont celles de Marc-Aurèle et non celles d'*Antoninus Pius*. Je ne sais donc pourquoi on l'appelle Antonine [1]. Je ne suis pas monté au-dessus, comme je l'ai fait pour la Trajane : on me dit que l'escalier du dedans était ruiné et peu praticable. Ce monstrueux pilier n'est que de vingt-huit morceaux de marbre de Paros. Je remets à vous parler plus au

---

[1] Cette erreur subsista jusqu'à l'époque où la véritable colonne d'Antonin le Pieux fut découverte dans le jardin des prêtres de la Mission. (Voir la note au bas de la page 55.)   R. C.

long de ces étonnantes fabriques, à l'article de la colonne Trajane, que j'ai mieux vue et qui n'est que de dix-sept pierres, chapiteau, base et fût. O Romains ! vous étiez de grands hommes d'un grand courage, et les entreprises prodigieuses ne vous étonnaient guère !

Il y a dans la même place Colonna une assez jolie fontaine à guéridon. Le palais Chigi fait un des côtés de la place. C'est une vaste et belle maison, riche en statues et tableaux, en meubles, en livres, en manuscrits. J'en ai mis à part un des meilleurs, toujours pour l'objet que vous savez. Les tableaux viennent, ce me semble, en partie de la reine de Suède, outre tous ceux qu'acheta feu M. le régent. Parmi les statues, je distingue une Tullie, fille de Cicéron.... Le groupe d'Apollon, qui saisit Marsyas ; il tient son couteau, et lui fait une mine qui ne promet pas poires molles. Marsyas a une peur de tous les diables..... Le fameux buste de Caligula en porphyre, posé sur une colonne d'agate orientale...... Un Gladiateur mourant.... et plusieurs Vénus dans le goût de celle de Médicis, l'une desquelles n'est, en vérité, guère moins belle, et mérite bien d'être appelée la Vénus de Chigi. En général, presque toutes les Vénus sont travaillées dans le goût de ces deux-ci. L'autre jour, dans les intervalles du pharaon, je raisonnais de ceci chez la princesse Borghese avec le chevalier Marco Foscarini, ambassadeur de Venise, homme d'un esprit et d'un feu surprenants. J'attribuais cette ressemblance si commune dans ces sortes d'ouvrages, à la simple envie de se régler sur le modèle d'un célèbre original. Il va plus loin sur le même fonds de pensée ; il prétend, et avec raison, que les anciens, par rapport à leurs dieux, cherchaient à se former une image fixe de ces êtres chimériques, déterminée sous une certaine ressemblance supposée véritable, tant dans les traits que dans toute l'attitude du corps ; ainsi que nous nous figurons, dans nos tableaux de dévotion, par exemple, Jésus-Christ avec une certaine forme de visage, et que nous représentons assez constamment saint Pierre avec une tête chauve, des cheveux courts, une barbe mêlée, courte et frisée, un vêtement vert et jaune, etc. ; de sorte que, lorsqu'un habile sculpteur fut parvenu le premier à faire une belle statue de Vénus ou de Jupiter, conforme aux idées répandues, chacun s'écria : « Voilà Jupiter, voilà Vénus ; il a raison, ce sont bien eux-mêmes. » Dès lors le caractère demeura fixé, les artistes qui voulurent réussir ne durent plus rendre autrement leurs figures que selon ce type convenu. En effet, une Vénus, un Jupiter, qui n'ont jamais existé, sont aussi faciles à reconnaître aujourd'hui parmi les antiques à leur prétendue ressemblance, qu'un Auguste et un Marc-Aurèle, dont nous avons les médailles contemporaines.

Voilà la véritable colonne d'Antonin, dans la place voisine près Monte Citorio. On l'a déterrée depuis une trentaine d'années, et on l'élèvera quand il plaira à Dieu ; il serait pourtant bien temps, car elle ne fait qu'embarrasser dans la rue, sans qu'on puisse la voir, quoique couchée tout de son long, à cause d'un encaissement en forme de toit, dont on l'a couverte pour la préserver des injures du temps et des badauds. J'ai guigné par un trou et j'ai aperçu des bas-reliefs sur une assez belle base. Je ne sais s'il y en a sur le fût du pilier; on lui donne six à sept toises de longueur. Voici l'inscription qu'on m'a dit être gravée sur une des faces du piédestal :

« *Divo. Antonino. Avgvsto. Pio. Antoninvs. Avgstvs. Et L. Vervs. Avgstvs. Filii*[1]. »

Le palais public de Monte Citorio, de l'architecture du Bernin et de Fontana, a l'une des plus belles façades et des plus étendues qui se voient ici. J'y trouve dans la construction un défaut qui me déplaît, et qui néanmoins ne peut y avoir été mis qu'exprès. Les deux parties de la face qui accompagnent l'avant-corps du logis, au lieu d'être parallèles à l'avant-corps, sont diagonales et fuient obliquement, sous un angle saillant de quelques degrés ; c'est une affectation dont l'effet ne vaut rien à l'œil. Ce palais est le Châtelet, ou, si vous voulez, le bailliage de Rome. On y plaide en première instance, sauf appel. Il n'y a rien à voir en dedans que des greffes et des salles d'audience, si ce n'est l'appartement de M. Furietti, où sont les deux beaux centaures de pierre de touche,

---

[1] Cette colonne, trouvée sous terre en 1705, était de granit rouge et de 47 pieds de long, sur 17 de circonférence. Endommagée depuis dans un incendie, elle a été employée par fragments, sous Pie VI, à diverses restaurations. Le piédestal a été transporté dans les jardins du Vatican. R. C.

et la mosaïque antique, dont je vous ai déjà parlé dans une lettre précédente.

Derrière ce palais est le théâtre de Capranica, dont je n'ai garde de vous dire aucun bien ; il m'en a coûté mon bel argent pour y louer une loge pour tout mon hiver. Je n'y suis allé qu'une fois, à la première représentation de *Mérope*, qui s'est fait attendre très-longtemps après le jour indiqué, et encore je payai à la porte ; car les abonnements ne sont pas comptés aux premières représentations. J'étais mal assis ; il y avait une foule à étouffer ; les décorations n'étaient ni finies ni tendues : on voyait les murailles de tous côtés, les violons ivres, les rôles mal sus, les acteurs enrhumés, une Mérope abominable, un Polyphonte à rouer de coups de canne. Le lendemain, le gouverneur de Rome fit mettre en prison l'entrepreneur, la pièce et les acteurs. *In questo modo fu finita la commedia.* Je n'ai revu ni l'opéra ni mon argent. Tout le prix des loges s'est trouvé délégué par l'entrepreneur aux ouvriers qui avaient travaillé. Le gouverneur a jugé qu'il valait mieux que la banqueroute tombât sur les abonnés que sur eux ; ainsi nous voilà condamnés à payer des ouvriers que nous n'avons pas employés. Bien jugé, par ma foi ! un bailli suisse n'aurait pas mieux prononcé. Grâce à Monticelli, néanmoins je ne compte pas avoir tout à fait perdu mon argent : le plaisir de l'entendre valait plusieurs sequins, lui seul savait son rôle. Il a joué et chanté comme un ange ; c'est une des célèbres voix d'Italie, du genre de celles qu'ils appellent *voce di testa,* d'une étendue, d'une finesse et d'une légèreté de gosier impayables.

Tandis que je rôde avec vous dans ce quartier, il nous faut un peu travailler à l'édification publique. Il serait à propos de faire un tour à l'église ; il y a *fonction* aujourd'hui et grande foule. Si vous voulez voir l'enterrement et le catafalque du cardinal Davia, spectacle assez beau, venez avec moi à San-Lorenzo *in Lucina,* aussi bien est-ce notre paroisse, et je n'y avais pas encore mis le pied..... Mais, diantre! il n'y a qu'un moment que j'y suis, et on m'a déjà volé dans ma poche deux mouchoirs et une tabatière! Ah! Ah! monsieur le curé, si vous ne faites pas mieux observer la police dans votre église, vous n'aurez pas en moi un paroissien bien assidu : d'ailleurs, entre nous, vous n'avez pas de fort bonnes peintures, à l'exception d'un Christ, du Guide, sur le grand autel ; mais en récompense, vous avez un grand peintre, c'est le Poussin [1], dont j'ai copié l'épitaphe :

> Parce piis lacrymis, vivit Pussinus in urna;
> Vivere qui dederat, nescius ipse mori.
> Hic tamen ipse silet ; si vis audire loquentem,
> Mirum est, in tabulis vivit et eloquitur.

Ce lieu a bien changé de face : c'était autrefois un

---

[1] M. de Chateaubriand, pendant son ambassade à Rome (1828-1829), a fait élever par des artistes français un tombeau à Nicolas Poussin, et le monument a été placé dans l'église de San-Lorenzo in Lucina, en mars 1832.   R. C.

bois profane (*lucus*) où l'on se promenait, et où l'on courtisait les filles comme au bois de Boulogne. A cette heure, c'est une église où l'on vole des mouchoirs.

Ne regrettez-vous pas ce cardinal Davia? Il était fort considéré dans son corps et l'une des meilleures têtes du sacré collége : janséniste au demeurant, à ce que l'on a prétendu. Du moins savez-vous assez combien il était en liaison avec le Colbert, évêque de Montpellier; mais le jansénisme de ce pays-ci ne ressemble guère à celui du nôtre. Je vous expliquerai cela une autre fois. Davia, au dernier conclave, a concouru pour la tiare avec Clément XII. J'ai ouï dire que, sans le cardinal de Bissy, il aurait été élu. Le pape, qui continue d'être à l'extrémité, vient de dire, en apprenant sa mort : « Voilà la seconde fois « que nous nous trouvons en concurrence lui et moi. « Je l'ai emporté dans la première occasion, et il a « plu à Dieu de l'appeler avant moi dans celle-ci ».

Rentrons un moment chez moi, je vous prie, car je ne puis me passer de tabac ni de mouchoir ; nous donnerons un coup d'œil en route au palais Simonetti, bonne et ancienne maison romaine : notre ami Boniface VIII en était. Dans ce siècle-là, les gentilshommes romains n'avaient pas beaucoup de savoir-vivre ; ils s'échappaient quelquefois ensemble à des libertés un peu brutales. Que pensez-vous, par exemple, de Sciarra Colonna, qui donna un soufflet à ce grand pontife avec un gantelet de fer? Aussi tous ses descendants ont-ils été excommuniés; ce qui ne les empêche pas d'être les plus grands seigneurs de Rome. Le palais Simonetti a une façade fort étendue et assez noble, mais rustique, et qui n'est pas de trop bon goût. Il y a un vaste escalier tout à fait *grandioso* et quelques statues antiques, entre autres un Marcellus. Je puis vous faire voir, un peu plus haut, dans la même rue, chez un particulier, un joli groupe antique à vendre, si vous voulez l'acheter; il représente une femme embrassant un jeune homme, qui la saisit par les cheveux. Les deux têtes manquaient; Adam, sculpteur français, a très-ingénieusement conjecturé que c'était Caunus repoussant sa sœur Biblis qui veut l'embrasser. Il a refait les têtes sur cette idée et parfaitement bien réparé le groupe.

(La conjecture s'est trouvée juste. M. de Sainte-Palaye, à son second voyage de Rome, a vu un double de ce groupe antique non mutilé et déterré depuis peu; c'est en effet Biblis et Caunus, à cette différence que le frère caresse sa sœur de très-bon appétit, et qu'au lieu de lui tirer les cheveux par derrière pour la repousser, il ne fait que les empoigner pour la flatter.)

Revenons sur nos pas à la place du Panthéon; elle est laide et sale. On y tient un marché autour d'une aiguille de granit, autrefois l'obélisque de Sérapis, et d'une fontaine qui retombe dans un prodigieux bassin de porphyre. Le terrain de cette place s'est exhaussé à la longue au-dessus de l'ancien sol de Rome, de sorte que le temple paraît enterré; ce qui lui fait d'autant plus de tort au premier aspect, que c'est déjà par lui-même une très-lourde masse : il aurait infiniment plus d'apparence s'il était élevé sur une esplanade de dix ou douze pieds. L'admirable portique de seize énormes colonnes de granit, tout d'une pièce, est bien au-dessus du temple même, qui n'est pas à mes yeux d'une proportion agréable. Il a trop peu d'exhaussement pour la largeur, l'un des diamètres ne différant guère de l'autre; ce n'est presque qu'une demi-sphère concave, si bien qu'il semble que cette prodigieuse calotte aille vous tomber sur la tête. Son élévation doit néanmoins être considérable; car l'ouverture ronde du milieu de la voûte, qui seule, comme vous savez, donne du jour au temple et lui en donne assez, quoiqu'elle ne paraisse pas grande, a plus de diamètre que les colonnes du portique n'ont de hauteur[1]. Tout le vaste cintre intérieur de cette voûte est divisé en petits caissons ou rosaces carrées, façon de grosse mosaïque uniforme. Peut-être que si les caissons avaient encore les beaux ornements intérieurs dont on les a dépouillés, leur effet serait de rendre aux yeux le dôme plus fuyant; au lieu qu'en l'état où il est aujourd'hui, ce n'est plus qu'une massive calotte de pierres à demi brutes. Quoi qu'il en soit, la courbure du cintre commence à coup sûr trop près du rez-de-chaussée. Tout le tour intérieur du temple, divisé

[1] Erreur. Les colonnes du portique ont 38 pieds 10 pouces de hauteur, sans y comprendre les bases et les chapiteaux; tandis que le trou de la voûte n'a que 27 pieds de diamètre. R. C.

en huit niches ou chapelles, et orné d'une file de colonnes corinthiennes cannelées, est admirablement beau. Les colonnes sont des plus précieux marbres antiques de couleur, et repolies depuis peu tout à neuf; elles sont très-hautes, de plus surmontées d'une architrave portant inscription. Avec cela, je le répète, le temple est trop bas : ce qui vient de ce qu'on a tenu l'enceinte trop vaste. Le pavé va en pente jusqu'au milieu, où l'on a pratiqué un puits perdu, recouvert d'une grille de bronze, pour recevoir les eaux pluviales tombant par l'ouverture du dôme. Les anciennes portes de bronze y sont encore. On a beaucoup crié contre le pape Urbain VIII, de ce qu'il fit enlever les poutres de bronze du portique et les autres revêtissements de même métal : *Quod non fecere Barbari, fecere Barberini.* Mais le moyen de lui en vouloir du mal, quand on sait qu'il en a fait faire le superbe baldaquin de bronze du maître-autel de Saint-Pierre, la plus belle pièce du monde en ce genre? On voyait aussi sous le portique le tombeau d'Agrippa, d'un seul morceau de porphyre tout uni, sur quatre pieds, avec son couvercle, du goût le plus simple, le plus noble et le plus élégant qu'il soit possible. Cette pièce n'a pas non plus sa pareille. Notre pape Corsini vient de la faire transporter à Saint-Jean-de-Latran, pour lui servir de tombeau dans sa chapelle, que l'on décore à grands frais.

C'est un meurtre que d'avoir converti ce fameux temple en église. Il fallait le laisser Panthéon tel qu'il était, pour y placer, dans les interstices des colonnes au dedans et sous le portique au dehors, les plus belles statues antiques. On aurait vu là rassemblés les restes les mieux conservés de toute l'antiquité. On y a seulement placé les bustes de quelques artistes illustres, mon cher Raphaël et deux de ses élèves, Jean d'Udine et Pierino del Vaga, Lanfranc, Taddeo Zuccaro, Annibal Carrache, Flaminio Vacca, le célèbre Algarde, Archange Corelli, etc. C'est le cardinal Ottoboni qui vient d'y faire placer la figure de cet habile musicien. Au-dessus du buste de Raphaël est gravé l'excellent distique du cardinal Bembo : *Ille hîc est Raphael,* etc., et peut-être en connaissez-vous aussi la traduction suivante :

Questo è quel Rafael, cui vivo, vinta
Esser temeò Natura, e morto, estinta.

Je vous la cite comme une parfaite traduction, elle manque cependant de l'harmonie qu'on sent dans l'original : aussi de combien les vers prosodiques sont-ils au-dessus de nos vers barbares des langues modernes !

La douane, autrefois *Curia Antoniana*, est au moins aussi admirable à mes yeux que le portique du Panthéon, pour sa façade antique de hautes colonnes corinthiennes cannelées, surmontées d'une excellente corniche. Quelle honte, au lieu de laisser ces exquises colonnes toutes sveltes et isolées, au lieu de réparer les bossages effacés des cannelures, d'avoir muré les intervalles par un infâme torchis, qui engage le vif des colonnes dans cette ignoble construction ! Un assemblage aussi odieux est du dernier révoltant. Comment une action si basse a-t-elle pu être commise par une nation dont on ne peut nier que le goût ne soit grand et noble ? Mais aussi pouvait-on se promettre que ce beau portique échapperait aux profanations de la main impure de ces douaniers sacriléges, qui n'ont respecté ni mon livre ni le velours de mon cousin ?

On a fait la même ânerie au petit temple de Vesta, sur le bord du Tibre ; c'était un charmant petit édifice sphérique, ouvert de tous les côtés, composé seulement d'un dôme porté sur un ordre corinthien de vingt colonnes cannelées de marbre blanc. On a muré de briques les intervalles, pour en faire une chapelle fermée, avec le titre ethnico-chrétien [1] de la Madonna del Sole ; car il y a des antiquaires qui croient que c'était un temple du Soleil. Ce n'est pas la peine que je prenne dispute avec eux là-dessus, moi qui ai prouvé jusqu'à la démonstration [2] que Vesta n'était autre que le Soleil ou le père du Feu (Aph-Esta chez les Orientaux, Ἥλιος, chez les Grecs), et que le culte pratiqué par les vestales était celui des dieux Cabires ; c'est-à-dire le sabéisme des anciens mages persans, adorateurs du feu. Figurez-vous, si l'on avait eu la complaisance de nous conserver ce petit temple tel qu'il était, combien il serait agréable de le voir aujourd'hui gracieux, ouvert, isolé, avec

---

[1] Païen-chrétien.   R. C.
[2] Dans le livre intitulé : *Du Culte des dieux fétiches*, etc.

sa coupole, son rang de colonnes, un simple autel au milieu, chargé d'une flamme brillante, cinq ou six jeunes vestales vêtues de blanc, couronnées de roses, plus jolies que l'Amour, s'approchant de l'autel d'un air respectueux, leur fagot de bois d'aloès à la main, à la manière des honnêtes Guèbres, en lui disant avec une douce révérence : Πῦρ Δεσποτα, Ἐστε, *Tiens, seigneur Feu, mange.* Ma foi ! ma foi ! on devait bien nous laisser à Rome un peu de paganisme pour nos menus plaisirs ; je vous jure que nous n'en aurions pas abusé.

La fontaine de Trevi, *dell'acqua Vergine*, dont la source est excellente et d'une extrême abondance, ne sera plus, comme elle a été jusqu'à présent, une source rustique et négligée. On travaille à force à l'orner d'une riche architecture : l'ouvrage est élevé environ au tiers de son total ; ce sera l'une des plus belles fontaines de Rome. Le plan de l'ouvrage est un revêtissement de dix pilastres d'ordre corinthien de la hauteur de deux étages, élevé sur un soubassement taillé à refends, et surmonté d'un entablement et d'un attique au-dessus de la corniche. Les arrière-corps du bâtiment ont à chaque étage, entre les pilastres, des fenêtres à balcon de pierre, ornées de colonnes et de tympans. L'avant-corps du milieu, qui occupe près d'une moitié de la face, fait saillie par quatre colonnes avec une pareille architecture ; elles porteront un fort beau couronnement en attique, avec des panneaux propres à mettre des inscriptions, terminé dans le comble par une terrasse en balustrade, et au milieu deux statues soutenant l'écusson des armes du pape. Chacune des quatre colonnes porte une statue sur son piédestal, qui divise les trois panneaux de l'attique. Dans l'intervalle des colonnes sont trois niches ; les deux des côtés sont carrées avec statues et bas-reliefs au-dessus ; celle du milieu en demi-dôme porté en cintre par quatre autres colonnes de moindre hauteur, avec la figure colossale d'un Neptune sur son char en coquille, traîné par des chevaux marins, conduits par deux tritons sonnant de leurs conques : ils se cabrent et s'élancent sur un amas de rochers confusément jetés tout le long de cette façade. L'eau s'échappant à grands flots de toutes parts à travers les rochers les recouvre et vient ensuite se réunir dans un seul bassin en forme de lac, qui fait un demi-cercle au-devant de cette grande construction : c'est un nommé Salvi qui en a donné le dessin. J'aurais préféré, cependant, celui que j'ai vu en relief pour ce grand ouvrage à Sainte-Martine, donné par notre Bouchardon ; c'est un ordre de colonnes simple et étendu, d'une noblesse singulière.

L'église de Saint-Vincent et de Saint-Athanase, près de la fontaine, a un portail corinthien surmonté d'un ordre composite, accompagné de statues, bas-reliefs, tympans, frontons et d'un très-haut couronnement ; le tout trop chargé d'ornements, et plutôt riche que noble. Voyez aussi l'église de San-Carlo *al Corso*, d'ordre corinthien, beau vaisseau, beau portail, beau pavé, beaux stucs et belles dorures.

XXXIX.—A M. DE QUINTIN.

Ne manquez pas d'entrer dans l'église della Concezione, que le cardinal François Barberini, capucin, fit bâtir pour les religieux de son ordre, sur la place Barberini. Vous y verrez plusieurs tableaux, entre autres Saint-Michel terrassant le démon, célèbre tableau du Guide, d'une beauté merveilleuse à la vérité, mais inférieure encore de beaucoup à celui que Raphaël a fait sur le même sujet. On prétend que le Guide, travaillant pour les Barberins, avait donné au diable la figure d'Innocent X[1], qui avait fort mal traité cette famille, à laquelle il succédait au pontificat. Ce qu'il y a de certain, c'est que dans ce tableau le visage de Satan ressemble, à ne s'y pas méprendre, aux portraits de ce pape, et que bien que laid, il ne l'est pas assez pour un diable. Aussi la figure manque-t-elle de l'expression et de la force requise pour l'action représentée. La figure de saint Michel est tout à fait angélique ; mais c'est d'un angélique du Guide, qui a toujours plus de douceur que d'autorité. Quelle sublimité, mon Dieu ! et quelle beauté angélique, tout à fait charmante et sévère que celle du saint Michel de Versailles ! Le Guide avait un tout autre talent pour les sujets gracieux que pour les sujets de force. Au reste, la peinture de ce tableau est au-dessus de celle du tableau de Raphaël, à Versailles[2], lequel est fort gâté.

---

[1] Pamphile.
[2] Le Saint Michel de Raphaël se voit maintenant au Louvre.

R. C.

Parmi toutes les maisons de Rome, je donnerais volontiers la préférence au palais Barberini. Il surpasse le Vatican en régularité ; il égale Monte-Cavallo, le Farnese et l'Altieri, en étendue ; il n'est inférieur ni à ceux-ci, ni au Borghese, au Giustiniani, au Chigi, au Colonna, au Panfili, ni à tous autres, en meubles, en recueils, soit de peintures, soit de sculptures anciennes et modernes ; il a par-dessus tous ceux-là une plus belle apparence extérieure qu'aucun d'eux. C'est dommage que l'on ait ruiné le prince de Palestrine, qui le néglige beaucoup, et qui, dit-on, vend pièce à pièce ce qu'il en peut détacher, sans qu'il y paraisse ; mais, s'il fait toujours aussi bien ses marchés qu'il en a voulu faire un avec moi, loin de blâmer sa conduite, je vous le garantis dans peu le plus riche seigneur de l'Europe. Figurez-vous qu'en entrant je trouvai à terre, dans une première salle, une copie de la célèbre Transfiguration de Raphaël, faite par le Napolitain[1], de la grandeur de l'original, fort noire à la vérité, d'ailleurs exacte et bien faite. J'en pris d'abord fantaisie. J'ai une manie en acquisitions de cette espèce. Je ne me soucie point des originaux des grands maîtres, par certaines raisons à moi connues ; je ne fais aucun cas des originaux des petits maîtres ; mais j'aime par préférence les belles copies des fameux tableaux, au prix desquelles il m'est permis d'arriver. Voyant donc celle-ci assez négligée dans un coin, informé d'ail-

---

[1] Philippe d'Angeli, Romain, dit *le Napolitain*.   R. C.

leurs de l'humeur aliénante du patron de la case, je pensai d'abord à me l'approprier, et à en donner sept ou huit cents francs ; ce qui était passablement la payer. Je ne voulais point paraître moi-même, sachant à quel point ces gens-ci rançonnent les étrangers sur les emplettes de cette espèce, quand ils les connaissent en état de payer. J'envoyai un peintre de l'académie de France, qui demanda à l'intendant du prince de Palestrine la permission d'y venir copier quelques études, sous le prétexte que l'original de la Transfiguration était trop loin de chez lui, placé trop haut et dans un jour peu favorable, ce qui est vrai. Il y vint dessiner à deux ou trois reprises ; puis, feignant d'en être fatigué, il proposa à l'intendant d'acheter cette copie, pour l'avoir tout à fait à sa disposition. Celui-ci, ne vous en déplaise, lui en demanda sept mille sequins. Jugez de la mine que fit mon homme à une proposition si ridicule en soi, et faite surtout à un pauvre peintre. L'autre eut beau se récrier sur l'extravagance d'un tel discours, et d'un tel prix pour une copie, l'intendant n'en démordit pas, soutenant que sa copie était fort au-dessus de l'original ; que c'était le besoin qui lui faisait faire un si sot marché ; que le prince en avait refusé plusieurs fois davantage ; et enfin que le roi de France l'avait voulu avoir. Quand on a dit ici que le roi de France a voulu avoir quelque chose, tout est dit : c'est le dernier degré d'hyperbole et de louange qu'on puisse donner aux choses. Mon petit peintre, indigné contre ce maître fou, vint, en levant les épaules, me rendre compte du peu de succès de sa négociation. Jugez, par cet échantillon, combien il est facile ici de faire des emplettes de tableaux. Les Anglais ne laissent pas que d'en faire à force d'argent. On les vole, on les dupe, on leur vend des pastiches ou des copies pour des originaux; avec cela, ils enlèvent souvent de bonnes choses, et, pour cent mille francs, ils trouvent le secret d'emporter chez eux pour dix ou douze mille écus de valeur réelle, en beaux tableaux, dont ils peuplent peu à peu leur patrie.

Ma copie de la Transfiguration n'était pas la seule emplette que j'eusse prémédité de faire ici; en voici une d'un autre genre, plus noble et plus grand. Il y a dans la cour un petit obélisque de granit, chargé de caractères hiéroglyphiques, couché par terre, négligé et rompu en trois morceaux, mais facile à raccommoder[1]. Il vient des ruines du cirque d'Héliogabale, autrement appelé l'hippodrome d'Aurélien. J'avais proposé à mes camarades de voyage de l'acheter à pique-nique, de le faire transporter à la place Saint-Louis, et de l'y ériger en notre nom, devant l'église des Français, comme un éternel monument de notre séjour à Rome. Mes compagnons n'ont pas voulu mordre à ce projet de dépense, qui ne nous serait pas revenu, pour le tout, à plus de cinq ou six cents louis, entre nous six. Voyez si l'on

---

[1] Cet obélisque orne aujourd'hui la belle promenade du Pincio.
R. C.

XXXIX.—A M. DE QUINTIN.

pouvait à moins de frais s'immortaliser en style lapidaire. J'avais déjà fait les inscriptions des quatre faces du piédestal avec nos six noms propres par ordre alphabétique. Les voici :

I.
M. Aurelius. Antoninus. Aug.
Radium. solis. in circo metam. posuer.
Valer. Aurelianus : Imper.
Reficiundum. curav.

II.
Clementis. XII. Pont. max.
Ludovici. XV.
Reg. christianiss.
Felicibus. auspiciis.

III.
Quem. Gothi. destruxêre.
Burgundi. erexêre.
Obeliscum. posuerunt.
Divionenses. sex.

IV.
Carolus. de Brosses.
Edmundus. de. Lacurne.
Benignus. Legouz.
Germanus. Loppin.
Abraham. de. Migieu.
Joann. de Sainte-Palaye.
Patricii. Burgund.

Voilà tout ce qu'il y a eu d'exécuté de ce fameux projet. C'est trop vous retenir à la porte du palais Barberini ; entrez de grâce, monsieur le procureur général. Après avoir donné un coup d'œil à la fontaine de la place, vous trouverez dans les appartements de quoi satisfaire amplement la concupiscence de vos yeux ; vous y verrez plusieurs peintures antiques trouvées dans le jardin de Salluste, dont quelques-unes, en vérité, approchent de la manière du Corrége ; une immense quantité de tableaux modernes des meilleurs maîtres : entre autres le Germanicus, du Poussin ; la Madeleine, du Guide ; les Joueurs, du Caravage ; mais surtout le merveilleux plafond de Pierre de Cortone, représentant le triomphe symbolique du pape Urbain VIII, peinture de la première classe, et qui, pour l'étendue, l'invention, l'ordonnance, la richesse et la grande exécution, peut le disputer à quelque autre grand ouvrage que ce soit. Considérez maintenant, tout à votre aise, le portrait de la maîtresse de Raphaël, par lui-même, dans un cadre recouvert de volets. Admirable, fini et colorié dans la plus haute perfection. La bonne dame a les traits d'une grande régularité, le teint fort brun, les cheveux noirs, de grands yeux noirs, trop ronds, battus, tirant sur le jaune et sur le mauresque. Quoique régulièrement belle, je n'aurais pas la folie de me tuer au service de cette dame maroquine, ainsi que fit le mal avisé Raphaël. Que ceux qui prétendent que ce grand maître n'a pas possédé l'art du coloris viennent examiner ce tableau, et qu'ils disent si le Titien et le Guide ont jamais rien fait de plus moelleux, de plus fini, ont jamais traité les étoffes de soie d'une manière plus brillante. Il paraît quelquefois négliger cette partie dans ses grandes inventions et ne pas vouloir y perdre le temps qu'elle exige, pour le conserver en entier à l'ordonnance, à la correction du dessin, à la belle et savante disposition des attitudes, aux grâces toutes nobles et toutes vraies des expressions. Mais il faut remarquer que Raphaël, exact observateur des convenances, ne traitant pour l'ordinaire que des sujets évangéliques, n'y admet que des figures noblement, mais simplement vêtues d'étoffes grossières. Il n'a garde de rien permettre à son pinceau de trop riche ni de trop brillant. Mais dans de petits sujets qui, n'ayant par eux-mêmes que peu ou point d'invention, doivent tirer du coloris leur principal mérite, tels que sont les portraits, il montre ce qu'il sait faire dans cette partie de la peinture, avec autant de suavité qu'on en puisse trouver dans l'école vénitienne ou lombarde. Ce que je dis de ce portrait-ci, je le dis de ceux du cardinal Borgia et de Macchiavel, de la reine Jeanne et des deux jurisconsultes et autres de sa façon.

Parmi les statues antiques, vous distinguerez l'Adonis mourant, le beau Lion de marbre, la Vénus endormie, la Parque Atropos, Adrien, Trajan, etc. Parmi les modernes, le groupe de Latone, Apollon et Diane, par le Bernin; plusieurs bustes de marbre de la famille des Barberini et des Panfili, par le même; entre autres une dame portant une fraise de dentelle empesée à plusieurs rangs; le marbre est devenu de la dentelle effective. Il n'a pas fallu moins de patience que de délicatesse pour achever cet ouvrage; je ne sais, au reste, si vous approuverez qu'un grand artiste perde son temps à de pareilles minuties; ces chefs-d'œuvre puérils marquent une vanité d'un petit genre. On admire beaucoup le grand escalier à limaçon de ce palais. Celui-ci est aussi beau qu'il se puisse dans son espèce. Lorsqu'il fut construit, on en faisait souvent de ce dessin qui était à la mode alors, et qui, avec plus de raison, ne nous plaît pas aujourd'hui. La bibliothèque est des plus belles de Rome ; son vaste vaisseau en donne une grande idée, qui se trouve fort bien remplie lorsqu'on vient à l'examiner en détail ; elle égale en manuscrits celle de la Minerve, et ne le cède, à cet égard, qu'à la Vaticane.

En un mot, mon cher Quintin, si vous voulez prendre une maison ici pour votre amusement, prenez celle-ci sans hésiter; je vous le conseille ; on n'est qu'à deux pas du jardin Ludovisi. Nous nous y rendrons tous les soirs à l'heure de la promenade ; jugez du plaisir ; ce sont les jardins de Salluste. Ceci vaut la peine d'en parler, et j'en ferai une mention honorable dans la vie de mon vieil ami, que j'écris actuellement. Comme il ne faut pas sortir de la ville pour trouver ce jardin, qu'il est d'ailleurs le plus grand de ceux de l'intérieur, le plus à portée des quartiers habités et le moins mal tenu, c'est la promenade la plus fréquentée : il y a beaucoup d'allées, de petits bois d'orangers, de cyprès, de bassins, de vases, de statues, un obélisque[1] trouvé sur la place même, et qui est par conséquent celui de l'ancien

---

[1] Cet obélisque a été élevé depuis devant l'église de la Trinità de' Monti. — R. C.

jardin de Salluste ; deux petits palais assez médiocres par eux-mêmes, mais qui contiennent des choses fort précieuses. Tout cela n'est pas trop bien peigné ; cependant l'air champêtre n'en est pas désagréable.

Il ne faut pas s'attendre ici à trouver des jardins pareils aux Tuileries, ni même distribués dans le goût de celui du Palais-Royal, quoique celui-ci soit bien loin de pouvoir être comparé aux Tuileries. Nous avons de beaucoup surpassé les Italiens dans l'art des jardins, que nous tenons d'eux. Les Tuileries sont en ce genre ce que Saint-Pierre est en bâtiments, c'est-à-dire, ce que l'on a jamais exécuté de plus parfait, dans un terrain régulier. Après tout, les Italiens suivent leur goût et la nature de leur climat ; ils veulent des arbres verts, de l'herbe dans les allées, plutôt que du sable, de longues avenues en palissades hautes et étroites, qui donnent toujours de l'ombre dans un pays chaud : apparemment que l'humidité qui s'y entretient leur déplaît moins qu'à nous ; il leur faut abondance de fontaines, grandes ou petites ; un peuple de statues, des termes, des bas-reliefs, des obélisques : à cet égard ils ont, bien mieux que nous, de quoi se satisfaire ; c'est un grand ornement dans leurs jardins, dont les nôtres manquent souvent. Ils ne paraissent guère se soucier de l'entretien ni de la propreté ; ils ne doivent pas faire grande dépense en jardiniers. Sans doute que c'est pour conserver à leurs jardins l'air agreste et sans culture ; car il faudrait avoir l'esprit mal tourné pour se figurer que c'est par épargne : il est vrai que le temps de l'hiver n'est pas celui des jardins ; peut-être sont-ils mieux tenus dans la belle saison. J'en doute cependant ; car en ce climat, lorsqu'il ne tombe pas de pluie, il n'y a presque point de jour où il ne fasse aussi bon, ou meilleur se promener en cette saison qu'en été. Je dis donc qu'en fait de jardins irréguliers, tels que sont ceux-ci pour la plupart, il n'y en a point, sans excepter le jardin Panfili, le plus beau de tous, qui égale Saint-Cloud pour le champêtre, ni Marly pour le pittoresque et l'agrément.

La première fois que je reviendrai me promener ici, je prendrai une notice des statues du jardin : les meilleures sont le Silène et le Priape. Parmi les bas-reliefs, quelques-uns m'ont paru excellents. On trouve dans les deux maisons des statues antiques divines : le groupe célèbre de Faustine et du Gladiateur ; le Mars assis ; Pœtus soutenant d'une main Arria, sa femme, qui vient de se tuer, et s'enfonçant de l'autre un poignard dans le sein ; le Génie, le Marc-Aurèle, etc. Vous avez vu tout cela en estampes, ou copié en marbre, et tout cela est merveilleux ; mais rien ne m'a satisfait davantage que le fameux groupe de Papiria, interrogeant son jeune fils sur le secret du sénat. C'est une expression inconcevable que la curiosité avide et l'impatiente attention de cette femme. Le petit coquin lui trousse un mensonge, avec des yeux en-dessous, d'un air plus que sournois. Si vous voyiez sa simplicité, sa malicieuse bonne foi ; en vérité cela est ravissant. Faustine et le Gladiateur sont dans le goût grec ; Arria et Pœtus, Papiria et son fils, dans le goût romain ; tous trois de la première classe. Il y a aussi de belles statues modernes : Arion, de l'Algarde ; Pluton et Proserpine, du Bernin, etc. En peinture à fresque, le plafond représentant l'Aurore assise sur son char est un admirable ouvrage du Guerchin. Je l'estime au moins autant que la fameuse Aurore du Guide ; elle plafonne à merveille : la composition en est également grande et belle ; elle a plus de feu, et le ton de couleur est infiniment plus vif, peut-être même est-il un peu dur. On voit dans un coin une femme qui, après avoir veillé toute la nuit, tombe assoupie auprès de sa lampe, qui ne répand plus à l'entour qu'une lumière affaiblie par celle du jour naissant. Je ne connais guère de plus belle fresque ni de meilleur ouvrage du Guerchin.

Au sortir du jardin Ludovisi, remarquez l'enceinte du cirque de Flore, les restes du petit temple de Vénus Sallustienne, et quelques autres ruines. Plus avant, la fontaine de Termini, d'une belle invention et d'un grand goût, mais moins élégant que celui qui a été en usage après le temps de Sixte V, qui a fait construire celle-ci. C'est un large portique à trois arcades séparées par des colonnes corinthiennes. Dans l'arcade du milieu, un Moïse colossal frappe le rocher, et en fait jaillir l'eau dans de prodigieux bassins de granit. Le reste est orné de lions qui jettent de l'eau et de bas-reliefs représentant des faits historiques du peuple hébreu.

Je viens d'avoir un bel exemple de ce que la seule

force d'une beauté simple, poussée jusqu'au sublime, peut opérer sur les yeux les moins connaisseurs. Je suis entré aux Chartreux avec le fidèle Pernet, l'homme du monde le plus ignorant, et tout aussi bête qu'on puisse le souhaiter pour le mettre en expérience ; de qui je puis bien dire avec Michel de Montaigne, qu'il y a plus loin d'Epaminondas à mon valet de chambre, que de mon valet de chambre à mon cheval. Je suis donc entré avec lui aux Chartreux, et j'ai vu, dès le premier abord, mon homme rester stupéfait d'admiration. Il n'y a cependant que les voûtes de briques et les quatre murailles toutes nues, sans le moindre objet capable de donner dans la vue d'un homme grossier. J'avoue que ces quatre murailles ne me paraissent pas inférieures en beauté à Saint-Pierre. C'est une croix à la grecque, formée par la rencontre de quatre salles immenses, dont les voûtes en berceau d'un furieux exhaussement sont soutenues à chaque extrémité par deux colonnes démesurées de marbre granit, d'un seul morceau. La rencontre des salles forme un chœur au centre de la croisée, et ce chœur est marqué par les hautes colonnes des angles. On ne peut rien imaginer de plus auguste que ce vaste édifice, tout simple. On parle de l'orner et on le gâtera. Il n'y faudrait rien autre chose qu'un autel à l'antique dans le centre, ou quelque colosse sur son piédestal, ou mieux encore un beau tombeau. Trois de ces salles sont antiques, faisant partie des restes des Thermes de Dioclétien. Elles se sont trouvées toutes disposées de la sorte avec leurs colonnes; ce qui a fait naître la pensée d'en bâtir une quatrième, pour terminer la croisée et en faire une église : c'est celle par où l'on entre. Michel-Ange en a été l'architecte ; mais elle est fort inférieure aux trois autres, au fond de chacune desquelles j'approuverais fort aussi que l'on plaçât quelque grand et magnifique tombeau. Vous en avez deux petits assez jolis dans la salle moderne à côté de la porte d'entrée; l'un de Salvator Rosa, l'autre de Charles Maratte, avec leurs bustes et des urnes de porphyre. On ne célèbre point encore l'office divin dans cette église, mais dans une chapelle voisine. Les chartreux ont de beaux cloîtres en portiques et en colonnades, qui méritent d'être vus. Le célèbre Bianchini a fait tracer dans la croisée transversale de l'église une ligne méridienne en marbre.

Vous trouverez encore près de la fontaine deux charmantes églises, Sainte-Suzanne et la Victoire. La première est ornée en dehors et encore plus en dedans, avec une extrême magnificence. Il y a plusieurs bonnes fresques de Baldassare Croce et du frère Pozzo. C'est dans la seconde qu'est ce fameux groupe du Bernin, représentant sainte Thérèse en extase, et l'ange prêt à la percer. Elle est dans son habit de carmélite, pâmée, tombant à la renverse, la bouche entr'ouverte, les yeux mourants et presque fermés, elle n'en peut plus; l'ange s'approche d'elle, tenant en main un dard dont il la menace d'un air riant et un peu malin. C'est une expression merveilleuse, mais franchement beaucoup trop vive pour une église. Si c'est ici l'amour divin, je le connais ; on en voit ici-bas maintes copies d'après nature.

Il me semble que la promenade est assez longue pour aujourd'hui ; ainsi monsieur de Quintin, puisque je me trouve au bout de mon papier, je vous souhaite le bonsoir. Vous pouvez rentrer chez vous, car je vais jouer aux *minchiate* chez madame Bolognetti, où vous ne connaissez pas un chat. A demain les affaires ; puisque vous avez si fort la rage de courir, je vous mènerai de quelque autre côté, c'est-à-dire que je vous choisirai quelques nouvelles feuilles suffisamment garnies de remarques. C'en est assez de ceci pour une première.

Ma al fin, del canto io mi trovo esser giunto,
Si ch'io farò, con vostra grazia, punto.

XL. — A MM. DE TOURNAY ET DE NEUILLY.

Audiences du Pape. Visites au roi d'Angleterre, et autres.

Après ce mot sur nos affaires particulières, je vais continuer, mon ami, la relation de ce qui regarde mon séjour ici. C'est à l'ordinaire pour en faire part à Neuilly et autres personnes de notre plus intime connaissance.

Nous ne tardâmes pas, aussitôt après notre arrivée, d'aller faire une visite au cardinal de Tencin. Il était revenu de la campagne ce même jour, pour une audience que le pape lui avait accordée, et repartait le soir. Nous le trouvâmes mettant son habit de cérémonie de moire couleur de feu, assez semblable à celui des capucins, robe et manteau, sans omettre le capuchon qui n'est ni pointu ni si long, mais arrondi à peu près comme celui de nos petits manteaux de femmes. Hors de ces occasions, il est vêtu, comme vous voyez nos cardinaux en France, soit en habit noir, soit en habit long, *ad libitum*. A l'église, ils ont un autre long habit de cérémonie, différent du premier, rouge dans les temps ordinaires, violet durant le carême et l'avent; et le bonnet carré à trois cornes, suivant l'ancienne mode, conservée ici par la plupart des ecclésiastiques. De là vient l'usage du bonnet à trois cornes chez les jésuites, et non de la funeste affaire du père Guignard[1], comme l'ont prétendu les pernicieux ennemis de la société. Les cardinaux, en entrant à l'église, prennent ce bonnet et quittent leur chapeau rouge bordé d'une dentelle d'or.

Notre cardinal nous reçut avec toutes sortes de grâces, nous priant de regarder sa maison comme notre demeure habituelle, et sa table comme la nôtre ; ajoutant qu'il était au désespoir que le grand

---

[1] Impliqué dans le procès de Jean Châtel, convaincu d'avoir attenté aux jours d'Henri IV, le P. Guignard, condamné par arrêt du parlement du 7 janvier 1596 à être pendu et brûlé, fut exécuté ledit jour. Le lendemain eut lieu le bannissement des jésuites.

R. C.

nombre de gens qu'il était obligé d'avoir chez lui le mit dans l'impossibilité de nous offrir un logement. Nous lui parlâmes de nos affaires et de nos arrangements. Il se chargea de tout ce que nous voulûmes ; après quoi il nous dit : « Mais tout cela ne regarde « que vos affaires, dites-moi à présent ce qu'il faut « que je fasse pour vos plaisirs. » Enfin, jamais il n'y eut d'homme si charmant. Il nous offrit de profiter de l'audience qu'il allait prendre du Pape, pour lui être présentés ; ce que nous acceptâmes, et montâmes aussitôt dans son carrosse, pour aller à Monte Cavallo. Pendant que le cardinal prenait son audience, nous nous entretînmes quelque temps dans l'antichambre, avec le marquis Capponi, fourrier du Pape, homme habile dans les antiquités, et honoraire étranger de notre Académie des belles-lettres. Au bout d'une demi-heure, on nous introduisit dans la chambre, où nous trouvâmes le Pape dans son lit. Il n'est pas encore remis de la grande maladie qu'il vient d'avoir, et il n'y a pas grande espérance qu'il puisse jamais relever de là, vu son âge et sa caducité. Ainsi nous voilà, selon l'apparence, privés pour le moment et pour l'avenir de l'honneur de baiser sa mule. Il ne laisse pas que d'avoir la voix forte et le visage assez bon ; mais il est tout à fait aveugle et de plus affligé d'une prodigieuse hernie, qui ne sera pas d'un petit ornement dans le catalogue de M. Minot. On lui fait porter un bandage chargé de quatorze ou quinze livres de plomb, dont il est si incommodé, qu'il a pris l'habitude de le soulever sans cesse d'une main tremblante, geste fort ridicule dans un saint-père. J'en pensai déconcerter ma gravité par un scandaleux éclat de rire. Depuis longtemps il ne se mêle à vrai dire de rien, étant devenu aveugle dès le commencement de son pontificat. C'est son neveu, Neri Corsini, homme d'une capacité au-dessous de la médiocrité, qui gouverne toutes les affaires. Cependant les secrétaires d'État vont tous les matins au chevet du Pape lui rendre compte de quelques-unes, et lui faire signer les principales, en lui posant la main sur le papier à l'endroit où il faut mettre son nom.

En approchant de son lit, nous nous agenouillâmes par respect ; c'est l'étiquette, quoique la cérémonie soit en pure perte pour le saint homme, qui n'y voit goutte. Le cardinal était assis sur une petite chaise à dos ; il établit avec grâce la conversation entre le Pape et nous : elle se fit avec beaucoup de douceur et de bonté de la part du souverain pontife, d'abord pendant un demi-quart d'heure en langue italienne. Puis le cardinal lui ayant dit d'un ton papelard : *Beatissimo Padre : questi Cavalieri avrebbero gran gusto di sentir qualche parole francesi dalla bocca di sua Santità : sanno che parla la loro lingua con tutta perfezione.* — Vraiment, répliqua le Pape en français d'une voix claire et nette, « Je n'ai garde ; ne sais-je pas comment les Français se moquent des gens qui parlent mal leur langue ? » Je pensai lui répondre qu'en tout cas nous ne lui en témoignerions rien ; mais, au lieu de cela, je me mis à enchérir sur le propos du cardinal. Là-dessus la conversation fut continuée en langue française pendant quelques minutes; après quoi, nous prîmes congé de Sa Sainteté. Je remarquai durant la visite que sa chambre était meublée d'une manière assez simple.

Je ne veux pas quitter ce chapitre sans vous rendre compte aussi de la seconde visite que nous venons de lui faire depuis l'arrivée de Legouz, car il y a un incident assez comique. Vous vous souvenez que, quand je partis, madame de Choiseul m'avait demandé fort bonnement, en votre présence, de lui apporter un des os du chef de saint Pierre, auquel elle avait une dévotion toute particulière. J'avais conté cette histoire au cardinal de Tencin. Quand le Pape nous demanda, comme il avait fait la première fois, ce qui pourrait nous obliger de sa part, et si nous n'avions pas quelque grâce à lui demander, le cardinal me fit signe en riant de lui faire ma demande ; et, comme j'en faisais difficulté : « Non, me dit-il, « faites toujours, cela le réjouira.» Legouz, plus entreprenant que moi, prit la parole : « Saint-Père, si « j'osais, je vous dirais qu'il y a une dame *di poca* « *discrezione*, qui m'a donné la commission de vous « supplier de lui octroyer..... Ce n'est pas une baga- « telle..... *Il capo di San Pietro.* — Oh ! oh ! dit le Pape en riant : « *Per questo non si può.* » Puis il ajouta avec beaucoup de politesse : « Je suis très-fâché « d'être dans la nécessité de refuser quelque chose à « une dame ; assurez-la de ma part que, si elle m'eût « demandé une chose qu'il fût en mon pouvoir de

« lui donner, elle l'aurait certainement obtenue[1]. »

Au sortir de la première audience, nous allâmes avec le cardinal faire visite au cardinal Firrao, secrétaire d'État ; puis revînmes chez lui, où il nous fit de grandes excuses de ce qu'il ne pouvait nous retenir à dîner, n'étant à Rome qu'en l'air, pour cette matinée seulement ; que néanmoins nous étions maîtres de rester et de risquer l'aventure ; et là-dessus on nous servit un superbe festin. Je fais grand cas de la bonne chère en ce pays-ci. On connaît encore mieux la valeur des biens par la privation que par la jouissance. L'amour de la patrie, vertu dominante des grandes âmes, me saisit toujours à l'aspect d'une bouteille de vin de Bourgogne, malgré le peu d'usage que vous savez que j'en fais. En tout je ne suis pas fâché d'être à portée de faire des excès ; j'aime à devoir ma modération à ma propre tempérance plutôt qu'à la nécessité. Le cardinal en fait servir abondamment et je l'en loue. Il tient un grand état de maison et une table ouverte. L'ambassadeur et lui sont les seuls grands seigneurs de Rome qui en usent ainsi, et, par cette raison, il est à propos qu'ils le fassent.

On fait à mon gré fort bonne chère ici, non pas en gibier : il est médiocre ; mais les choses communes y sont très-bonnes : le pain, les fruits, la grosse viande,

[1] Clément XII avait pour maîtresse la princesse Sobieski ; elle se promenait habituellement dans la voiture de cérémonie du pape. Son mari, à l'instigation de sa maîtresse, voulant faire cesser cette intrigue, quitta Rome brusquement, et la princesse sa femme se retira dans un couvent, où elle se donna la mort. (Lady MONTAGU.)

et surtout le bœuf, dont on ne peut dire assez de bien, et dont vous jugerez quand je vous aurai dit qu'il est aussi supérieur à celui de Paris, que celui-ci l'est à celui des petites villes de province. Les potages de pâtes filées, vermicelle ou macaroni, sont assez d'usage. Du premier, je ne dis ni bien ni mal ; sur le second, je suis assez de l'avis d'Arlequin : bien apprêté, soit au lait, soit au bouillon, je lui trouve le goût d'une fort bonne croûte de pâté. Pour les compotes, on doit donner la préférence à celles de cédrats coupés en quartiers et bouillis à l'eau simplement avec un peu de sucre, ainsi qu'une légère compote de pommes. De toutes les manières d'apprêter cet excellent fruit, c'est à mon gré celle où l'on jouit le mieux de sa fraîcheur et de son parfum.

À ce propos, disons un mot des fruits d'Italie. On en parle beaucoup en France ; mais ils n'ont pas répondu à mon attente. Ils ont abondamment de ceux qu'on appelle en général *agrumi*, nom qui comprend toute l'espèce citriforme. Les Génois, dont le territoire en produit une quantité, l'appellent aussi du nom générique de *mauvais fruit*. Je leur ai souvent ouï dire : « Nous n'avons ici que le mauvais fruit. » Je m'en étonnai d'abord dans l'habitude où nous sommes de faire grand cas de toute l'espèce des citrons et des orangers. « Oui, me répondaient-ils, ils sont fort beaux à voir, fort bons à sentir ; mais ils ne valent rien à manger. Ne vaudrait-il pas mieux avoir des poires et des pommes ? Qu'est-ce qu'un fruit qu'on ne peut pas manger cru ? La ressource d'en faire des confitures et d'excellentes boissons liquides, s'étend aussi bien aux autres pays qu'à ceux qui le produisent. » Il est vrai de dire que les fruits sont plus variés et pour la plupart meilleurs en France qu'en Italie, si ce ne sont les raisins, les figues et les melons, trois excellentes espèces qu'ils ont meilleures que nous. Les raisins de Bologne ne peuvent se comparer à rien. On trouve à Paris des figues et des melons d'un aussi bon goût qu'ici ; mais ici ces fruits sont communs et communément bons. Je n'ai point mangé l'automne dernier, en Italie, de prunes ni de pêches qui valussent les nôtres.

Le compte que je vous rends de notre première visite au cardinal est long ; celui de la première visite à l'ambassadeur pourrait être court. Il nous reçut gravement et froidement. Deux autres fois nous ne le trouvâmes pas ; et enfin à la quatrième, il nous fit dire de l'excuser s'il n'était pas libre de nous voir en ce moment, occupé comme il était à expédier le courrier de France, nous priant de revenir à deux heures, et de lui faire l'honneur de dîner chez lui. Voilà une grande différence d'accueil, m'allez-vous dire ; plus grande encore que vous ne le croyez. Car tous les jours notre intimité augmente avec l'ambassadeur, et je m'aperçois que tous les jours elle diminue avec le cardinal, non que la politesse ne soit toujours également soutenue de sa part, mais non pas l'aisance des manières, article qui plaît plus que tous, et par lequel il nous avait charmés d'abord. Il semblerait qu'à cette première entrevue, l'un se fût

armé de gravité, l'autre de bonhomie, c'est-à-dire chacun d'eux de ce qui lui manquait. Successivement aussi chacun d'eux retombe dans son naturel. L'ambassadeur est un bonhomme, doux, aimable et facile, que l'inaltérable tranquillité de sa figure fait paraître froid à l'abord, et qui s'humanise bien vite, après s'être un petit moment guindé sur la pointe de ses pieds. Le cardinal est au fond plein de morgue, dur et hautain par caractère, quoique souple à la cour, et tout à fait gracieux avec les belles dames. Messeigneurs du sacré collége sont fort sujets à la morgue ; c'est l'esprit de corps parmi les cardinaux. Je n'en connais que deux qui en soient entièrement exempts : Lambertini et Passionei. Ce dernier se moque souvent avec moi de ce faux air de grandeur qu'affectent ses confrères, de la plupart desquels il fait fort peu de cas. Il me dit que ce sont des ignorants, des gens dévorés d'ambition, qui ne songent presque tous qu'à parvenir au pontificat, et si ivres de cette chimère, qu'il n'y a presque aucun d'eux qui ne se flatte de réussir. « Pour moi, dit-il, je ne songe
« à rien de pareil ; j'ai ce que je voulais, et n'en ai
« obligation à personne. On m'a tenu trente-deux
« ans dans les emplois, et on m'a fait cardinal à la
« fin, quand il n'a plus été possible de différer.
« Quelques-uns de mes confrères se moquent de mes
« manières familières et franches ; et moi de leur
« ignorance, de leurs grimaces et de leur politique. »
Passionei ambitionne beaucoup la réputation d'homme de lettres. C'est une des raisons qui le portent à

fronder si fort l'ignorance de ses confrères, parmi lesquels, en effet, on ne compte guère de personnes savantes que Quirini et Lambertini. Il voudrait que le président Bouhier fût veuf, et qu'on le fît cardinal. Je doute fort que la présidente voulût se prêter à cet arrangement pour la promotion de son mari.

Le cardinal Passionei était prévenu de mon arrivée par une lettre de notre ami ; Dieu sait comment les portes s'ouvrirent à deux battants quand j'entrai ! car, au nom du président Bouhier, tout genou fléchit dans cette maison. Je le trouvai couché à la renverse sur un canapé, sa perruque d'un côté et sa calotte rouge de l'autre. J'allais m'asseoir sur une chaise voisine, il me dit : «Mettez-vous là tout bonnement sur le canapé, vous y serez plus à votre aise. » Comme j'en faisais quelque cérémonie : « Hé ! que de fa-
« çons, reprit-il, vous me prenez pour un autre ; sa-
« chez que le secrétaire des brefs n'est pas un sot ; »
et, me prenant par le collet de mon habit, il me renversa sur le canapé. Voilà de quelle manière a commencé notre connaissance. Ses ennemis prétendent que cette grande franchise n'est qu'apparente ; que sa dévotion (car il est fort dévot) n'est pas plus sincère, et qu'il ne se faut fier à lui qu'à bonnes enseignes. Pour moi, qui ne vois rien de pareil, et qui d'ailleurs n'ai ouï citer aucun fait, je le prends pour tel qu'il se donne, et le trouve fort bonhomme. Nous le voyons souvent ; il admire cette caravane de six compatriotes. Il prétend que, depuis l'invasion des

Barbares, il n'y a pas eu tant de Bourguignons à la fois dans Rome. Sa magnifique bibliothèque m'est d'une grande ressource, ainsi que celle de Monti à la Propagande, moins pour lire, n'en ayant guère le temps, que lorsque j'ai besoin de consulter ou de vérifier quelque point d'antiquité. J'ai renouvelé connaissance avec son neveu, Monsignor Passionei, mon ancien camarade d'école. Il a repris, plutôt par raison que par goût, l'état ecclésiastique qu'il avait quitté ; le voilà dans la prélature ; il fera son chemin. Sa figure est toujours assez jolie, quoiqu'un peu gâtée de la petite vérole depuis que vous ne l'avez vu.

Revenons à l'ambassadeur. Il fut aimable dès ce premier dîner que nous fîmes chez lui ; c'est un homme d'esprit, d'une conversation douce, qui a des connaissances et des lettres. Il aime à conter et s'en acquitte agréablement : à le voir, on le croirait plus jeune ; encore moins se douterait-on qu'il fût le frère du vieux duc de Beauvilliers, gouverneur du roi d'Espagne et fils de cet ancien paladin, qui figurait dans le tournoi de *la Princesse d'Élide*, au temps du mariage de Louis XIV. Le vieux bonhomme, qui avait été toute sa vie une fine fleur de galanterie, faisait encore, à l'âge de quatre-vingts ans, les doux yeux à une demoiselle suivante de feue sa femme, fille de condition néanmoins. Le sévère duc de Beauvilliers, son fils, trouvant ce tracas fort scandaleux, fit marier son père pour en ôter le péché : ce n'est pas sans raison qu'il avait pris le nom de *Guidon le Sauvage*. A ce grand âge, il eut encore de son second mariage trois enfants, qui ont servi à soutenir sa maison, les deux grands fils du duc de Beauvilliers étant morts en huit jours de la petite vérole. Dans le temps de cette mort, celui-ci venait de partir pour aller faire ses vœux à Malte. Son frère envoya un courrier après lui, le fit revenir à la cour et le maria avec une Montlezun, fille du gouverneur de la Bastille, morte depuis quelques années à Rome, où elle était fort aimée. On prétend que, depuis sa mort, son mari a eu quelque dessein de prendre l'état ecclésiastique, dans l'espérance de parvenir au cardinalat.[1]

Il ne faut pas s'étonner si le duc de Saint-Aignan à son âge a le teint si fleuri ; il ne vit que d'œufs frais et de vin de Genzano. C'est un petit vin du pays, sans corps et sans goût, jaune et doux jusqu'à la fadeur : il faut être aussi doux que lui pour s'en accommoder. La famille de l'ambassadeur et sa maison nombreuse ne lui permettent pas d'avoir habituellement autant d'étrangers à sa table qu'en a le cardinal ; sa maison n'est pas aussi montée d'un si bon air. La raison en est toute simple ; l'un finit, épuisé de mener depuis longues années un train de vie qui a fort dérangé ses affaires, et ne songe qu'à se retirer dans le moins mauvais ordre qu'il pourra ; l'autre ne fait que de débuter : il faut de plus qu'il cherche à s'attirer une considération extérieure propre à lui donner du crédit ; car je vois assez clairement que c'est à lui plutôt qu'au premier, que la

---

[1] M. de Saint-Aignan épousa la sœur de M. Turgot, en 1756, en secondes noces. R. C.

cour donne aujourd'hui le secret des affaires. Ceci fait déchoir le premier dans l'opinion publique, et lui donne plus que jamais l'envie de se retirer. A dire vrai, je le crois d'un caractère un peu trop lent et timide pour ce pays ; c'est un homme qui ne veut rien prendre sur lui. Le cardinal s'entend mieux à mener ces gens-ci d'un air tranchant et décisif. Je le rencontrai la semaine passée sur le grand escalier du Vatican, en conversation particulière avec le cardinal neveu ; ils s'étaient retirés à part. Je ne sais de quoi il était question ; mais c'était une comédie pour le public, que de voir la mine hautaine de l'un et les gestes d'excuse de l'autre.

Il vient d'arriver une aventure désagréable à l'ambassadeur, dans sa famille. Son fils, l'abbé, s'est amouraché d'une petite créature, fille d'un orfévre. Un beau matin, sans en parler à personne, il a envoyé au cardinal de Fleury la démission de ses bénéfices ; puis il a tout simplement enlevé sa maîtresse par le *proccacio* (courrier ordinaire), s'est marié avec elle dans le premier village, et a poursuivi sa route jusqu'à Florence, où le gouvernement l'a fait arrêter, avec sa prétendue femme, à la prière de l'ambassadeur. On dit qu'ils sont aujourd'hui fâchés de l'avoir arrêté, et qu'ils le remettraient volontiers en liberté, si, dans l'état actuel des choses, ils ne craignaient de faire une démarche qui mécontenterait certainement la cour de France. Pour l'abbé, il soutient effrontément son procédé et cite en plaisantant l'exemple de son oncle l'évêque de Beauvais. Le procès est commencé pour la cassation du mariage, l'affaire ne paraît pas devoir souffrir la moindre difficulté : cependant on en parle diversement. J'étais à Bologne lors de cet enlèvement, je passai une soirée à raisonner de cette affaire avec le cardinal Lambertini ; il me dit nettement qu'il jugeait le mariage bon. Cette décision de sa part me parut étonnante, d'autant plus que Lambertini est parfaitement bien versé dans les matières canoniques. Je lui représentai que, outre qu'un ambassadeur et sa famille devaient être jugés suivant les lois de leur nation, le mariage me paraissait mauvais par tout pays, les plus grands empêchements dirimants, portés par le droit canon, l'ayant accompagné, tels que le rapt et le défaut de consentement des parents. Il est vrai, me dit-il, que le mariage ne vaut rien quant au contrat et quant aux effets civils ; mais, quand la dignité du sacrement est survenue sur le consentement mutuel des parties, principale condition religieuse, l'union devient indissoluble, et le pouvoir humain ne peut plus rompre un nœud devenu sacré. Je trouvai pour le coup que le cardinal donnait trop aux opinions ultramontaines, dont il est cependant pour l'ordinaire moins entiché qu'aucun autre Italien.

(Le mariage de l'abbé de Saint-Aignan a depuis été cassé à Rome, mais sur une raison plus faible qu'aucune des précédentes ; savoir : parce qu'il n'avait point été fait *coram proprio parocho*. On dit que la cour de France n'a pas voulu recevoir la démission de ses bénéfices. On ne sait ce qu'il est actuellement devenu; selon l'apparence, on le retient dans quelque maison de retraite.)

Ce fut à ce dîner chez l'ambassadeur que j'ai rencontré pour la première fois le marquis Crescenzi, frère de celui qui est nonce à Paris; c'est un homme de la plus belle figure et de la plus haute naissance. Ses ancêtres ont été tyrans de Rome dans le xe siècle. J'ai été charmé de lier connaissance avec lui; il a poliment contribué à m'en donner beaucoup d'autres. Il a de l'esprit et beaucoup de savoir-vivre; il a voyagé dans la plupart des cours de l'Europe. Son frère sera bientôt cardinal; il ne tient qu'à vous de croire qu'il sera pape ensuite, si vous avez foi aux prophéties. La prédiction du pays porte que la maison Crescenzi finira par un souverain pontife; les deux frères sont les derniers de leur maison, le marquis n'ayant pour tout enfant que la petite *Violante*, sa fille.

La troisième personne qui représente ici pour la nation française est l'abbé de Canillac, comte de Lyon, auditeur de Rote. Il a un magnifique logement et tient un état de maison fort convenable : c'est le seul dans Rome qui ait proscrit de son domestique l'indécente coutume de la bonne main. En quelque maison que l'on aille en simple visite pour la première fois, on a le lendemain à sa porte toute la livrée qui vient vous demander la *buona mano*, c'est-à-dire de quoi boire; ainsi font non-seulement les Italiens, mais les gens de l'ambassadeur et de notre cardinal, et même ceux du Pape. Pour le coup, cette espèce de mendicité m'a paru d'une souveraine indécence chez un souverain; il est vrai qu'ils se contentent de ce qu'on leur donne, et la fréquence des demandes rend la libéralité assez mesquine. Par exemple, nous donnâmes en corps environ deux louis à toute la livrée papale; ainsi des autres, à proportion du nombre et de la dignité. Mais ils ne s'en tiennent pas à la première visite, ils reviennent aux bonnes fêtes, au jour de l'an, à tout événement domestique, heureux ou malheureux; si leur maîtresse a eu du rhume, quoique vous n'en sachiez rien et ne vous en souciez guère, ils viennent se réjouir avec vous de ce qu'elle se porte mieux; bref, ils se réjouissent à tout propos : ce sont les gens du monde les plus gais, à vos dépens.

J'acheverai avec vous ma tournée de visites importantes par celle du roi d'Angleterre. On le traite ici avec toute la considération due à une majesté reconnue pour telle. Il habite place des Saints-Apôtres, dans un vaste logement qui n'a rien de beau. Les troupes du pape y montent la garde comme à Monte Cavallo, et l'accompagnent lorsqu'il sort; ce qui ne lui arrive pas souvent. Sa maison est assez nombreuse, à cause de quelques seigneurs de sa nation qui lui sont restés attachés et qui demeurent avec lui. Le plus distingué de ceux-ci est milord Dumbar, Écossais, homme d'esprit et fort estimé, auquel il a confié l'éducation de ses enfants, quoiqu'il fasse profession de la religion anglicane, ce qui peut être un trait de politique. Le Prétendant est facile à reconnaître pour un Stuart, il en a toute la figure : il est d'une taille haute et assez mince, fort ressemblant de visage aux portraits que nous avons du roi Jacques II son père, et même au feu maréchal de Berwick, son frère naturel, si ce n'est que le maréchal avait la physionomie triste et sévère, au lieu que le Prétendant l'a triste et niaise. Il ne manque pas de dignité dans les manières. Je n'ai vu aucun prince tenir un grand cercle avec autant de grâce et de noblesse. Il lui arrive quelquefois d'en tenir, malgré la vie retirée qu'il mène, n'étant ni d'âge ni en état d'avoir le faste extérieur qui entoure habituellement les souverains ; cherchant d'ailleurs à se rendre agréable dans une ville à laquelle il a tant d'obligations, il met toute sa dépense d'appareil à faire donner de temps en temps aux dames, par ses jeunes fils, quelques fêtes publiques, où il vient figurer pendant une heure. Il est dévot à l'excès ; sa matinée se passe en prières aux Saints-Apôtres, près du tombeau de sa femme. Je ne vous dirai rien de son esprit, faute de le connaître assez : selon l'apparence il est médiocre ; mais toute sa conduite est raisonnable et convenable à sa position. Quoique j'aie assez souvent l'honneur de le voir, il ne paraît qu'un moment au retour de l'église; puis il rentre dans son cabinet, d'où il ne sort que pour se mettre à table. Il parle peu, avec douceur et avec bonté, et se retire quelque temps après le repas. Les jeunes princes[1]

---

[1] Le plus jeune de ces princes, le duc d'York, devint par la suite cardinal et évêque de Frascati. En 1784, il s'y attira du ridi-

ont le soir un petit souper où le roi, qui ne soupe point, ne paraît jamais. Sa table, le matin, est toujours également composée de onze couverts, pour les dix personnes de sa maison qui mangent habituellement avec lui. Quand il vient des gentilshommes romains ou étrangers pour lui faire la cour, pour l'ordinaire il leur fait dire de rester par un de ses officiers ; autant il en reste, autant de gens de sa maison vont dîner à une autre table. Je n'y ai jamais été qu'il ne m'ait fait dire de rester. Comme le nombre de ceux qu'il peut retenir est borné, nous avons l'attention de n'y aller que deux d'entre nous : sa table est servie honnêtement, sans aucun faste. Ces dîners ne sont pas faits pour être amusants ; s'il arrive néanmoins qu'ils le soient par hasard, le roi en paraît bien aise. Les jeunes princes ont pris Legouz en grande affection. Sa gaieté les réjouit infiniment et ne déplaît point au roi. Lorsque ce prince vient se mettre à table, ses deux fils, avant que de prendre place, vont se mettre à genoux devant lui et lui demander sa bénédiction. Il leur parle ordinairement en anglais, et aux autres en italien ou en français. La bouteille dont on le sert est toujours sur la table entre les mains d'un de ses officiers. C'est l'étiquette de ne point demander à boire que le roi n'ait bu une première fois ; j'en ai pensé gagner la pépie, un jour qu'il oublia d'en demander de bonne heure.

cule, par la défense qu'il fit de laisser errer les poules et les coqs dans les rues et places publiques, *propter scandalum*. R. C.

Ce prince tire de grands secours de la France, de l'Espagne, et surtout de la chambre apostolique. Il faut que cette dernière lui donne beaucoup, puisque j'ai ouï dire qu'on avait agité en dernier lieu au consistoire si on ne lui abandonnerait pas en remplacement la jouissance du duché d'Urbin, dont le revenu est fort considérable. Louis XIV avait donné au roi Jacques deux cent mille livres de rentes sur l'hôtel de ville, avec promesse que ces rentes ne seraient réduites en aucun cas. Elles avaient néanmoins été réduites au denier quarante, dans ces temps derniers. Le Prétendant a fait agir l'archevêque d'Embrun, qui a obtenu de notre cour le rétablissement sur l'ancien pied du denier vingt. En reconnaissance, le Prétendant lui a donné sa nomination au chapeau de cardinal. Voilà ce que l'on dit en public ; mais en particulier, on ajoute que le Tencin a, de son côté, ajouté à ce bon office un présent de cinq cent mille livres, argent comptant, au roi d'Angleterre. J'ai vu le cardinal de Tencin fort piqué de ce bruit. « On prétend, me disait-il un « jour, que j'ai acheté mon chapeau ; si j'avais voulu « en avoir un de la sorte, lorsque j'étais ci-devant à « Rome du temps de Coscia[1], il ne m'aurait pas « coûté si cher, et peut-être pas plus qu'à certaines « gens. » Il voulait parler de Borghèse, de qui le père, si l'on en croit la chronique, donna dix mille écus romains à Coscia, pour faire avoir le chapeau à

---

[1] Le cardinal Coscia, secrétaire d'État sous le pape Benoît XIII, était connu par sa vénalité. R. C.

son fils, qui n'avait alors que vingt-six à vingt-sept ans.

Il n'y a pas de doute que le Prétendant ne tire aussi de grosses sommes de ceux qui le favorisent secrètement en Angleterre, et qu'il n'y en répande lui-même de plus grosses parmi ses créatures ; c'est là sa plus forte dépense. Elle est si nécessaire, qu'elle ne peut que le mettre à l'étroit sur tout le reste. Il n'est pas possible de renoncer à l'espérance de recouvrer la couronne dans un pays si sujet aux révolutions, et parmi une nation autant et plus vénale qu'aucune autre de l'Europe, malgré la fierté républicaine dont elle se pique. Que cette espérance soit bien fondée, c'est autre chose : j'ai toujours ouï dire à ceux qui connaissent l'intérieur de l'Angleterre que le parti des Jacobites n'y était qu'un vain épouvantail, et que tout projet fondé sur ce parti s'en irait en fumée. L'esprit de la nation est de haïr le roi qu'elle a, quel qu'il soit ; cela est fort différent d'aimer les Stuarts. Ceux qui sont dans le parti de l'opposition, c'est-à-dire tous ceux qui veulent se faire acheter par la cour, sont bien aises qu'il subsiste une faction en faveur de la maison détrônée, mais faible, et telle qu'elle puisse seulement servir à leurs fins dans quelque occasion, sans être en état d'aller plus loin. C'est à cause de cela que tant de gens appuient en secret cette faction, moins pour la soutenir que pour l'empêcher de tomber, et qu'ils seraient fâchés, si la maison des Stuarts venait à s'éteindre, de n'avoir plus à la montrer de loin au roi régnant. On assure qu'il y a un peu plus de bonne foi parmi les partisans du roi Jacques en Écosse, et que l'Irlande lui est fort dévouée dans le fond; mais les Irlandais sont sans pouvoir et les esclaves du reste de la nation. A dire vrai, la conduite que cette maison infortunée peut tenir est fort embarrassante, surtout à l'égard de la religion. Le catholicisme est une barrière insurmontable à son retour. Il ne serait pas possible de le quitter honnêtement à la face de l'Europe, au moment de remonter sur le trône, si jamais les affaires en venaient pour eux à ce point décisif; et si à l'avenir un de ces princes, dans l'état où ils sont aujourd'hui, allait d'avance embrasser la religion anglicane, il se verrait peut-être abandonné des souverains catholiques, des secours desquels il ne saurait se passer; mais au moins à coup sûr privé de ceux du Pape, qui lui donne plus qu'aucun autre. Des deux fils du Prétendant[1], l'aîné est âgé d'environ vingt ans, l'autre de quinze. Je n'ai pas besoin de vous dire qu'ils sont connus ici sous les noms de prince de Galles et de duc d'York. Tous deux ont

[1] L'aîné des fils de Jacques III, le prince Charles-Édouard, connu, comme son père, sous le nom de Prétendant, naquit à Rome le 31 décembre 1720. Après quelques années d'une vie fort aventureuse, et sa défaite à Culloden, en 1745, il se retira à Florence et y mourut le 31 janvier 1788. Charles-Édouard avait été marié à la princesse de Stolberg (la comtesse d'Albany), plus jeune que lui de trente ans. Cette femme vécut plus tard avec Alfieri, et après sa mort avec le peintre Fabre de Montpellier. — Le second fils de Jacques III fut le cardinal d'York. On voit dans Saint-Pierre de Rome le tombeau que Georges IV a fait élever par Canova à ces malheureux princes.   R. C.

un air de famille, mais le cadet a jusqu'à présent une fort jolie figure d'enfant. Ils sont aimables, polis et gracieux ; tous deux montrant un esprit médiocre, et moins formé que des princes ne doivent l'avoir à leur âge. Le cadet est fort aimé dans la ville à cause de sa figure agréable et de la gentillesse de ses manières. Les Anglais, dont Rome est toujours remplie, cherchent avec empressement l'occasion de les voir. Par la loi d'Angleterre, il leur est défendu, sous peine capitale, de mettre le pied dans le palais des Stuarts, et d'avoir aucune fréquentation avec eux ; mais comme nous vivons beaucoup avec les deux partis, les Anglais s'informent volontiers de nous des endroits publics où ils pourront voir les jeunes princes, et nous demandent d'y aller ensemble, surtout on voit qu'ils parlent du second avec plaisir[1]. J'entends néanmoins dire à ceux qui les connaissent à fond que l'aîné vaut beaucoup mieux et qu'il est plus chéri dans son intérieur ; qu'il a de la bonté de cœur et un grand courage ; qu'il sent vivement sa situation, et que, s'il n'en sort pas un jour, ce ne sera pas faute d'intrépidité. On m'a raconté qu'ayant été mené tout jeune au siége de Gaëte, lors de la conquête du royaume de Naples par les Espagnols, dans la traversée son chapeau vint à tomber dans la mer. On voulut le ramasser : « Non, dit-il, ce n'est pas la peine ; il faudra bien

---

[1] L'Angleterre entretenait alors des espions à Rome, pour savoir exactement quels étaient les voyageurs anglais qui rendaient visite aux Stuarts. (Lady MONTAGU.)

« que j'aille le chercher un jour moi-même, si les
« choses ne changent pas de face. » Les princes n'allant jamais dans les assemblées particulières où les
Anglais sont fort répandus, je n'ai pas eu occasion
de voir quel maintien on aurait réciproquement ;
mais ceci se rencontrera ce carnaval. Notre ambassadeur a annoncé qu'il irait voir les mascarades et les
courses au palais de France, dans la rue du Cours, et
qu'il y donnerait une grande fête. Il a demandé à
milord Stafford[1] et à quelques autres s'ils n'y viendraient pas, quoique le roi d'Angleterre et ses fils y
fussent. Stafford lui a répondu que ce nom lui était
inconnu à Rome ; mais qu'il se ferait toujours un
honneur de se trouver chez lui, et d'y rendre aux
personnes respectables ce qui leur est dû partout où
elles sont.

Les jeunes princes sont tous deux passionnés pour
la musique, et la savent parfaitement. L'aîné joue
très-bien du violoncelle ; le second chante les airs
italiens avec une jolie petite voix d'enfant du meilleur goût ; ils ont une fois la semaine un concert
exquis : c'est la meilleure musique de Rome, je n'y
manque jamais. Hier, j'entrai pendant qu'on exécutait le fameux concerto de Corelli, appelé la *Notte
di Natale*; je témoignai du regret de n'être pas arrivé plus tôt pour l'entendre en entier. Lorsqu'il fut
fini et qu'on voulut passer à autre chose, le prince
de Galles dit : « Non, attendez ; recommençons ce

---

[1] De l'illustre maison Howard.

« concerto ; je viens d'ouïr dire à M. de Brosses qu'il
« serait bien aise de l'entendre tout entier. » Je vous
rapporte volontiers ce trait, qui marque beaucoup de
politesse et de bonté.

Les Anglais fourmillent ici, comme je vous le
disais ; ils y font une très-grosse dépense. C'est la
nation chérie des Romains, en faveur de l'argent
qu'ils apportent ; car le fond du cœur est pour les
Allemands, par toute l'Italie. Je m'aperçois qu'en
général il n'y a point de nation moins aimée que la
nôtre ; ce qui ne vient que de la mauvaise habitude
où nous sommes, de donner hautement partout la
préférence à nos mœurs sur celles des nations étrangères, blâmant sans égard tout ce qui ne se fait pas
comme chez nous. L'argent que les Anglais dépensent à Rome, et l'usage d'y venir faire un voyage
comme partie de leur éducation, ne profitent guère à
la plupart d'entre eux. Il y en a qui sont gens d'esprit et cherchent à s'instruire, mais ce n'est pas le
grand nombre. La plupart ont un carrosse de
remise attelé dans la place d'Espagne, qui les attend
tant que le jour dure, tandis qu'ils le passent ensemble à jouer au billard, ou autre bel amusement pareil. J'en vois tels qui partiront de Rome sans avoir
vu autre chose que des Anglais, et sans savoir où est
le Colisée ; les autres sont fort répandus dans le
monde. Nous mangeons et vivons beaucoup avec eux
les uns chez les autres. Ils nous recherchent, surtout
Legouz et moi qu'ils voient d'une humeur encline
à rire, et conviennent de bonne foi qu'ils ne s'amu-

sent à souper qu'avec nous, et qu'entre eux ils ne
font que boire et manger. Je remarque que nous ne
jouons jamais ensemble, quoique parmi nous il y ait
de fort gros joueurs dans les deux nations; mais, ma
foi! on se fait sage par force sur cet article en pays
étrangers, et Legouz plus qu'aucun autre. Croiriez-
vous qu'il n'y en ait aucun de nous qui gouverne
plus prudemment ses finances, ni qui fasse le voyage
à moins de frais? Je n'en dirai pas autant de Migieu;
l'aventure sera chère pour lui. Il joue un jeu du
diable quand il s'y met, et semble par son entêtement avoir fait gageure à qui aura le dernier de la
fortune ou de lui. Il achète aussi beaucoup en divers
genres de curiosités, comme bronzes, estampes, dessins et pierres gravées. De ceci je l'en loue; il faut
profiter de l'occasion, et, quand on vient ici, desti-
ner à cette sorte de dépense une partie de la somme
que l'on peut mettre au voyage. Je manque tous les
jours, par économie ou par avarice, des emplettes
auxquelles j'aurai grand regret, quand je verrai que
je ne suis plus à portée, et que l'argent s'est écoulé
sans que les choses me restent. J'espère cependant
apporter quelques tableaux en petit nombre, des
estampes et une assez grande quantité de livres, surtout de vieilles éditions des premiers temps de l'imprimerie. Les Lacurnes donnent beaucoup dans les
pierres gravées; ils ont autant de bagues que M. Thi-
baudois. Migieu aime assez les bonnes choses, et s'y
entend : il a de l'esprit, des connaissances et un
grand attachement à l'étude. Je n'étais en aucune

liaison avec lui, quand il est arrivé ici ; elle se forme depuis de jour en jour, entre nous deux. Je vous ai mandé que Legouz et lui ne s'accordaient pas trop bien ; depuis que nous sommes tous réunis, comme nous avons trois carrosses, nous allons deux à deux, les deux frères ensemble, Legouz s'est mis avec Loppin : ainsi nous nous sommes trouvés Migieu et moi, ce qui nous a donné lieu, étant plus souvent ensemble, de faire une connaissance plus particulière. Il est froid, et son abord ne prévient pas ; il est têtu, mais dans le fond, sa contrariété n'est que dans le discours ; il est complaisant en actions ; il a le cœur bon, franc, plein de droiture, noble et désintéressé, autant qu'il soit possible. En tout, c'est un garçon fort estimable.

XLI. — A M. DE QUINTIN.

Suite du séjour à Rome.

Il est donc écrit, monsieur le procureur général, qu'il faudra que je fasse avec vous le *cicerone*, vous menant tous les jours par la main badauder dans les rues de Rome, d'un bout de la ville à l'autre ? Que ne prenez-vous Ficoroni, comme j'ai fait ? C'est le démonstrateur ordinaire suivant la cour ; on lui donne un sequin par jour. Mais vous voulez les choses à bon marché, et moi je vous montre gratis la lanterne magique. On dit Ficoroni habile antiquaire ; en effet, il a publié quelques ouvrages passables en ce genre; il se donne ici pour être membre de notre Académie des belles-lettres. Jugez comme il s'adressait bien pour prendre ce titre. Sainte-Palaye se contenta de faire un peu la mine, et, grâce à notre indulgente réticence, il est demeuré en possession de son titre. Tout ce qu'il m'a le mieux appris, c'est qu'il est très-vieux et sourd comme un pot. Plût à Dieu qu'il fût également muet ! Ces sortes de gens, quand on les mène avec soi, en vous faisant voir les antiquités avec leur baguette, vous disent d'un même dactyle toute la râtelée de ce qu'ils savent ou ne savent pas, comme le moine qui montre le trésor de Saint-Denis, sans s'embarrasser si l'on est curieux, ou non, de les entendre ; si l'on n'est pas plus pressé d'aller ailleurs, sans s'interrompre. Le bonhomme Ficoroni eut bientôt lassé ma patience. Diantre ! j'aime à parler un petit à mon tour. Je le congédiai à la première séance : faites-en autant de moi si vous êtes sage ; car son exemple m'a gagné. Vous allez vous en apercevoir dans la course d'aujourd'hui, où je vais d'abord vous camper au beau milieu de la ville, place des Saints-Apôtres.

Elle est tout entourée par l'église de ce nom, précédée d'une colonnade médiocre, et n'ayant dans l'intérieur que peu d'objets de curiosité ; par le palais Colonna ; par celui du duc de Saint-Aignan, notre ambassadeur ; celui d'Odescalchi, et le palais Muti, où demeure le roi d'Angleterre.

XLI.—A M. DE QUINTIN.

Le vaste palais Colonna, de peu d'apparence extérieure, dédommage quand on y est entré par son magnifique escalier, ses riches meubles, son orangerie, et surtout par sa superbe galerie, préférable peut-être à celle de Versailles, et remplie de tableaux exquis. Elle est soutenue par des colonnes démesurées de marbre jaune antique qui, en la divisant, forment deux salons aux extrémités ; celle du roi est plus longue et plus ornée, mais celle-ci est plus auguste. C'est une pièce très-remarquable et presque sans égale dans Rome même ; le plafond représente les victoires de don Juan d'Autriche et du prince Colonna, commandant l'armée catholique à la bataille de Lépante ; les murs sont ornés d'une quantité de tableaux précieux : paysages de Gaspard Poussin et du Lorrain ; le Saint François, du Guide ; une Mater Dolorosa, du Guerchin, vêtue d'une draperie outremer si vive et si fraîche, que le lapis-lazuli ne peut pas avoir plus d'éclat. J'ai été surpris de trouver ce brillant coloris dans un ouvrage du Guerchin, qui n'y est pas sujet ; mais j'ai pensé perdre l'esprit d'un petit Corrége, de quinze pouces de long, représentant trois ou quatre jeues filles nues, tout à fait au naturel, qui entrent dans la rivière pour se baigner, se jettent de l'eau et se font des niches ; ce sont des grâces, des gentillesses, une fraîcheur, un petit enchantement de mines à en devenir fou. Je n'ai jamais désiré d'avoir quelque chose en ma possession, comme ce petit tableau. Cela m'était bien aisé ; j'étais resté là tout seul, je n'avais qu'à le mettre dans ma poche. Voyez le grand malheur, quand ce butor de connétable n'aurait pas eu ce tableau, lui qui ne s'en soucie non plus que de Jean-de-Vert, et qui en a cinq cents autres de plus grand prix! A moi, c'était la satisfaction de ma vie : foin de ma probité!

Il y a quelques antiques que vous trouverez dans la notice. Parmi les meubles, j'ai distingué de belles tapisseries, trois statues d'esclaves, supportant un cabinet à colonnes de primes d'améthyste, garni de statues dorées et d'un placage de pierres précieuses ; un lit de parade à colonnes de marbre vert d'Égypte, dont le châlit doré est fait en conque marine, traînée par quatre chevaux-marins. Si jamais madame la connétable s'est avisée d'être la Vénus flottant sur ce canal, c'était une vraie Araminte des *Menechmes*. Mon bon Jésus ! quelle Vénus! Ah! madame, que vous étiez bien déguisée! Son mari est un bonhomme de très-petite figure, et l'esprit comme la mine ; il ne serait pas si bien déguisé en Vulcain, si ce n'est qu'il n'est ni boiteux, ni cocu. Il y a un autre palais Colonna à Piazza Sciarra, où vous pouvez remarquer un balcon fort vanté, au-dessus d'une porte d'ordre dorique : on le dit de Michel-Ange.

Notre ambassadeur a un grand palais, par-dessus lequel on aperçoit, justement au milieu, la colonne Trajane, qui semble en faire partie et servir d'ornement à la cour ; comme il est homme qui a des connaissances, qui aime les lettres et les arts, il y a rassemblé diverses choses curieuses, parmi lesquelles j'ai distingué deux tables de porphyre vert, et une charmante statue de la petite Julie, fille d'Auguste, jouant aux osselets, copie de l'antique, et au moins aussi bonne que l'original même. Il y a dans ce palais un salon immense, où l'ambassadeur fit la cérémonie de donner le cordon-bleu au prince Vaïni, avec une pompe extraordinaire. Je vous jure qu'il y avait dans cette affaire deux personnes bien joyeuses : celui qui donnait l'était au moins autant que celui qui recevait. Le duc de Saint-Aignan est l'homme du monde le plus charmé de trouver occasion de faire quelque grande dépense brillante. Il n'a pas moins le goût des fêtes que monsieur son père, qui était à la tête des tournois dans les jeux de *la Princesse d'Élide*. Je lui ai ouï souhaiter qu'il y eût en France une charge de surintendant des fêtes publiques, et d'en être revêtu. Il est vrai qu'il les entend et les ordonne d'un goût merveilleux, s'embarrassant peu de l'argent qu'elles peuvent coûter, pourvu que l'exécution en soit prompte; aussi je défie le Grand Mogol de l'enrichir. Il s'était déjà ruiné à son ambassade d'Espagne; à son retour dans le temps du *système*, le Régent donna commission à Law de lui rétablir ses affaires : l'un fabriqua des billets de banque à discrétion; l'autre liquida ses dettes; il achève ici de fricasser son bien pour la seconde publication. Il ne dissimule guère que ses affaires se trouvent aujourd'hui dans un état serré, même difficile.

Je vous ai parlé du porphyre vert; il ne faut pas le quitter sans vous dire qu'il y a trois espèces de porphyre : le rouge, le vert et le noir, toutes trois fort précieuses; mais les deux dernières très-rares. Je n'ai pas l'idée d'avoir vu d'autre porphyre noir que deux colonnes à Sainte-Marie *della Navicella*. Vous avez en France, dans le cabinet du cardinal de Polignac, une urne antique de porphyre vert à anses torses; c'est bien le vase le plus élégant et le mieux fini qu'on puisse voir; le vert est fort agréable; les deux autres, surtout le rouge, me paraissent tristes. Je crois que c'est moins le coloris singulier du porphyre qui l'a rendu recommandable, que ses grosses pièces, sa dureté et le parfait poli qu'il est capable de recevoir. Ce sont pareillement les masses énormes qui ont fait valoir le granit d'Égypte et de Syrie; car il est d'une couleur sale et triste, et de plus, malgré sa dureté, il ne prend pas trop bien le poli. Aussi paraît-il que les anciens ne faisaient pas plus de façon à leurs colonnes de granit que nous n'en faisons à celles de pierre de taille, au lieu qu'ils polissaient exactement les autres marbres blanc et de couleur; le granit jaunâtre et rouge est un peu plus poli que le gris et noir. On trouve des fragments prodigieux de porphyre, restes de l'antiquité, abandonnés dans le milieu des rues ou des jardins, ou servant de bornes dans les carrefours. J'ai observé que, malgré son extrême dureté, il était sujet à se fendre en long et à se déliter; à force d'avoir été à l'air il est devenu si dur, que les outils n'y peuvent presque plus mordre. J'avais eu le dessein de faire faire une écritoire de porphyre d'une forme élégante pour le bureau de mon cabinet; le prix énorme que l'on me demandait pour la tailler m'en a dégoûté. Lors même qu'il sortait de la carrière, il n'était propre à être employé qu'en colonnes et en panneaux; il n'en fallait faire ni statues ni bas-reliefs, qui ne sont jamais recherchés ni finis avec le soin nécessaire. La fameuse cuve de Santa-Costanza, chargée d'arabesques, n'a guère d'autre mérite que la difficulté de l'ouvrage.

On peut dire qu'en France nous ne savons presque ce que c'est que des marbres, et qu'on n'en a point vu, si l'on n'est venu dans ce pays-ci. Il en produit de cent espèces différentes plus ou moins belles, mais toutes curieuses : jaune de Sienne, blanc de Carrare, albâtre, brèche, lumachelle, turquin, griotte, cipolin, portor, etc., dont l'assortissement mêlé avec le marbre antique frappe l'œil d'un éclat tout à fait ravissant et inattendu, comme au tombeau de Ludovisi, qui se trouve comme entouré d'un vaste pavillon d'étoffe jaune exécutée en marbre. Quelle richesse en ce genre offre l'incomparable chapelle de Saint-Ignace, dont je vous parlerai tout à l'heure! En France, à l'exception de quelques beaux marbres que nous tirons des Pyrénées, nous n'employons, pour le plus souvent, que de ces vilains rances ou autres marbres de Flandre, de couleur terne, terreuse et ferrugineuse. Qu'on me dise pourquoi nous tirons plutôt nos marbres de Flandre que d'Italie, où ils sont infiniment plus beaux, et d'où ils seraient, à ce qu'il me paraît, moins dispendieux à faire venir du moins dans notre Bourgogne, où ils arriveraient sans grands frais par la mer, le Rhône et la Saône. Les anciens Romains donnaient dans un excès tout différent; ils n'ont employé dans leurs bâtiments aucun de ces beaux marbres qu'ils avaient sur place, ils en ont tiré de plus beaux encore de l'Archipel, de Syrie, d'Égypte et de Numidie. Quels frais immenses! car tous leurs édifices de marque, grands et petits, comme temples, thermes, portiques, etc., si l'on en excepte l'énorme fabrique du Colisée, qui n'est que de pierre tiburtine[1], étaient ou en entier de marbre, ou au moins revêtus de parpaings de marbre. C'est à ces énormes provisions qu'ils en ont faites que nous devons les restes qu'on emploie aujourd'hui, et que l'on ménage avec beaucoup de soin, surtout si les espèces sont rares, en les sciant pour en faire des placages. Il y en a de merveilleux, soit pour l'éclat, soit pour la singularité des couleurs, tels que le phengitès transparent couleur d'orange, le pentélique panaché à queue de paon, le rouge de Numidie, le basalte noir d'Éthiopie, les albâtres ondés et fleuris, le blanc d'ivoire, le jaune antique, le vert d'Égypte, le porphyre vert, le vert jaune et noir, le vert noir et blanc; le riche africain rouge, noir et jaune; le grand et petit antique noir et blanc, sans parler de diverses autres brèches rares, non plus que des jaspes et des primes, qui tirent sur la pierre précieuse et qui ne se trouvent

---

[1] Travertin. R. C.

guère en gros blocs. Tous ces marbres se distinguent en général sous le nom d'*antiques*, c'est-à-dire qu'on n'en trouve plus que des fragments déjà mis en œuvre, et que la carrière est perdue. Je ne parle pas ici du porphyre rouge, ni des granits, ni du blanc de Paros, dont les carrières ne sont pas inconnues, quoique l'on n'en tire plus depuis longtemps. Cette énorme dépense des Romains, qui allaient chercher si loin les premiers matériaux de leurs édifices, caractérise bien le vaste génie de cette nation, qui, en ceci comme en toute autre chose, tendait toujours au plus grand, sans se rebuter des difficultés ni des longueurs, quand il s'agissait de conduire ses projets à un plus haut degré de perfection. Tous autres qu'eux auraient été contents des bons et beaux matériaux qu'ils avaient sous la main; mais ils ont voulu du jaune antique, parce qu'il est plus vif que le jaune de Sienne, et du blanc de Paros, qui a l'éclat du sucre, au lieu du blanc de Carrare, qui n'est que blanc de lait. Au reste, de tous les marbres anciens et modernes, je n'en vois point, à mon gré, de supérieurs aux jaspes de Sicile pour le parfait poli, la vivacité, l'éclat et la variété des couleurs.

On dirait que la colonne Trajane a été placée là tout exprès pour embellir le coup d'œil du palais de l'ambassadeur. Elle se trouve derrière le corps de logis du fond, dans une petite place peu digne d'elle, qui n'est que le milieu du terrain de l'ancienne place publique appelée *Forum Trajani*. Le sol s'est tellement exhaussé par la succession du temps, qu'il

excède aujourd'hui le dessus de la base de la colonne.
On a creusé tout à l'entour jusqu'à l'ancien sol pour
mettre la base à découvert et faire usage de la
porte qui y est pratiquée, par laquelle on monte au-
dessus de la colonne, au moyen d'un escalier tour
nant ménagé dans l'intérieur du fût. Il est fâcheux que ce magnifique pilier soit ainsi enterré ;
il faut descendre dans la fosse pour voir le piédestal,
qui en est à mon gré la plus belle partie, surtout le
tore inférieur de la colonne, admirablement bien
sculpté en guirlandes de feuilles de chêne (ou de
laurier, si je ne me trompe). D'ailleurs la place est
beaucoup trop petite aujourd'hui pour un monument si élevé. Elle est ornée de deux jolies petites
églises à dôme ; l'une est Notre-Dame de Lorette, où
vous ne devez pas manquer de voir une excellente
statue de sainte Suzane, par Duquesnoy [1] ; c'est
une des quatre meilleures statues modernes ; l'autre
église, qui se bâtit actuellement en rotonde, est
dédiée au nom de Marie.

La colonne est de marbre de Paros, construite de
blocs mis les uns sur les autres, faits en meules de
moulin si prodigieusement larges et hautes, que chacune fait tout le massif de la circonférence du pilier,
n'ayant, dit-on, que dix-sept pierres pour le fût, en
tout vingt-quatre, y compris la base et le chapiteau,
quoique le total ait environ vingt-quatre toises d'é-
lévation. Les petites fenêtres et les marches de l'es-

---

[1] Le Fiammingo.   R. C.

calier en limaçon sont évidées dans la masse même de chaque bloc. Le dessus fait une terrasse entourée d'une balustrade, d'où l'on découvre à son aise toute la ville et ses environs. La statue de saint Pierre a été substituée à celle de Trajan, qui apparemment a été brisée. Sans cela je n'imagine pas que Sixte V se fût avisé de donner un soufflet au pape Grégoire le Grand, son prédécesseur, en déplaçant le bon saint empereur que Grégoire, à force de prières et de jeûnes, avait eu tant de peine à tirer de l'enfer pour le colloquer en paradis. L'histoire militaire de Trajan, scupltée en bas-reliefs sur la colonne, y a plutôt été mise comme un mémorial des faits que comme un monument de l'art. Le dessin est correct, d'un style sévère, sans perspective ni délicatesse. On a grossi les figures à mesure qu'elles s'éloignaient de la vue; de sorte que toutes les parties se discernent avec une égale facilité. En un mot, l'ouvrier paraît avoir eu dessein d'écrire en abrégé des annales qui pussent se lire couramment et non pas de chanter une action, ce qui demandait une toute autre manière de traiter son sûjet. Je fais exprès cette remarque, parce que je la crois applicable à plusieurs autres sculptures anciennes que l'on critique, à ce que je crois, sans raison, faute d'en avoir bien démêlé le but principal. Le piédestal, excellent ouvrage en trophées d'aigles et de guirlandes, n'est pas moins propre à instruire les artistes, que la colonne à instruire les historiens. Ces bas-reliefs sont bien conservés, à l'exception des misérables trous qu'on y a faits, de même qu'à tous les bâtiments antiques, pour arracher les fiches de cuivre fixées dans les blocs de marbre. Ceci veut être expliqué. Les Romains, dans leurs grandes fabriques, n'employaient à lier les pierres que le moins de mortier qu'il était possible. Ils prenaient des quartiers de marbre assez pesants pour être stables par leur propre masse; les lits étaient parfaitement ajustés les uns sur les autres et liés seulement par un très-mince enduit de ciment fait de chaux vive et de la même pierre pulvérisée ; mais, pour consolider les assises encore davantage, ils creusaient dans le bloc du dessous une petite mortaise carrée, profonde d'environ quatre pouces, propre à recevoir une fiche de bronze carrée, qui faisait saillie d'autant, pour entrer dans la pierre du dessus. Ils appelaient ces pierres, les mâles et les femelles, les accouplant ainsi par un coït permanent. Qui n'aurait pas cru ces fiches de cuivre en sûreté, en dedans de ces gros blocs? Cependant les barbares s'en étant aperçus, les ont toutes été tirer les unes après les autres, dans tous les bâtiments antiques sans exception, et sans renverser les pierres, les scarifiant par côté d'une et d'autre face, jusqu'à ce qu'ils pussent atteindre la fiche et la tirer. Vous voyez tous ces édifices antiques garnis de centaines de trous en dehors, faits pour ce bel objet. On ne peut pas imaginer de plus grande peine, ni de plus mince profit. Je ne sais s'ils se sont figurés que ces fiches étaient d'or. Cela n'est nullement vraisemblable ; mais vous devinez quelle patience il a fallu avoir, quel travail, quelle dépense en échafauds, il a fallu faire autour de l'extérieur du Colisée, des colonnes Antonine et Trajane, etc., pour tirer un petit bout de bronze du centre d'une meule de moulin. Je vous jure que de tous les procédés humains je n'en ai pas vu de plus incompréhensible ni de plus fou ; cependant les bas-reliefs en sont mal et méchamment défigurés.

Je ne sais pourquoi notre cour laisse ici son ambassadeur exposé à louer fort cher un logement, au lieu de le loger au palais de France, dont le roi a fait emplette dans la rue du Cours. Je crois qu'il appartenait aux Mancini ; c'est un très-bel édifice, dont la seule façade vaut au moins l'argent qu'il a coûté. Le roi l'acheta pour y loger l'académie de France, composée d'un directeur et d'un certain nombre d'élèves, entretenus à Rome, pour les y former aux arts de peinture, d'architecture et de sculpture ; bel établissement de Louis XIV et digne d'un grand souverain. Mais ces élèves n'occupent que les entresols, et le directeur est assez grandement logé au second étage ; de sorte que le premier, garni de riches meubles de la couronne, reste toujours inutile et vacant, à moins de certaines occasions de cérémonies ou de fêtes données par l'ambassadeur. Il y vient tenir sa *conversation* les derniers jours de carnaval, parce que c'est dans la rue du Cours que se promènent les masques et que se font les courses de chevaux, l'un des principaux amusements de ce temps-là. En agrandissant ce palais par l'acquisition d'une maison adjacente, on lui donnerait, ce me semble, assez d'étendue pour contenir l'ambassadeur et sa maison, le directeur et ses élèves. Parmi ces jeunes gens de l'académie de France, aucun ne m'a semblé annoncer un talent distingué pour la peinture ; mais il y a des élèves en sculpture qui font à merveille, et qui promettent beaucoup pour l'avenir. Ils n'ont pas l'embarras d'aller loin chercher leurs modèles ; on a rassemblé le long de l'escalier et des pièces du grand appartement jusqu'au fond, les copies moulées sur les creux des plus célèbres antiques. On est charmé de les trouver en si grand nombre dans un même lieu, où elles sont à portée de la vue, et où elles se peuvent facilement comparer les unes avec les autres. Il est surprenant qu'une manière si commode, si expéditive et si peu coûteuse d'avoir de fidèles copies des antiques ne les ait pas rendues plus communes. Malgré l'exactitude, elles y perdent à la vérité beaucoup, n'ayant ni l'éclat, ni le poli, ni une certaine dureté qu'a le marbre même à l'œil, au lieu que le plâtre a toujours l'air pâte ; ceci produit plus d'effet qu'on ne le croirait. La finesse des expressions et la netteté des contours, sont infiniment mieux rendues sur un marbre dur et d'un blanc éclatant, que sur le blanc pâteux du plâtre moulé sur ce même marbre ; remarque qui se peut faire également sur les statues de pierre, de même que sur celles de bronze, qui ne sont jamais aussi agréables que celles de marbre blanc ; c'est cependant beaucoup que de pouvoir, à si bon compte, avoir en stuc de véritables antiques. Si j'avais une assez grande galerie pour les loger, j'en achèterais bien vite une belle douzaine, malgré les frais de transport et les risques de les voir arriver cassées ; car elles se raccommodent facilement. A l'avenir il sera plus difficile d'en avoir ; ceux qui ont les creux aujourd'hui doivent les conserver avec soin. On dit qu'on ne veut plus en laisser prendre sur les originaux, et qu'on s'est aperçu qu'en les moulant, le plâtre ou l'huile tachait et ternissait le marbre.

Derrière le palais de France est le palais Odescalchi, autrement Bracciano, où l'on voyait ci-devant un recueil exquis de peintures de Raphaël, Titien, Véronèse, de la plus belle conservation, des cartons de Jules Romain, et surtout des Corrége *del primo grido* : par bonheur tout cela n'y est plus. Nous l'avons en France au Palais-Royal ; c'est ce que M. le Régent a acheté des Chigi ou des Odescalchi, provenant de la reine Christine [1]. Il y reste cependant encore plusieurs bons tableaux, et quantité de belles antiques ; le Faune portant un chevreau ; le Jules César en habit sacerdotal ; la Clytie métamorphosée ; une Vénus admirable, etc.

On a fait, depuis peu, de nouvelles constructions au palais Panfili [2], avec essai d'un ordre nouveau, orné de fleurs de lis et de têtes de coqs, d'un goût

---

[1] Cette inestimable collection, vendue par le duc d'Orléans (Égalité), au commencement de la révolution de 1789, a passé tout entière à l'étranger.

[2] Aujourd'hui le palais Panfili Doria al Corso. R. C.

qu'on a cru galant, qui n'est néanmoins que tirant sur le goût gothique, s'il n'est encore plus barbare. C'est une chose misérable à voir au milieu de tant d'autres d'un grand goût simple. Rome, où l'on ne trouve plus aujourd'hui aucun peintre, n'abonde pas, si je ne me trompe, en architectes vraiment habiles. Pourquoi vouloir faire mieux que ce qui est bien? C'est ainsi que les Goths maudits nous ont apporté leur manière laborieusement minutieuse et travaillée. Les Italiens nous reprochent qu'en France, dans les choses de mode, nous redonnons dans le goût gothique, que nos cheminées, nos boîtes d'or, nos pièces de vaisselle d'argent sont contournées, et recontournées comme si nous avions perdu l'usage du rond et du carré ; que nos ornements deviennent du dernier baroque : cela est vrai. Mais cela est plus excusable, ou peut-être même plus convenable dans ces petites choses, si cette manière n'avait rien d'outré ; car je ne prétends pas excuser ce ridicule baroque et le travers de nos cartouches d'ornements ; le goût gothique étant petit, délicat et détaillé, peut convenir aux petits objets, et jamais aux grands. On a la facilité d'avoir les uns par eux-mêmes tout entiers sous les yeux : il faut que les autres s'y mettent par la simplicité de leurs constructions.

La tournure de nos cheminées est plus élégante que celles des Italiens ; à cet égard ils ne connaissent que le carré. En général, nous entendons incomparablement mieux la distribution, les ornements, l'ordre et les commodités de l'intérieur ; eux, la magnificence et la grande manière du dehors. Les deux goûts réunis feraient une maison parfaite ; reste à savoir s'ils ne se nuiraient pas l'un à l'autre ; l'architecture du dehors devant produire une grande gêne pour la distribution du dedans. C'est au talent de l'artiste de les accorder : en tout cas, c'est à l'intérieur de céder. Un bâtiment, pour être beau, doit commencer à l'être dans la rue ; l'architecte ni le passant ne se départiront jamais de cet article. Avec cela n'y a-t-il pas pour le propriétaire un juste milieu entre la rage des petits cabinets, dont nous sommes possédés, et les inhabitables galeries italiennes ?

Les Panfili ont une quantité de beaux tableaux. Les Sept Sacrements, du Poussin, aussi bons ou meilleurs que ceux de M. le Régent ; trois ou quatre paysages des plus célèbres, du même auteur ; un ou deux ouvrages du Schedone, très-rares ; des portraits par Raphaël, et autres.

En sortant de là pour aller à la place Saint-Marc, vous n'oublierez pas de ne point entrer au palais Saint-Marc ; car c'est un vieux vilain logement tout à fait indigne de recevoir un procureur général du roi, quoique le roi y ait habité lui-même. Il fallait que Rome fût encore une vilaine ville au xve siècle, puisque l'on n'eut pas de plus belle habitation à donner à Charles VIII, lorsqu'il y fit son entrée triomphante.

Vous oublierez encore moins de donner en passant, *un'occhiata* au charmant petit palais de Carlo d'Aste, non-seulement à cause de sa jolie façade et de ses balcons, mais beaucoup plus encore parce qu'il a l'honneur de contenir la fille dudit Carlo, une très-jolie petite dame Ricci, dont je suis fortement inamouré. Sachez qu'elle descend en ligne droite de Renaud d'Aste, et que j'apprends par cœur l'oraison de Saint-Julien, dans l'impatience de la réciter avec profit. Il y a pourtant là un certain dom Paul Borghèse qui me lanterne; il a toujours le nez fiché dans ses cheveux : on ne trouve jamais l'un sans l'autre. N'oubliez pas non plus à Saint-Romuald le tableau d'André Sacchi, l'un des célèbres de Rome, représentant la prédication de Saint-Romuald dans une vallée délicieuse des Apennins.

L'église du Jésus est tout à fait belle, tant au dedans qu'au dehors ; mais à l'intérieur on n'a des yeux que pour l'admirable chapelle de Saint-Ignace, chef-d'œuvre de magnificence et de goût. Elle mérite d'être mise au rang des plus beaux objets qui se puissent voir, n'y ayant nulle part ailleurs d'assemblage de marbres, aussi heureux et aussi parfait ; ce n'est pas une chapelle à part renfermée en soi, elle est appliquée contre le fond de l'aile gauche. Si cette forme de construction lui ôte quelques avantages, elle lui donne celui de frapper les yeux à découvert. Elle est entre deux piliers de la croisée à pilastres cannelés de jaune antique, sur des bases de brèche africaine, rouge, jaune et noire, surmontés d'une frise d'albâtre chargée de feuillage de bronze doré, sur un socle de *giallo verde* antique, avec des statues de bronze sur les acrotères. Le pavé est de marbre mélangé, les degrés de l'autel, de porphyre, et le marche-pied de marbre à compartiments, comme un tapis. Toute la première plinthe au rez-de-chaussée est de granit antique, fouetté de grosses taches noires et blanches, merveilleusement beau. Ce premier socle en porte un second de jaune antique, supportant des piédestaux de vert antique les uns, d'albâtre ondé, chargés de bas-reliefs dorés d'or moulu, les autres d'agate fleurie disposée avec un excellent artifice. Les piédestaux sont surmontés d'un socle antique, noir et blanc, portant quatre arrière-pilastres de même, et au-devant quatre colonnes cannelées de lapis-lazuli, ayant les cannelures, les bases et chapiteaux composites de bronze doré d'or moulu. L'architecture et la corniche sont de vert antique; mais entre elles deux règne une frise de lapis, sur laquelle court une arabesque de bronze doré. L'autel, en forme de tombeau, où repose le corps de saint Ignace, est de bronze doré. Au-dessus, dans une niche d'albâtre d'Orient et sur un piédestal d'africain est la statue, en argent, de saint Ignace, vêtu d'ornements sacerdotaux de vermeil brodé en pierreries. A droite des colonnes, un groupe en marbre blanc de Paros, représente la Foi qui convertit un Japonais; à gauche, la Religion terrassant l'Hérésie. Plus loin, deux crédences d'albâtre fleuri, et les revêtements des arrière-corps, avec portes, balcons, etc., en albâtre également fleuri, mélangé d'albâtre jaune et vert antique, bas-reliefs et modillons de bronze, statues d'anges d'argent bruni, etc. Ce merveilleux ouvrage, sans pareil au monde en son genre, est du frère Pozzi, jésuite. Deux sculpteurs français, Legros et Jean Théodon, ont fait les statues.

L'autre église des jésuites, appelée Saint-Ignace, est plus grande encore que la précédente, et n'est guère moins belle; c'est l'une des plus vastes de Rome, après Saint-Pierre : elle n'est, ainsi que celle-ci, qu'à trois nefs, séparées par deux rangs de piliers entourés de colonnes corinthiennes. Son magnifique portail à pilastres, est de l'Algarde. La chapelle de Gonzague, par Pozzi, en colonnes torses de vert antique, entourées de ramages en bronze doré d'or moulu; au milieu, une excellente statue de Louis de Gonzague, par Legros. A la place du dôme, car il n'est pas fait, le frère Pozzi a peint en détrempe sur un plafond de toile, la figure concave d'un dôme en perspective. Cet ouvrage, dont vous avez sans doute ouï parler, a une grande réputation. En effet, il est d'une exécution hardie, facile et surprenante; mais, quoiqu'il soit récent, les couleurs sont déjà devenues fort brunes. Je crois que dans sa nouveauté il était d'un effet supérieur à celui qu'il produit aujourd'hui.

Pour ne pas interrompre l'article de la société, passons au Collége Romain, édifice extrêmement vaste et de grande apparence, quoique d'architecture fort simple. La galerie est pleine de choses curieuses sur l'histoire ancienne et sur l'histoire naturelle; elles y ont été rassemblées par le P. Kircher. Vous y trouverez, mon cher Quintin, quantité d'heureuses chiffonneries propres à tenir compagnie à celles du salon de votre jardin. Combien donneriez-vous, par exemple, pour avoir ces deux momies que Pietro della Valle fit déterrer en Egypte; et dont, à son retour, il fit présent au P. Kircher? On n'en connaît pas de plus grandes, ni de plus parfaitement conservées. J'avoue que j'eus un plaisir singulier à les voir; ce n'est rien encore en comparaison de celui que vous auriez à les posséder. N'en soyez point en peine, les bons jésuites vous les gardent avec tout le soin possible.

Dans le voisinage du Jésus, est le palais Altieri; il n'y en a guère à Rome que je préférasse à celui-ci. La face extérieure, qui donne sur deux rues, est immense, régulière et magnifique; les appartements clairs et bien disposés, richement meublés et remplis d'un excellent recueil de peintures. Quoique ce recueil soit un des plus beaux et des mieux choisis qui se voient ici, je ne vous en entretiendrai pas pour le présent, ne l'ayant encore vu qu'une fois avec trop peu de loisir. Je ne fis qu'en prendre en courant une petite note sur mon agenda, et je me promets d'y retourner les examiner à mon aise; alors nous en pourrons redire un mot, aussi bien que de la bibliothèque, des statues antiques et d'un certain précieux miroir de cristal de roche, à bordures d'or garnies de pierreries, que l'on montre aux étrangers comme la pièce à choisir.

Le palais Strozzi a aussi de grands appartements,

des tableaux, des statues; mais ce que l'on admire le plus, c'est le recueil de pierres gravées, entre lesquelles sont ces deux admirables camées de Livie et de Septime-Sévère, et la fameuse agate-onyx connue sous le nom de la Méduse de Strozzi, réputée avec raison le premier camée qui existe, soit pour la grandeur, soit pour la perfection de l'ouvrage. Cette Méduse est excellemment belle, et je vous assure qu'elle ne pétrifiera personne, si ce n'est d'admiration. Il y a chez les Strozzi une quantité de curiosités de cette espèce, en médailles rares, pierres précieuses singulières, pierres gravées antiques, une entre autres qu'on me dit être un diamant (j'eus peine à le croire); plantes marines, coquillages, livres et peintures d'histoire naturelle, porcelaines, fragments d'une statue de cristal de roche, et autres choses, dans le détail desquelles je n'ai garde d'entrer. Mais rien ne me fit plus de plaisir que la bagatelle suivante : c'est un livret in-4° oblong, où sont peintes sur vélin toutes les espèces de marbres antiques et modernes, finis avec soin et lissés à merveille, si bien que chaque feuillet semble être de marbre effectif. On ne peut pas trouver un recueil du marbres en échantillons plus joli et plus portatif. Ce livret était négligé sur une table et dans l'antichambre des valets. J'ai regret de ne l'avoir pas demandé ; on me l'aurait peut-être donné. On ne paraissait pas en faire grand cas, et il m'aurait fait un plaisir singulier.

La petite place de la Minerve n'a pour toute décoration qu'un gros éléphant de marbre sur sa base au milieu de la place, portant sur son dos un obélisque antique de granit chargé de caractères ; c'est celui du temple d'Isis. L'idée de l'avoir mis sur le dos d'un éléphant est bien trouvée ; l'ouvrage est du cavalier Bernin. L'éléphant retourne la tête du côté du couvent des dominicains et semble rejeter sa trompe vers son derrière, sur quoi l'on m'a dit en deux mauvais vers, une mauvaise polissonnerie latine :

> Stans elephas retro versa proboscide, dicit :
> Dominici fratres, hîc ego vos habeo.

L'église, autrefois temple de Minerve, sans aucune apparence au-dehors, n'offre qu'un coup d'œil médiocre au-dedans. On y voit cependant au détail plusieurs objets de curiosité, surtout les tombeaux des cardinaux Cazanata, Pimentelli, Alexandrin ; des papes Urbain VII, Paul IV, Léon X, Clément VII, Benoît XIII. Ce dernier, qui ne fait que de sortir de la main de l'ouvrier, surpasse tous les autres en magnificence. Le couvent des religieux est vaste et tout à fait beau. Ces messieurs les dominicains tiennent ici le haut bout parmi les moines, à la barbe des jésuites. Ils ont l'inquisition et la charge de maître du palais. Ils ont eu en dernier lieu, pour général, un père Cloche, Français de nation, homme d'un mérite singulier, qui jouissait ici de la plus haute considération. J'ai fait connaissance avec un d'entre eux, nommé le père Bremond, natif de Besançon, que je vais quelquefois voir avec plaisir : c'est un homme sage, doux, sensé, de bonne conversation et estimé dans son ordre. Il est assistant du général, et pourra bien le devenir lui-même. Je ne lui sais qu'un travers d'esprit, c'est de croire de bonne foi que, parce que Benoît XIII était dominicain, il faisait réellement des miracles. Il est oncle du jeune Bremond de l'Académie des sciences, où il se fait déjà une réputation distinguée.

La plus belle bibliothèque de Rome est celle de la Minerve. Le vaisseau est grand, clair, commode, distribué à deux étages par une tribune, comme celle du roi à Paris. Elle est publique, presque toujours remplie de gens qui travaillent. J'y ai trouvé d'excellents manuscrits de Salluste, que l'on me collationne actuellement. On y est bien servi et de bonne grâce.

Tout le quartier della Valle a reçu son nom de notre cher voyageur Pietro. Il était d'une famille très-illustre, éteinte aujourd'hui (à moins qu'il n'en reste, comme on le dit, une branche en Sicile); quoiqu'il eût laissé quatorze enfants de la petite Mariaccia, Babylonienne qu'il épousa à son retour, et avec laquelle je soupçonne fort qu'il s'amusait; chemin faisant, pour calmer la douleur où le plongeait la perte de la très-illustre Siti-Maani, sa légitime épouse. Il avait, près de l'église, son palais orné de sculptures, qui appartient, je pense, à présent à la maison d'Autriche. Cette grande et belle église della Valle, l'une des plus belles de Rome, vous est sans doute fort connue par l'admirable dôme représentant le paradis, peint à fresque par Lanfranc, d'une hardiesse, d'une facilité et d'une *vaghezza* merveilleuse ; c'est un ouvrage de la première classe. Il y a des figures d'une vigueur de ton et d'une grandeur archi-gigantesque, qui font fuir les autres *ultrà Saromatas* : le tout fait d'en bas un prodigieux effet de perspective. Cependant, après l'avoir vu, vous serez au moins aussi content de la coupole du chœur, peinte par le Dominiquin, d'une parfaite correction de dessin, dans le goût de l'antique, avec une précision qui approche encore plus de l'exactitude sévère du Poussin, que des grâces adoucies de Raphaël.

Vous trouverez dans ce quartier quelques restes d'antiquité : les ruines des bains d'Agrippa, aujourd'hui l'arc de la Ciambella ; les bains de Néron, sur lesquels sont bâtis les palais Madama et Giustiniani ; le premier, appartenant au grand-duc, beaucoup moins vaste que l'autre, mais mieux proportionné et d'une architecture plus agréable, à mon gré ; outre que ce dernier, malgré ses chambranles de portes en vert antique a, dans l'intérieur, l'air pauvre et malpropre. On ne saurait croire l'immense quantité de statues antiques qu'on a trouvées dans les bains de Néron, en bâtissant le palais Giustiniani, et qu'on y a rassemblées depuis. Mais le tout est mélangé de bon et de mauvais, jeté sans ordre et sans grâce sur le pavé d'une grande galerie dénuée de tout ornement ; c'est moins une galerie qu'un magasin. J'en dis autant de l'immense profusion de tableaux à vilaines bordures, mal rangés, les uns contre les autres, dans un mauvais jour, le long de ces grands appartements obscurs. Il y a cependant une très-grande quantité de belles peintures tout au travers d'une autre très-grande quantité d'assez médiocres ; par exemple, plusieurs beaux Caravages ; les Marchands chassés du temple, du Veronese ; la Chananéenne, d'Annibal Carrache ; un portrait de Jules II, par Raphaël, et le Jugement de Salomon, du Poussin, d'une ordonnance exquise et d'un coloris fort soigné. C'est, à mon avis, le plus beau de tout le recueil, et même un des meilleurs tableaux de chevalet que je connaisse : l'ordonnance en est telle, qu'il n'y a pas une partie dont l'arrangement ne plaise et ne forme un ensemble que l'œil saisit facilement. L'excellente perspective du lieu où l'action se passe, figure une vaste étendue et sert bien à marquer le lien des personnages et à rendre leur action distincte et sans confusion. Le Poussin excelle dans ses ordonnances, surtout quand l'action qu'il représente se passe dans l'intérieur d'un bâtiment. Il y met presque partout une netteté que je ne rencontre pas toujours dans les meilleurs ouvrages des premiers maîtres. Ils proportionnent rarement leurs figures au champ sur lequel ils travaillent ; au lieu que celui-ci, par l'attention qu'il a de peindre une salle en entier, et de tenir ses figures de petite stature, en raison perspective et proportionnelle à la hauteur du lieu où il les place, se procure à lui-même du vide, pour disposer nettement son sujet, donner à l'œil du spectateur du repos et de l'aisance, et à tout son ensemble un grand air de vérité.

Algarotti porte de ceci le même jugement. Il me disait un jour en conversation que la mesure que le Poussin a communément choisie pour la hauteur de ses personnages, était celle dont les peintres devraient presque toujours faire choix, comme de la plus favorable, parce que c'était la forme où l'œil embrassait le plus facilement tout le sujet du tableau, et qu'il jugeait que ce choix judicieux avait beaucoup fait pour la grande réussite des tableaux du Poussin.

Je ne doute pas que cette espèce de conduite ne contribue beaucoup au grand mérite des tableaux de ce fameux peintre, en donnant à son style le ton sage, savant et régulier qu'on y admire. Nous avons encore un peintre français, Dufresnoy (Charles-Alphonse), qui a la même attention, et dont la manière, à mon sens, approche assez de celle du Poussin.

Mais que dirons-nous, chez le Giustiniani, de la fantaisie qu'on a euë de remplir un salon du haut en bas, des quatre côtés, uniquement de Vierges de Raphaël? Votre serviteur n'a pas compté combien il y en avait de centaines; quand elles seraient toutes admirables, le total deviendrait d'une fatigante monotonie : mais, pour un bon original, trente copies médiocres ; et puis des Perugini qui voudraient jouer le Raphaël : cela leur va quelquefois, comme des manchettes à notre chien. Quant aux statues, les plus célèbres sont la Diane d'Ephèse, la Dea Salus, le Méléagre, le Jupiter Imbraticus, le bas-relief d'Amalthée, celui d'une femme qui vient d'offrir un dur sacrifice à Priape : ce drôle-là ne ménage point le beau sexe ; elle s'évanouit en le quittant ; je ne sais, au reste, si c'est de douleur ou de regret ; la Capronie, la belle Cléopâtre, la fameuse Isis, trouvée lors des fouilles pour les fondations du couvent de la Minerve, que plusieurs mettent dans la première classe des antiques, et l'Apollon tenant sous son bras, comme un maître-d'hôtel tient sa serviette, la peau de ce pauvre diable de Marsyas, qu'il vient d'écorcher. La peau du visage fait encore une mine de damné, et conserve toute l'impression du chagrin mortel qu'on lui faisait par un si sanglant outrage. L'invention de cette manière d'exprimer est tout à fait singulière et pleine d'esprit. Parmi les sculptures modernes, un petit groupe admirablement beau de Joseph d'Arimathie tenant le corps de Jésus-Christ, par Michel-Ange.

Si vous voulez avoir tout ceci à bon marché, pour quelques trois ou quatre cent mille écus, je crois la chose praticable. Le prince Giustiniani a l'air bien grêlé ; je dînai hier avec lui chez le roi d'Angleterre ; à sa mine, non plus qu'à l'accueil qu'on lui faisait, je ne me serais douté ni de sa principauté ni de toutes ses Vierges de Raphaël.

Ne passons pas si près de notre église Saint-Louis, pleine de prêtres français, sans dire un *requiem* aux cardinaux d'Ossat, d'Angennes, de Foix, de la Bourdaisière, et autres qui y reposent *in pace*. Vous y trouverez au dehors un bon portail d'architecture simple, des bornes de porphyre au-devant des degrés; au dedans, des peintures du Guide, du Dominiquin, du Muziano, etc. De là, il n'y a qu'un pas, il faut faire un tour à la poste de France, savoir s'il n'y a point de lettres. Ce chien de courrier me désole; jamais il n'arrive, surtout quand il a fait mauvais temps le mercredi : c'est le jour qu'il passe la mer pour arriver à Viareggio. Quand une fois la felouque n'avance pas son chemin, on n'entend plus parler de mon coquin qu'aux calendes grecques; cependant il lui est défendu de passer par mer, de peur que les lettres ne soient retardées par le perfide élément. Le roi lui paye ses postes pour passer tout le long des côtes de Gênes sur le chemin de la Corniche, où j'ai tant renié ma vie. Malgré cela, il n'en fait rien ; il met l'argent des postes dans sa poche, et s'embarque sur quelque felouque à petits frais. La semaine passée, le bélître retarda de neuf jours ; c'est-à-dire, qu'au lieu d'arriver le dimanche, il n'arriva que le lundi de la semaine suivante. J'en pensai faire une sédition. Les chemins et le temps étaient exécrables : il n'avait pu passer par mer pour cette fois; mais il avait parfaitement choisi son moment pour se charger de tant de commissions à son profit, qu'il arriva avec trois chaises de poste, façon de guimbardes, baguées jusqu'à l'impériale, avec lesquelles il ne pouvait faire *aye* dans les bourbiers de Lombardie et dans la traversée de l'Apennin. Je suis d'avis qu'on le casse.

Le grand collége de la Sapience est semblable ici, dans son institution, à celui qu'on appelle à Paris, collége Royal; il est d'une vaste étendue, régulier, dominé par son clocher en ligne spirale, d'une riche et très-bizarre sculpture, qui ne peut être que du Borromini ; le dedans est entouré d'un portique à deux étages : il a une belle bibliothèque et force professeurs.

La place Navone, autrefois *circus Agonalis Alexandri Severi*, serait un magnifique lieu s'il n'était pas si sale ; mais, comme on y tient le marché aux herbes, etc., c'est pis que la place Maubert. Il faut avouer néanmoins, que les fontaines valent un peu mieux que celle de la place Maubert. Presque toute une des façades de cette place longue et étroite (car elle retient sa forme de cirque) est formée par l'église de Sainte-Agnès et par l'ancien palais des Panfili, deux édifices aussi superbes qu'on puisse se le figurer. Notre pape Corsini faisait sa demeure en ce palais avant son élection au pontificat. Il était, étant cardinal, le plus grand seigneur de Rome, et de plus, dit-on, un des bons violons d'Italie. *A vrei gran gusto di sentir* une sonate de Corelli de la main de Sa Sainteté ; mais le pauvre homme ne joue de rien, si ce n'est qu'il jouera bientôt de son reste. Je n'ai pas encore vu l'intérieur de ce palais, où je me ménage un plafond de Pierre de Cortone, dont on dit du bien. Je vous ai déjà parlé de la principale fontaine de la place Navone, avec son obélisque hiéroglyphé, trouvé dans le cirque Agonal même ; on

en parlerait cent ans sans cesser de dire qu'il ne se peut rien voir de plus auguste ni de plus satisfaisant; remarquons à ce sujet, qu'on voit souvent quantité d'ouvrages des maîtres du premier rang, avant que de pouvoir prendre d'eux l'idée, qui s'en est généralement répandue dans le public; ce qui m'est surtout arrivé à l'égard de Michel-Ange et du Bernin. Plusieurs de leurs ouvrages ne m'avaient pas satisfait, ils me laissaient toujours chercher sur quoi était fondée cette haute réputation; mais, quand on aperçoit le dôme de Saint-Pierre et la fontaine Navone, on s'écrie : « C'est avec raison que la renommée a
« mis ces deux maîtres si au-dessus de tous les
« autres. Le cavalier Bernin ne pouvait pas mieux prendre sa bisque pour exécuter son chef-d'œuvre si ce que l'on raconte à ce sujet est véritable. On lui avait remis tous les dessins de l'église de Saint-Pierre, tous les plans et mémoires de Michel-Ange et du Bramante, pour continuer l'édifice, en le réduisant, de la forme d'une croix grecque, en la forme d'une croix latine; pour y faire, en un mot, tout ce qu'il voudrait de nouveau, avec défense expresse néanmoins de rien changer, ni de toucher à ce qui était fait. Mon Bernin s'ingéra de creuser un des quatre fameux piliers pour y pratiquer un petit escalier montant à la tribune; aussitôt le dôme se fendit. On fut obligé de le relier tout entier avec un cercle de fer. Ce n'est point raillerie, le cercle y est encore ; le mal n'a pas augmenté depuis. Par malheur pour le pauvre cavalier, on trouva dans les Mémoires de

Michel-Ange qu'il avait recommandé, *sub pœnâ capitis,* de ne jamais toucher aux quatre piliers massifs faits pour supporter le dôme, sachant de quelle masse épouvantable il allait les charger; le pape voulait faire pendre Bernin qui, pour se rédimer, inventa la fontaine Navone; elle a été exécutée par l'Algarde. Celui-ci, Raggi et quelques autres ont travaillé aux statues. En été ont ferme les écoulements des bassins; la place, creusée en coquille, se remplit d'eau sur laquelle on se promène en bateau; les belles dames circulent en carrosses tout autour, patrouillant de leur mieux le long des bâtiments. Je n'ai pas vu ceci; mais je suppose un grand lavage antérieur, pour purger la place de tous les immondices que j'y vois aujourd'hui. Outre la grande fontaine du milieu, il y en a deux autres assez considérables aux extrémités, l'une de Nymphes, et l'autre de Neptune avec ses Tritons. Cette dernière est de Michel-Ange, du Bernin, de Flaminio Vacca, Leone du Sarzana, Silla de Milan et Taddeo Landini.

Que dites-vous de l'église Sainte-Agnès, de son portail, de ses campaniles, de son dôme, de sa forme ovale, de son architecture à colonnes corinthiennes, tant au dedans qu'au dehors, de son superbe pavé de marbre à compartiments, de ses revêtements de marbre, sculptures, dorures, stucs, peintures, etc.? Ne convenez-vous pas qu'on ne peut rien voir de plus riche, ni de plus orné? Au reste, on trouve beaucoup de choses à reprendre dans l'architecture de cet édifice, plus magnifique que régulier. Ce serait la matière de longs discours inutiles ; vous aurez plus tôt fait de voir l'estampe : chaque autel a un bas-relief au lieu de tableau, ce qui forme un bon contraste avec les peintures des voûtes et du dôme, exécutées par Ciro Ferri et par le Corbellini, son élève, d'une manière vague et pourtant dure. Dans la frise, au-dessous du dôme, on lit en très-gros caractères ces paroles de la légende : *Agnes locum prostibuli ingressa angelum Domini invenit benè præparatum.* Ceci vous indique que ce qui est aujourd'hui un très-saint lieu en était autrefois un très-mauvais, où de vilains empereurs païens envoyaient les pauvres filles souffrir pour la foi chrétienne. Voilà ce que deviennent les choses : *cent ans bannière, cent ans civière*, dit le proverbe. La petite chambre destinée à l'opération subsiste encore dans une chapelle souterraine de l'église. On voit au-devant de l'autel un admirable bas-relief, de l'Algarde, représentant sainte Agnès conduite à son supplice ; la créature est nue comme la main ; c'est une jeune fille de 14 à 15 ans, avec de longs cheveux, de petits seins naissants, tout un corps plein de *morbidezza* et très-palpable, qui est conduite par un grand coquin de housard, se promettant de la martyriser sans pitié ; en vérité je la plains, la pauvre enfant n'est pas en âge de supporter une telle fatigue ; aussi les choses ne se passèrent-elles pas comme votre esprit gâté pourrait le soupçonner : au lieu de cette soldatesque brutale, elle trouva un beau jeune ange du Seigneur, *benè præparatum,* d'où il faut présumer qu'au bout de peu de temps ils se crurent tous deux en paradis. N'avez-vous pas honte, monsieur le procureur général, vous qui êtes d'un état grave, de me faire dire tant de folies? Admirez plutôt l'incomparable beauté de ce bas-relief, l'un des plus fameux ouvrages modernes : la férocité du soldat, la pudeur et la honte de la jeune enfant... Ce n'est point du marbre, mais de la chair molle et flexible sous le doigt.

Derrière Sainte-Agnès, on voit dans la place des Libraires, une statue antique fort mutilée, mais aussi célèbre que pas une autre : c'est le seigneur Pasquin. Il était grand babillard en son temps, depuis longues années il ne dit plus un mot, n'étant pas à portée de faire des dialogues satiriques avec son ami Marforio, qui gît aujourd'hui couché dans une cour du Capitole.

Je sors du palais de la Chancellerie dont je n'ai pas été fort content, non plus que de la visite que j'ai faite au cardinal Ottoboni, vice-chancelier et doyen du sacré collége, qui nous a fait un accueil assez froid, au lieu que nous nous attendions à en être reçus avec quelques démonstrations de caresses, puisqu'il est depuis longtemps Protecteur de France. Il nous a reçus à peu près en ministre. J'ai pensé lui dire, pour le remettre à son aise, que nous n'avions ni affaire à lui, ni besoin de lui. Il est plaisant de voir messeigneurs les cardinaux prendre le titre fastueux de Protecteurs des couronnes, à l'imitation sans doute de ces anciens Romains, chez qui les grandes familles s'attribuaient la protection de certaines provinces conquises. Mais ici le cas n'est pas égal ; d'ailleurs il y a un peu loin du sacré consistoire à la république romaine. Ottoboni ayant été fait cardinal par son oncle dès l'âge de 17 à 18 ans, se trouve doyen depuis assez longtemps ; il est vieux et cassé, fort décrédité par ses mœurs, ayant toute sa vie été grand rufien et peu circonspect sur le décorum à cet égard. Il aime passionnément la musique et les arts ; il donnait encore cette année, chez lui, de grands concerts où l'on exécutait quelquefois des motets en langue vulgaire, de Benedetto Marcello, noble Vénitien et fameux compositeur. Ces motets ont beaucoup de réputation ; ils m'ont paru d'un style antique, d'une expression grave et belle, d'une excellente harmonie et de peu de chant. Le cardinal a voulu aussi introduire dans la musique l'exécution de quelques actes d'opéras français ; ce qui n'a pas eu de succès. Indépendamment de la prévention où sont ici les nationaux contre toute autre musique que la leur, il faut convenir que nos grands opéras ne sont pas faits pour sortir du théâtre, ni de l'appareil du spectacle, encore moins pour être transportés dans un pays où notre langue n'est pas assez familière, et où on les exécute à faire mourir de rire ; c'est-à-dire à peu près comme nous chantons la musique italienne en France. Il a fait construire chez lui, pour sa musique et son plaisir, une espèce de théâtre qui lui a coûté fort cher.

Le palais de la Chancellerie est triste, tant au dehors qu'au dedans ; les appartements m'ont paru sombres. L'intérieur de la cour est orné d'une belle colonnade antique et de quelques statues. Il y a de bonnes peintures dans les appartements, des paysages de Lucatelli, des tableaux de Trevisani, le seul bon peintre moderne qui vive de nos jours ; mais il est d'une vieillesse extrême, et ne travaille plus depuis longues années. Une galerie assez bien ornée, et une bibliothéque considérable, qui faisait partie de celle de la reine de Suède, dont le surplus est au Vatican. Le Vatican a reçu le plus grand nombre des manuscrits, et la bibliothèque du palais de la Chancellerie, les deux tiers au moins des livres imprimés. On y trouve néanmoins beaucoup de manuscrits, outre une belle collection de médailles et de pierres gravées. Il reste aussi de la reine Christine plusieurs tentures de tapisseries et autres beaux meubles. Près de là, il faut voir l'église de San Lorenzo in Damaso, fort ornée et même trop chargée de peintures et dorures, et la maison de Michel-Ange construite par lui-même.

Autre visite au cardinal Rezzonico, dans le palais Altemps, non pas tant pour l'amour de lui, quoique honnête et civil, que pour l'amour de certaines antiques, et surtout d'une célèbre Bacchanale en bas-relief. Ma foi ! ils ont raison de dire qu'elle est de la première classe des antiques ; mais il faudrait *mettre dans les propos un peu de modestie ;* il y a là une chèvre avec un satyre... Ah ! ah ! monsieur le cardinal, *conveniunt satyris parum pudica protervis.*

Mais tout franc, ceci est un peu fort pour l'antichambre de votre éminence.

Au sortir de chez le cardinal Rezzonico [1], passant par hasard devant l'église Saint-Augustin, je me suis malheureusement avisé de tirer le cordon de mon carrosse, pour faire voir à Legouz le fameux Isaïe de Raphaël. Mon souvenir a été fatal à un pauvre laquais de louage qu'avait Legouz. Il est descendu pour savoir ce qu'on voulait ; la botte du carrosse a manqué sous son pied ; il a fait un faux pas d'un demi-pied de haut, et s'est cassé la cuisse près de la hanche. Nous en avons fait prendre tous les soins imaginables ; ce qui ne l'a pas empêché de mourir. L'Isaïe de Raphaël est exécuté d'une manière forte, à l'imitation de Michel-Ange. On dit que Raphaël peignit son prophète, après que le Bramante lui eut fait voir en secret la chapelle Sixtine, que Michel-Ange peignait. Quel génie ne devait pas avoir un homme qui, du premier coup d'œil, vit qu'il devait changer la manière gothique et roide qu'il tenait du Pérugin, son maître ; qui discerna dans le moment, tout ce qu'il fallait prendre de la grande manière de Michel-Ange, et tout ce qu'il fallait réformer sur la belle nature, de son goût outré et féroce.

L'Anima et la Pace, deux églises voisines l'une de l'autre, ont chacune de quoi satisfaire votre curiosité.

A l'Anima, remarquez le portail et toute la façade qui l'accompagne, et dites-moi si le Borromini lui-

---

[1] Devenu pape sous le nom de Clément XIII.   R. C.

même a rien composé de plus richement bizarre que cette œuvre d'un architecte allemand, aidé des dessins du Bramante. C'est une espèce de portique en demi-cintre convexe, recouvert d'une demi-coupole. Par-dessus une autre colonnade en demi-cintre concave, surchargée de diverses saillies et renfoncements revêtus de colonnes. Ce genre de décoration, ni antique, ni gothique et le plus éloigné du simple qu'il soit possible, ne laisse pas d'avoir de la magnificence.

A la Pace, vous trouverez les fameuses Sibylles, peintes à fresque par Raphaël, d'une exquise correction de dessin; cet ouvrage et l'Isaïe sont les premiers qui aient élevé aussi haut la réputation de Raphaël. Il est aujourd'hui fort gâté, fort effacé, aussi bien que les deux autres Sibylles peintes vis-à-vis par son compatriote Timoteo della Vite, d'une manière pareillement excellente. Je ne me souviens pas d'avoir vu autre chose de ce Timoteo, qui a laissé ici un grand échantillon de son talent.

N'oubliez pas de venir ce soir à l'Oratoire, en musique, dans la chapelle des pères de ce nom. On y chante des dialogues, de petits opéras sacrés de Métastase, musique de Vinci. La pièce affichée pour aujourd'hui est Caïn et Abel. Saint Philippe de Neri, sachant bien que nous ne nous passerions pas de spectacle, a, dit-on, inventé ceci pour nous détourner de ces vilaines tragédies profanes. Ce qu'il y a de sûr, c'est qu'il nous a donné un spectacle de plus, et je lui en sais bon gré. Arrivez de bonne heure, car tout mérite ici votre présence : l'assemblée, les voix, la musique, la maison, l'église, la chapelle, les peintures, les stucs, les statues, tout y est brillant, agréable et d'un grand goût.

En attendant l'heure marquée, prenons notre route du côté du palais Farnese. Vous verrez, en passant, à Saint-Jérôme de la Charité, le fameux tableau de la Communion de saint Jérôme, par le Dominiquin, si estimé du Poussin, avec raison, et d'une expression tout à fait touchante. J'ai ouï dire qu'André Sacchi le préférait à la Transfiguration de Raphaël ; *adagio, signor Sacchi, adagio*, ceci est un peu fort. On vient d'en faire une copie en mosaïque pour l'église de Saint-Pierre. Voyez auparavant au Saint-Esprit le Martyre de saint Janvier, par Luca Giordano. C'est un grand compositeur qui me plaît beaucoup. N'omettez pas la maison de Falconieri sur le bord de la rivière. Outre la dame du logis, qui est jolie, vous y trouverez des peintures en petit nombre, mais d'un bon choix; les plus célèbres sont les Amours de Vénus et d'Adonis, de l'Albane, en quatre tableaux, connus sous le nom des *quatre Éléments*.

On est charmé, en entrant dans la place Farnese, de la vue de deux belles fontaines en girandoles, dans des cuves de granit antique, d'une grandeur incroyable, quoique d'une seule pièce. Montons un moment dans la petite maison des Pighini, pour y voir le fameux Méléagre de marbre couleur d'ivoire, dont parle Pline. Il est manchot le pauvre diable ; c'est, selon le sentiment commun, un antique *del primo grido*. J'aurai quelque peine à en convenir, si je resserre dans des bornes étroites ma première classe des antiques. On ne tient guère en honneur cette statue célèbre : elle est couchée tout bonnement dans une petite chambre. Le propriétaire n'est pas riche, et se mettrait à son aise en la vendant. Par malheur pour lui les substitutions perpétuelles de meubles ont lieu dans ce pays-ci ; le Méléagre se trouve dans ce cas, si bien que Pighini ne peut s'en défaire ; ce dont il enrage.

Le fameux palais Farnese a dans son architecture extérieure plus de majesté, de grandeur et de solidité que de grâce et d'ornement. Il est cependant l'ouvrage des plus célèbres architectes réunis, entre autres de Michel-Ange, qui a fait la corniche ; aussi est-ce le plus beau morceau. Mais je ne pourrai jamais me résoudre à dire qu'un bâtiment sans colonnes, soit un bâtiment parfaitement beau ; d'ailleurs, on a toujours une dent contre lui lorsqu'on se souvient que, pour le construire, ces insensés Farneses détruisirent une partie du Colisée, qui leur fournissait un amas commode et voisin de grands matériaux à bon marché. Ne faut-il pas être possédé du démon pour commettre une pareille action ? Ne vaudrait-il pas mieux cent fois qu'on eût mis autant de soins et de travail à réparer le Colisée, qu'on en a mis à réparer l'amphithéâtre de Vérone, et qu'il n'existât point de palais Farnese ? La cour carrée est ornée de plusieurs étages de portiques à pilastres et de statues colossales. Je vous en citerai trois de la première classe, trouvées toutes trois dans les ruines de l'Antoniane, c'est-à-dire des thermes de Caracalla; l'Hercule, trop connu sous le nom d'Hercule Farnese, pour vous en parler plus au long; la Flore, qui l'emporte sur toute autre antique, par la perfection de ses draperies : ces deux-ci ont été admirablement bien réparées par Guillaume della Porta, sculpteur moderne. Au fond de la cour, sous un hangar, l'histoire de Dircé, groupe épouvantable, ou, pour mieux dire, histoire entière, d'un seul bloc de marbre démesuré. Cet ouvrage se compose : de la figure de Dircé, qu'Amphion et Zéthus, pour venger la mort d'Antiope leur mère, attachent avec une longue corde aux cornes d'un taureau indompté; d'une femme et d'un enfant, spectateurs de cette tragédie : en tout six grandes figures placées sur une masse de rochers, sans compter le détail, composé de figures d'animaux, plantes, etc. Ce détail est assez misérable; ce qui arrive souvent aux plus belles antiques, où l'on voit une figure principale exquise avec des accessoires tout à fait pauvres, comme si le maître, dédaignant de les travailler lui-même, les eût laissé faire à quelque élève ignorant. Ici, l'action, les expressions, les attitudes, sont d'un grand feu et d'un grand style grec; l'exécution a d'ailleurs quelque chose de rude et de grossier qui déplaît. Si on la met dans la première classe des antiques, c'est plutôt par la grandeur de l'ouvrage et par son exécution prodigieuse, que par toute autre raison. Cette masse est parfaitement bien conservée, quoique souvent transportée d'un lieu à un autre ; elle avait été faite à Rhodes par Apollonius et Tauriscus. Pollion la fit venir à Rome, au rapport de Pline ; Caracalla la plaça ensuite dans ses bains. Les Farneses l'ont transportée ici, où elle est assez mal placée, dans un lieu d'entrepôt[1].

Les appartements du palais sont tous démeublés : il n'y reste que les quatre murailles garnies de quelques peintures et d'une infinité de statues antiques, parmi lesquelles j'ai eu une peine extrême à démêler celle de Salluste, que je savais y être, et qu'à mon grand étonnement personne ne connaît ici. Je la connaissais encore moins, n'ayant jamais vu mon homme ni mort, ni vif. Il m'a fallu faire venir de Dusseldorf un dessin de la copie de ce buste, que j'avais ouï dire être dans le recueil de l'électeur Palatin. Avec le papier à la main, j'ai reconnu mon original, dont j'apporte un excellent dessin, pour le faire graver au-devant de mon ouvrage.

Ohimè ! je viens d'avoir une peur horrible. J'ouvrais sans malice la porte d'une chambre voisine, vous connaissez ce vilain Caracalla, il s'était campé tout près de la porte, et il s'est mis à me regarder nez à nez, avec sa physionomie de réprouvé ; j'en ai reculé avec la plus ridicule frayeur. Ma foi ! Quintin, c'est ici le premier des bustes, même au-dessus du Jules-César du palais Casali et du Vitellius de Gênes. Vous y trouverez d'autres bustes curieux : Homère,

[1] Ce groupe est aujourd'hui au musée de Naples, après avoir orné longtemps la promenade de Chiaja. — R. C.

Sénèque, une excellente Vestale, etc. Parmi les statues, la fameuse Vénus aux belles fesses, chef-d'œuvre du nu; Apollon, de basalte, ayant le bras passé par-dessus la tête, l'une des plus célèbres antiques; un hermaphrodite. Que vous dirai-je enfin? car ce ne serait jamais fait. N'oubliez pas le grand plan de Rome ancienne, sur marbre, tiré du temple de Romulus : il y manque beaucoup de pièces.

Quels éloges pourrai-je aussi vous faire de la galerie peinte par Annibal Carrache, qui ne fussent tout à fait au-dessous de ce que l'on en doit dire? Les histoires des *Métamorphoses* d'Ovide y sont peintes à fresque dans le plafond et sur les murailles, à compartiments d'inégales grandeurs; quelques-uns en camaïeux verts pour plus de variété, presque tous en couleur. Louis et Augustin Carrache y ont eu quelque part; mais la plus grande partie est de la main d'Annibal. Cette galerie est de la première classe des vastes compositions. Tout mis en balance, elle va de pair avec les grands ouvrages de Raphaël. Le style et les dessins n'en sont pas de beaucoup inférieurs à ceux du Sanzio; le coloris et la conservation beaucoup meilleurs. De plus on a l'agrément de trouver ici des sujets agréables et des images riantes, au lieu de ces perpétuels sujets de dévotion si rebattus en Italie; quelque bien traités qu'ils soient, on s'en lasse à la fin, à force de ne voir autre chose.

Le palais Spada, d'une architecture tenant du rustique, possède la fameuse statue de Pompée, trouvée dans les ruines de la Curie de Pompée, où le sénat s'était assemblé le jour que César y fut poignardé. Cette circonstance me paraît avoir quelque chose de piquant pour la curiosité, puisque la statue, outre qu'il en existe fort peu de Pompée, est certainement la même au pied de laquelle les historiens rapportent que César alla tomber. J'en ai fait prendre deux dessins, l'un de face et l'autre en profil, très-exacts tous les deux ; cependant les deux têtes n'ont pas la moindre ressemblance l'une avec l'autre. Je ne sais s'il y a jamais eu de physionomie qui différât davantage, vue de face ou de profil, que celle de Pompée. On voit encore au même lieu le grand et beau tableau de la mort de Didon, du Guerchin, et quelques excellentes peintures du Guide.

Le duc Mattei possède aussi dans la galerie de son palais un portrait unique ; c'est le buste de Cicéron, seule image authentique que nous ayons de ce grand homme. Le nom s'est trouvé écrit sur la base. Le nez est moderne, mais il se rapporte fort bien au reste du visage. J'ai fait faire un dessin le plus correct qu'il a été possible de cette pièce originale, n'étant pas content de toutes les gravures qu'on en a publiées, et qui n'ont aucune ressemblance avec ce buste. Vous ne sauriez croire combien il est difficile de copier au crayon une statue parfaitement ressemblante, outre que c'est une misère que d'avoir ici un bon dessinateur. Je m'étais figuré que Rome en fourmillait : point du tout ; voilà déjà trois ou quatre fois que j'ai été obligé d'en changer, pour le recueil que je fais tirer sur les originaux des portraits antiques, relatifs à mon Salluste. Je vous laisse au palais Mattei pour y voir à votre aise tout ce qu'il contient, c'est-à-dire une assez bonne bibliothéque, une belle galerie ; les siéges curules qui viennent, dit-on, de la *Curia Hostilia;* les bas-reliefs antiques et sculptures, deux entre autres trouvés dans le *Castrum Prætorium;* l'un représentant des soldats ; l'autre le bœuf couronné qu'on leur donnait pour récompense, etc. Pour moi, je vous avertis que je ne puis plus me tenir sur mes jambes.

> Non più, signor, non più di questo canto,
> Ch'io già son stanco, e vo posarmi al quanto.
> —(Orlando.)

XLII. — A M. L'ABBÉ CORTOIS DE QUINCEY.

Inquisition.—Puissance papale.—Népotisme.—Derniers Papes de ce siècle.—Politique.—Nuit de Noël. Tribunaux.

La liberté de penser en matière de religion, et quelquefois même de parler, est au moins aussi grande à Rome, mon cher abbé, qu'en aucune ville que je connaisse. Il ne faut pas croire que le saint-office soit aussi diable qu'il est noir ; je n'ai ouï parler d'aucune aventure de gens mis à l'inquisition, ou par elle traités avec rigueur. Le saint-office a son palais auprès de Saint-Pierre ; mais la congrégation se tient à la Minerve. Elle est composée de douze cardinaux et d'un cardinal-secrétaire ; le grand-pénitencier préside ce tribunal ; il est chargé de rapporter au pape les affaires sur lesquelles on veut *sentire il suo oracolo*. Outre les cardinaux, il y a dans la congrégation plusieurs prélats, un commissaire, un assesseur et des théologiens consulteurs, parmi lesquels sont toujours un cordelier et trois dominicains. Le maître du sacré palais est aussi toujours pris parmi les dominicains. Les consulteurs avec le commissaire et l'assesseur, préparent les matières et font le rapport aux cardinaux. Ceux-ci s'assemblent le mercredi à la Minerve ; ils ont seuls voix délibérative, et décident les affaires, à moins qu'ils ne les jugent dignes d'être rapportées le lendemain matin au pape même. On lui dit de quel côté s'est portée la pluralité des suffrages, et il confirme l'avis. Toute sollicitation est absolument bannie de ce tribunal ; jusque-là même que le juge sollicité est obligé d'aller déclarer à la congrégation le nom de ceux qui l'ont sollicité. On dit qu'on n'y emprisonne personne que la preuve de son délit ne soit bien acquise, et que les délinquants qui viennent de leur propre mouvement s'accuser eux-mêmes sont toujours absous. Le secret y est inviolablement gardé ! aussi y porte-t-on toutes les affaires qu'on veut qui soient secrètes, pour peu qu'elles aient de rapport au dogme. L'affaire du cardinal de Noailles y fut traitée ; c'est là qu'on agite, à ce que l'on m'a dit, celles où le parlement de Paris se trouve mêlé.

Rien n'est plus singulier que la façon dont on a parlé ici de notre jansénisme, soit d'état, soit de religion, et des sentiments tantôt hauts, tantôt bas, que nous avons sur le pouvoir du pape. Il faut, puisque je suis sur ce chapitre, que je vous donne l'extrait d'une conversation que j'avais en dernier lieu avec un homme qui a infiniment d'esprit et de connaissances. « Vos Français, me disait-il, sont d'étranges
« gens. Nulle nation catholique n'affecte plus de mé-
« priser l'autorité du pape, et nulle ne lui en attri-
« bue davantage, quand elle en a besoin. Si vous
« venez demander à la cour de Rome quelque ordon-
« nance qu'elle n'aurait pas songé à rendre, on a
« beau vous faire des objections, vous portez sur le
« pinacle le pouvoir du vicaire de Jésus-Christ. Il
« faut vous expédier tout de suite ; rien n'est plus
« simple. Qu'est-ce que le pape ne peut point ? C'est
« la *furia francese*. Et puis, quand l'ordonnance est
« rendue, vous la portez en France à vos parlements,
« qui nous font mille avanies. Cependant, quand
« l'éclat est fait, nous sommes, en quelque façon,
« engagés d'honneur à soutenir ce que nous avons
« fait ; ne serait-ce pas à vous à savoir si ce que vous
« demandez est conforme ou non aux lois de votre
« État ? Mais en même temps que vous refusez dans
« votre pays d'avoir la moindre déférence pour ce
« qui émane de l'autorité papale en matière spiri-
« tuelle, il semble que vous en vouliez attribuer une

« sans bornes sur ce même point, soit à votre roi,
« soit à votre clergé. Celui-ci vient nous demander
« des condamnations contre des choses sur lesquelles
« nous eussions gardé le silence ; et, quand nous les
« avons données, vous vous en prenez à nous ; vous
« nous accusez d'être les auteurs de vos dissensions,
« dont vous-mêmes êtes seuls la cause. Vous avez
« tort ; faites qu'on ne demande point ces choses, si
« vous n'êtes pas d'accord entre vous qu'elles soient
« bonnes ; ou, après qu'elles sont données, si vous
« ne les approuvez pas, faites qu'on ne les publie
« point. Imitez les Allemands, qui gardent le silence
« sur ce que nous leur envoyons, quand il n'est pas de
« leur goût. Je puis vous citer pour exemple la légende
« de Grégoire VII. Le feu pape Benoît XIII était un
« bonhomme, fort pieux, fort faible et fort sot ; il
« n'avait pas de plus grand amusement au monde
« que de faire des saints. On lui proposa Grégoire VII,
« qu'il adopta tout aussitôt. Il fallut faire un office
« au nouveau saint dans le bréviaire. Il y avait deux
« légendes déjà faites anciennement à l'usage de
« ceux qu'on béatifiait ; on donna, sans plus d'exa-
« men, la préférence à celle des bénédictins, parce
« que Grégoire ayant été bénédictin, on les crut
« mieux instruits de ses gestes et faits. Malheureu-
« sement c'est celle où se sont trouvées les choses
« choquantes que vous savez sur le pouvoir des rois.
« Le nouvel office fut envoyé dans toute l'étendue
« des pays catholiques. L'empereur, que la chose
« regardait plus personnellement que nul autre,

« ayant été informé de ce qu'il contenait, envoya
« défense à tous les évêques d'Allemagne d'en per-
« mettre la récitation ; ce qui fut exécuté sans que
« personne en fît désormais la moindre mention.
« L'on ignora, ou l'on fit semblant d'ignorer à Rome
« l'ordre donné par l'empereur. En France, le par-
« lement fit un éclat; cet éclat attira quelques nou-
« veaux mouvements de la part de la cour de Rome,
« qui, en effet, ne peut pas trop rester dans l'inaction
« quand elle voit condamner les choses émanées
« d'elle, par le tribunal le plus considérable d'un
« royaume. Détachez-vous de croire que vos prélats
« ni vos jésuites soient nos émissaires, ni que nous
« leur sachions grand gré, quand ils font certaines
« démarches qui paraissent favorables à notre cour ;
« encore moins que le cardinalat soit là tout prêt pour
« les récompenser. Ce n'est pas qu'ils n'agissent
« peut-être bien dans cette vue, aussi bien que par
« le penchant naturel qu'on a pour augmenter l'au-
« torité de son corps : c'est l'esprit naturel de chaque
« état ; mais s'ils viennent nous demander la récom-
« pense de ces prétendus services, nous savons fort
« bien leur répondre : Qui vous en avait priés? Je
« dirais au contraire que c'est plutôt la faveur de
« votre cour qu'ils semblent capter par ces démar-
« ches. N'est-ce pas sur la nomination de Louis XIV
« que vos cardinaux de Rohan et de Bissy ont obtenu
« cette dignité? Quant aux autres cardinaux français,
« il n'y en a point qui ne soient de la nomination de
« quelque couronne ; et, sans le roi d'Angleterre, il

« n'y a pas d'apparence que le concile d'Embrun eût
« servi de beaucoup à celui qui vient d'être nommé [1].
« Concluez de là que les brûlots dont vous vous plai-
« gnez ne sont point d'une manière particulière sous
« la protection de la cour de Rome ; et que si on
« voulait, chez vous, punir sévèrement un de ces
« esprits remuants, pour s'être donné des libertés,
« selon vous, préjudiciables à l'État, on n'y trouve-
« rait nulle opposition de la part de la cour de Rome.

« Les Français, ajoutait-il, se raillent volontiers
« des dispenses qu'accorde souvent le pape ; quoique,
« en fait de discipline, on ne lui puisse contester cette
« autorité. Mais, dit-on, il l'étend quelquefois jus-
« qu'au dogme divin, par exemple, l'indissolubilité
« du mariage. Prenez garde qu'il n'y ait trop d'im-
« prudence dans ce reproche, et songez que c'est
« d'une pareille dispense que descend votre maison
« régnante. Il y a des choses sur lesquelles, loin de
« trop appuyer, il faut se contenter du plus léger
« prétexte qui en colore les apparences. Il est à pro-
« pos et même nécessaire d'admettre dans le monde
« un pouvoir capable de rompre, en quelques cir-
« constances, de certaines obligations étroites, dont
« la rigoureuse exécution entraînerait alors de ter-
« ribles inconvénients. A coup sûr, le mariage de
« Henri IV subsistant sans enfant avec Marguerite de
« Valois était de cette espèce, vu l'état misérable
« où la France venait de se voir plongée. On aurait

---

[1] Le cardinal de Tencin.   R. C.

« épargné bien des cruautés en Angleterre, si, de
« bonne heure, on se fût rendu plus facile ici sur
« celui de Henri VIII. Et ne serait-ce pas un grand
« bonheur pour l'Europe, si l'empereur quittait sa
« femme et pouvait laisser postérité d'une autre ? Car
« enfin, il n'est pas difficile de prévoir que l'extinc-
« tion de la maison d'Autriche peut tout mettre
« en combustion [1]. Disons-en autant de bien des
« choses d'une espèce différente, mais du même
« genre. »

Ce discours m'a paru assez fort de choses pour vous être rendu tout au long. Il est vrai que, pour la légende de Grégoire VII, qui a fait tant de bruit, il n'y a eu aucun dessein marqué de la part du pape. Elle ne fut point faite dans le temps de la canonisation; c'était une ancienne légende qui depuis longtemps se récitait en Sicile par les moines de son ordre. La faute n'a été que de l'avoir adoptée trop légèrement sans examiner d'assez près ce qu'elle contenait. Quant aux jésuites, je ne me suis pas aperçu que, malgré leur quatrième vœu d'obéissance au pape, ils eussent ici un crédit beaucoup plus grand que les autres religieux. Le clergé romain a ses jansénistes, on en compte même parmi les cardinaux; mais ils sont d'une espèce différente des nôtres. Le jansénisme d'Italie ne roule ni sur le fait ou le droit

---

[1] La succession de l'empereur Charles VI, dernier mâle de la maison de Habsbourg en Autriche, mort en octobre 1740, ne tarda pas en effet à allumer en Europe une guerre générale. Le traité d'Aix-la-Chapelle y mit fin en 1748. R. C.

des cinq propositions, ni sur les cent-une, ni sur le jargon de la *grâce efficace* où *suffisante*, mais sur la question de savoir si la décision du pape, *ex cathedra*, est infaillible ou non.

Je remarque ici, en général, que cette ardente vivacité des Français, jointe à la mauvaise habitude de préférer tout haut ce qui se fait chez eux à ce qui se pratique ailleurs, est une des principales causes pour lesquelles ils sont plus mal vus chez l'étranger qu'aucune autre nation. Elle fait dire qu'on ne peut les avoir pour compagnons ; qu'ils veulent être maîtres partout, et qu'ils ne parlent que d'un ton despotique. Le caractère en dessous de la nation italienne sympathise mal avec nos manières ouvertes et peu circonspectes. Les Italiens prétendent que le caractère général de notre nation est de vouloir toujours parler, quand il nous serait plus avantageux de nous taire ; ils nous trouvent tout à fait dénués de ce sang-froid (*flemma*), qu'ils estiment si fort ; ils conviennent que, quand nous joignons ce flegme à nos autres bonnes qualités, nous valons mieux que d'autres. Tout cela est juste ; mais il est véritable aussi qu'une des causes générales de la haine des autres nations contre la nôtre, est la grande puissance de la France, qui, en même temps qu'elle la fait craindre et considérer des autres peuples, comme la première de l'Europe, excite l'envie et la jalousie contre tout ce qui porte le nom français.

Je passe de l'article ci-dessus à celui du népotisme, sur lequel vous savez qu'il n'y a plus grand'chose à dire[1]. Ses prérogatives sont bien déchues de ce qu'elles étaient jadis ; autrefois, non-seulement le pape pouvait donner à ses neveux tout ce qu'il voulait de la chambre ecclésiastique et même les fiefs aliénés qui retournaient à l'État sous son pontificat, mais encore il démembrait en leur faveur, à titre de fiefs, les terres de l'État. C'est des anciens abus du népotisme et du dépouillement de la Chambre apostolique que vient surtout la fortune des Aldobrandini, Borgheses, Panfili, Barberini, et autres. Une pareille conduite ne pouvait manquer de réduire bientôt à rien les papes futurs. On y a coupé court ; je crois que ce fut Pie V qui abolit les priviléges du népotisme. Si le pape faisait aujourd'hui un pareil abus de sa puissance, son ouvrage serait bientôt détruit par son successeur, et de plus il exposerait sa famille à de grandes persécutions. C'est cependant toujours un très-bon métier que d'être neveu du pape, sans parler du titre de prince qui ne leur manque pas, non plus que les grandes dignités et les grands bénéfices ; tant que leur oncle vit, ils disposent de tout sans contradiction, et manient à leur guise les revenus et les effets publics. Ils ne sont pas assez dupes pour oublier d'en faire leur part la meilleure, et quand ils voient que l'oncle tend à sa fin, ils ne manquent pas

---

[1] Cet abus se reproduisit sous Clément XIII. Clément XIV fit oublier jusqu'au nom de népotisme ; mais Pie VI le fit revivre dans tous ses excès les plus scandaleux, en faveur de ses deux neveux Onesti, qui échangèrent leur nom contre celui de Braschi, que portait leur oncle. R. C.

de précautions contre les recherches qu'on pourrait faire à l'avenir. C'en est une sûre que de faire cardinaux ceux qui ont manié les finances, puisque cette dignité les dispense de rendre compte de leur administration. Ainsi un pontificat suffit pour enrichir une famille. Après tout, c'est assez d'avoir aboli les abus excessifs du népotisme ; il ne serait pas d'une bonne politique de pousser trop rigoureusement les recherches : *Alteri ne feceris quod tibi non vis fieri.* Chacun est bien aise de pouvoir venir à son tour.

Le prince Corsini est puissant en biens et en dignités, étant né fort riche de patrimoine, outre l'agrandissement que lui a procuré l'élévation de son oncle. Il est aujourd'hui gouverneur de Sicile, et avait été fait grand écuyer de don Carlos, alors infant, dès les premiers jours que Clément XII parvint au pontificat. Le pape garda le silence alors sur l'affaire de Parme et de Plaisance, dont le saint-siége prétend avoir seul le droit de donner l'investiture ; ce qui fit soupçonner à quelques gens qu'il sacrifiait l'intérêt de sa couronne à celui de son neveu. Ce neveu a la réputation d'homme de mérite : l'autre neveu, le cardinal Corsini, n'a que celle de bonhomme : quoique toutes les affaires soient sous son gouvernement, on ne lui attribue pas pour cela plus de capacité ; aussi sont-elles assez mal régies. La considération qu'a aujourd'hui le cardinal neveu ne subsistera qu'autant que durera la vie de son oncle. Il pourrait cependant savoir s'en conserver, par le moyen de tant de créatures de Clément XII, qui sont aujourd'hui dans le sacré collége, et qui devraient le rendre maître du choix du successeur. Le pape actuel est un prince faible ; mais cela pourrait-il être autrement à l'âge qu'il a de quatre-vingt-sept ou quatre-vingt-huit ans, aveugle depuis les premières années de son règne, et aujourd'hui moribond et hors d'état de sortir de son lit? Il est vrai néanmoins que, dans la force de son âge, c'était un homme très-considéré et très-digne de l'être par sa naissance, son esprit et la noblesse de ses manières. Étant cardinal, il était le plus magnifique seigneur de Rome, et tenait un plus grand état qu'aucun autre du sacré collége. J'ai ouï dire qu'il s'affligeait souvent de l'impuissance où il se voyait de remettre sur un meilleur pied les affaires, et de ce que plus il était devenu grand seigneur, plus il s'était trouvé mal à son aise. *Son stato*, disait-il, *un ricco Abbate, un comodo Prelato, un povero Cardinale ed un Papa spiantato*. Il ne laisse pas, malgré ses infirmités, de travailler encore comme il peut. Le cardinal Passionei, secrétaire des Brefs, m'a dit que plusieurs fois la semaine il va, entre six et sept heures du matin, lui porter les requêtes et affaires; quand il a donné sa décision, on met en marge de la requête : *Annuit sanctissimus*, et on lui pose la main sur l'endroit où il doit signer; mais vous sentez qu'on ne lui dit que ce qu'on veut. J'étais un jour chez le pape, me disait encore ce même cardinal, lorsqu'il survint un message de la part de ses neveux, pour quelque chose qui apparemment ne lui plaisait pas. Je m'aperçus qu'il bataillait, et enfin il s'écria brusquement comme à son ordinaire : « Oh bien ! qu'ils fassent « donc comme ils l'entendront, puisque aussi bien « ils sont les maîtres. » Après tout, que peut faire, avec les meilleures intentions du monde, un pauvre vieux souverain, qui ne peut plus se remuer ni voir les choses par lui-même ? Il faut souvent moins s'en prendre des abus aux gouverneurs mêmes qu'au vice intrinsèque de la forme du gouvernement. A ce propos, j'ai ouï conter que, quand le palais Altieri fut achevé, les Altieri, neveux de Clément X, invitèrent leur oncle à le venir voir. Il s'y fit porter, et d'aussi loin qu'il aperçut la magnificence et l'étendue de cette superbe fabrique, il rebroussa chemin le cœur serré, sans dire un seul mot, et mourut peu après.

De la manière dont on parle ici de Benoît XIII, les choses devaient encore être sur un bien plus mauvais pied de son temps. L'opinion qu'ont de lui ceux qui l'ont connu ne répond point du tout à celle que j'ai souvent vu qu'on en avait en France. Voltaire a jugé à propos de le canoniser dans sa *Henriade* :

Des Ursins de nos jours a mérité des temples.

Et son ordre pourra bien le faire canoniser tout de bon à Rome, quoique le public fasse aujourd'hui contre lui le rôle de l'avocat du diable. Il est vrai qu'il avait beaucoup de dévotion ; mais toute sa piété était monacale, et ne consistait qu'à marmotter des *oremus*. Le père Cloche, général des dominicains, qui le connaissait bien, disait de lui : *Il cardinale Orsini è come il corno da caccia, duro, torto e vuoto;* c'était un caractère gauche et opiniâtre, sans extérieur, sans dignité et tout pétri de qualités contradictoires. Il ne manquait pas d'esprit, quoiqu'il fût fort sot ; il se mettait à genoux par humilité dans son cabinet, quand il écrivait à son général, et il était d'une vanité insupportable sur sa naissance. Etant archevêque de Bénévent, il ne cessait de déclamer contre les abominations de Rome ; mais, ajoutait-il, ces désordres n'osent se montrer ici, où commande un homme de mon nom. Il allait, depuis qu'il fut pape, se faire donner la discipline à son couvent par un petit frère, en récitant les sept psaumes ; mais il laissait vendre publiquement toutes les choses spirituelles par Coscia ; et, quand on lui faisait voir le scandale de la conduite de ce misérable, il répondait froidement : *Ah ! che questo e niente.* Rien n'a jamais pu le faire revenir de sa prévention pour cet homme. On dit que le fripon lui fit un jour donner avis sous main qu'il était enfermé dans sa chambre avec des filles (chose qui lui arrivait souvent) ; le pape y courut tout enfroqué, et ayant regardé par le trou de la serrure, vit Coscia prosterné aux pieds d'un crucifix, et s'en retourna dans son appartement, en pleurant de tendresse. Il avait défendu les perruques dans son diocèse de Bénévent ; on l'avertit que l'abbé Entieri, Florentin, qui m'a conté le fait, et qui passait souvent à Bénévent, en portait une ; il le fit excommunier par son aumônier. C'est un mauvais meuble à avoir sur le corps, en Italie, qu'une excommunication ! Entieri s'en alla le trouver. Le cardinal, ne songeant plus à cela, le reçut fort bien; quand il fut question d'aller à la messe, Entieri s'en défendit comme excommunié, et lui raconta de quoi il s'agissait, ajoutant que, n'étant point du diocèse de Bénévent, il n'était point sujet à la défense. « Cela est juste, dit le cardinal, et qui est-ce qui vous a excommunié?—C'est votre aumônier, répondit l'autre. —Comment ! reprit-il, c'est un coquin qui ne m'a pas dit que vous n'étiez pas du diocèse ! qu'on m'excommunie cet homme-là ! » Et il fit excommunier son aumônier. Je ne finirais pas, si je voulais vous raconter toutes les histoires que j'ai ouï faire sur son compte. En un mot c'était un bon *frate*, mais un pitoyable *pontefice* ; il était si connaisseur en bonnes choses, qu'on eut bien de la peine à l'empêcher de faire mettre un enduit sur les grandes peintures de Raphaël, au Vatican, pour y faire peindre la vie de la Vierge, par un barbouilleur de Bénévent. Cela ne l'a pas empêché de faire des miracles de son vivant ; du moins j'ai vu le Père Bremont, dominicain, homme de bon sens d'ailleurs, me jurer de très-bonne foi lui en avoir vu faire, tant est grande la prévention en tous états pour l'honneur de la robe qu'on porte ; car il est vrai et très-vrai que le Père Bremont a de l'esprit, du sens et de la raison autant qu'on en peut désirer. Mais que voulez-vous ? Il écrit la vie de ce bon Benoît. On se passionne pour son sujet ; et puis croyez-vous que ce n'est rien que d'avoir un saint de plus à la Minerve, encore un saint qui a été pape, et dans un temps où les saints deviennent si rares ? On ne songeait guère à lui au conclave où on le nomma ; ce fut Olivieri qui fit ce pas de clerc. Les cardinaux ne pouvaient s'accorder ; Orsini lui fit un jour un sermon très-pathétique sur le scandale des intrigues. Olivieri dit : « Prenons ce bon moine ; c'est un homme de grand nom, sans vices, pieux et simple ; nous le gouvernerons à notre fantaisie. » Quelqu'un lui objecta : « Mais que feriez-vous de ce Coscia qui le mène par le nez ? » — Bon, reprit Olivieri, Coscia est un *Abbatuccio* qui se tiendra tout heureux de s'en aller avec un bénéfice de 1,500 écus de rente. « On sut bien dire ensuite à Olivieri qu'il le mit donc dehors à ces conditions. Pour Benoît XIII, il se fit tout de bon tenir à quatre pour accepter la tiare, et n'en voulait point par humilité ; il mourut le soir du mardi-gras. On vint annoncer sa mort à l'opéra ; sur-le-champ on baissa la toile, et le peuple, après s'être écrié : « Bon ! il n'y a plus qu'à aller brûler Coscia, » sortit du théâtre pour exécuter son projet. Le bélître aurait été mis en pièces s'il ne se fût promptement évadé par une porte de derrière ; toute sa maison fut pillée.

Son prédécesseur, Innocent XIII, de la maison Conti, l'une des quatre grandes de Rome (Orsini, Colonna, Conti, Savelli ; mais les Crescenzi, Altieri, Giustiniani et autres, qui ne pensent pas être moins que ces quatre, n'admettraient pas volontiers cette distinction) ; Innocent XIII, dis-je, était le meilleur souverain dont on entende parler aujourd'hui. Les

Romains ne cessent d'en faire l'éloge, et de regretter le peu de durée de son pontificat, qui ne fut que de trente mois. On dit que tout commençait à se régler à merveille sous son règne ; que l'abondance était grande ; la police parfaite ; les grands et le peuple également contents. Ce fut lui qui réunit au saint-siége la ville de Comacchio, qu'il n'avait jamais été possible de faire rendre aux Allemands, depuis qu'ils s'en étaient emparés. Il n'a jamais fait que deux cardinaux, Alexandre Albani et Dubois. On prétend qu'il eut tant de regret de ce dernier, quand il sut quel garnement c'était, que ce chagrin avança de beaucoup ses jours. Ce qu'il y a de vrai, c'est qu'à sa mort il laissa plusieurs chapeaux vacants, qu'il ne voulut jamais remplir, quoiqu'on l'en pressât beaucoup, disant qu'il n'en avait que trop nommé : il n'a rien fait du tout de particulier pour sa famille.

Quant à Clément XI, on le taxe ici de beaucoup d'incapacité ; et c'est à son long règne que l'on attribue la perte de la politique romaine, que les Italiens avouent unanimement aller en décadence. Je ne puis vous dire en quoi ni pourquoi, n'en étant pas assez informé. Je me souviens seulement d'un conte que me fit de lui, à Bologne, le cardinal Lambertini. Clément se plaignait un jour à lui de tant d'affaires fâcheuses qui arrivaient sous son pontificat ; Lambertini lui répondit que c'étaient les disputes qu'on avait en France sur la bulle *Unigenitus* qui le chagrinaient ainsi. « Eh ! non, reprit le pape, ce n'est pas cela ; ce sont ces troupes allemandes qui désolent l'État ecclésiastique. Si la foi se perd en France, il reviendra mille apôtres pour la reprêcher; mais quand la soldatesque aura ruiné notre pays, tous les apôtres du monde n'y feront pas revenir un chou. S'il n'a pas été bon politique, en récompense il a laissé un neveu qui en sait diablement sur ce chapitre (Annibal Albani, le camérlingue). C'est un maître homme et un terrible homme ; je ne crois pas que Satan soit plus craint en enfer qu'il l'est ici. Quoique ce soit à la malhabileté de Clément XI qu'on attribue la perte de la politique romaine, ne serait-il pas plus raisonnable de remonter à une cause plus éloignée ? Si le crédit du pontife se perd de jour en jour, c'est que la façon de penser qui l'avait fait naître se perd aussi chaque jour. Je ne parle pas des siècles où les papes excommuniaient les rois à qui ils faisaient la guerre ; déliaient leurs sujets du serment de fidélité ; alléguaient à tout propos le bel argument des deux clefs de saint Pierre, l'une pour le spirituel, l'autre pour le temporel ; marchaient sur la tête de Frédéric, ou se faisaient gravement apporter un globe terrestre, pour distribuer, au moyen d'une ligne tracée, les contrées des pauvres Indiens, aux rois d'Espagne et de Portugal ; je parle d'un temps plus rapproché de nous. Remarquons la différence sur cet article, entre le temps d'Henri IV et le nôtre.

Aujourd'hui le proverbe dit qu'il faut baiser les pieds au saint-père et lui lier les mains ; mais il semble que l'on soit encore plus exact à s'acquitter du second de ces devoirs que du premier. Malgré cela, un pontife habile sera toujours en état de se faire rechercher, de jouer un grand et très-grand rôle dans l'Europe, par sa qualité toujours pacifique, par la neutralité exacte qu'il doit garder entre tous les princes dont il se dit le père commun ; par son éclat, même comme prince temporel (car c'est en vérité un grand et puissant souverain, et que serait-ce si cette puissance était bien administrée?) par la prééminence qui ne lui est contestée par personne et qui, dans les négociations, coupe court à toutes les disputes sur le rang et le cérémonial, par lesquelles les plus grandes affaires sont souvent retardées et quelquefois manquées, même par le vieux respect que les nations ont pour son nom et qui lui deviendrait d'un plus sûr usage, aujourd'hui qu'il n'est plus dans le cas d'en abuser. Par là, le pape devrait se regarder comme le véritable Amphictyon de l'Europe et faire de sa cour la cour générale des négociations, le centre commun où se régleraient tous les intérêts des puissances, sous sa médiation et son autorité. Personne ne la refuserait, s'il était habile et sans partialité, pas même peut-être la plupart des princes protestants, qui ne le haïssent point aujourd'hui comme il y a deux siècles. Ainsi, ce qu'il a perdu d'un côté, il peut le regagner de l'autre en suivant ses propres intérêts, qui consistent à accorder tout le monde, et en s'attachant à prévenir les guerres et à tenir les princes en paix. Quand une fois il y a guerre, il ne peut y jouer qu'un fort méchant rôle, n'étant ni d'état à prendre parti, ni dans une position à pouvoir éloigner de son pays les calamités. Il ne peut guère survenir de brouillerie en Europe, que l'Italie ne soit des premières en feu ; alors l'Etat de l'Église, malgré sa neutralité, est foulé mal et méchamment. Chacun se fournit où il peut et aux dépens de qui il appartient. Il n'y a qu'à voir comment MM. de Bologne se trouvèrent de la dernière querelle des maisons de France et d'Autriche. Tout cela n'est que roses et fleurs, en comparaison de ce qui peut arriver un de ces jours, quand la maison d'Autriche se trouvera éteinte par la mort de l'Empereur ; il y a une Farnese par le monde, avec qui les choses ne se passeront pas doucement[1]. Alors malheur aux bonnes gens, qui auront tout autour d'eux la Lombardie, la Toscane et Naples !

Ce n'est pas que le pape ne pût avoir des places et des troupes suffisantes pour sa propre défense ; mais de quelle manière la feront-elles cette défense ? Les troupes du pape seront toujours les troupes du pape. Qu'est-ce que des guerriers qui n'ont de leur vie guerroyé ? Tout son plan ne doit jamais être que d'avoir la paix perpétuelle et la capacité de la maintenir.

Le tribunal de Monte-Citorio est comme le bailliage de Rome ; c'est là que se portent les causes en première instance, et c'est d'où lui vient son nom

---

[1] Elisabeth Farnese, nièce du duc de Parme, seconde femme de Philippe V, morte en 1766. On a dit de cette princesse qu'elle avait la fierté d'un Spartiate, l'opiniâtreté d'un Anglais, la finesse italienne et la vivacité française. R. C.

Mons Citatorius. Les lieutenants en sont *Monsignori*. Le tribunal de la Rote est comme le parlement ; on y juge au souverain les causes qui s'élèvent pour intérêts temporels, entre les ecclésiastiques de tous les pays papistes, autres que la France. Cependant il y a un auditeur de Rote français, parce qu'il peut y avoir un procès, dans lequel un national français serait demandeur contre un étranger justiciable de la Rote. C'est la règle commune. Les auditeurs ou conseillers sont au nombre de douze : un Français, un Allemand, deux Espagnols, trois Romains, un Bolonais, un Ferrarais, un Milanais, un Florentin, un Vénitien. On ne m'a point dit qu'il y en eût de Napolitain : il faut que j'en demande la raison. Leur forme de juger est bien différente de la nôtre. Des douze auditeurs, il n'y en a à chaque affaire que quatre qui jugent, et cela par tour, selon une règle qu'ils ont entre eux : un cinquième rapporte, et n'a pas voix délibérative. Une des parties donne ses mémoires un jour ; le lendemain l'autre partie les réponses, et le surlendemain, sans faute, on rapporte et on juge. Mais tout n'est pas fait. Ce premier jugement n'est qu'une décision motivée, et les parties peuvent fournir des griefs contre le motif de la décision. Là-dessus nouvelle décision motivée de la part des juges, et nouveaux griefs de la part des parties. Enfin, pour la troisième fois, arrêt définitif, à moins que la partie condamnée n'obtienne de faire revoir son procès par le pape même, à la *Segnatura*.

Les trois conservateurs du peuple romain sont des espèces de jurats ou de capitouls. On les choisit dans le corps de la noblesse romaine ; ils tiennent leurs séances dans une salle du Capitole ; leur habillement de cérémonie est un pourpoint rouge, et par-dessus une robe ouvragée de moire d'or, ouverte par-devant.

Je me ferais scrupule, mon bel abbé, de finir cette lettre sans vous y ajouter quelque chose sur les cérémonies ecclésiastiques. Voici un petit détail de la fonction ordinaire des dernières fêtes. La veille de Noël, le pape donna, selon l'usage, un superbe *regalo* aux Éminences du sacré collége, qui devaient se trouver à la messe de minuit. La soirée a débuté par un très-nombreux concert et un *oratorio* en musique, dans la salle royale, après lequel on a servi une collation splendide, qui, même au dire de l'abbé de Périgny, pourrait être appelée un bon souper. On avait dressé sur une longue table assez étroite une file de surtouts ou dormants, agréablement formés en glaces, fleurs et fruits artificiels, accompagnés de deux autres files de grosses pièces réelles ou imitées, de salades, légumes, confitures, compotes, etc. ; le tout n'étant quasi que pour la représentation et pour former un service permanent : c'était la collation splendide. Voici le bon souper : un grand architriclin en soutane violette, à cause de l'avent, debout vers le haut de la table, y faisait la fonction de servir les mets, que des maîtres-d'hôtel subalternes, non moins violets que lui, posaient sur la table plat à plat, jamais qu'un à la fois. Pendant que l'on en mangeait un, il en découpait et servait un autre par portions que l'on allait présenter : cette manière de servir un grand repas est commode et sans embarras. Presque tous les plats qui ont suivi les potages étaient de très-beaux poissons de mer; il ne s'est trouvé à cette collation qu'environ une douzaine de cardinaux. J'y étais comme spectateur avec une grande foule de regardants. Nous faisions la conversation, milord Stafford et moi, avec les cardinaux Aquaviva et de Tencin. Ce dernier voyant près de lui le cardinal-vicaire Guadagni, bon moine, carme bigot, vraie figure de sulpicien, dévorer en toute humilité un esturgeon et boire comme un templier, s'est retourné de son côté, en considérant son visage pâle, et lui a dit d'un ton attendri et papelard : *La sua Eminenza sta poco bene, e mi par che non mangia.* Après le souper, les cardinaux, ayant pris leurs habits d'église, sont allés à la chapelle Sixtine, où Passionei, qui n'avait pas voulu se trouver au souper, a officié pontificalement à matines et à la messe, toujours nu-tête, rasé de frais, sans perruque ni calotte, malgré la saison. Pour le pauvre Guadagni, il avait tant jeûné qu'il s'est trouvé mal d'inanition durant matines : il a fallu l'emporter. J'entendais le peuple derrière moi dire : « Hélas ! voyez ce saint homme, ce sont les austérités et les macérations qui le mettent en cet état. » C'est notre cardinal de Tencin qui a fait à Saint-Pierre l'office pontifical du jour de Noël; il s'est tiré de la cérémonie avec éloge. Il y a eu aussi pendant les fêtes grande fonction à Sainte-Marie-Majeure. J'ai remarqué que, quand il y a cérémonie dans une église, le cardinal du titre fait les honneurs aux autres, et se met au dernier rang.

XLIII. — A M. DE QUINTIN.

Suite du séjour à Rome.

Ne retardons pas plus longtemps le désir extrême que vous avez de voir Saint-Pierre ; mais ne ferais-je pas mieux de vous y laisser aller seul, et de me contenter du peu que j'en ai dit ci-devant, dans une lettre à Neuilly ? Comment oserai-je entamer une notice abrégée de ce que contient ce miraculeux édifice ? les descriptions que l'on en a faites en tant de volumes, formeraient une petite bibliothèque ; c'est bien pis que la galerie du grand-duc. Jetons-nous néanmoins un moment dans cet abîme de merveilles de l'art. J'aurais honte de vous décrire tant de choses de moindre valeur, sans dire un mot de celle-ci. Je commence par vous avertir que vous pouvez y venir tous les jours de votre vie, sans crainte de vous en lasser ; il y a toujours quelque nouvelle remarque à faire ; ce n'est qu'après un certain nombre de visites qu'on est pleinement satisfait. Je conseillerai cependant de n'y aller qu'aux jours où le soleil est pur et serein ; les temps obscurs ne lui sont pas favorables, ni en général à quelque édifice que ce soit.

La route la plus courte, pour aller de la place d'Espagne à Saint-Pierre (et ce fut justement par où je débutai à mon arrivée) ne donne pas une grande idée de Rome. On traverse quantité de rues mal bâties ; ce n'est qu'au pont Saint-Ange que l'on commence à se reconnaître. J'ai parlé ailleurs de ce pont, de sa balustrade, de ses dix statues de marbre, et du château Saint-Ange, reste informe du superbe mausolée d'Adrien. Vous n'ignorez pas que c'est la forteresse de Rome. J'ai bien moins de plaisir à le voir muni de ses cinq bastions, qu'à me le figurer tel qu'il était autrefois en tour à trois étages, entouré de portiques en colonnades et de statues. Le méchant pape Alexandre VI a fait fabriquer un très-long corridor brut, qui communique au palais Vatican, par lequel, en cas de surprise, le pape pourrait se réfugier du palais à la forteresse. Dépense inutile, aujourd'hui que les papes n'habitent plus ce palais, et qu'étant respectés de leurs sujets et unanimement honorés de tous les princes de l'Europe, depuis qu'ils se renferment sagement dans l'exercice de leur pouvoir légitime au dehors, et d'un gouvernement fort modéré au dedans, ils n'ont plus à redouter de séditions populaires ni d'hostilités étrangères. Si ce corridor était plus large et plus droit, la place serait toute trouvée pour en faire la galerie des antiques.

À la sortie du pont Saint-Ange, on tire sur la gauche droit à l'église, dont on aperçoit la façade en perspective, de telle manière qu'il semble qu'on l'aille toucher de la main. Vous êtes tout étonné de voir ensuite l'intervalle qui vous en sépare, et de grandes places que l'on n'avait pas aperçues d'abord.

Cet intervalle et l'emplacement de l'église étaient autrefois occupés par le tombeau de Scipion, le cirque de Néron, et par un temple d'Apollon. Dès le temps des anciens peuples latins, il se rendait ici des oracles, *Vaticinium, ubi vates canebant*. Il s'y en rend aujourd'hui de plus fameux que jamais ; si bien que le lieu semble prédestiné de tout temps à être *Vatican*.

Donnez vos ordres au plus tôt, pour que l'on ouvre tout le terrain depuis le pont jusqu'à la colonnade[1], en abattant les vilaines petites maisons qui séparent la rue Borgo-Vecchio de la rue Transpontine, et plantant cet espace d'une belle avenue d'arbres, ou, si l'on en veut faire les frais, d'une colonnade. De quelque manière que ce soit, il faut changer ou orner cette vilaine place carrée, qui fait une ignoble queue à la place ronde, la plus superbe de l'univers, à ce que je crois ; car je doute que l'Almeydan d'Ispahan, que je n'ai pas vu et que je ne verrai jamais, la surpasse ; et certainement les places Saint-Marc, Vendôme, Bellecourt, etc., n'en approchent pas. La place ronde est formée, 1° par deux portiques semi-circulaires, chacun de quatre

---

[1] Le plan en était arrêté et allait recevoir son exécution lors de la chute de Napoléon, en 1814. R. C.

rangs de colonnes doriques, sur lesquelles règne une terrasse bordée de balustrades, dont chaque acrotère porte une statue. Alexandre VII a fait faire cette admirable colonnade, l'un des plus beaux monuments de l'architecture moderne, par le Bernin. Les carrosses peuvent passer entre les intervalles des colonnes ; 2° par les galeries droites qui joignent les portiques à la façade du temple, qui fait le fond de la place. L'obélisque du cirque de Néron, élevé par Fontana, est au centre. Je ne puis me lasser de voir les deux fontaines jaillissantes qui l'accompagnent, ni d'en parler. Quoique l'obélisque soit un très-bel objet et qu'il ne puisse être mieux placé pour lui-même, je ne sais si je n'aimerais pas encore mieux qu'il n'y fût pas, parce qu'il interrompt le coup d'œil du portail.

Mille gens ont pris les mesures de l'édifice, mais peu d'entre eux s'accordent bien juste sur les dimensions. Le résultat *circum circa* de ces différentes dimensions est que le temple n'a pas beaucoup moins de six cents pieds de long, plus de quatre cents de largeur à la croisée, et près de cent cinquante de hauteur sous la voûte des nefs.

Tout ce que vous connaissez de célèbres architectes romains et florentins y ont épuisé leur savoir pendant près de deux siècles : le Bramante et Vignole ont eu la plus grande part au dedans ; Lorenzetto aux revêtissements extérieurs, qui sont d'une excellente beauté ; le dôme, chef-d'œuvre de Michel-Ange, est la plus belle partie : Jacques della

Porta et Fontana en ont eu l'exécution ; le portail, par Charles Maderne, est la moindre, non qu'il ne soit beau, mais le reste le surpasse. On aurait pu faire ici quelque chose de mieux, dans le goût de la basilique d'Antonin ou du Panthéon, ou de ces beaux temples à colonnes cannelées, dont Vitruve donne les règles et la description. Ce portail est un prodigieux ordre corinthien à colonnes, comprenant tout d'une pièce deux vastes péristyles, dont l'inférieur a ses portes et arcades ioniques de brèche violette. Le corinthien porte une architrave, un fronton, un troisième péristyle en attique à pilastres, couronné par treize colosses, Jésus-Christ et les douze apôtres. Mais qu'ai-je besoin de vous dire ceci, tandis que vous pouvez avoir les yeux sur l'estampe ? Les colosses sont si élevés, qu'encore que quelques pans de leurs draperies soient figurés en maçonnerie de brique, cette grossièreté ne fait aucun mauvais effet d'en bas.

Avant que d'entrer dans l'église, on trouve un *atrium* ou vaste péristyle pavé de marbre, terminé par deux salons : la statue équestre de Constantin est placée dans celui de la droite. C'est aussi à droite qu'est la porte murée, qu'on ouvre en cérémonie pour le jubilé, et qui rime fort mal avec les quatre autres ; celle du milieu est de bronze, chargée de bas-reliefs. Au-dessus du premier péristyle, il y en a un second très-superbe en fenêtres, colonnes extérieures et balustrades ; c'est une immense galerie, où l'on bâtit des logements en bois pour les cardinaux, dans le temps du conclave. J'aurais bien voulu placer ici la galerie de statues antiques, si ce n'était la maxime : *Non sunt miscenda sacra profanis*. Au-dessus du second péristyle, il y en a un troisième dans l'attique du portail. Je ne sais ce que contient celui-ci, n'y étant point entré.

Je vous l'ai déjà dit : le premier aspect de l'église ne frappe point, parce que tout y est en sa place, dans une admirable proportion. Une voûte aiguë à la gothique, ou des arcs fort hardis pris dans un long diamètre d'ovale, étonneront davantage au premier coup d'œil. Ici voyez, revoyez et vous serez toujours plus content. Considérez une partie simple et sa grandeur, vous jugerez du total, et vous admirerez par quel art ces énormes parties ne présentent rien de gigantesque, quoique mises sous les yeux mêmes. Quand Slodtz, sculpteur français, eut fait placer, il y a quelques semaines, sa statue de saint Bruno dans une des niches des piliers, je lui dis que l'ange qui présente la mitre à saint Bruno était petit et mesquin. « Cela est vrai, me dit-il, je le reconnais à « présent ; mais cette église est si trompeuse ! J'ai « néanmoins donné onze pieds de hauteur à cet « enfant. »

La nef n'a de chaque côté que quatre arcades, divisées par cinq piliers, chaque arc portant deux statues assises sur le cintre ; chaque pilier revêtu de deux pilastres composites cannelés, séparés par une niche. Ces niches sont destinées aux statues colossales de fondateurs d'ordres religieux, sans aucune distinction d'ancienneté; les premières prêtes ont été placées dans les premières niches. Les dominicains, les minimes, les chartreux, et quelques autres ordres ont déjà fait placer leurs révérends pères fondateurs; le surplus des niches garde l'expectative. Les revêtissements des piliers sont pour quelques-uns en marbre, la plupart en stuc, chargés de bas-reliefs et d'ornements d'un grand goût. Dans les nefs collatérales, chaque division marquée par un des grands piliers forme une chapelle, ayant ses colonnes et sa coupole. D'autres chapelles fermées forment une double collatérale, qui ne paraît point, au coup d'œil intérieur, faire corps avec l'église. C'est dans l'une de ces chapelles fermées que les chanoines font l'office; le grand chœur ne sert qu'aux jours pontificaux. La plupart des mausolées sont adossés aux grands piliers, dans les nefs collatérales. Ces mausolées sont de la dernière magnificence et du plus grand goût, surtout ceux de Grégoire XIII, de la comtesse Mathilde, de la reine Christine, de Léon XI, d'Innocent XI, et ceux de Paul III et d'Urbain VIII, au fond du chevet.

Tout le pavé est de marbres de couleur à beaux compartiments; la voûte de stuc et mosaïques dorés; l'arc des cintres qui entrent sous le dôme est plus que demi-cercle; il se recourbe un peu vers la naissance, effet que les uns blâment et que les autres approuvent. Les quatre monstrueux piliers du centre, qui portent le dôme, sont revêtus en même symétrie que les autres de pilastres cannelés, redoublés dans les ressauts. L'angle est recoupé à pans du côté du maître-autel et orné d'une tribune à colonnes torses, balcon et baldaquin, et au-dessous une grande statue sur son piedestal, dans une niche entourée d'une balustrade. Les escaliers par où l'on descend dans l'église souterraine sont derrière ces statues. Il y a aussi un autre escalier pareil sous le maître-autel. Les quatre évangélistes sont peints en mosaïque, dans les angles au-dessus de la corniche corinthienne, et au-dessous du dôme. Tout le pourtour commence à se former sans interruption, par une grande frise circulaire, sur laquelle les mots : *Tu es Petrus et super hanc petram*, etc., écrits en mosaïque sur un fond d'or, se lisent facilement du bas. Les lettres de cette inscription ont quatre pieds et demi de haut. Le dôme commence à s'élever au-dessus de la frise, par un grand ordre de pilastres composites, architravés sur des piédestaux, et par-dessus une espèce d'attique, d'où part la haute calotte, bien plus belle et mieux proportionnée que celle du Panthéon : elle est ornée de stucs et de peintures mosaïques. Le centre est ouvert en rond, par le bas d'une petite lanterne, dont la partie supérieure porte la pointe, faisant la cime de l'édifice, terminée par la grosse boule de cuivre surmontée d'une croix. Je fus merveilleusement surpris, étant au-dessus du dôme, de voir que cette petite lanterne était percée, dans son contour, de seize grandes croisées par où l'on regarde le bas de l'église, comme le fond d'un abîme.

Le maître-autel est entouré par derrière d'une balustrade de marbre et de bronze doré, chargée d'une quantité de lampes d'argent, qui n'y font pas un bel effet. Je dis par derrière, car la face principale de l'autel regarde le fond de l'église, selon l'ancien usage ; de sorte que le pape, lorsqu'il y célèbre la messe, a le visage tourné du côté de celui des assistants. Il nomma le cardinal de Tencin pour la dire en sa place le jour de Noël ; celui-ci se tira d'affaire avec l'applaudissement public, ayant à merveille chanté son latin, selon la prononciation italienne : *miki dominous*, etc. Le fameux baldaquin du maître-autel à colonnes torses, bas-reliefs, statues et pentes festonnées, le tout de bronze, n'a pas besoin que j'en fasse ici l'éloge : son mérite est assez connu ; c'est le plus beau jet de fonte qu'il y ait au monde. Il ne faut pas dire moins de bien de la chaire de Saint-Pierre, soutenue par quatre Pères de l'Eglise, surmontée d'un Saint-Esprit au milieu d'une gloire rayonnante, accompagnée d'anges ; le tout aussi de bronze et d'un volume prodigieux. Elle est appliquée contre le fond du temple, où elle fait un merveilleux effet, surtout au coucher du soleil, lorsqu'il darde sa lumière au travers des vitres par les vides de la gloire de cristal jaune. Je ne vous parle pas de deux superbes mausolées qui garnissent le fond du temple de chaque côté de la chaire. Il faut voir les estampes de tout cela, qui ne sont pas rares ; je souhaiterais que vous pussiez avoir sous les yeux un fidèle et joli tableau de tout l'intérieur du temple, que Pannini vient de peindre pour le cardinal de Polignac : ce morceau est tout à fait bien exécuté pour le détail, la vérité, le coloris vague, la perspective et la distribution de la lumière.

Quand il s'agit de vues de bâtiments et de perspective, on trouve encore en Italie des peintres entendus dans ce genre particulier. Mais il en est un qu'on a poussé plus loin dans ce siècle-ci qu'il ne l'avait jamais été, celui des mosaïques. Puisque vous demandez d'être instruit avec quelque étendue de cette espèce de fabrique en peintures, je consens à consacrer à ce sujet une lettre particulière. On a pris le bon parti d'ôter d'ici tous les tableaux d'autels, où l'humidité naturelle du terrain les faisait périr, et de les remplacer par ces magnifiques copies en mosaïques, des plus belles peintures des meilleurs maîtres ; car on ne s'est point assujetti à recopier, en chaque place, le même original qu'on en venait d'ôter, à moins qu'il n'en méritât la peine. Tels sont, par exemple, le Saint Pierre marchant sur les eaux, de Lanfranc, et l'admirable Pétronille, du Guerchin, au fond de la croisée, à main droite. On remplacera les originaux médiocres par des copies des plus célèbres originaux qui soient ailleurs. De cette manière, il n'y aura rien ici en peinture qui ne soit digne d'y avoir placé ; on y peut rassembler une vingtaine des plus fameux tableaux. Ceux auxquels on travaille actuellement dans de grandes halles voisines sont la Transfiguration et la Communion de saint Jérôme ; soit que l'on regarde ces pièces qui vont être posées, ou celles que l'on vient d'enlever, on ne peut revenir de la surprise que cause leur énorme grandeur, pour n'être que de simples tableaux d'autels, et l'on juge mieux, à mon gré, de la grandeur de l'église dans ces halles que dans l'église même.

Lorsque vous aurez assez considéré les deux croisées qui paraissent être deux églises métropolitaines, nous repasserons dans la collatérale gauche, dont l'examen ne nous retiendra pas aussi longtemps que celui de la droite, étant beaucoup moins ornée ; cette partie du temple n'est pas encore finie en dedans. Les ouvriers y travaillent, mais lentement, à ce qu'il m'a paru. C'est par ici que se trouve l'escalier qui monte au dôme, et les cellules des pénitents, pilant du marbre pour le salut de leur âme et la rémission de leurs péchés. La promenade au-dessus des toits est tout à fait agréable ; outre le grand air et la belle vue, on y trouve des statues, des logements, de grands et petits dômes, des colonnades, etc. ; on se glisse ensuite entre les calottes du grand dôme ; car un dôme ne peut être en belle forme sans en avoir deux, la courbure de l'intérieur ne devant pas être la même que celle du dehors. L'escalier rampe sur la calotte inférieure ; mais il y a un endroit fort plaisant à monter, où la courbure est en dessous, si bien que l'on monte le corps penché en arrière, en se guindant au moyen des appuis-main. Au-dessus du dôme on trouve la lanterne ; puis on s'insinue dans une espèce de colonne creuse, façon d'étui, contenant un escalier assez mal plaisant. De ce point, on monte dans la boule, par une échelle de fer toute droite. Alors on aperçoit, comme Sancho Pansa, la terre grosse comme un pois, et les hommes comme des feuilles de chêne, qui marchent dessus. On me conta qu'il y a quelques années, pendant que deux religieux espagnols étaient dans la boule, survint un tremblement de terre, qui la faisait aller en cadence. On ne peut pas être mieux gîté que dans cette boule, pour sentir un tremblement, à cause de la longueur du levier; un de ces pauvres moines en mourut de frayeur sur la place. Je ne sais combien messieurs les faiseurs de relations comptent qu'il entrerait de compagnies d'infanterie dans cette boule; il est certain qu'on y pourrait entasser grand nombre de personnes, si on les y mettait les unes sur les autres, comme des sacs de blé. Sans cela peu de gens pourraient y entrer à la fois, à moins que de se mettre à cheval sur les barres de fer qui la traversent en tout sens, pour la soutenir : sa forme ronde ne laisse pas d'espace à plusieurs personnes, pour s'y tenir facilement debout.

Ne quittez pas le dôme, je vous prie, sans en avoir fait le tour en dehors sur la saillie des corniches. Il n'y a pas de garde-fous ; aussi les fous n'y vont-ils pas : témoin Lacurne, qui pensa le devenir en me voyant faire cette promenade d'un air aisé. Au reste, je n'avais garde de commettre imprudemment ma précieuse personne, je savais qu'il n'y avait rien à craindre ; outre qu'on s'appuie toujours d'une main contre le bâtiment, je n'aurais pu, même en cas de frayeur, tomber en dehors, la corniche ayant plus de saillie que je n'ai de hauteur.

Le Vatican est un amas confus de cours et de corps de logis, sans ordre et sans fin. La principale cour, appelée des Loges, formée par trois corps de logis, ayant, outre le rez-de-chaussée, trois étages de loges ou tribunes à balustrades et colonnes, est tout à fait belle ; les autres n'ont rien de remarquable. On ne sais par où y entrer, faute de façade extérieure et de portail ; il n'était pas possible, en effet, d'y en faire, l'espace se trouvant occupé par la colonnade de la place, qui vaut tous les portails du monde. Pour entrer dans les cours du palais, on passe par-dessous le portique de cette colonnade ; et, pour aller dans les appartéments, on enfile tout droit l'escalier qui conduit à la chapelle Sixtine. Ces appartements étant inhabités n'ont aucun meuble ; on ne saurait même pas trop où les placer dans le principal appartement, dont les quatre murs, les voûtes, dessus de fenêtres et hauteurs d'appui, sont presque partout peints jusqu'au pavé par Raphaël et par ses élèves. Ce sont ces peintures si vantées, et qui seraient en effet les plus belles de l'univers, si le peu de soin, l'humidité du lieu et quelques accidents ne les avaient fort endommagées. Mais rien ne leur a fait plus de tort que la barbarie des soldats allemands de l'armée du connétable de Bourbon, lorsqu'ils eurent pris Rome d'assaut ; ils établirent un corps de garde dans ces appartements, où, faute de cheminée, ils firent grand feu au milieu des salles ; la fumée et l'humidité attirée des murs par le feu perdirent tout à fait ces fresques incomparables. La pièce où est l'école d'Athènes est celle qui a le plus souffert.

Il n'y a point d'amateur en peinture qui ne coure au plus vite à ce palais, comme à un lieu de délices. Le premier coup d'œil ne répond pas à l'attente : l'appartement n'est pas beau par lui-même ; il est demi-gothique, triste et mal éclairé. Ce sont toujours des voûtes à angles et de petites fenêtres garnies de petites croisées, et de vieilles vitres infâmes et sombres. L'abondance des peintures y produit une espèce de monotonie. Il y en a de petites autour des grandes ; ce qui ôte toute la netteté et ne laisse aucun repos à l'œil. Il y en a partout, même dans les endroits où elles sont le plus mal placées, dans des places et des formes très-bizarres, dans un très-mauvais jour, au-dessus et tout autour des fenêtres, par exemple. Ces peintures sont tout à fait ternies ; le coloris en est perdu, et par conséquent l'effet de perspective et la première grâce du coup d'œil le sont aussi. Arrivant ici la tête échauffée du mérite du prince des peintres, je ne pus m'empêcher de m'écrier à la première minute : *Raphaël, ubi es?* Mais après le premier moment, quand on a fait la part des accidents dont il n'est pas la cause, et qui ont déparé son ouvrage, on le retrouve, et le plus grand Raphaël qui se puisse.

La bataille de Constantin contre le tyran Maxence, sur le Ponte-Molle, est le premier tableau de la prémière classe des grands ouvrages, comme la Transfiguration de Montorio (ou si l'on veut la Nuit de Noël de Modène, par le Corrége) est le premier de la première classe des tableaux de chevalet, soit que l'on examine la perfection du dessin, le nombre infini des figures, la force et la variété des attitudes, le feu de la composition et de l'exécution ; soit que l'on considère la grandeur de l'invention et de tout l'ouvrage. On ne peut s'empêcher de lui accorder cette prééminence, même sur l'Histoire de Psyché, la Galathée et l'Incendie del Borgo, du même auteur, et sur les Noces de Cana, du Veronese. La galerie Farnese, d'Annibal Carrache, et le plafond Barberini, de Pierre de Cortone, sont les seuls ouvrages qui puissent, à mon gré, concourir avec celui-ci pour le premier rang. Antérieur à ces trois derniers, il a été peint en entier par Jules Romain, sous la conduite de Raphaël, qui n'a fait que l'inventer et le dessiner. Je doute que le coloris en ait jamais été beau ; il y a peu de clair-obscur, et peut-être serait-ce une faute s'il y en avait davantage, l'action se passant en pleine campagne, où la lumière est partout également répandue, sans distinction de masses d'ombres. Notre Lebrun a pris de toute main dans ce tableau, quand il a peint sa bataille d'Arbelles : autant en ont fait beaucoup d'autres ; car c'est ici le modèle de tous les sujets de cette espèce. L'école d'Athènes est fort remarquable par la science, l'invention, la belle ordonnance et la bonne perspective que l'on devine aisément qui y étaient avant qu'elle ne fût gâtée. Quoiqu'elle tienne encore un peu de la première manière sèche de Raphaël, et que ce ne soit pas un de ses plus parfaits ouvrages, il n'y en a peut-être aucun plus capable de faire honneur à l'ouvrier. Le style et les pensées sont merveilleux ; chaque philosophe, par son geste et son expression, caractérise son genre de doctrine et d'opinions favorites : c'est le premier modèle qui ait paru d'un grand sujet, rendu d'une manière noble et savante. Michel-Ange n'avait fait que donner l'exemple du fier et du terrible ; Léonard de Vinci avait fait quelques portraits et autres petits ouvrages parfaitement finis : tout le reste jusqu'alors était mesquin, roide et barbare.

On vante beaucoup, dans le tableau de la Messe, et dans celui de la Dispute du Saint-Sacrement, la finesse et la variété des airs de tête. Certains connaisseurs leur voudraient donner la préférence sur tous les autres. Pour moi, j'avoue que ce ne sont pas ceux qui me plaisent le plus, et que cette assemblée si nombreuse d'évêques mitrés, ces gloires en arcs les unes sur les autres, tombent, à mes yeux, dans une monotonie peu agréable. Il faut convenir cependant que le style de ces deux tableaux est noble et juste, et que celui de la Messe est plus distingué qu'aucun autre, pour le coloris. Mais quelle expression dans la Vision d'Attila, que saint Pierre et saint Paul menacent en l'air de leurs épées, lorsqu'il marche pour saccager Rome ! Quelle lumière et quelle beauté de clair-obscur, dans le Saint Pierre délivré de prison par un ange ! Quelle combinaison et quelle dégradation de lumière ! Quelle figure réellement angélique, que cet ange lumineux et tout transparent ! Il y a une grille de fer toute noire au-devant de la prison, qui fait éclater la lumière intérieure et qui la divise ; c'est un effet incroyable. Si ce tableau était d'une plus grande composition, et que le local auquel le peintre était assujetti ne lui eût pas donné une forme si bizarre, je le mettrais au premier rang. Quel feu d'action, et quelle énergie dans l'Héliodore frappé de verges et chassé du temple de Jérusalem, dont il enlevait les trésors ! Quelle invention dans cet anachronisme allégorique du pape Jules II, rentrant en même temps dans le temple en triomphe, c'est-à-dire remis en possession des biens de l'Église, dont ses ennemis le voulaient dépouiller ! Parmi tous les tableaux du Vatican, celui-ci est encore mon favori : Raphaël a-t-il jamais rien fait d'égal à ce cavalier et à ce cheval qui foule aux pieds Héliodore, à ces anges sans ailes, sous une forme humaine, qui fondent sur lui, et rasent la terre sans y toucher ! Je mettrais ce tableau le premier de tous, si l'autre partie n'était bien froide en comparaison de celle-ci.

Tout est en action et en tumulte dans l'Incendie del Borgo ; un vent violent par lequel tous les objets paraissent agités augmente le désordre et l'épouvante. Chaque partie est d'une correction de dessin achevée ; voyez cette femme qui porte de l'eau, ce vieillard qui se sauve tout nu par une fenêtre : en un mot, c'est un chef-d'œuvre de tout point.

Non-seulement Raphaël est admirable dans la composition détaillée de chacune de ces pièces, mais il l'est encore dans l'idée de l'ensemble, ayant peint, par exemple, dans une des chambres, les quatre principales sciences ; savoir : la Théologie, la Philosophie, la Jurisprudence et la Poésie ; la Dispute du Saint-Sacrement et l'École d'Athènes représentent les deux premières ; les deux autres sont le Mont Parnasse, et Grégoire IX et Justinien donnant, l'un les Décrétales, l'autre son Code. Au reste, ces quatre pièces-ci, qui ont été les premières peintes, sont encore surpassées par celles des autres chambres.

Les élèves de notre académie de France ont eu permission de copier au voile ces grandes pièces de Raphaël. On est dans l'intention de fabriquer aux Gobelins, sur ces copies, une tenture de tapisserie pour le roi. Je vais quelquefois les voir travailler. A ne vous rien dissimuler, je suis fort mécontent de leur ouvrage, où je ne vois rien de bon que la fidélité des contours ; ils copient le dessin correctement à la vérité, puisqu'ils calquent sur l'original, mais d'une manière froide : bien que le contour soit exact, on n'y retrouve plus ce feu ni ce trait hardi des originaux. Outre ceci, ils les défigurent de plus en plus par un maudit coloris plâtreux à la française, inférieur encore à celui des originaux, qui n'a jamais été trop bon (car le coloris est la moindre partie de ces peintures), et qui de plus a été fort gâté par le temps et par les accidents. Vous savez comment on lève des copies exactes au voile, en étendant sur l'original une gaze claire, où l'on trace les contours des figures ; on les reporte ensuite sur la toile imprimée. Le pape ne permet que fort rarement de copier ainsi ses peintures ; si ce n'était pour le roi, on ne l'aurait pas souffert. C'était une chose imaginée à merveille, que de mettre en tapisseries ces belles peintures, en les relevant par les vives couleurs de nos laines des Gobelins ; mais si on les fait, à la manufacture, aussi ternes que le sont les copies que l'on va leur envoyer d'ici, l'exécution de cet ouvrage ne fera pas, en France, grand honneur à Raphaël. Tous nos Français sont si mauvais coloristes ! Le meilleur serait de bâtir des salons exprès, pour y mettre les copies de ces originaux, en mosaïques de verre avec tout l'éclat de leur émail. Ce projet ne serait pas à bon marché, mais il serait digne de la magnificence du roi, qui aurait ainsi des copies des premiers tableaux du monde, supérieures même aux originaux.

Je ne fais pas difficulté de dire qu'elles surpasseraient les originaux, par plusieurs raisons : 1° ces copies en mosaïques excellent à rendre fidèlement leur original avec toute sa force, avec toutes ses beautés, comme j'en ai facilement jugé par la comparaison que je viens de faire de la Pétronille, du Guerchin, avec la copie qu'ils en ont faite, laquelle n'est nullement inférieure à la peinture ; et encore par ce que je leur vois faire dans la Communion de saint Jérôme du Dominiquin, qu'ils ont à présent sur le chantier. Ces deux tableaux sont assurément au nombre des meilleurs que l'on connaisse ; ainsi l'on peut juger que les ouvriers ne réussiront pas moins bien à copier Raphaël ; 2° il est facile, en copiant, de s'assurer, par des moyens familiers aux artistes, de la parfaite correction du dessin et de l'exacte fidélité des contours, quoiqu'il faille en même temps convenir qu'on n'y retrouvera pas ce grand feu du premier trait du maître, qui part de la promptitude avec laquelle la main suit sa pensée ; 3° l'invention, la composition, l'ordonnance et les caractères qui sont les principales parties de la peinture, et celles qui mettent le génie de Raphaël si fort au-dessus de tout autre, se retrouveront dans la mosaïque, comme dans la peinture ; le style même ne sera pas fort différent, si ce n'est qu'il n'aura pas tout à fait la même élégance ; 4° le coloris sera beaucoup meilleur, tant par l'éclat naturel de la mosaïque que parce qu'il est aisé de le rectifier, sans rien changer aux espèces de couleurs employées par le peintre, puisque l'on peut mettre vives et brillantes les mêmes couleurs qu'il a mises ternes et terreuses. L'humidité de l'église Saint-Pierre a perdu les belles couleurs de la Pétronille ; elles sont fort bien rétablies dans la mosaïque. Le coloris des peintures du Vatican est éteint aujourd'hui ; peut-être même, dans la première fraîcheur, n'était-il pas au-dessus du médiocre.

De toutes les parties de la peinture, le coloris est celle qui frappe le plus promptement les yeux, qui affecte le plus le vulgaire, pour lequel un tableau mal colorié est un tableau de rebut ; qui attire la première ceux mêmes qui, la regardant comme secondaire, lui préfèrent avec raison la composition et le dessin : un bon tableau mal colorié est comme un bon livre sans agréments. Ne voyons-nous pas aujourd'hui en France quelle faveur ont pris les tableaux flamands et hollandais, à quel prix excessif ils sont montés, sans avoir d'autre mérite que celui du fini et du coloris ? Ce sont, pour la plupart, ou de petits sujets bas et puérils, ou de grands sujets traités d'une petite manière ; et même ce coloris si vanté est un coloris de pierreries, éclatant fort au delà du vrai, et qui n'est point dans la nature, non plus que ce grand fini n'est conforme à la perspective aérienne. Cependant voilà le coloris qui est à la mode parmi nous, par le même goût qui fait courir après nos petits livrets écrits d'un style brillant et néologique ; car n'ayez pas peur que ces curieux compilateurs d'école flamande recherchent des ouvrages de Van Dyck ou du grand Rubens, où est le vrai coloris. Non, ce sont des Téniers, des Mieris, des Gérard Dow, qu'ils achètent à tout prix ; ce dont je rends grâce au ciel, s'ils peuvent si bien faire tomber les Titiens, que je les aie pour cent écus. Ne serait-ce pas aussi l'extrême platitude du coloris de nos peintres français qui aurait contribué à jeter notre goût dans l'excès opposé ? Quel dommage qu'ils n'aient pas su acquérir cette partie, eux qui travaillent avec tant de science et d'esprit ! Où sont les Italiens qui composent et ordonnent mieux que Lebrun, Jouvenet, Boulogne et Bourdon ? Si ces derniers peignaient comme les Vénitiens, ou comme les Lombards, j'ose dire qu'ils seraient au moins leurs égaux. Et Lesueur, notre Raphaël de la France, quand il lui arrive de colorier aussi bien qu'il invente ou qu'il dessine, n'est-il pas autant le divin Lesueur que l'autre est le divin Raphaël ?

Je dis donc, pour revenir au propos dont je m'étais écarté, qu'on ne pourrait rendre un plus grand service à notre art favori que de donner, par des mosaïques, un vif coloris à ces admirables ouvrages du Vatican, qui ne pèchent que par cette partie ; mais le plus grand avantage qu'ils retireraient du projet que je vous propose serait de sortir de ce sombre appartement voûté, de se débarrasser de ce fatras de peintures environnantes qui les noient, d'être mis dans un jour favorable, où ils paraîtraient avec tout l'avantage dont ils sont dignes, et de quitter les formes irrégulières qu'ont quelques-uns d'entre eux : car il ne faudrait exécuter en mosaïque que les meilleurs morceaux, tous n'étant pas ici d'un égal choix, même parmi ceux de la main de Raphaël, et les réduire, autant qu'il se pourrait, à une forme carrée ou cintrée par le dessus, en retranchant ou en séparant certaines parties, pour les replacer ailleurs ; en mettant au-dessus et aux côtés d'une porte telle excellente pièce qui se trouve au-dessus et aux côtés d'une fenêtre. Ce serait une magnificence bien digne d'un aussi puissant roi que le nôtre, de faire construire exprès un vaste bâtiment en galerie, pour y réunir les copies en mosaïque des plus fameux ouvrages à fresque qui sont en Italie, tant en tableaux qu'en plafonds, en les distribuant dans un bel ordre et dans un beau jour, au milieu d'une riche architecture. Vis-à-vis de ce bâtiment, en un clin d'œil, avec ma baguette de fée, j'en construis un autre, où je réunis à la file les modèles tirés des creux de toutes les plus fameuses statues. Croyez-vous qu'on puisse rien imaginer de mieux pour l'honneur des arts et de leur protecteur ? Croyez-vous que la curiosité des étrangers, qui trouveraient ici réunies les principales choses qu'ils vont chercher de côté et d'autre à grands frais, ne rendrait pas au triple à l'État la dépense que lui auraient coûté de tels monuments ? Communiquez, je vous prie, de ma part, ce projet aux mânes du grand Colbert.

Le Jugement dernier, de Michel-Ange, à la chapelle Sixtine, est aussi de la première classe des compositions à fresque ; ce fameux ouvrage, et peut-être encore plus les figures de la frise qui soutiennent le plafond, en toutes sortes d'attitudes forcées, sont une furie d'anatomie. Ce sont des prophètes et des sibylles, incomparables pour la science et la force du dessin. C'est le plus bel ouvrage de Michel-Ange, en peinture. A vrai dire, je n'en connais point d'autre que celui-ci de véritablement beau. C'était, pour trancher le mot, un mauvais, mais un terrible dessinateur. Nous devons à ce vigoureux génie le bannissement du goût gothique et mesquin, et la gloire d'avoir ramené les autres à la belle nature, tandis qu'il l'outrait lui-même. Les figures de cette frise, leur force et leur raccourci, emportent l'imagination hors d'elle-même, comme le sublime du grand Corneille : on n'a rien de plus beau en ce genre. Son tableau du Jugement dernier a réussi, parce que c'est un sujet confus, où le désordre se trouve en sa place, et parce qu'il y a su répandre un coloris sans harmonie, une mauvaise teinte générale, ambiguë, d'air bleuâtre et rougeâtre, qui ne ressemble pas mal au mélange des éléments dans le renversement de la nature. Ce sujet était le plus convenable dont un esprit sublime, vaste et féroce, tel que celui de Michel-Ange, pût faire choix selon son caractère. Toute cette pièce fait un grand fracas et étonne bien plus qu'elle ne plaît ; c'est ce que demandait un tel sujet. La chapelle Pauline a été peinte aussi par Michel-Ange. Elle est si noire et si enfumée qu'on n'y peut rien voir à son aise.

Nous trouverons mieux notre compte à aller voir les célèbres loges de Raphaël; il a peint et fait peindre par ses élèves, dans chaque division de la voûte, les histoires de l'Ancien et du Nouveau Testament. Vous connaissez toutes ces peintures, qui ont été souvent gravées et qui ne peuvent être trop étudiées. Elles sont en grand nombre ; mais non pas de même valeur, quoiqu'il y en ait beaucoup de belles. Raphaël a peint lui-même les premiers sujets de la Genèse, d'une exquise perfection de dessin, qui gâte la vue de tout autre tableau des autres maîtres : la Création du monde, l'Adam et l'Ève, l'Échelle de Jacob, sont au nombre des plus parfaits ; les arabesques des loges sont légères et très-agréables. Jean d'Udine les fit sous les ordres et la conduite de Raphaël son maître, qui allait soigneusement étudier le goût de l'antique, en ce genre, dans les *sette sale* des thermes de Titus.

Je ne vous dirai rien ici de la bibliothèque Vaticane, dont je parlerai plus tard; mais n'omettons pas la galerie des cartes de géographie, où l'on a peint à fresque en bleu et or toutes les provinces de l'Italie, sur une très-grande surface et avec beaucoup d'exactitude, à ce que l'on m'a dit. Je me suis utilement servi de ces cartes, pour vérifier mon plan du territoire de Pistoja, où l'armée de Catilina fut défaite par Petreius. Cette galerie conduit à un nouveau bâtiment, que le feu pape Benoît XIII, bon moine de son métier, a fait construire derrière le Vatican, dans un canton désert, pour y mener sa vie de reclus. Les murailles des appartements sont fort proprement peintes en blanc de Troyes, et les chaises de paille n'y manquent pas. Ce n'est pas là un objet pour un curieux délicat tel que vous.

Revenons à la cour du Belvedere. D'abord, c'est un péristyle orné dans le fond, d'une belle fontaine en niche, sur le bassin de laquelle est couchée la fameuse statue antique de Cléopâtre. On entre par là dans la cour octogone du Belvedere, petite, et assez laide, formée en arcades fermant par de grandes portes de bois, peintes en rouge. Ceci ressemble mieux à des remises qu'à toute autre chose; ouvrez ces remises, et vous y trouverez, au lieu de carrosses, une statue antique dans chacune, et quelles antiques, ma foi ! l'Apollon, l'Antinoüs, le Torse, le Laocoon, l'Hercule Commode, la Vénus pudique, la Vénus et Cupidon, le Faune tenant un enfant, autrement nommé Saturne prêt à dévorer son enfant. Vouloir vous exalter le mérite de ces statues, ce serait vouloir répéter ce qu'en a dit tout l'univers : l'Antinoüs et l'Apollon sont les chefs-d'œuvre du goût délicat. Le Torse avait par-dessus tout autre l'amitié de Michel-Ange ; mais, quoique l'on veuille dire de ces trois-ci, du Mirmillon [1], du Gladiateur Borghese, de la Vénus de Médicis, de l'Hercule Farnese, du Faune qui danse, ou de quelque autre antique que ce soit, il faut, à mon sens, qu'elles viennent toutes se mettre à genoux et rendre leurs hommages très-humbles au Laocoon, le monarque et le souverain du peuple statue. Ce beau groupe de trois figures est de la main de trois ouvriers grecs, Athénodore, Polydore et Agésander, dont les noms sont écrits sur la base. On l'a tiré des thermes de Titus. Il y manquait un bras, que Michel-Ange a tenté de refaire en marbre ; et pour ceci, il avait l'heureuse facilité de retrouver le modèle du contour original ; car nous avons la figure entière du groupe sur le revers d'une médaille. Cependant il y a renoncé après l'avoir dégrossi ; la pierre est encore au bas du piédestal. Bernin, plus hardi, a exécuté ce projet en terre cuite. Mais quelle comparaison de ceci avec l'antique ! On en plie les épaules.

[1] *Il Mirmillone*, le Gladiateur mourant, actuellement au musée du Capitole, autrefois à la villa Ludovisi.   R. C.

XLIII.—A M. DE QUINTIN.

S'il est possible de vous arracher d'auprès de cette merveille, si mal placée dans ce réduit, ainsi que ses compagnons, nous irons faire notre promenade dans le jardin du Belvedere, agréable et rempli de fontaines. La principale, près de la porte d'entrée, quoiqu'un peu bagatelle, est tout à fait curieuse et amusante ; c'est une espèce de galéasse percée de deux rangs de pièces de canon : elle a ses mâts, vergues et banderoles ; tous les cordages et agrès sont formés par des filets de jets d'eau ; les canons tirent des jets d'eau. Le vaisseau est dans un bassin à l'abri contre un rocher, couvert de jets d'eau du haut en bas. On laisse, dans ce jardin, je ne sais pourquoi, les paons de bronze et la pomme de pin qui formaient le couronnement du mausolée d'Adrien.

Les Barberini ont un autre jardin dans ce quartier-ci, avec une grande maison de campagne, que je me contente de vous faire voir de loin, comme je vous ai déjà montré, sur le bord du Tibre, le vaste hôpital du Saint-Esprit, dont le maître-autel, de marbre précieux, l'apothicairerie et les salles, méritent d'être vus. Les deux *vigne*, où l'on peut achever sa promenade, sont la Farnese et la Cesi, dans lesquelles on trouve quelques statues antiques.

Dans notre après-midi nous parcourrons le Trastevere, au moyen de quoi nous aurons visité toute cette partie de la ville au delà du Tibre.

L'île Saint-Barthélemy, à peu près grande aujourd'hui comme ce qu'on appelle, à Paris, le quartier de l'île Notre-Dame, n'est pas d'ancienne date ; elle n'est au monde que depuis vingt-deux ou vingt-trois siècles, ayant, comme vous le savez, commencé à se former par l'amas des gerbes provenues de la récolte des terres appartenant au roi Tarquin le Superbe, que le peuple jeta dans la rivière en cet endroit, où elles s'arrêtèrent sur un bas-fond. Je me représente cette île longue, comme quelque chose de magnifique au temps des Romains, lorsque son contour était en entier revêtu d'un mur bombé de pierres de taille, qui la figurait en forme de gros vaisseau, avec sa poupe carrée et sa proue pointue. Quelle grandeur et quelle justesse n'y a-t-il pas dans une pareille manière d'ajuster une île au milieu d'une ville ! Un obélisque en faisait le mât, et le temple d'Esculape avec son dôme, en faisait le château de poupe. C'est aujourd'hui l'église de Saint-Barthélemy, à dôme et à tabernacle en colonnes de porphyre.

Plus loin, après être sortis de l'île, nous avons Sainte-Cécile, où le superbe tombeau de la sainte, couvert de richesses et de pierres précieuses, laisse voir dans une niche pratiquée au milieu la statue, plus précieuse encore, ouvrage de Maderne, et l'une des quatre célèbres modernes. Elle est couchée tout de son long; la tête est coupée et reposée dans sa même place, si bien qu'à moins d'être fort près on ne s'aperçoit pas qu'elle soit séparée du corps. Je remarquai dans cette église une belle copie, faite par le Guide, de la Sainte Cécile de Raphaël, qui est à Bologne. Mais plus cette copie me parut belle, plus j'admirai Raphaël, dont l'original est bien au-dessus de ceci. Nous eûmes l'autre jour dans cette église une excellente musique de la composition d'un seigneur Diego, Espagnol, qui nous donna le meilleur motet que j'aie entendu de l'année, en Italie ; surtout les chœurs étaient à enlever. Je voulus acheter ce motet, mais le drôle en demandait cinq cents livres. C'est une misère ici, où l'on ne grave ni l'on n'imprime la musique, que d'avoir la première copie qui s'en tire. Le violon Pascalini fit aussi des miracles dans un concerto. S'il n'est pas le premier violon de l'Italie, c'est au moins celui que j'aie jamais entendu le mieux jouer. Avant que de sortir d'ici, remarquez dans la cour une urne antique d'une belle forme.

A Saint-François *à Ripa*, on voit le tableau des Trois Maries, par Annibal Carrache ; à Saint-Chrysogone, autrefois *Templum Fortunæ plebeiæ*, les deux files de colonnes antiques... A Sainte-Marie, dans le Trastevere, autrefois *Taberna Meritoria*, c'est-à-dire les invalides, on voit une grosse fontaine dans la place, un superbe portique au-dehors de grosses colonnes de granit, et pareilles colonnes au-dedans : c'est un des beaux bâtiments de Rome. On y voit aussi, sous le portique, une mosaïque antique en pierres naturelles, et quelques bonnes peintures modernes au dedans.

Je passe légèrement sur tout ceci, pour vous mener plus promptement jouir, au-dessus du mont Janicule, de l'admirable vue de Rome, et de tous ses dômes, coup d'œil qui seul vaut la peine de faire le voyage d'Italie, joint, comme il l'est, à la vue des aqueducs de l'eau Alsietine et à cette incroyable fontaine de Paul V, que je vous ai déjà décrite. Mais ce n'est pas tout, on trouve à deux pas de là la fameuse Transfiguration de Raphaël, estimée, à la pluralité des suffrages, le plus beau tableau de chevalet qui existe. Il est fort mal placé, à contre-jour, sur le maître-autel de San-Pietro in Montorio, et si j'avais l'honneur d'être pape, il n'y resterait pas deux minutes. Ce célèbre ouvrage, qui fut exposé près du corps de Raphaël lorsqu'il mourut, et qui faisait fondre en larmes les assistants, en songeant à la perte que l'on venait de faire d'un si grand artiste, à la fleur de son âge, est de la plus parfaite correction de dessin ; les attitudes en sont admirables, tout y est plein d'âme, de vie et d'action dans la partie inférieure, représentant l'enfant tourmenté du malin esprit, que son père et sa mère amènent aux apôtres. Cela se peut voir dans les belles estampes que nous en avons ; mais ce qui ne se peut voir et ce que l'on n'a pu rendre ni copier assez bien pour en donner une idée, c'est la partie supérieure, représentant la Transfiguration de Jésus-Christ, entre Moïse et Élie. Le sublime de cette figure de Jésus-Christ, qu'on voit monter en l'air, par sa propre gravitation, comme les autres corps tendent vers le centre, et l'air céleste de son visage, sont des choses qui veulent être vues et non décrites. Quel feu n'y a-t-il pas aussi dans l'attitude des deux prophètes qui l'accompagnent ! Cette partie est encore au-dessus de l'autre, tout admirable qu'est celle-ci. Les lumières au-dessus du tableau devaient faire un excellent effet dans leur fraîcheur; le temps les a rendues grisâtres. C'est un malheur pour nous que les tableaux de Raphaël se trouvent aujourd'hui trop noirs; les couleurs ont bruni avec excès, et les diverses ombres sont devenues presque également noires; ce qui a presque perdu l'effet de la dégradation et des reflets, et leur ôte par là beaucoup de la grâce du premier coup d'œil. Au reste, le tableau n'est pas sans défaut; l'action en est double. Quoique ceci soit conforme à l'histoire, cette duplicité ne plaît pas; à la vérité, Raphaël l'a sauvée le plus ingénieusement du monde, en liant les deux actions l'une à l'autre, par un des apôtres, qui montre du doigt Jésus-Christ transfiguré au père de l'enfant malade, et paraît lui dire que c'est là qu'il faut s'adresser pour obtenir la guérison de son enfant. Le mont Thabor ne paraît qu'un petit tertre trop voisin du devant du tableau; mais peut-être Raphaël en a-t-il usé de la sorte pour ne pas trop diminuer les figures de Jésus-Christ et des deux prophètes, et ne pas tenir dans un trop grand éloignement l'action principale. Quoi qu'il en soit, pour jouir plus à mon aise de ce tableau, j'ai coutume de le considérer à deux fois, en interposant un objet qui m'en cache tantôt une partie, tantôt l'autre, et je trouve que toutes deux séparément sont plus belles qu'ensemble; surtout la partie supérieure est tout à fait sublime et miraculeuse. On pourrait conjecturer que Raphaël n'eut d'abord dessein de composer son tableau que de cette seule partie, et que l'ayant trouvé trop nu, il eût ensuite la pensée de l'enrichir du second sujet. On voit au Vatican un excellent carton fait de sa main, pour le tableau de la Transfiguration, lequel ne contient que cette partie inférieure, comme si Raphaël ne l'eût conçue qu'après coup ; elle est en vérité si belle, si pleine de feu, si parfaitement dessinée, qu'en convenant même qu'elle rompt l'unité du sujet, on regretterait fort de ne pas trouver dans cette peinture, un défaut qui y apporte tant de beautés. Voudriez-vous, au prix d'une plus grande perfection dans l'ordonnance, perdre cette seule figure merveilleuse de la mère agenouillée, sans parler de toutes les autres pareillement impayables ? On peut souvent remarquer dans les fautes que se permettent les grands génies, tels que Molière, Corneille et Raphaël, qu'en diminuant la perfection de leur ouvrage, elles ne laissent pas que d'en augmenter la valeur. C'est ce qui fait dire avec raison que ce ne sont pas les défauts d'une composition qui la rendent mauvaise, mais bien le manque de beautés.

Il y a ici divers sujets de la vie de Jésus-Christ, peints à fresque sur la face d'une chapelle à droite, par Fra Sebastiano del Piombo, le rival de Raphaël. Il fallait que ce drôle-là fût un maître imprudent, pour aller mettre son ouvrage à côté de l'autre, malgré l'aide que lui donnait Michel-Ange pour le dessin ; car Fra Sebastiano n'a guère d'autre qualité qu'un coloris le plus moelleux, qu'il soit possible. Michel-Ange y a aussi fait lui-même quelques peintures. Bref, tout cette petite église est très-curieuse à voir. La belle balustrade de marbre jaune antique vient des jardins de mon ami Salluste. Le petit dôme près de l'église, par Bramante, au lieu où la tradition porte que saint Pierre fut crucifié, est tout à fait joli. Près de Montorio se trouve l'académie *degl'Arcadi* et la salle des conférences, que je n'ai pas encore vue.

Vous êtes né coiffé, monsieur l'amateur de peintures ; vous allez voir encore du Raphaël et du plus exquis. Pour celui-ci, ce sont mes amours particulières, mieux que le Vatican, mieux que Montorio : je veux parler du petit Farnese de la Longara. M. Galiani, envoyé du roi de Naples, logé dans cette maison, n'avait que faire d'autant d'esprit et de mérite qu'il en a, pour avoir de moi de fréquentes visites, ayant dans deux salons la Psyché et la Galathée. Raphaël commença par le salon de la Galathée, qui est celui du fond, où il a peint le plafond et la frise en arabesques et en jeux d'enfants : c'est un délire. Il n'était bruit dans Rome que de cette frise enchantée ; Michel-Ange la vint voir en son absence ; il ne dit mot, et ayant trouvé du noir sur une palette, en une douzaine de coups de pinceau, il barbouilla sur la muraille, *a chiar oscuro*, une tête démesurée d'un gros jeune homme tout réjoui, puis s'en alla. Raphaël, apercevant à son retour cette tête monstrueuse, s'écria : « Michel-Ange est venu ici. Qu'est-« ce donc qu'il a dit ? — Rien du tout, lui répli-« quèrent ses élèves ; il a fait cette tête, puis s'en est

« allé. — J'entends, dit Raphaël, il a raison, mes
« figures sont trop petites; il faut me rectifier à cet
« égard dans le reste de l'ouvrage. » Et, là-dessus, il
se mit à repeindre les murs du salon, où vous noterez
qu'il a, par respect, interrompu son sujet à l'endroit
de la tête noire, sans y toucher, si bien qu'elle y est
encore, et qu'on est fort étonné de l'effet ridicule que
fait là ce gros visage disparate, mais du reste admirablement bien fait. Le Triomphe de Galathée se promenant sur les ondes est un morceau sans prix, que
quelques connaisseurs regardent comme le plus bel
ouvrage qui soit sorti des mains de Raphaël; il l'a
peint lui-même en entier; mais il n'a fait qu'inventer,
dessiner et conduire le salon voisin, qu'il fit peindre
par Jules Romain; c'est celui qu'en mon particulier
je préfère à tout. Les sujets de l'histoire de Psyché
y sont représentés en dix ou douze pièces, tant dans
les angles de la frise que dans les deux parties du
plafond, séparées par une poutre. Dans l'une, le
Conseil tenu par les dieux, pour recevoir Psyché
dans la cour céleste; dans l'autre, le Festin des noces
de Psyché et de l'Amour; le tout entremêlé de guirlandes de fleur en festons, de petits amours et d'oiseaux qui se jouent au travers; le dessin de toutes ces
pièces est absolument parfait. Mercure tout nu, son
petit chapeau sur la tête, son caducée à la main,
s'envole d'un des angles, en face du spectateur, portant sur la terre les ordres de Jupiter. Je cite cette
figure, la regardant, en particulier, comme la plus
parfaite que jamais ait faite Raphaël; quelles figures

encore que ce Ganymède, présentant la coupe à Jupiter un genou en terre ; que ces trois Grâces versant des parfums ; que ce Sphinx avec sa mine de fourberie ; que cette Vénus partant dans son char attelé de colombes! Quel esprit dans la manière de rendre la physionomie de ces trois frères, Jupiter, Neptune et Pluton, qui n'ont pas un trait l'un de l'autre, et se ressemblent comme deux gouttes d'eau ! Le coloris de ces histoires est fort mauvais, rougeâtre et entièrement perdu. Charles Maratte, chargé de les retoucher, n'ayant osé le faire, a rempli le fond de ces peintures d'un outre-mer dur et vif qui les fait ressortir, mais qui augmente la dureté naturelle du coloris de Jules Romain. Raphaël, qui se connaissait lui-même pour n'être pas d'une habileté consommée dans l'art de faire plafonner ses figures, article dans lequel il a été surpassé par ceux qui ont vécu depuis, tels que le Corrége et Lanfranc, a fait à ces deux grands sujets une bordure en guise de tapisserie, que des clous figurés tiennent attachée au plafond. L'histoire de Psyché et la Transfiguration, qu'il peignait en même temps, furent ses derniers ouvrages. Augustin Chigi, propriétaire de la maison, y ayant, pour lui plaire, donné un logement à sa maîtresse, le luxurieux jeune homme s'en donna tant, qu'il mourut, à mon grand regret, un vendredi saint, jour fatal. Hélas ! peut-être n'aurait-il plus rien fait : le cardinal Bibbiena lui proposait en mariage sa nièce et son héritière ; le pape le voulait faire cardinal. Adieu la palette et le pinceau! Je ne sais si Raphaël mourut [1] dans ce palais, qu'il habitait alors à ce qu'il me semble, ou dans sa propre maison qu'on montre rue des Coronari, non loin du théâtre Tordinona et du pont Saint-Ange.

La politesse nous engage à aller d'ici faire visite au prince Corsini, neveu du pape. Vous ne le trouverez pas, car il est dans sa vice-royauté de Sicile ; mais vous trouverez sa femme, et sa fille mariée au frère de l'abbé Niccolini, notre ami. Les Corsini sont logés dans un quartier bien reculé : à merveille ; tant que leur oncle vivra, on leur y viendra faire la cour ; mais à sa mort prochaine, gare qu'il ne faille changer de demeure, ou rester seuls. Albani disait, il y a quelques jours, que les neveux des papes meurent deux fois ; la seconde comme les autres, et la première à la mort de leur oncle. Votre politesse pour les Corsini sera récompensée par quelques peintures du Corrége et de l'Albane. Le grand palais Salviati est un peu plus loin. Je ne vous y arrêterai pas longtemps. Les principales peintures ayant été, à ce qu'on m'a dit, transportées chez le connétable Colonna, dont la femme est Salviati.

De là nous irons, suivant l'usage, terminer notre course par une promenade à la vigne Panfili, et vous conviendrez que celle-ci est la plus belle, la mieux entendue et la mieux plantée de toutes. La façade du palais est toute recouverte de bas-reliefs antiques, disposés par l'Algarde dans un ordre très-

---

[1] Raphaël mourut dans sa maison, rue des Coronari, le vendredi 7 avril 1520, à l'âge de trente-sept ans.   R. C.

agréable. Il est grand, bien logeable, bien orné de peintures et de statues, et précédé d'une belle esplanade. Les jardins sont très-étendus, verts et mieux soignés qu'aucun autre ; les grottes, les jolies fontaines y sont en abondance ; nous aurons de quoi passer agréablement notre soirée au milieu des tableaux, des tables de marbre, des bas-reliefs et des statues. La Bacchanale célèbre de Jules Romain, plusieurs beaux morceaux de l'Algarde. En antiques, le rare buste de Nerva, l'excellent bas-relief d'Andromède et Persée, la Cybèle du Cirque, et tant d'autres dont je ne vous parle pas, pour avoir déjà trop parlé aujourd'hui.

> Che troppo e lungo ormai, signore, è il canto ;
> Et forse ch'ancò l'ascoltar vi grava ;
> Si ch'io differirò l'istoria mia
> In altro tempo che più grata sia.

XLIV.—A MADAME CORTOIS DE QUINCEY.

Femmes, Assemblées, Conversations.

Les dames romaines, dont vous me demandez des nouvelles, ma bonne amie, ne sont pas en prédicament de beauté dans les autres villes d'Italie. On me les avait annoncées laides et malpropres ; j'ai trouvé qu'on leur faisait tort. Quoique parmi la noblesse le sang ne soit pas aussi beau qu'à Venise, les femmes me paraissent ici au moins aussi bien qu'en aucune autre ville d'Italie ; la princesse Borghese, la duchesse de Caserte, mesdames Piccolomini, Petroni, Ricci, Falconieri, Sampieri et plusieurs autres, seraient partout de belles femmes. Il n'en est pas de même des femmes du peuple, ni des courtisanes, du moins pour le peu que j'en ai aperçu. Il n'y a point de ces courtisanes vénitiennes qui ont si bon air, et qui font si bien leurs affaires ; il n'y a point non plus de filles de théâtre : la décence ecclésiastique ne laisse paraître sur le théâtre, dans les rôles de femmes, que de jeunes jolis garçons, à qui de diaboliques chaudronniers ont trouvé le secret de rendre la voix flûtée. Habillés en filles avec des hanches, de la croupe, de la gorge, le cou rond et potelé, on les prendrait pour de véritables filles[1]. On prétend même que les gens du pays s'y trompent quelquefois jusqu'au bout ; mais c'est une vieille calomnie à laquelle je n'ajoute aucune foi. Je vois, au contraire, que ces honnêtes Romains sont très-bons serviteurs du beau sexe : chacun a sa chacune. Tous les jours on les voit arriver ensemble, dans les assemblées, ou à si peu d'intervalle l'un de l'autre que, lorsque l'on voit entrer une personne, on peut parier à jeu sûr pour celle qui va suivre. Nous appelons ceci les *cartes routées*. Ces pariades de pigeons se mettent ainsi deux à deux, tout le long des appartements, et font à leur aise la petite jaserie, jusqu'à ce qu'il leur prenne fantaisie de jouer

---

[1] La même chose avait lieu au théâtre italien, à Vienne, en 1746.   (Lady Montagu.)

au quadrille, à *tré-sette*, au stopa, ou aux *minchiate* (tarots); mais surtout à ce dernier, qui est le grand jeu en règne. C'est un jeu fort extraordinaire, tant pour le grand nombre de cartes que pour leurs figures, et pour la manière dont il se joue. J'y voyais les gens si appliqués et si vifs, qu'autant par curiosité que parce que, nous autres étrangers, ne savons pour la plupart du temps que devenir dans ces grandes assemblées, il m'a pris fantaisie de me faire initier dans les mystères de ce jeu-ci, plus obscurs en apparence que ceux de la Bonne Déesse, mais qui ne sont rien au fond. Sur le peu que je sais jusqu'à présent de ce jeu, auquel je m'escrime déjà, quoique souvent au détriment de mon associé, il me paraît facile à apprendre; mais très-difficile à bien jouer. Ce jeu est très-beau, au moins aussi savant, aussi vif et aussi piquant que le reversi, le plus beau de nos jeux en France, et beaucoup plus rempli d'événements. D'un autre côté, il n'a pas la belle simplicité du reversi, étant au contraire très-compliqué. J'ai envie de vous le porter; la difficulté sera d'avoir une cargaison de cartes. Il se joue à quatre, deux contre deux, assis comme au quadrille, les deux associés vis-à-vis l'un de l'autre. Il y a quatre-vingt-dix-sept cartes, grandes et épaisses au double des nôtres; savoir: cinquante-six des quatre couleurs ordinaires, car les Italiens ont quatre figures, au lieu que nous n'en avons que trois; plus, quarante figures singulières numérotées, et le fol, ou *matto*, qui tient lieu de zéro, en augmentant la valeur des autres. Ces figures portent le nom des étoiles, du soleil, de la lune, du pape, du diable, de la mort, du pendu, du bateleur, de la trompette du jugement dernier, et autres bizarres. Les unes ont une valeur intrinsèque qui varie entre elles, d'autres n'en ont point; mais le numéro supérieur, qui ne vaut rien, ne laisse pas que de couper l'inférieur qui vaut des points. Le tout consiste à avoir dans son jeu au moins trois numéros de suite ayant valeur, qui se puissent compter d'entrée en tierces, ou, comme ils l'appellent, en *verzicole*, à les conserver en jouant les cartes, ou à s'emparer de ceux de son adversaire à la fin du coup, où les *verzicole* se recomptent....., Tout ceci est accompagné de quantité de circonstances intéressantes. Le décompte est long à la fin de chaque coup; le coup est pareillement long à jouer, les cartes se jouant jusqu'à la fin, et devenant plus difficiles, à mesure que le nombre en reste moindre; ce qui est la vraie marque d'un beau jeu : aussi ne joue-t-on que trois tours, faisant douze coups, et à chaque tour, on change de place et d'associé, pour varier la fortune. Tout l'artifice du jeu m'a paru consister en cette cinquième couleur, qui est toujours la Triomphe; les autres ne servant que de remplissage nécessaire, et dans la manière dont on est assis entre ses deux adversaires qui vous voient toujours venir. Ce jeu a été inventé à Sienne, par Michel-Ange, à ce qu'on prétend, pour apprendre aux enfants à supputer de toutes sortes de manières : en effet, c'est une arithmétique perpétuelle. Il faut que ce jeu ne se soit mis en vogue à Rome qu'au temps du pape Innocent X, Panfili ; car le pape des *minchiate* ressemble comme deux gouttes d'eau au portrait de ce grand pontife. Le jeu ne va pas bien loin et l'on n'y joue pas cher, quelquefois à l'écu la fiche ; mais pour le plus souvent au teston, qui vaut à peu près trois de nos pièces de douze sous : ajoutez que l'on ne paye jamais les cartes dans ce pays-ci. Disons en même temps que l'on a, dans les meilleures maisons, des jetons d'ivoire, des fiches de carton, et un seul jeu, dont on ne change point, quoique piqué. Les cartes, pour paraître moins sales, sont bariolées de divers traits sur le dos. C'est une comédie que de voir les femmes mêler ces gros in-8° contre leur ventre et d'entendre le jargon qu'on y tient, qui est aussi amusant que le jeu même : tout le monde en est fou, hommes et femmes. En vérité, il est fort joli ; je trouve que c'est le seul jeu de cartes qui ait quelque rapport aux échecs, en ce que les pièces sont variées, et que l'on fait une perpétuelle guerre, tantôt aux unes, tantôt aux autres ; car telle est importante dans un certain moment, et telle dans un autre.

L'autre jour, Legouz, qui est sujet aux quiproquo, s'approchant de madame Bentivoglio, lui fit compliment sur ce qu'elle excellait à manier les *minchie*, il voulait dire les *minchiate*. Cet autre mot est un terme de plaisanterie, qui signifie ce qui manque à ces jeunes gens de théâtre, dont je vous parlais il n'y a qu'un moment. L'éclat de rire fut général

FEMMES, ASSEMBLÉES, CONVERSATIONS. 211

dans l'assemblée ; mais vous savez qu'il ne se déferre pas aisément.

Les assemblées sont réglées, à certains jours marqués de la semaine, chez une dame ou chez une autre, ainsi que dans nos villes. Elles sont nombreuses, bien illuminées et de bon air, mais peu agréables, surtout pour les étrangers, dont les assistants ne songeant qu'à leur duo, ou qu'à jouer avec leurs camarades, ne s'embarrassent pas beaucoup. Les maîtresses de maison, qui devraient être plu attentives pour eux ne le sont pas davantage ; elles s'entendent mal à faire leurs honneurs et laissent chacun s'intriguer pour son amusement, ainsi qu'il avisera ; de sorte que les gens qui n'ont que peu ou point de part aux duos restent en groupe à deviser de la pluie ou du beau temps, ou d'autres nouvelles très-peu intéressantes, ou vont rôder d'une table de jeu à l'autre : méthodes peu récréatives, surtout pour nous, qui ne parlons pas facilement la langue en conversation, et qui sommes peu au fait du propos courant. Ceci fait que je ne vais que rarement chez madame Bolognetti, où est la grande assemblée, mais plus souvent chez madame Patrizzi et chez la baronnesse Piccolomini. Celle-ci, quoique de moyen âge, est encore fort belle, tout à fait gracieuse et prévenante, et faisant beaucoup de politesses aux Français ; l'autre est la femme du général des postes, riche, aimant la dépense, entendant mieux qu'une autre à faire les honneurs de sa maison, ayant même parfois un souper chez elle, les jours d'assemblée ;

chose rare ici, et dont l'usage n'a commencé à s'introduire que depuis peu, dans trois ou quatre maisons.

Au reste, ces jours marqués d'assemblée dans chaque maison sont tout à fait commodes pour les étrangers. On sait chaque jour de la semaine où l'on pourra se rendre et passer la soirée. On s'assemble sur les huit ou neuf heures du soir, jusqu'à onze heures ou minuit, qui est l'heure du souper pour les gens qui soupent ; il y en a beaucoup qui ne sont pas dans cet usage, ou du moins en général on soupe très-légèrement, et je crois que, si nous faisions ici un long séjour, nous en perdrions nous-mêmes peu à peu l'usage : c'est sans doute par la nature du climat, qu'un seul repas suffit. Il est facile aux gens d'une certaine façon d'être présentés partout en huit ou quinze jours, et d'entrer en quelque connaissance avec la plus grande partie de la ville. Les Romains sont fort accueillants à cet égard, accessibles aux étrangers, et d'un commerce doux, à ce qu'il m'en paraît jusqu'à présent. Les mêmes gens qu'on a vus une fois dans les assemblées s'y retrouvent toujours : ils sont constants dans leurs habitudes. Cette ville-ci, quoique très-grande, ne sent point la capitale ; la vie que l'on y mène est assez uniforme et plus semblable à celle de nos grandes villes de province qu'à celle de Paris, où tout est tumulte et variété. Le grand nombre de gens qui habitent Paris y produit cette confusion et ce changement perpétuel de société. Tout le monde y vit ensemble, sans se connaître et se soucier les uns des autres. Quelque vaste que soit l'enceinte de Rome, elle n'est habitée que dans un tiers ou environ. On se voit tous les jours ; on est au fait des moindres allures. La vérité est qu'on ne peut pas tourner le pied sans être la proie des caquets ; tout y est matière à gazette : avec cela entière liberté dans les actions ; laissez-les dire, ils vous laissent faire, et je ne sais, tout mis en balance, s'il y a aucune autre ville en Europe plus agréable, plus commode, et que j'aimasse mieux habiter que celle-ci, sans même en excepter Paris.

La maison que nous fréquentons le plus est celle de la princesse Borghese, sœur du connétable Colonna ; c'est aussi le rendez-vous ordinaire des Anglais, qui sont ici en grand nombre, la plupart fort riches. Sa maison et celle de Santa-Croce sont les plus considérables de la ville. La princesse est aimable, enjouée, spirituelle, galante, et d'une figure agréable. Monsieur son époux est assez bien aussi de figure, et ses deux frères, le cardinal et don Paolo, encore mieux. Le sang des Borgheses est beau, ainsi que celui des Rohans parmi nous ; mais ledit seigneur n'est pas si gracieux que sa femme, qu'il trouve un peu trop avenante, ce dont il fait souvent la mine, sans qu'il en soit ni plus ni moins. Pour moi, je sais très-bon gré à la dame de s'être approprié le chevalier Marco Foscarini, ambassadeur de Venise, homme plein de feu et d'esprit, qui me réjouit tout à fait quand je puis le raccrocher en conversation. Le mal est que je n'en jouis pas autant que je le voudrais ; c'est un joueur endiablé, qu'on ne peut tirer du pharaon. De dépit, et faute de savoir que faire, je me mets à y jouer aussi, et j'y perds mon argent comme un seigneur. Le pharaon Borghese me coûte déjà deux cents sequins, que j'avais gagnés à Florence, au trente et quarante, Je m'en tiendrai là selon l'apparence. Je ne voudrais pas être le fermier de ce qu'y perd Migieu, qui s'entête contre la mauvaise fortune, avec l'opiniâtreté d'une vieille mule. Ce pharaon est très-gros, très-bizarre, très-inégal entre les joueurs, les uns jouant aux testons, les autres aux vingt sequins. Foscarini met mille baïoques sur une carte, ce sont des sous, quatre pistoles d'Espagne sur une autre, un écu sur une troisième ; toujours il parle, toujours il remue. Le banquier a beau vouloir éclaircir les affaires : *caro vecchio, lascia fare a mi*. C'est une vraie comédie ; le banquier en perd la tête ; mais en fin de compte, il tire toujours tout. C'est un maudit Boccapaduli, que nous appelons, en haine de son métier et de sa main harpie, *Bocca Paludi*, bouche de marais : effectivement, c'est un abîme sans fond où tout se perd. La peste ! sa profession doit lui valoir bien de l'argent dans son hiver ; avec cela on le tromperait tant qu'on voudrait, sans qu'il pût l'empêcher. Jamais il n'y eut de manière plus extraordinaire de jouer le pharaon, et ce jeu, qui est très-gros, serait le plus froid du monde sans le carillon qu'y fait Foscarini. On n'y voit pas un sou d'argent, métal hors d'usage ici, où on ne connaît que le papier, ainsi que je vous l'ai déjà marqué. Le tailleur met un portefeuille de billets de banque sur la table ;

chaque ponte fait son jeu, déchirant des morceaux de cartes devant lui, pour marquer ce qu'il gagne ou ce qu'il perd. Si les morceaux de cartes sont du côté peint, il gagne ; s'ils sont du côté blanc, ils marquent le nombre de ce qu'il perd. On ne fait qu'ôter et remettre, tourner et retourner ; en quittant on dit au tailleur : Monsieur, vous me devez tant, où je vous dois tant, et l'on ne paye point ; cela n'est pas d'usage, parce que l'on n'est pas censé avoir des billets sur soi ; on paye la première fois que l'on revient dans la maison. Jugez quel tracas fait ce petit commerce, surtout quand un ponte a devant lui trois tas de morceaux de cartes, les uns aux sous, les autres aux écus, et les autres aux pièces de Portugal. J'ai demandé au tailleur comment il se trouvait d'avoir tant de débiteurs tout à la fois, qui ne payent qu'au revoir, et qu'on pourrait bien ne pas revoir, car cette maison-ci est toujours pleine d'étrangers. Il m'a répondu qu'il n'y avait presque jamais rien perdu ; qu'on jouait fort loyalement (en effet, on n'entend pas trop parler de filouteries au jeu); qu'il s'était fait une habitude d'avoir l'œil sur tout ce tracas, et qu'il ne lui était jamais arrivé qu'un coup faux de sept cents sequins, qu'il avait néanmoins payés sans mot dire, de peur que l'aventure ne fît de la peine à madame Borghese : c'est que le belître avait peur de déplaire par un éclat, et d'être congédié d'une maison où il trouve si bien son compte. Je ne sais comment les maîtres de la maison font le leur ; en tout cas leur assemblée ne doit pas les ruiner. Au diable, si j'y ai vu encore donner un verre d'eau à personne; mais, dans la belle saison, on dit qu'ils vont à leur maison de campagne de Mondragone, où ils emmènent ou invitent les gens de leur connaissance à les venir voir, et font une grande dépense. Il nous revient bientôt une noce dans la maison. La Zitella Borghese se marie, dans peu de jours, au prince impérial de Francavilla, qui l'emmène à Naples. Grande perte pour les Anglais ; Stafford et le petit Cook font sans cesse la roue autour d'elle :

Et sequitur leviter filia matris iter.

Je mets cette médisance en latin, parce qu'elle n'est que pour votre mari, qui les aime.

Vous m'allez demander à la lecture de cette lettre : Qu'est-ce donc que cette jalousie italienne dont on parle tant en France ? Ma foi ! je n'en sais rien. Vous avez déjà vu par mes lettres précédentes que c'était un préjugé dont il fallait revenir ; aussi les religieuses se plaignent-elles qu'elles n'ont presque plus de pratiques. J'ai cru encore reconnaître à Naples l'extérieur de la jalousie : il semble qu'on l'ait chassée devant soi et rencognée au bout du pays ; mais Naples a plutôt les mœurs espagnoles qu'italiennes. Ailleurs, les femmes paraissent avoir à l'extérieur leurs coudées franches sur l'article de la galanterie. Je ne laisserai pas que de faire à ce sujet deux remarques : l'une, que les femmes en public ont plutôt l'air de l'indécence que l'air de la liberté ; au reste, nous appelons indécence ce qui est contraire à nos mœurs ; mais ce n'en est plus une quand l'usage du pays y est conforme ; la seconde, que si les maris ne paraissent pas formalistes, au moins les galants sont-ils si assidus qu'ils deviennent des argus plus incommodes cent fois que les maris ; on les trouve toujours là plantés le jour et la nuit, à ce que je crois, à contrecarrer un pauvre tiers qui voudrait faire fortune. Cette odieuse race de sigisbés épouse les femmes dix fois plus que les époux. Par exemple, je me porte pour amoureux d'une petite madame Ricci, jolie et mignonne au possible ; n'a-t-elle pas éternellement un certain don Paul Borghese, qui la serre de si près qu'on ne passerait pas un fil entre eux ! Je vous disais tantôt que ce don Paul est d'une très-jolie figure ; je me rétracte, je le trouve fort laid. Lacurne, de son côté, s'est attaché au char de madame Bentivoglio, la Bolonaise, femme aimable et gaie, dont le mari est le meilleur homme du monde ; mais la dame a un grand marquis Bevilacqua, son cousin, par qui le pauvre Lacurne est perpétuellement tenu en échec : on ne les voit jamais l'un sans l'autre. Nous ne pouvons les voir paraître sans nous rappeler en riant, Lacurne et moi, cet endroit que vous savez des lettres de madame de Sévigné, où elle dit : « Voilà la bonne Dugué-Bagnols, « et le grand marquis La Trousse. » Légouz a été plus rusé ; il s'est adressé à la Vergine Patrizzi, nouvellement mariée au comte Montorio, et fort laide ; au moyen de quoi elle n'a point de galant.

Ajoutons une troisième remarque aux deux que j'ai faites ci-dessus, savoir qu'un homme et une femme qui se sont pris réciproquement, se gardent. Les affaires y durent vingt ans; on ne sait ce que c'est que les faire succéder les unes aux autres. C'est ici le triomphe de la constance, ou, si vous voulez, de l'habitude : ce que je vous dis, au reste, n'est pas tout à fait sans exception; mais en général la coquetterie de nos femmes françaises, dont quelques-unes mettent leur gloire à agacer les hommes et à se faire suivre d'un grand nombre d'adorateurs, est regardée comme le comble de l'indécence et des mauvaises mœurs. Il est probable qu'une pareille façon d'agir ne serait nullement tolérée par les maris, au lieu qu'ils paraissent souffrir d'assez bonne grâce, qu'une femme choisisse un amant, pourvu qu'elle s'y tienne; de sorte qu'elles ont plutôt deux maris qu'un galant, car il est pareillement malhonnête et hors d'usage ordinaire à un galant de quitter sa maîtresse. On vous dit, au surplus, que ces sigisbés sont sans conséquence; que leur constante assiduité n'est qu'un usage reçu de politesse extérieure; qu'ils n'ont aucune plus intime prétention, et qu'il faut avoir l'esprit naturellement mal fait, ou gâté par les coutumes de France, pour rien imaginer au delà [1].

> Forse era ver, ma pure non credibile.
> A chi del senno suo fosse signore.

Ah! ma chère amie, voilà encore du jargon étranger qui m'échappe; excusez l'habitude, *perchè*

---

[1] Ce tableau de mœurs ressemble singulièrement à celui de la société de Vienne en 1716, par lady Montagu.   R. C.

ho spesse volte più d'una lingua in bocca. Tant il y a que sur ceci vous croirez ce qu'il vous plaira ; je m'en remets à votre bon esprit.

Pendant que nous sommes sur ce chapitre, il faut que je vous conte une bonne scène que nous eûmes peu de jours après que Legouz fut arrivé, lorsqu'il n'était pas encore bien au fait des gens. Nous étions huit ou dix chez madame Borghese à deviser autour de son lit, où elle était en couche. On se mit à parler des femmes de la ville, à nous demander comment nous les trouvions, et lesquelles étaient le plus à notre gré. J'exaltai comme de raison madame Ricci. Par parenthèse, mon goût ne fit pas fortune dans l'assemblée, parce qu'elle n'est que jolie, et qu'ici, la beauté consiste dans la régularité des grands traits proportionnés ; ils n'ont même point de termes dans leur langue pour rendre ce que nous appelons *une jolie femme;* on convint, cependant, qu'elle plaisait extrêmement à presque tous ceux de notre nation, *perchè era una bella Francese.* Après cela, Legouz se mit à dire : « Pour moi, je suis pour la Vergine Patrizzi : elle n'est pas jolie, elle est très-brune, maigre, marquée de petite-vérole ; malgré cela, elle me plaît plus que pas une autre. Elle est jeune, gaie, d'une humeur douce et spirituelle ; elle a une taille dégagée, de petits yeux noirs et perçants qui me vont au cœur. C'est ma maîtresse ; je ne connais pas le seigneur Montorio son époux ; mais je veux le voir souvent chez lui, et je lui ferai tant de courbettes qu'il faudra qu'il soit bien fâcheux

s'il ne me donne à dîner deux fois la semaine. »
Chacun se mordit les lèvres, pour s'empêcher de
rire. J'avais voulu l'interrompre au premier mot ;
car vous noterez que Montorio était là présent, assis
dans la ruelle du lit. Madame Borghese, près de qui
j'étais, me retint fortement par le bras : Montorio se
mit à dire gravement : « Que voulez-vous ? monsieur,
je n'y ai point été trompé. Dieu l'a faite laide,
je l'ai prise, laide je la garde ; je n'imaginais
guère qu'on en dût devenir amoureux, et je suis
fort content qu'un homme d'esprit et de bon goût
soit venu de si loin pour la trouver à son gré et la
préférer à de plus belles. Pour vous faire voir que
nous ne sommes pas si fâcheux qu'on le croit, ni
si difficiles à faire connaissance, faites-moi l'honneur de venir demain dîner chez moi. » L'intrépidité de Legouz fut d'abord un peu déconcertée ; mais
il fut bientôt remis. Tout se passa à badiner là-dessus de part et d'autre, et effectivement il s'est mis
sur le pied d'aller assez souvent dîner chez Montorio : au reste, vous sentez assez que toutes nos galanteries ne passent pas l'épiderme. Madame Montorio,
quoique peu jolie, est réellement fort gentille, et
paraît attachée à son mari.

Les dames ici ne mettent point de rouge, et ne se
pomponnent guère ; leur coiffure n'est pas d'un
grand attirail : elles sont un peu sujettes aux cheveux gras, ce qui a fondé le reproche de peu de propreté, dont on les taxe dans les autres villes. Ici où
l'on fabrique les meilleures pommades du monde,

car celles de Rome sont beaucoup plus douces et plus suaves que celles de la *fonderia* de Florence, elles ont une horreur invincible pour les odeurs, prétendant que l'usage en est pernicieux pour les femmes en ce climat-ci, et les fait sans faute tomber en syncope. Tenez donc pour certain qu'elles n'en usent nulle part, et qu'elles ont remis à la mode le goût d'Henri IV; si bien que le grand Pompée, célèbre distillateur en vogue, serait bientôt à l'hôpital, s'il n'avait d'autre pratique que la leur. Cette répugnance me paraît une mignardise prise à contre-sens. Me trouvant il y a quelques jours chez le cardinal Passionei, des religieuses lui envoyèrent les plus beaux cédrats que j'aie vus de ma vie; j'en mis deux dans mes poches, et m'en allai de là jouer chez madame Borghese. Je m'avisai de les présenter à la zitella Borghese, qui me dit : « Ah ! monsieur, « cachez-les, et emportez-les; si maman les voit, elle « se trouvera mal. » J'allai les porter dans une autre salle éloignée, et vins me rasseoir à ma place, où je continuai de jouer. Au bout d'une heure, quelqu'un parla de ces cédrats que m'avait donnés le cardinal, et madame Borghese, qui à la vérité était en couche, prit des vapeurs; mais tant que j'avais été assis près de son lit, avec les cédrats dans ma poche, elle s'était portée à miracle.

Les femmes du commun sont ici glorieuses, volontaires et fainéantes, ce qui vient de la facilité qu'elles ont à trouver des dots pour se marier, et par une suite du peu de soin que l'on se donne pour les élever au travail. Après les peuples mahométans, je crois qu'il n'y a point de nation au monde plus charitable que la nation italienne. Il n'y a presque point de jour où, dans les grands couvents de moines, on ne distribue la soupe à tous ceux qui viennent la demander à la porte. Aux fêtes solennelles, il y a des fondations dans plusieurs églises, pour distribuer des dots aux pauvres filles, soit pour prendre le voile, soit pour se marier selon leur goût. La somme est fixée, de même que le nombre des filles qui viennent en procession la recevoir. Ces charités si fréquentes et faites si mal à propos sont un des grands vices du gouvernement de ce pays, où elles entretiennent la fainéantise et la mendicité. Aussi, c'est une chose exécrable à voir que le nombre des mendiants dont on est assailli dans les rues de Naples et de Rome. Quand une fille du commun a la protection du bâtard de l'apothicaire d'un cardinal, elle se fait assurer cinq à six dots, à cinq ou six églises, et ne veut plus apprendre ni à coudre ni à filer. Un autre gredin l'épouse par l'appât de cet argent comptant. La donzelle veut qu'on lui fasse faire, sur son argent, de beaux habits et bonne chère à sa noce ; tant que la somme dure, on n'a garde de songer à travailler ; quand elle est finie, on fait des croix de Malte. Il faut que le pauvre diable ait la peine de tout le ménage ; car sa femme, élevée dans l'oisiveté, ne sait rien faire, et ne mettrait point cuire un œuf pour son propre dîner ; c'est le mari qui est chargé de tout, avec l'ennui de s'entendre répéter qu'il n'avait pas le sou, et qu'il a mangé tout l'argent qu'on lui avait apporté ; la femme passe son temps à la fenêtre, à regarder les passants. Je suis quelquefois indigné, quand je vais demander quelque chose dans une boutique, de m'entendre répondre : « Monsieur, nous en avons ; mais cela est placé si « haut ! Revenez une autre fois, s'il vous plaît. »

Les procès pour fait d'impuissance, si rares chez nous parmi les gens de condition que nous n'en avons pas vu d'exemple depuis l'affaire du duc de Gesvres, arrivée il y a environ trente ans, ne le sont pas autant ici. On dit que la mode en est venue des Génoises. On en rit, car la matière en donne envie d'elle-même ; mais on ne trouve pas choquant que les femmes soient mal satisfaites de n'être pas contentes. Ont-elles tort dans le fond ? Je vous en fais juges, mesdames, vous qui connaissez le beau rameau d'olivier qui fait la paix du ménage. Les nations ont, de part et d'autre, des façons de penser bien diverses : chez nous la chasteté est une vertu qui a le pas sur toutes les autres, s'il faut vous en croire ; car Dieu sait combien vous faites les renchéries, du peu que vous avez. Sur quoi je vous dirai en passant que vous ne devriez pas tant vanter cette vertu, de peur que l'on ne croie que vous ne l'exaltez si fort que parce que vous trouvez qu'elle est la plus difficile à pratiquer. Chez les Guèbres, la chasteté absolue est regardée comme une abomination devant Dieu, n'y ayant rien de plus conforme à ses premiers préceptes ni de plus méritoire, que d'entretenir le monde qu'il a créé, en y produisant et faisant croître autant de créatures humaines, de plantes et d'animaux qu'il est possible. En général, le célibat chez tous les Orientaux est regardé comme un état malhonnête, et la stérilité comme un très-grand malheur. Leur morale, à cet égard, me paraît plus saine que la nôtre. J'en ai un bon garant ; c'est celui qui a dit que l'arbre qui ne produit point de fruit sera coupé et jeté au feu. Grâce au ciel, ma chère amie, vous êtes à couvert de la cognée, sinon de volonté, du moins de fait. Mais je vous devais ce sermon moral en payement des lamentations que je vous entends faire pour trois petits garçons marmousets que vous avez. Revenons à nos *Babilans*, c'est ainsi qu'on appelle à Gênes les maris de non-valeur. Malgré toute ma science en étymologie, je n'ai pu découvrir l'origine de ce nom-ci. Nous voyons ici trois procès de cette nature, deux desquels ont été terminés à la satisfaction des plaignantes, comme c'est l'ordinaire ; l'autre fait grand bruit, et va se juger bientôt.

Le premier était celui de madame Grimaldi, ci-devant mariée à un Gozzadini de Bologne. Le cardinal Alexandre l'a parfaitement servie dans cette affaire et la sert bien encore, à ce que l'on en peut juger ; ce sont de ces cartes routées dont je vous parlais ci-dessus.

L'autre jour on apporta pendant le dîner, chez le cardinal de Tencin, la *Petite Gazette de Rome*, où il y avait un assez bon conte qui fit faire la mine au bénin cardinal, en même temps qu'il se mordait

les lèvres pour s'empêcher de rire. Il faut savoir qu'Alexandre Albani est protecteur de Sardaigne. Voici ce que contenait l'article : « Hier on donna, au théâtre
« d'Aliberti, la première représentation de l'opéra de
« *Siroë,* mis en musique par Gaëtan Latilla, sur les
« paroles du Métastase. Son Éminence Monseigneur
« le cardinal Alexandre, qui avait passé l'après-
« dîner en affaires chez madame Grimaldi, avec le
« ministre du roi de Sardaigne, honora la représen-
« tation de sa présence ; mais, négligeant ce diver-
« tissement, il sortit du théâtre après le premier
« acte, pour retourner chez madame Grimaldi. »

La seconde dame démariée est une Lanfreducci, grande femme de vingt ans, faite au tour et belle comme un ange. Oh ! pour ce mari-là, il fallait que son mal fût incurable ! Ce qu'il y a de vrai, c'est qu'il ne s'est pas défendu, et qu'il a laissé croire tout ce qu'on a voulu.

Après la dissolution de son premier mariage, elle vient, il y a quinze jours, de se remarier au petit Sampieri ; ce qui nous a procuré une noce somptueuse, l'époux étant fort de notre connaissance.

La dame n'a pas voulu risquer d'être deux fois dupe. Sous prétexte que le futur époux avait été fort libertin, elle a voulu un rapport de chirurgiens ; on lui en a fait un récit comme du nain d'Auguste. Si j'avais été à la place du petit Sampieri, je me serais piqué, et j'aurais demandé, à mon tour, un rapport de matrones.

Le troisième procès est d'une grande conséquence.

XLIV.—A MADAME CORTOIS DE QUINCEY.

Il s'agit de la Doria, duchesse de Tursi, fille unique du riche Doria le Génois. On dit que c'est son père qui la pousse à poursuivre cette affaire, et qui, au désespoir de ce qu'elle n'a point d'enfants, la voudrait marier à un autre Doria de ses parents ; mais le vieux bonhomme a beau faire, jamais postérité ne sortira de sa fille ; c'est moi qui en suis caution. Il y a je ne sais combien d'années qu'elle est mariée ; elle a sa quarantaine ; avec cela un vrai remède contre l'amour. Elle est venue elle-même solliciter son procès ; imprudence signalée ! car son visage est une pièce justificative en faveur de son mari. On me la montra l'autre jour, dans une grande assemblée, chez le cardinal Aquaviva ; je ne pus m'empêcher de dire que ce procès pouvait se juger sur l'étiquette du sac ; cependant le pauvre époux a l'affaire fort à cœur, à cause des beaux yeux de la cassette. On m'a conté que, passant à Ancône pour venir ici, le nom de la ville lui avait porté bonheur, et procuré un accident fortuné. Il envoya, sans perdre de temps, réveiller, au milieu de la nuit, un notaire et un médecin, pour dresser procès-verbal. Ces gens-ci, fâchés de voir troubler leur sommeil, s'écrièrent : « Eh ! mon Dieu ! est-ce que M. le duc se trouve « mal ?—Au contraire, leur répondit-on.—Eh bien ! « puisque cela est, reprirent-ils, nous irons demain « matin. » Le pauvre plaideur s'écria, à son tour, qu'il était ruiné. En effet, faute d'avoir saisi l'occasion par devant, elle s'est trouvée chauve d'ailleurs.

Si vous aimiez les nouvelles de palais, je vous

manderais comment ce procès sera jugé. J'entends dire qu'il y a beaucoup de passion et de cabale dans cette affaire ; on croit que la duchesse gagnera, quoique la voix du public ne lui soit pas favorable ; on trouve que c'est s'y prendre un peu tard, après douze ou quinze ans de mariage.

La *conversation* du cardinal Aquaviva, où je trouvai cette dame, se tient deux fois la semaine ; elle est nombreuse et magnifique : on n'y joue que rarement. C'est une conversation proprement dite, car on ne fait qu'aller conversant çà et là, le long des appartements ; quelquefois il y a de la musique, et toujours abondance de chocolat et d'eau glacée ; pourtant ce que je préfère le plus, ce sont certains sorbets à la cannelle tout à fait délicieux, moins solides que les glaces, mais plus que les simples eaux : il faut que j'envoie mon valet de chambre chez le cardinal apprendre à les faire. Je m'imagine que c'est une composition de glaces légères, rafraîchies à l'extrême, dans la neige, sans sel.

Le cardinal Aquaviva d'Aragon tient l'état du plus grand seigneur de Rome : il est naturellement magnifique et à portée, par ses grands revenus, de suivre son goût à cet égard. Le seul archevêché de Montréal en Sicile lui vaut, à ce que l'on dit, cinq à six cent mille livres. Il est chargé des affaires d'Espagne et de Naples ; ce qui lui donne un crédit presque général à Rome ; les affaires des Romains et celles des Napolitains étant fort mêlées, à cause du voisinage des deux États. Il y eut, il y a quelque temps, une émeute populaire autour de son palais ; tous les fiefs des seigneurs romains qui tardèrent à y accourir furent saisis par les ordres du roi, sans en excepter ceux du connétable. Ce cardinal est d'une grande et belle figure, quoique un peu matérielle ; il paraît avoir l'esprit fait comme la taille. Il vit en grande intelligence avec le cardinal de Tencin ; quelques gens même prétendent que celui-ci le gouverne, ce dont je doute un peu : le seigneur aragonais me paraissant d'un caractère fier et entier, quoique rond dans ses manières et fort poli dans le monde ; il aime le plaisir, les femmes et la bonne chère ; j'ai mangé chez lui des esturgeons dignes d'Apicius. Je m'étais souvent étonné du grand affolement que les Romains avaient autrefois pour ce poisson qui, selon moi, est à Paris inférieur à plusieurs autres, quoiqu'il y soit fort cher et fort recherché ; mais l'esturgeon du Tibre, fort au-dessus de celui de l'Océan, a justifié dans mon esprit la gourmandise de ces honnêtes anciens. Il est, en vérité, d'un goût exquis, contre l'ordinaire des poissons de la Méditerranée, qui ne valent pas, à beaucoup près, ceux de l'Océan. On n'a ici, par exemple, que des huîtres fort médiocres, même celles qui viennent du golfe Adriatique, quoique meilleures que les autres. Pline n'était pas un sot, lorsqu'il a dit que les huîtres du lac Lucrin n'avaient eu tant de vogue que parce que l'on ne connaissait pas alors les huîtres d'Angleterre ; mais où diable en avait-il mangé lui qui parle ?

Le cardinal de Tencin s'est mis aussi, depuis quelques semaines, à tenir une *conversation*. Il y avait tant de monde les premières fois, qu'on faisait foule dans l'appartement, comme vous le voyez dans ces salles de bal où la cohue empêche de danser. Jugez combien on est amusé et à son aise de ces sortes d'assemblées ! Celle que nous fréquentons le plus volontiers est celle de notre ami Buondelmonti, avec qui nous étions entrés en connaissance, lorsqu'il était vice-légat d'Avignon. On l'a fait depuis gouverneur de Rome ; cette place lui donne le premier rang parmi les prélats (*monsignori*), et le va mener bientôt au cardinalat. Tant pis pour la ville et pour sa police ; elle aurait bien besoin de garder longtemps dans cette place un homme d'esprit et de tête tel que celui-ci, très-capable, si on le laissait faire, de rétablir le bon ordre dans une ville où il y en a si peu ; mais ici les moindres vauriens trouvent des protecteurs. Le Buondelmonti en gémit souvent avec nous, et nous dit : « Quel bien voulez-vous que fasse « un homme dans une telle place, où il y a autant de « maîtres qu'il y a de cardinaux ? » Chacun, à l'envi l'un de l'autre, est jaloux de son rang, de son droit, de son asile, et tout est asile ici : les églises, l'enceinte du quartier d'un ambassadeur, la maison d'un cardinal ; si bien que les pauvres diables de sbires (ce sont les archers de la police) sont obligés d'avoir une carte particulière des rues de Rome et des lieux où ils peuvent passer, en poursuivant un malfaiteur. Il y a quelque temps qu'ils s'avisèrent d'arrêter un homme devant le palais de France, l'ambassadeur y étant et même à la fenêtre : Dieu sait comment la livrée leur tomba sur le corps et les étrilla de la belle manière. Il est vrai que cela était fort imprudent de la part des sbires en pareille circonstance, et que l'ambassadeur ne pouvait guère s'empêcher de le trouver mauvais. C'est un vice du gouvernement que l'on soit ainsi dans le cas de s'occuper de ses prérogatives particulières, au préjudice du bon ordre public. Si le pape voulait avec fermeté abolir en une seule fois tous ces droits abusifs, j'ai lieu de croire, par ce que j'ai ouï dire aux ambassadeurs, qu'il n'y trouverait pas de grands obstacles de la part des couronnes ; mais tant que la plate bigoterie laissera subsister d'autres asiles, il ne se fera rien à cet égard.

Il arriva l'autre jour une aventure propre à vous donner un échantillon de la police de la ville ; peu s'en fallut que j'en fusse la victime, car je passais en carrosse à cinquante pas de là. Un malfaiteur, réfugié sous le portail d'une église voisine de la Chancellerie, se prenait à tout moment de querelle avec le portier de ce palais. Un beau matin, pour terminer la dispute, le portier prit un fusil, et, du pas de sa porte, tira son homme comme un lièvre au gîte. Il ne le tua pas ; mais il tua un pauvre abbé qui passait dans la rue. Aussitôt il se renicha dans sa loge, où il se tient coi selon l'apparence, et on ne l'a pas aperçu depuis. Le gouverneur Buondelmonti trouve extrêmement mauvais que les portiers des cardinaux s'ingèrent à exercer si maladroitement la justice publique ; mais, quoi qu'il ait pu faire ou dire au cardinal Ottoboni, on ne veut point livrer l'homme, et l'affaire en restera là, ou n'aura que des suites sans importance. J'ai vu le gouverneur furieux de cette aventure.

Nous avons ici quelques autres maisons françaises : celle de l'abbé de Canillac, comte de Lyon et auditeur de Rote, homme doux et poli, qui a un beau palais, et fait la meilleure chère du monde ; celle du consul de la nation, un M. Digne, bonhomme très-officieux, mari d'une très-digne femme que je m'approprierais volontiers, si la place n'était déjà prise. Diantre ! il faut se lever matin ici pour les trouver vacantes ; du reste, c'est la plus grande preneuse de chocolat et la plus grande joueuse de *minchiate* qui soit dans le monde. Ceci me procure quelque dédommagement.

Detroy, directeur de l'Académie de peinture au palais de France, se pique surtout de faire les honneurs de la ville aux gens de la nation : c'est presque un seigneur. Mais le métier comporte un peu de vent dans sa tête, et l'on n'y fait pas d'attention. Il est à son aise, et tient au vrai une assez bonne maison. J'y vais souper volontiers : il a une jeune femme aimable, polie et d'une assez jolie figure ; pour celle-ci, elle est dévote. On joue aux échecs, au piquet ; on converse des petites nouvelles de France ; on s'égosille sur la peinture contre M. Detroy, qui ne connaît point de peintre au-dessus du Veronese, si ce n'est lui-même.

Voilà, ma chère amie, puisque vous le demandez, le détail circonstancié de mes soirées, jusqu'au jour où les spectacles vont commencer ; car alors il n'y a plus d'assemblées, si ce n'est au spectacle même et dans les loges. La plupart de ces amusements n'ont presque rien d'amusant ; et, quand ils seraient les plus vifs du monde, il est certain qu'à la longue, rien ne dédommage du plaisir de vivre dans sa société ordinaire, avec les gens que l'on aime et auxquels on est accoutumé. S'il en est ainsi, jugez si la vie errante et sans suite que je mène, si tous les plaisirs ensemble réunis, pourraient me tenir lieu d'une amie telle que vous ! Je ne sais pas encore en quel temps nous partirons d'ici ; il n'y a rien de décidé à cet égard entre nous, et vous savez que nos compagnons sont nos maîtres ; mais je vous jure que le moment qui me rapprochera de vous sera pour moi le plus beau de tout le voyage. Mille compliments à votre mari et au seigneur Kingston.

XLV. — A M. DE QUINTIN.

Suite du séjour à Rome.

Commençons aujourd'hui notre promenade par le Capitole, mon cher Quintin ; songez à être sage, et à ne me pas tant fatiguer que les deux dernières fois ; sans quoi j'ai un secret pour me défaire de vous, et faire servir votre personne illustre d'exemple à la postérité, en vous précipitant de la roche Tarpéienne. Le saut n'est pas fort périlleux ; aussi ne veux-je que la conversion du pécheur et non sa mort. Vous tomberiez sur vos pieds ou à peu près, dans la cour du palais Caffarelli, comme du balcon de votre cabinet, dans la place Saint-Jean : cette chute n'est pas absolument meurtrière. Il en faut conclure que le terrain autour de la montagne s'est furieusement exhaussé depuis Manlius. L'entrée du Capitole était autrefois par l'arc de Septime Sévère, du côté du *Forum romanum*. On voit encore de ce côté, à main droite en montant, de grands restes de fondations et d'équarries antiques, sur lesquelles portent les nouveaux bâtiments. On y arrive aujourd'hui du côté opposé, par une belle et large rue ; on monte la montagne par un escalier extrêmement large, ou plutôt par une rampe douce à talus, bordée ainsi que la cour d'en haut d'une belle balustrade. Les piédestaux qui la terminent en bas supportent de gros lions de marbre égyptien, jetant de l'eau dans de grands vases, d'où elle retombe dans deux bassins ; ceux qui la terminent en haut supportent les colosses de Castor et Pollux, menant en main leurs chevaux, d'une grande manière grecque. Tout le long de la balustrade d'en haut on a rangé de côté et d'autre, par symétrie, les trophées de Marius sur les Cimbres et les Teutons, que Sylla fit abattre et que César fit relever. Deux autres colosses et deux petits piliers, l'un desquels est la première colonne milliaire surmontée d'une boule dorée ; on a posé au-dessus de l'autre pilier l'urne en bronze, contenant les cendres de Trajan, qui était jadis au sommet de la colonne, dans la main de la statue de cet empereur.

Les statues de Castor et Pollux se voyaient autrefois dans le théâtre de Pompée ; le premier milliaire au milieu du *Forum* : c'était de là que partaient toutes les grandes routes. En France, où nous avons fait sous ce règne-ci tant de beaux grands chemins, ne ferait-on pas bien de placer, de lieue en lieue, de pareilles petites colonnes numérotées, à commencer par la première, placée au centre de Paris, sur le Pont-Neuf, au pied de la statue de Henri IV? Le Capitole moderne est composé de trois corps de bâtiments isolés ; celui à droite est le palais des Conservateurs du peuple romain ; à gauche, le palais des Antiques. La cour est carrée ; on a placé au milieu la statue équestre de Marc-Aurèle [1], de bronze jadis doré, la plus belle pièce qui existe au monde en ce genre. Tous les autres chevaux de bronze doivent être les très-humbles serviteurs de celui-ci. Rien n'a mieux l'air de vérité que la saillie d'un certain peintre, qui lui disait un jour : « Que ne marches-tu « donc? Ne sais-tu pas que tu es en vie? » L'empereur est dans une attitude tranquille, étendant le bras et haranguant son armée. Les trois palais, à pilastres corinthiens, sont couronnés par une balus-

---

[1] Trouvée dans le Campo-Vaccino, cette statue fut placée par Sixte IV devant le palais de Latran ; et en 1538 Paul III la fit transporter où elle est maintenant. R. C.

trade uniforme chargée de statues. Celui du milieu est surmonté d'une espèce de beffroi ou campanile, haut et mince, terminé par un colosse représentant Rome chrétienne. On monte à ce même palais, le moins beau des trois, par un grand perron et un escalier double, de l'architecture de Michel-Ange ; le massif du perron, formant au-devant une grosse fontaine dans la cour, est orné par les côtés de deux statues de fleuves couchés, le Nil et le Tibre, et dans la niche du fond, la fameuse statue assise de Minerve ou de Rome armée, que je crois certainement être la même que l'on appelait autrefois la *Minerve Catulienne,* et que Catulus (Quintus Lutatius), prince du sénat, y fit placer, lorsqu'il eut fait rebâtir et dédié le Capitole, brûlé lors des troubles civils de Marius et de Sylla. Cette statue [1] de marbre blanc a une draperie de porphyre. On voit encore au Capitole l'inscription que Catulus mit alors au nouveau bâtiment : *Q. Lutatius. Q. F. Q. N. Catulus cos. substructionem : et tabularium. ex. S. C. faciundum. curavit* [2]. Tout cet assemblage forme, en vérité, un magnifique coup d'œil extérieur, que vous comprendrez mieux en jetant les yeux sur l'estampe, que par les longues descriptions que je pourrais vous en faire.

---

[1] Du sculpteur Euphranor.

[2] Catulus consacra le Capitole réédifié sous Sylla, pendant l'année de son consulat, en 676. Catulus est le dernier Romain à qui ait été conféré le titre de prince du sénat ; il mourut en 692.

R. C.

L'intérieur de ces trois palais, surtout de celui de l'aile gauche, est rempli d'une immensité de statues antiques et d'inscriptions qu'on y amoncelle, de temps à autre, à mesure que l'occasion s'en présente ; mais le recueil a principalement été augmenté sous ce règne-ci, par les emplettes de Clément XII, et par l'acquisition qu'il a faite de la presque totalité du musée du cardinal Alexandre Albani. Tout cela est répandu sans ordre, dans les cours des ailes, sous les portiques, sur les escaliers, dans les appartements. Il serait bien temps que l'on y mît le bel arrangement dont ce recueil serait susceptible, et alors cette galerie ne serait nullement inférieure à celle du grand-duc ; mais je crois que l'espace manque. On paraît néanmoins dans le dessein d'y travailler bientôt, d'y joindre en même temps tout ce que l'on pourra acquérir dans Rome et d'y former même une collection de tableaux. Il reste à savoir si le pape qui viendra après celui-ci sera un homme de goût, et s'il trouvera de l'argent pour suffire à la dépense.

Je vais vous donner à bâtons rompus une idée de ce que je trouve de plus remarquable dans ce lieu, parmi les choses que j'ai crayonnées çà et là sur mon agenda, en me promenant. Vous aurez le reste de l'agenda dans la notice générale, sans aucun ordre aussi, pour me mieux conformer à mon original. Tout n'est pas dans cette liste, n'allez pas le croire. On n'aurait jamais fait, si l'on voulait noter sans omission la prodigieuse quantité de bustes, de statues de philosophes, poëtes grecs, dieux, empereurs, etc., outre qu'il y en a dans le nombre tant et tant, que nous ne connaissons ni vous, ni moi ni les autres.

Vous trouverez d'abord sous les portiques, à gauche, votre ami Marforio, dès longtemps séparé de son cher Pasquin, qu'il a laissé fort délabré à l'injure du temps : il n'est pas lui-même tout à fait intact. C'est un gros fleuve qui avait fait sa première habitation dans le *Forum Martis*, d'où il est venu Marforio, de Rhin ou plutôt de Nil, qu'il était auparavant. Il croit être dans sa patrie, voyant près de lui quatre magots égyptiens, de granit, d'un style roide et sec, comme toutes les statues de ce pays-là ; mais cependant pleins de feu. Il faut que cette nation égyptienne d'autrefois eût dans la figure un caractère marqué que nous retrouvons dans toutes leurs statues : un certain nez carré, le menton de même carré et coupé, les joues relevées d'en haut, la taille longue et élancée, les épaules hautes, la gorge relevée comme les joues : ces idoles viennent des jardins de Salluste. Près de là encore est un grand tombeau d'Alexandre Sévère et de Julia Mammea, sur lequel ils sont tous deux à demi couchés. Sur l'escalier, le colosse de Pyrrhus, roi d'Épire, vêtu d'une cotte d'armes toute brodée, que le pape a nouvellement acheté de madame Massimi, et qu'il a fait réparer à grands frais, pièce très-rare dont l'ouvrage est plutôt grand et considérable que parfait.

Remarquez aussi, sur la rampe de l'escalier, un

beau bas-relief de Marc-Aurèle vainqueur, fixé dans le mur, ainsi que la célèbre colonne rostrale de Duilius [1], garnie des proues de navires pris lors de la première guerre punique. Ce monument, si c'est celui qui fut fait alors, comme il y a grande apparence, est une des plus anciennes antiques qui nous restent de la main des Romains : on a trouvé cette colonne près de l'arc de Septime Sévère.

Remarquez encore un groupe exquis, d'un lion et d'un cheval combattant. Plusieurs fragments de différents colosses prodigieux de Néron, Domitien, Constantin, etc. Ces objets-ci sont dans la cour de l'aile droite ; mais je ne m'embarrasse guère de vaguer de la droite à la gauche.

Entrons dans les appartements. Marius, statue unique ; mais il y en a quelques bustes. Elle est au Capitole de temps immémorial : c'est par la tradition que l'on sait que c'est un Marius. On dit aussi qu'elle a jadis été confrontée avec une très-belle médaille trouvée en Angleterre, dont la légende était fruste ; mais on y lisait encore *Cos. VII*, ce qui ne peut convenir qu'à Marius. J'ai bien vite fait dessi-

---

[1] Le consul Duilius remporta, l'an 493 de Rome, la première victoire navale sur les flottes de Carthage. La base seule de cette colonne est antique, ou du moins ce fragment de la base qui porte les restes de l'inscription, et qui s'est presque arrondi à force d'avoir été roulé dans le Tibre. Toutefois, ce fragment même ne paraît pas contemporain de la victoire ; quelques parties de l'inscription, par leur orthographe, pourraient faire supposer que ce fragment antique a pour date le règne d'Auguste ou même celui de Vespasien. La colonne actuelle est une imitation de celle trouvée dans le *Forum* et qui avait été élevée à Duilius. R. C.

ner sa triste physionomie, pour la mettre dans mon Salluste. Le Gladiateur (*il Mirmillone*) expirant, exquise antique du premier rang et même des premières de cette classe. On ne peut voir un corps plus parfait, ni une expression plus touchante ; il vient du jardin de Salluste. Le pape l'a acheté depuis quelque temps de la famille Ludovisi. Un jeune homme, vêtu d'une peau de lion, qu'on appelle le héros du mont Aventin, espèce d'Hercule italique : il a les membres gros et courts, terriblement renforcés. Cette statue est exécutée d'un style barbare et pourtant d'un assez grand goût : ce mélange a quelque chose de capricieux et de piquant. Une pleureuse d'enterrement, d'excellente expression : la *Dea Pudicitia*. Un groupe admirable d'un lion, qui dévore un cheval : la tête du cheval est moderne. Une tête de Brutus, le fondateur de la république : fort rare ; le reste de la statue est perdu. On prétend ici que c'est celle sous laquelle on écrivit dans le temps de la dictature de César : *Plût aux dieux que tu vécusses !* Cela est beaucoup plus aisé à imaginer qu'à prouver. Pour vous indemniser de cette tête sans statue, voici une statue sans tête. Pendons-nous, mon cher Quintin, car il n'y a pas eu d'homme que nous ayons plus d'envie de voir au visage : c'est Virgile. Les larmes en viennent aux yeux, d'apprendre qu'un poëte si sage a perdu la tête. Quelle honte aussi, de frapper jadis et aujourd'hui tant de médailles d'empereurs et de rois et de n'en avoir point frappé des gens vraiment illustres ! Ne donneriez-vous pas cinq cents Tibères pour un Virgile? Au reste, demandez à ces gens-ci pourquoi cette statue est un Virgile : ils n'en savent rien, ni moi non plus.

La louve de bronze allaitant Rémus et Romulus est tout autrement authentique; elle est de toute ancienneté dans le Capitole. J'y remarquai avec une singulière satisfaction le coup de tonnerre qui a coulé tout le long de la jambe et l'a fondue en partie, lorsque la foudre la frappa l'année du consulat de Cicéron. Dieu sait combien il fait valoir ce prodige contre Catilina [1] !

Un peu plus loin, la statue de bronze de Léon X avec son gros cou apoplectique. Il ne faut pas s'étonner s'il est mort subitement, à quarante ans. J'en suis très-affligé, car il aimait les arts, les entendait parfaitement, et s'il eût vécu âge de pape, il nous aurait procuré une infinité de belles choses.

Dans le même appartement, les fastes consulaires originaux fixés dans la muraille; c'est ce qu'on appelle *les marbres capitolins*, et les plus précieux, sans doute, de tous les monuments placés ici. Parmi le grand nombre d'autres inscriptions, il s'en trouve quelques-unes fort remarquables, comme celle qui regarde le consulat des deux Gemini [2], sous lequel Jésus-Christ fut mis en croix; la loi *Regia*, conte-

---

[1] Voyez sa troisième harangue. (*Note de l'auteur.*)

[2] Jésus-Christ fut crucifié sous le consulat de Servius Sulpicius Galba (le même qui devint empereur l'an 68 de l'ère vulgaire, à la mort de Néron), et de N. Cornelius Sylla, Tibère régnant. R. C.

nant la ratification de ce que Commode avait fait avant son avénement à l'empire, etc.

Remarquez aussi l'étalon des anciennes mesures romaines, déposé au Capitole. En fait de peintures, il n'y a rien jusqu'à présent de fort distingué au Capitole.

Passons à l'Ara-Cœli, pour y voir le tombeau de Siti Maani, dame babylonienne de la famille noble Goërida, dont Pietro della Valle, son époux, traîna le corps avec tant de constance tout le long de la Perse et des Indes. On monte la montagne par un prodigieux escalier de marbre blanc de Paros, reste du temple de Jupiter Capitolin, qu'on a jadis détruit à cet effet. En vérité, c'était bien la peine !

Au bas de l'escalier, vous voyez une grosse statue de porphyre sans tête, et un mesquin petit tombeau de Térence, avec une figure en guise de médaillon, à qui le *tempus edax rerum* a mangé le bout du nez. L'église, bâtie sur les ruines de ce fameux temple de Jupiter Capitolin, le remplace très-mal au dehors; elle est tout unie et d'une mauvaise manière barbare; au dedans, elle se pare très-bien de deux belles files de colonnes de marbre dudit temple. Il y a force peintures, mais peu qui vaillent la peine d'arrêter ici une personne de votre importance, si ce n'est une Sainte-Famille de Raphaël.

En descendant le Capitole, à gauche, du côté du *Forum romanum*, je veux vous mener voir, sous la petite église de San-Pietro *in carcere*, un cachot, mais un cachot précieux, l'ancien *Carcer. Tullia-*

num, bâti par le roi Tullus Hostilius. Entendez-vous? Ceci n'est pas de fraîche date; mais ce n'est rien encore. C'est dans ce cachot que fut jeté Jugurtha, après le triomphe de Marius, et où on le laissa mourir de faim; c'est là que Cicéron fit étrangler Lentulus, Céthégus et autres complices de Catilina. Jugez avec quelle avidité j'y suis descendu pour voir le spectre du roi de Numidie. Le lieu est encore, mot pour mot, tel que le décrit Salluste. Saint Pierre y a été mis en prison; mais c'est un fait récent dont je ne vous parle pas : c'est de notre temps.

Cette voûte, les équarries des fondations du Capitole et les magnifiques égouts d'Ancus Martius sont les plus anciens restes des bâtiments de Rome, au temps des rois. Les restes de ces égouts sont encore étonnants par la grandeur de l'ouvrage entrepris par un si petit prince et par un si petit peuple. Ils sont construits de grandes pierres carrées, et le canal est assez large pour qu'un chariot puisse y passer. C'est un meurtre qu'on ait laissé détruire en cent endroits des canaux qui contribueraient beaucoup à la propreté et à la salubrité de l'air à Rome.

Autre chose lamentable à voir à Sainte-Martine, où se tient l'école des peintres, c'est le crâne original de mon cher Raphaël. Hélas! je l'ai vu et manié de mes propres mains d'un air pitoyable; je crois, en vérité, que cette tête de mort est plus jolie que les autres[1]. Dans cette petite église, autrefois temple

---

[1] On sait maintenant que ce crâne n'était pas celui de Raphaël,

de Mars, vous verrez une bonne architecture, un joli dôme, un riche tabernacle, de bonnes statues et deux ou trois bons tableaux.

Près de là, vous trouverez quelques autres bâtiments antiques, sur lesquels il faut jeter un coup d'œil pour l'amour de l'antiquité, tels que Saint-Adrien, autrefois l'*Ærarium* ou Trésor public; Saint-Côme-et-Saint-Damien, jadis petit temple rond de Rémus et de Romulus : on ne leur avait pas fait beaucoup de façons. Mais ne nous arrêtons pas à ceci, ayant trop de belles choses à considérer tout autour, sans sortir du *Forum*; et d'abord, à quatre pas de vous, le beau portique corinthien du temple d'Antonin et de Faustine, avec son excellente frise : les colonnes de ce portique, qui peut-être ont toujours été trop courtes, le paraissent encore plus aujourd'hui, que le sol en s'élevant les a enterrées. C'est bien pis à l'arc de Septime Sévère, près de la montée du Capitole; au temple de Jupiter Tonnant et à celui de la Concorde, sur la colline même; l'arc de Sévère est enterré presque jusqu'à la corniche de la grande porte du milieu, et à peu près jusqu'au sommet du cintre des deux petites portes des deux côtés, où l'on ne passe plus du tout.

Ce que l'on voit de ce bel arc d'ordre composite en marbre blanc, orné de colonnes cannelées, bas-reliefs, inscriptions, etc., est assez gâté et mal tenu; les statues et autres grands ornements du sommet

mais bien celui d'un certain Adjutori, chanoine du Panthéon, mort longtemps après Raphaël. R. C.

ne subsistent plus ; les bas-reliefs représentant les victoires de Sévère, la fuite d'Arban et des Parthes, des assauts donnés aux villes conquises, des machines de guerre et autres appareils, sont un peu mesquins et confus. Les restes des colonnes des deux temples ci-dessus sont pareillement enterrés plus ou moins. Il reste du temple de Jupiter Tonnant trois colonnes corinthiennes cannelées, extrêmement belles et surmontées d'un riche entablement : elles forment l'angle d'un portique. Au temple de la Concorde, un portique presque entier, de huit colonnes ioniques de granit, dont les chapiteaux et l'architrave sont de marbre de Paros. Plus loin, dans le Campo-Vaccino, on voit une excellente colonne corinthienne cannelée toute seule [1].

Plus loin encore, trois colonnes pareilles et admirablement belles, portant une frise chargée d'ornements en bas-reliefs d'une beauté exquise. Parmi les antiques, il n'y a rien au-dessus de ceci ; ces trois colonnes faisaient partie du temple de Jupiter Stator. Si la colonne semblable isolée [1] en est aussi, il faut supposer qu'il était extrêmement vaste ; je crois plutôt qu'elle appartenait à quelque basilique, ou à quelque portique ouvert, bâti dans la place pour la commodité du peuple. A droite, derrière l'église de Sainte-Marie-Libératrice, près du mont Palatin, on voit quelques restes de pignons d'anciennes murailles faisant partie de la tribune aux harangues, autre-

[1] La colonne de Phocas, dont le piédestal a été découvert au mois de mars 1813, sous l'administration française. R. C.

ment *Rostra*. En un mot, tout ce grand espace, depuis le Capitole jusqu'à l'arc de Tite, formant autrefois le *Forum romanum*, aujourd'hui Campo-Vaccino, n'est plein que de restes des plus beaux bâtiments antiques, les uns par terre, les autres debout, mais qui seront bientôt par terre ; j'ai regret surtout au fragment de Jupiter Stator : c'est la plus belle chose du monde. Du reste, tout ceci est fort confus et mal entretenu ; la place même est un vrai désordre, une vraie ruine : on y a planté une grande allée d'arbres mal venus, qui lui donnent l'air encore plus champêtre et désert. Il est étonnant que, faisant autant de dépense que l'on en fait ici pour rendre cette ville magnifique, on n'ait pas encore adopté un plan pour déblayer cette vaste place, lui donner une forme, déterrer, rétablir, conserver les anciens monuments dont elle est remplie, et donner un bel aspect à ce lieu, qui contient tant de belles choses anciennes et modernes.

Quoiqu'il soit assez vraisemblable que le nom actuel de la place, Campo-Vaccino, puisse être traduit du latin, *Forum boarium*, qui se trouve dans le voisinage, et qu'en effet l'on tienne ici le marché aux bœufs et aux vaches, n'allez pas croire, je vous prie, que l'un des noms ait donné naissance à l'autre. Celui de *Campus Vaccinus* est très-ancien, et même plus que celui de *Forum romanum*, à ce que l'on peut induire de Tite-Live, qui raconte que sur ce terrain était autrefois une grande maison appartenant à Vitruvius Vaccus, laquelle, pour cause de félonie commise par le propriétaire, fut rasée en 423, et la place confisquée au profit du public.

Tout en faisant cette digression étymologique, je vous ai amené jusqu'aux ruines du temple de la Paix, autrefois élevé par Vespasien, le plus grand et le plus magnifique des anciens temples de Rome. La figure de ce temple se conjecture assez bien par ce qui en reste. Il formait un carré long de plus de trois cents pieds d'une face, et de plus de deux cents de l'autre : chaque face cintrée en niche profonde dans son milieu ; la face d'entrée revêtue d'un portique de six ou huit colonnes surmontées d'une architrave et d'un vaste tympan qui tenait toute la face. L'intérieur formait une longue nef et deux collatérales surbaissées; chacune des collatérales faisant trois chapelles (celle du milieu plus profonde que les autres, à cause du cintre), tout ouvertes sur la nef par leurs arcades, divisées par quatre gros murs. A chaque extrémité du mur, une prodigieuse colonne corinthienne de marbre de Paros cannelée ; en tout huit colonnes, quatre de chaque côté, formant les deux files de la nef; chacune portant son architrave et sa corniche, d'où partaient les naissances de la haute voûte de la nef. Toutes les voûtes étaient ornées de mosaïques, rosaces et culs-de-lampe de bronze. On y avait rassemblé toutes les richesses prises dans le temple de Jérusalem et dans l'Orient, outre quantité de statues, parmi lesquelles nous savons qu'était celle du Nil, entourée de seize petits enfants marquant, à ce que l'on croit, l'inondation

ordinaire du fleuve, à seize coudées d'exhaussement.
Il ne reste de ce fameux temple que la collatérale
gauche, formant quatre murs perpendiculaires à la
nef, et les trois chapelles avec leurs voûtes ; aux extrémités des murs, les débris des colonnes, de leurs
architraves, et les naissances de la grande voûte. On
a ôté la seule de ces colonnes qui restait entière, et
on l'a posée, avec son architrave, sur un beau piédestal, isolée au milieu de la place Sainte-Marie-
Majeure. Je ne puis vous dire ce qu'était ce temple ;
mais seulement que cette colonne isolée est la plus
belle chose en architecture qui existe dans tout l'u-
nivers ; qu'elle me donne autant et peut-être
plus de satisfaction à la vue qu'aucun autre édifice
complet, quel qu'il soit, ancien ou moderne, en me
présentant l'idée du plus haut degré de perfection
où l'art soit jamais parvenu. Il y a une quinzaine de
jours que le tonnerre est tombé sur cette colonne ; au
diable soit de l'étourdi ! il a cassé tout net un des
angles de la corniche à feuilles d'acanthe. Il faudra
de beaux échafauds pour le replacer. Si l'on fouillait
dans les ruines du temple, peut-être y trouverait-on
quelque autre colonne pareille ; et, dans toute
cette étendue du Campo-Vaccino, si l'on voulait
l'orner et lui donner une forme, en renversant les
terres à cet effet, on rencontrerait sans doute une infinité de choses admirables ; mais on craint probablement de déranger le public par ces travaux, dans
un lieu très-fréquenté [1].

[1] Ce vœu a failli être exaucé en 1825. M. Demidoff offrait d'en-

On voit au palais Farnese la base d'une des colonnes de ce temple, sur l'une des faces de laquelle est l'inscription suivante :

Paci. æternæ. domus. Augustæ.

Les noms de plusieurs officiers qui avaient suivi Vespasien à la guerre de Judée sont écrits sur une autre face.

Je me suis un peu étendu sur ce temple de la Paix, comme je l'ai fait dans une lettre précédente sur le Panthéon, et comme je le ferai en quelques autres endroits, qui me présenteront une forme singulière.

Revenons sur nos pas, nous sortirons de la place ensemble par l'arc de Titus, en passant devant Sainte-Françoise Romaine, joli portail à pilastres corinthiens par le Lombardi, où la sainte a un riche tombeau de marbres précieux, fait sur les dessins du Bernin. Les restes du *Templum Veneris et Romæ,* sont dans un jardin derrière cette église.

L'arc de Titus, quoique petit, est le meilleur de ceux qui sont ici ; on prétend qu'il était à trois portes : ce que je n'ai aucun penchant à croire. Les rosaces du plafond et les bas-reliefs sculptés sont d'un excellent goût ; mais, par malheur, à demi effacés par le

---

lever les terres qui couvrent le *Forum*; on voulait bien lui permettre d'employer cinq cents galériens, auxquels il aurait donné cinq bajocchi par jour. La chose était arrêtée, lorsque le cardinal-vicaire, M. Della-Genga (devenu pape sous le nom de Léon XII) fit tout manquer, par une susceptibilité peu digne d'un homme d'esprit comme lui. R. C.

temps : ils représentent le triomphe de Titus après la prise de Jérusalem. On y distingue encore le chandelier à sept branches, la table chargée des pains de proposition, le char du triomphateur, etc. Vous voilà devant le Colisée, monsieur ; qu'en dites-vous ?

> Que tout l'univers ressente
> Un respect plein d'épouvante !

En vérité, je crois qu'il est difficile de se trouver pour la première fois au milieu de ces augustes solitudes du Colisée et des *Terme Antoniane*, sans ressentir dans l'âme quelque petit saisissement, à la vue de la vieille majesté de leurs antiques masses révérées et abandonnées. Les galeries de l'enveloppe extérieure du Colisée servent encore néanmoins de refuge aux petits marchands, qui étalent sur des perches, fichées dans ces trous, d'où je vous ai dit que l'on avait tiré les tenons de bronze du sein des blocs de pierre. Il ne subsiste plus qu'un demi-cercle de cette enveloppe extérieure, à quatre prodigieux étages d'architecture en arcades et colonnes, le premier étage en partie enterré. Elle se soutient par sa propre masse, malgré le peu de soin que l'on en a, malgré les grosses pierres qui pendent des sublimes corniches ; elle ne demanderait pas mieux que d'être raccommodée. Les basses galeries intérieures conservent leur cercle entier ; mais elles sont tout à fait délabrées et font une triste mine. Dans l'arène, qui est une assez grande place, à peine discerne-t-on l'ancienne figure des gradins qui, au rapport des historiens, contenaient quatre-vingt-dix mille spectateurs. Je n'ai pas de peine à le croire, puisque l'amphithéâtre de Vérone, qui n'est guère que le tiers de celui-ci, en contient environ trente mille. Les Romains, à la vue de l'amphithéâtre de Vérone, que les habitants ont si bien réparé, doivent avoir honte de laisser le leur dans un tel désordre, lui qui est tout autrement vaste et célèbre, et qui a conservé la moitié de sa plus belle partie ; avantage que n'a pas celui de Vérone, où il ne reste quasi plus rien de l'enveloppe extérieure. Mon projet (car je suis fertile en projets) serait de réduire le Colisée en demi-amphithéâtre, d'abattre le reste des cintres du côté du mont Cœlius, de rétablir dans son ancienne forme l'autre moitié qu'on laisserait subsister, et de faire de l'arène une belle place publique. Ne vaut-il pas mieux avoir un demi-Colisée en bon état que de l'avoir tout entier en guenilles. Et qui vous empêche, messieurs les Romains, de mettre au milieu de cette place une vaste fontaine ou même un lac, pour vous redonner un air d'ancienne naumachie ?

L'arc de triomphe de Constantin, à trois portes, ferait une des entrées de la place. On l'a fort bien réparé dans ce siècle-ci ; les barbares avaient coupé la tête à toutes les statues ; on leur en a fait de neuves ; on a raccommodé les bas-reliefs, rejoint les pièces de marbre ; en un mot, quoique cet arc soit mélangé de bon et de mauvais goût (car au temps de Constantin on travaillait misérablement, et les bonnes pièces sont celles de l'arc de Trajan, qu'on détruisit pour les employer ici), c'est aujourd'hui l'une des principales antiques de Rome et des mieux conservées.

Voyez-vous près de l'arc de Constantin cette pauvre porte cochère ronde et basse? Prosternez-vous, Quintin, c'est la porte de la feue maison de Cicéron. La place par où le maître de la république romaine rentrait chez lui, précédé de douze licteurs et suivi de deux mille chevaliers romains, n'est plus que le chétif *atrium* de quelque vigneron. Qu'est-ce que de nous? cela fait peur.

Pour achever la visite des restes d'antiquités sur notre droite, nous pouvons aller donner un coup d'œil aux vastes ruines des thermes de Titus, où Raphaël a bien fait son profit à copier, d'après l'antique, des ornements en mosaïque et arabesques, avant qu'ils ne fussent entièrement détruits, comme cela est arrivé depuis. C'est là que l'on a trouvé le Méléagre couleur d'ivoire et le groupe du Laocoon, que j'estime par-dessus toutes autres antiques. On voit dans ce lieu plusieurs hautes voûtes qui se communiquent les unes aux autres. Les anciens conduits qui apportaient l'eau aux thermes et les réservoirs subsistent en partie près de San-Martino. Ce sont de grandes salles qui communiquent entre elles par de petites portes basses, disposées obliquement pour rompre le coup de l'eau. Les murs sont revêtus d'un mastic si dur, qu'on n'en peut qu'à grande peine arracher de petits morceaux. Derrière les thermes est l'église de Saint-Pierre-aux-Liens, grand vaisseau à deux rangs de colonnes antiques de marbre blanc, et célèbre surtout par le tombeau de Jules II, où est le Moïse de Michel-Ange, l'une de ses plus fameuses statues. Il est presque colossal, assis avec une longue tunique, une chaussure à la barbare, une longue barbe jusqu'à la ceinture, deux bouts de cornes en saillie et une vraie physionomie de bouc. Les bras sont nus et fortement musclés; toute cette statue est belle et savante à la vérité; mais, ainsi que presque tous les ouvrages de Michel-Ange, rude et sans goût. Le tombeau est en entier de marbre blanc, à pilastres et à niches garnies de statues[1]. Il y a dans l'église divers autres tombeaux, quelques bonnes peintures modernes et quelques autres de manière ancienne. Dans le cloître, un puits, dont la margelle est sculptée sur les dessins de Michel-Ange. Remarquez aussi un siége de marbre des thermes de Titus; au rapport de Suétone, il y en avait seize cents pareils à celui-ci.

Revenons du côté du mont Cœlius. Les ruines prodigieuses que vous voyez sur cette montagne sont celles de la *Curia Hostilia*, brûlée par la fureur du peuple à la pompe funèbre de Clodius, tué par Milon. Les églises Saint-Jean-et-Saint-Paul, et de Saint-

[1] On voit au rez-de-chaussée du Louvre, salle des sculptures de la Renaissance, deux esclaves de la main de Michel-Ange, et qu'il destinait à ce tombeau. Un Strozzi en fit cadeau au connétable de Montmorency; son fils ayant eu la tête tranchée, le cardinal de Richelieu s'empara de ces deux belles statues, et plus tard elles devinrent la propriété du maréchal de ce nom.   R. C.

Grégoire en occupent une partie; Saint-Jean-et-Saint-Paul a l'air très-antique au dehors; il faut la voir au dedans pour ses deux files de colonnes et son pavé de porphyre. Saint-Grégoire a un bel et grand portail; mais son meilleur endroit est une chapelle isolée de l'église, où le Guide et le Dominiquin ont peint à l'envi l'histoire du martyre de saint André, en deux fresques excellentes; par malheur aujourd'hui presque à demi effacées. J'en ai mieux jugé par quelques belles copies qui s'en trouvent ailleurs qu'à la vue des originaux même; je donnerais la préférence à l'ouvrage du Dominiquin.

La villa Mattei[1] mérite fort que nous nous y arrêtions. Les jardins sont vastes et découverts; on y a la vue des immenses ruines de l'Antoniane. Le bâtiment n'est point mal, et, de plus, le portique et l'intérieur des appartements sont remplis de bonnes statues antiques.

On me montra d'abord, sous le portique, une statue de Bocchus, roi de Mauritanie, dont je m'emparai au plus vite pour mon Salluste. A vous dire vrai néanmoins, je crois que la principale raison qui l'a fait ériger en roi de Mauritanie, c'est qu'il est d'une pierre fort noire; son bonnet recourbé en avant me donne lieu de soupçonner que c'est plutôt ici quelque honnête roi phrygien. La famille des Antonins tient ici le haut bout. Antonin-Pie, Marc-Aurèle, L. Verus, Ælius, l'Hercule Commode, l'An-

[1] Elle appartenait, en 1834, au prince de la Paix, don Emmanuel Godoï. — R. C.

tinoüs, le Jules-César sacrifiant, sont d'excellentes statues, ainsi que le groupe de Brutus et de Porcia, le buste de l'Amazone, celui du Silène, la muse Thalie et la belle *Livia Augusti*, autrement nommée *Pudicitia*, couverte de la tête aux pieds d'une longue draperie, qu'elle relève d'une main. Il y a dans le jardin quelques anciennes statues moins pudiques. En vérité, ce sont de grandes femmes tout à fait.

Tout le jardin est bien peuplé de termes, d'urnes et autres restes d'antiquités; il y a même un obélisque égyptien, petit à la vérité et rajusté de deux morceaux qui ne paraissent pas venir de la même pièce, l'un ayant des hiéroglyphes et l'autre non. On dit qu'il vient de l'ancien Capitole.

San-Stefano Rotondo est aujourd'hui tel à peu près qu'il était autrefois, temple de l'empereur Claude, ou, selon d'autres, de *Jupiter Peregrinus*, sphérique à trois rangs de colonnes et un portique au-devant. Il n'y manque qu'un des rangs de colonnes; c'est une belle antique et bien conservée. Le Pomarancio[1] et Tempesta y ont peint d'assez belles fresques.

Ne négligeons pas d'aller voir au prieuré de Malte[2], sur le mont Aventin, une urne sépulcrale, où le mort est représenté au milieu des neuf muses avec leurs attributs : c'est une fort jolie idée.

A la descente du mont Aventin, ne cherchez plus dans la place où était le grand cirque qu'un grand

---

[1] Circignani Niccolò de Pomarance.
[2] Église de Santa-Maria del Priorato di Malta.　　　R. C.

mauvais marais barlong, à qui les restes des fondations des gradins servent de clôture.

Plusieurs objets de curiosité peuvent déterminer nos Excellences à sortir de la ville par la porte Capène, du côté de Saint-Sébastien : 1º ledit saint, à cause de son portique dorique à colonnes accouplées et de ses fresques d'Antoine Carrache et de Lanfranc. Les catacombes, dont je ne vous parlerai plus pour vous en avoir déjà trop parlé ;...... le tombeau des Scipions transformé en celui des Sept Dormants (des martyrs) ;...... la grosse tour majestueuse du tombeau de Cæcilia Metella, femme de Crassus, aujourd'hui appelée *Capo di Bove;* un reste du cirque de Caracalla ; un petit temple des Muses près de Saint-Urbain, qui a son portique de colonnes corinthiennes cannelées ;..... enfin, la Caffarella, c'est-à-dire la grotte de la nymphe Egérie, où le saint roi Numa avait des révélations, comme en doit avoir tout bon et honnête législateur.

Des deux Saint-Paul hors des murs, l'un est une petite église ovale à dôme, au dedans de laquelle est un beau tableau du Guide ;...... dans le voisinage quelques fontaines ornées de marbre ; l'autre[1] est un des vastes édifices de Rome, plus grand même, à ce qu'il me semble, que Saint-Pierre. On en aurait pu

---

[1] On sait que cette basilique, la plus ancienne de la chrétienté, a été affreusement ravagée et à peu près détruite par un incendie, dans la nuit du 15 au 16 juillet 1823. Depuis lors, à la suite de longs travaux et avec des offrandes recueillies de partout, on est parvenu à restaurer cette église. R. C.

faire quelque chose de superbe, s'il n'eût été construit du temps de Constantin, qui était un plat empereur et de très-mauvais goût. Tel qu'est ce temple, il ne laisse pas que d'être encore fort auguste par le genre des matériaux qu'on y a employés.

Pour bâtir cette église, on a détruit l'admirable mausolée d'Adrien, composé de trois tours de marbre blanc en gradins, l'une sur l'autre, chacune entourée d'un portique d'énormes colonnes corinthiennes cannelées; entre chaque colonne une statue, et pour couronnement à la cime une urne surmontée d'une pomme de pin, où les cendres d'Adrien étaient renfermées. De ce merveilleux ouvrage il ne reste sur place que la grosse tour inférieure; c'est le château Saint-Ange.

Bélisaire, forcé dans Rome par les barbares qui l'assiégeaient, se retira dans ce mausolée, où les munitions de guerre lui manquant, il cassa les statues pour se servir des morceaux de marbre à sa défense; je jurerais que c'est ce qui lui a porté malheur et l'a fait mourir si gueux. La pomme de pin est au jardin du *Belvedere;* les colonnes furent enlevées par Constantin pour orner Saint-Paul. On en fit d'abord un portique barbare, quasi-gothique ainsi que tout le reste de l'édifice, où, au lieu de recouvrir les colonnes de plates-bandes de marbre, avec un bel entablement, on a formé chaque intervalle par de petits cintres indignes.

Malgré ceci, on reste stupéfait à la vue de l'énorme croisée et des cinq nefs, divisées par une

forêt de quatre files de colonnes en marbre blanc de
Paros, albâtre, cipolin, brèche, africain, granit, etc.
Presque toute la croisée est en porphyre, ainsi que
le baldaquin du grand autel. On a depuis peu commencé à repolir quelques-unes de ces colonnes ; ce
sont des marbres exquis ; quoiqu'on les ait mises fort
près les unes des autres, on n'a pu épuiser toute la
dépouille du mausolée. Il reste environ deux cents
colonnes entières ou brisées, éparses çà et là, aux
environs.

Rentrons par la porte Saint-Paul, qui touche la
pyramide de Cestius : ce n'est qu'un très-petit diminutif de celles d'Egypte. En récompense, elle est
toute de quartiers de marbre de Paros, et parfaitement conservée. Les Romains étaient donc bien riches ? Un simple *triumvir epulonum* avoir un pareil tombeau !

Quel monarque y a-t-il eu en Europe dont le mausolée ait autant coûté ? Le marquis Galli, l'un des
conservateurs de Rome, m'a fait le plaisir de venir
avec Legouz et moi visiter ce sépulcre, et de faire
apporter les clefs de l'intérieur. Nous nous faisions
une fête d'examiner ces fameuses petites peintures
antiques, connues sous le nom de *figurines de Cestius*. Mais, ma foi ! tout est effacé, on n'y discerne
presque plus rien ; vous aurez plus de satisfaction à
les voir dans les estampes qui en ont été gravées,
avant que l'humidité du lieu, l'air extérieur qui s'y
est introduit, la fumée des torches et autres accidents,
eussent achevé d'altérer l'ouvrage.

XLV.—A M. DE QUINTIN.

Après les Égyptiens, nulle nation ne paraît avoir eu autant que les Romains le goût de se construire de belles habitations, pour le temps où ils n'existeraient plus. Voyez ce qu'a fait ici un simple particulier. Tous les grands chemins autour de la ville étaient de même bordés de grands mausolées; ceux des Égyptiens ont plus de grandeur et de solidité; ceux des Romains plus d'ornements, de variété et de bon goût. Si la dépense de ceux-là est immense, celle de ceux-ci ne laisse pas que d'être grande et beaucoup mieux employée. Ce n'étaient pas toujours des pyramides, mais aussi des dômes, de grosses tours solides, de riches piliers en sculpture, surmontés d'une urne cinéraire, de vastes bâtiments environnés de portiques et de promenades publiques plantées d'arbres. Quoi de plus beau que ce mausolée d'Adrien, que celui d'Auguste, d'une construction presque pareille, grosse tour ronde, à quatre étages d'architecture; chaque étage diminuant de diamètre en forme de gradins, et pour comble un petit temple sphérique en colonnade ouverte, soutenant un dôme! L'étage inférieur du mausolée d'Auguste et la naissance du second subsistent près le port de Ripetta.

N'oublions pas le fameux *Septizonium*, édifice à sept rangs de colonnes, l'un sur l'autre, bâti par Septime-Sévère; il dominait tous les autres monuments de Rome. Sixte-Quint le fit démolir et employa ses colonnes à l'ornement de Saint-Pierre.

Voici une autre antiquité, qui, si elle n'est pas belle, est en revanche plus singulière et surprenante que pas une autre. Une montagne, je dis une montagne véritable et spacieuse, toute de pots cassés. L'herbe dont elle est recouverte croît sur un petit demi-doigt de terre que les pluies y ont déposée à la longue. Le reste, de la cime au pied, n'est que de morceaux grands ou petits de pots de terre, sans mélange d'aucune autre espèce de matière quelconque. Nous nous obstinâmes près de deux heures, Légouz et moi, à fouiller avec des pioches en différents endroits, sans être parvenus à trouver autre chose. Chaque morceau est curviligne, portant l'empreinte de la roue du potier.

Il se cassait bien de la poterie à Rome, dans une ville cinq ou six fois plus remplie de populace que ne l'est Paris; mais de croire, comme quelques gens le prétendent ici, que l'on s'en allait ramassant toutes les pièces dans les différents quartiers de la ville, pour les porter là, cela n'a pas l'apparence du sens commun. Si, d'un autre côté, ce lieu eût été le dépôt où l'on conduisait autrefois tous les déblayements et balayures des rues, il s'y trouverait à la vérité quantité de poterie cassée, mais mélangée de toutes sortes d'autres matières; ce qui n'est point ici. Il me paraît donc hors de doute qu'il ne se trouve ici que de la poterie neuve; que les potiers avaient tous leurs manufactures dans ce quartier sur le bord du Tibre, à cause du voisinage de l'eau nécessaire à leurs fabriques; et que, jetant dans cet endroit tous les débris des pièces cassées ou manquées à la manufacture, ils en ont construit à la longue la plus extraordinaire montagne de l'univers. Comment croire, me direz-vous, que ceci ait pu suffire à faire une montagne? Mon ami, il faut bien le croire quand on le voit. Je vous dirai, de plus, que la montagne était plus grosse qu'elle n'est aujourd'hui ; car, depuis longues années, on voiture de ces têts, au lieu de gravier, sur les grands chemins autour de la ville. La chose s'éloignera moins du vraisemblable, quand nous ferons attention que, quelque fréquent que soit parmi nous l'usage de la poterie de terre, il l'était encore infiniment plus chez les anciens Romains, et que, non-seulement ils fabriquaient en cette matière quantité d'ustensiles de ménage que nous faisons de cuivre ou d'argent, mais encore certaines grosses pièces hors d'usage parmi nous en cette forme ; leurs bouteilles, leurs tonneaux, leurs urnes cinéraires, trois articles suffisants pour multiplier l'espèce au point où nous le voyons. Le vin se conserve à merveille dans le Monte-Testaccio, au pied duquel on a creusé et voûté une longue suite de caves.

Il se fait tard, en vérité, et notre course d'aujourd'hui a été énorme, malgré les belles promesses que vous m'aviez faites en partant. Regagnons notre gîte en repassant sous l'arc de Constantin. Attendez-moi là jusqu'à demain matin ; je reviendrai vous montrer le reste des antiquités de ce canton, car vous n'êtes pas au bout; mais il ne faut pas tout dire à la fois.

XLVI. — A M. DE NEUILLY.

**Poëtes épiques.—Antiquaires.—Bibliothèque Vaticane.—
Père Fouquet, missionnaire à la Chine.**

Vous donnez au Tasse la prééminence sur tous les autres poëtes italiens, mon cher Neuilly; les gens de ce pays-ci ne seraient pas tout à fait de votre avis, ils préfèrent l'Arioste. Quand vous leur direz que le poëme de *la Jérusalem* est plus sage, plus noble, mieux construit, en un mot, un vrai poëme épique renfermé dans une unité d'action, ce que n'est pas le *Roland*, chargé d'une si grande multiplicité d'intérêts et de personnages divers, ils vous répondront que vous pouvez, si vous le voulez, ne pas appeler le *Roland* un poëme épique, mais un poëme divin. Je suis de leur avis sur cette préférence; l'Arioste fait mes délices perpétuelles : je ne puis le quitter depuis que je suis en état de l'entendre. Quel poëte est plus poëte que celui-ci? Quel autre a jamais possédé le talent de narrer avec plus de grâce, de naturel et de facilité? Quel homme a jamais mieux su manier sa langue dans tous les tons, sublime, moral, tendre, noble ou badin? Qui a su mieux peindre les situations, enchaîner les événements, perdre et retrouver, d'une façon plus naturelle, un si grand nombre de personnages, et, par une transition de deux vers, remettre son lecteur au fait de la suite d'une longue histoire racontée dans les chants précédents? Plus je le lis, plus je m'y plais; il vaudrait lui seul, à mon gré, la peine que l'on apprît la langue pour le lire; car c'est folie d'espérer qu'on puisse le traduire. Mirabaud [1] a réussi dans la traduction du Tasse. S'il eût tenté l'Arioste, quoiqu'il écrive bien, et qu'un tel ouvrage ne puisse par lui-même manquer d'être agréable, il n'eût pas eu le même succès, du moins près de ceux qui pourraient confronter l'original à la copie.

Ce n'est cependant pas l'Arioste que les beaux esprits d'Italie mettent au premier rang; ils l'adjugent au Dante : c'est celui-ci, disent-ils, qui a porté leur langue à son point de perfection, qui a surpassé tous les autres en force et en majesté. Les Florentins soutiennent surtout cette opinion (pour l'honneur du pays); c'est comme le Vasari veut en peinture mettre au-dessus de tout son école florentine, roide et sèche, en comparaison des autres écoles italiennes, qui toutes me paraissent préférables à celle-là. J'ai lu quelque chose du Dante à grand'peine; il est difficile à entendre, tant par son style que par ses allégories,

Car un sublime dur
S'y trouve enveloppé dans un langage obscur.

Il me paraît plein de gravité, d'énergie et d'images

---

[1] Mirabaud (Jean-Baptiste), secrétaire perpétuel de l'Académie française; né en 1675, mort en 1760. Buffon le remplaça à l'Académie et y prononça son éloge. R. C.

fortes, mais profondément tristes ; aussi je n'en lis guère, car il me rend l'âme toute sombre. Cependant je sens que je commence à le goûter, et je l'admire comme un rare génie, surtout pour le temps où il a vécu (sur la fin du xiiie siècle), et comme le premier homme de l'Europe qui, dans les siècles modernes, ait vraiment mérité le nom de poëte ; mais je ne puis comprendre avec cela qu'on le mette au-dessus du Tasse ou de l'Arioste, à qui je reviens toujours avec plus d'empressement, ou même à quelques autres qui ne valent peut-être pas le Dante ; comme, malgré tout le mérite de Lucrèce, le meilleur des poëtes latins après Virgile, on se met plus volontiers à en lire d'autres inférieurs à celui-là ; et cependant Lucrèce est bien un autre poëte que le Dante, qui n'a que de la force, étant tout à fait sec et sans aménité. Je ne puis m'empêcher d'ajouter encore ici que plus je lis le Dante, plus je reste surpris de cette préférence que je lui ai vu donner sur l'Arioste par de bons connaisseurs. Il me semble que c'est comme si on mettait le roman de *la Rose* au-dessus de La Fontaine. J'avoue que le Dante ne me plaît qu'en peu d'endroits, et me fatigue partout.

Pétrarque, qui a vécu peu après le Dante, est aussi regardé comme un des créateurs de la langue italienne ; on en fait un grand cas. Pour moi, je vous avoue tout naturellement que ses sonnets m'ont fort ennuyé. Je n'ai pu les continuer ; je me suis mis à lire son *Temple de la Mort*, dont je suis plus content. Il y a de belles choses et beaucoup de poésie dans cet ouvrage.

Je veux vous exhorter à lire un poëme italien, le plus ancien de leurs poëmes épiques, et peu lu en France; c'est l'*Italia liberata dai Goti, del Trissino*. Il est tout à fait amusant par sa simplicité homérique. On voit un fidèle copiste qui n'ôte jamais les yeux de dessus l'original qu'il s'est proposé pour modèle; il ne manque pas néanmoins d'allégories et d'inventions; avec cela il est savant sur la tactique, sur les usages du temps, et curieux par la quantité de choses intéressantes sur l'Italie, qu'il a trouvé moyen de rassembler dans son ouvrage. C'est un point, ce me semble, que les poëtes épiques doivent surtout avoir en vue, que celui de faire entrer dans leur poëme tout ce qui regarde les origines, le gouvernement, les mœurs, le droit public, les anciennes maisons, ou autres articles intéressants pour leur patrie. Le style du Trissino est très-naïf, et si facile à entendre par son perpétuel gallicisme, qu'on dirait quasi que notre langue a été formée sur ce livre. Il est écrit en vers blancs. Ah! plût à Dieu que Malherbe, le père de notre poésie française, celui de tous qui a le mieux entendu la fabrique et l'harmonie des vers, eût pris la pensée d'écrire ainsi en vers non rimés, pour donner l'exemple et le ton à ses successeurs, et pour nous dégager de cette odieuse rime dont nos oreilles, quoique fatiguées, ne peuvent pourtant plus aujourd'hui se passer nulle part, et qui, à vrai dire, ne convient qu'à l'ode et aux chansons! Mais il faudrait pour ceci que Malherbe eût été poëte épique ou dramatique, et non pas faiseur d'odes comme il était.

L'*Orlando innamorato del Bojardo* n'est pas, à beaucoup près, de la force de l'*Orlando furioso*, ni pour l'invention, ni pour la poésie. Il est plaisant et récréatif. Mais, quoiqu'il y ait beaucoup d'histoires agréablement racontées, telles que celle des fées Morgane et Falerine, celle de l'Ogre, etc., la plupart sont si absurdes, et les coups d'épée si furieux, que l'hippogriffe et les autres folies de l'Arioste pourraient passer en comparaison pour sages et modérées. Ne jugez-vous pas que, même dans ces sortes de contes, il y a un certain degré tolérable de non-vraisemblance, qu'il n'est pas permis d'outre-passer? Vous trouvez bon que Roland dans sa fureur déracine les chênes; s'il arrachait les Pyrénées, vous seriez choqué. Astolphe vous plaît, lorsqu'il va dans la lune accompagné de saint Jean; vous ne lui permettriez pas de la fendre avec son doigt, comme Mahomet.

Ces deux auteurs ont tiré toute la suite de leurs fables de nos anciens romans français, que l'on ne lit ni n'entend plus. Vous savez que l'Arioste a repris le fil de l'histoire où le Bojardo l'avait laissée.

La poésie italienne a de grands avantages sur la nôtre : 1° celui de la langue, préférable à la nôtre, quoiqu'on en veuille dire, plus coulante, plus sonore, plus harmonieuse, également propre au style majestueux et aux grâces badines, outre qu'elle se permet un peu plus d'inversions, ce qui rend ses constructions moins uniformes. Notre langue n'est que claire ; par là, propre à l'histoire, à la dissertation, au poëme dramatique. Pour l'épique, il nous est plus difficile d'y atteindre; nos retours éternels de rimes plates, masculines et féminines, deviennent, à la fin, insoutenables à l'oreille, dans les pièces de longue haleine.

En italien, les longues narrations distribuées par stances octaves, à rimes entremêlées, sont plus supportables. Mais ne pensez-vous pas que nous pourrions introduire dans notre poésie narrative cet usage des octaves de six vers à rimes croisées, suivis de deux autres à rimes plates? Le diable, c'est qu'il faut trouver ici, pour la plupart des sons, trois rimes au lieu de deux, et que nous en sommes mal fournis dans notre langue, où tant de mots n'ont point du tout de rime, et tant d'autres n'en ont guère.

Une autre fois, pour vous réjouir à mes dépens, je vous ferai part d'un essai que j'ai fait sur cette idée ; c'est une traduction libre du commencement de l'*Orlando;* plus, une imitation dithyrambique de l'invocation à Bacchus, dans l'opéra d'*Achille reconnu*, par Métastase. C'en sera assez pour vous donner un échantillon de mon idée, et à vous seul ; c'est trop de l'intempérance de ma prose, sans que je m'avise encore d'aller rimer malgré Minerve ; mais quand nous ne sommes que nous deux, je n'ai point de scrupules.

Je viens à l'article de votre lettre concernant les

antiquaires ; il n'y a pas ici autant de gens versés dans la connaissance de l'antiquité que vous vous le figurez. J'avais déjà ouï dire aux Florentins, que la science n'empêchait pas les Romains de dormir, et que c'étaient de bonnes gens. La noblesse cultive peu les lettres ; elle jouit dans l'indolence de tant de curiosités singulières rassemblées dans ses palais. Tous ces Colonna, Panfili, Chigi, Giustiniani, Borghese, sont de vrais eunuques dans un sérail ; comptez parmi eux le prince de Palestrine pour le *Kisler-Aga*. Les ecclésiastiques sont plus occupés de leur fortune que de doctrine ; dans le collège des cardinaux, à peine compterait-on une demi-douzaine de personnes savantes. Le cardinal Alexandre Albani est curieux d'antiquités, et s'y entend ; il avait formé un recueil considérable en bustes, bas-reliefs et inscriptions, qu'il a remis en partie au pape : ils sont déposés dans l'aile gauche du Capitole. L'abbé Marchesini a été chargé de dresser les explications et mettre le tout en ordre, sous la direction du marquis Capponi [1], de notre académie, homme entendu dans ces matières. Parmi les gens d'Église, on peut compter pour gens de lettres Assemani et Bottari, les deux sous-bibliothécaires du Vatican. Il y en peut avoir beaucoup d'autres que je ne connais pas ; il y en a quelques-uns chez les religieux ; aux collèges des Jésuites et à la Minerve. Ficoroni fait depuis longues années le métier de démonstrateur d'antiquités ; il a

---

[1] Mort à Rome en 1746. R. C.

une grande routine de connaissances : c'est le guide ordinaire des étrangers ; mais il est vieux, sourd, parleur impitoyable et fatigant. Un des meilleurs antiquaires est Borioni *lo Speziale*, qui a rassemblé un recueil fort curieux en lampes sépulcrales de bronze et de terre cuite, en vases et meubles antiques, en pierres et petits bronzes égyptiens, en pierres gravées, camées, *intagli*, etc. Il fait graver le tout en un volume de cent ou cent cinquante estampes, dont le chevalier Venuti, que j'ai vu à Naples, s'est, à ce que l'on m'a dit, chargé de donner les explications.

La fameuse bibliothèque du Vatican n'est pas publique ; c'est la bibliothèque particulière du pape, qui ne s'ouvre pas pour tout le monde ; mais, pour peu que l'on soit connu, on y est reçu fort poliment, et l'on y va travailler certains jours de la semaine dans une grande anti-salle, où les sous-bibliothécaires vous font apporter de la bibliothèque les manuscrits dont vous avez besoin. Le cardinal Quirini, évêque de Brescia, est bibliothécaire en chef. Comme il réside toujours dans son évêché, son portrait représente pour lui dans l'antichambre, où il est avec ceux des autres bibliothécaires, ses prédécesseurs. Si cette place était vacante, notre ami le cardinal Passionei la convoiterait bien vite, pour relever son mérite littéraire. Les deux sous-bibliothécaires sont *Monsignori*; ce sont, comme je viens de vous le dire, Bottari et Assemani : ce dernier est Chaldéen de naissance ; vous le connaissez par son grand ouvrage intitulé : *Bibliotheca orientalis*. Il nous serait fort nécessaire à Paris, aujourd'hui que l'on travaille au catalogue de la bibliothèque du roi, pour faire toute la partie des manuscrits des langues orientales. Cette besogne serait mieux entre ses mains qu'en celles de Fourmont[1]. Sur la proposition que nous lui en avons faite, il lui a pris une envie démesurée d'y aller, même sans autre rétribution, de la part de la cour de France, que les frais de son voyage. Il était question d'obtenir pour quelques mois son congé du pape. Sainte-Palaye a écrit là-bas à ce sujet : on a fait réponse que Assemani pouvait venir et qu'il serait bien reçu ; mais il ne paraît pas que notre cour veuille le demander formellement ; et, d'un autre côté, il nous paraît que cette cour-ci voudrait que la nôtre fît cette démarche ; de sorte que je vois que les choses en resteront là.

Outre les deux sous-bibliothécaires, il y a plusieurs clercs-servants, qu'on emploie à copier ou à collationner des manuscrits, métier où ils sont assez ignorants ; mais en revanche grands voleurs, et rançonnant à merveille les étrangers qui ont besoin d'eux. J'en ai fait l'épreuve pour mon Salluste, dont j'ai trouvé ici d'excellents manuscrits d'une antiquité marquée, un surtout appartenant jadis à Fulvius Ursinus, et depuis à la reine de Suède. J'en ai fait

---

[1] Fourmont (Michel), savant orientaliste, professeur de syriaque au Collége royal à Paris, interprète de la Bibliothèque du roi, membre de l'Académie des inscriptions. Né en 1690, mort en 1746. R. C.

collationner sept en ma présence, avec beaucoup de soin, et malgré les plaintes amères que fait ce *gramaticuzzo* de Wasse [1], de la négligence extrême avec laquelle les éditeurs nous ont donné cet auteur, j'ai trouvé, au contraire, que c'était un des plus corrects que nous eussions; ce qui n'est pas étonnant. Salluste est un auteur fort court; il a fallu moins de travail pour le conférer exactement que pour dépouiller les énormes manuscrits de Pline ou de Tite-Live. Enfin vous pourrez vous vanter d'avoir un Salluste vu et revu avec toutes les herbes de la Saint-Jean. J'ai les manuscrits de Médicis et ceux du Vatican; on travaille pour moi à Naples, à Venise et à Milan, à ceux de Farnese, de Saint-Marc, et de l'Ambrosiana. Quand j'aurai ceux de la Bibliothèque du roi, ce qui me sera facile, voilà assurément tout ce que l'on peut dire de mieux sur l'article.

La bibliothèque du Vatican est un vaisseau très-vaste, séparé en deux nefs par un rang de piliers. Ouvrez bien les yeux, vous serez étonné de n'y pas voir un seul livre, mais bien force peintures, qui représentent les conciles généraux, les différents inventeurs des lettres de l'alphabet, etc. Que diable une bibliothèque, où il n'y a pas de livres! Cela est fâcheux, mon doux objet; mais remettez-vous, les piliers sont revêtus tout autour, à hauteur d'appui, de petites armoires fermées, remplies de manuscrits.

---

[1] Wasse (Joseph), né en 1672 dans le comté de York, mort en 1738; curé d'Aynhoe (Northamptonshire), fut lié avec Clarke et Newton : il traduisit Salluste. R. C.

Voilà ce qui constitue cette belle bibliothèque, où il n'y a pas un seul livre imprimé ; ainsi vous voyez par là qu'elle doit être en même temps très-considérable et très-peu nombreuse. Il y a de rares manuscrits, entre autres le Virgile en lettres capitales d'une très-haute antiquité, orné d'assez grossières images : il vient de Fulvius Ursinus. Le Térence, aussi avec des figures, qui font un des meilleurs commentaires que l'on puisse avoir sur une comédie. Ces figures sont mal dessinées, et peintes grossièrement ; vous en jugerez à votre aise ; car on a imprimé, il y a trois ans, le manuscrit à Urbin, avec les figures fidèlement gravées. Ils vendent ce livre horriblement cher ; c'est peut-être par cette raison que je ne l'avais pas encore trouvé chez nos libraires de France. Plus, une très-ancienne Bible grecque des Septante ; une autre Bible hébraïque des Massorettes ponctuée, et d'une prodigieuse grandeur ; les Actes des apôtres, manuscrit en lettres d'or ; un ouvrage de théologie polémique composé par le roi d'Angleterre, Henri VIII ; ses lettres à Anne de Boulen, etc. Parmi les autres curiosités de la bibliothèque, il faut admirer les excellentes miniatures de dom Clovio, dans plusieurs livres de liturgie, dans un magnifique manuscrit du Dante, etc., et remarquer quelques feuilles écrites sur du papier d'Égypte, que l'on conserve soigneusement entre deux glaces. Une partie des manuscrits vient de la reine Christine. Il fallait qu'elle en eût rassemblé un grand nombre, puisque, outre ceux-ci, les Ottoboni en eurent encore beaucoup d'elle ; mais ce ne furent pas les plus précieux. Sainte-Palaye crut avoir trouvé la pie au nid, en rencontrant divers manuscrits de nos anciens historiens de France. Il se mit aussitôt à l'ouvrage pour remplir les lacunes qui sont dans l'imprimé de Duchesne [1]. Par malheur, il se trouva que c'étaient ceux de Petau, sur lesquels Duchesne a donné son édition, et qui ont depuis passé entre les mains de la reine de Suède.

Une colonne antique d'albâtre oriental transparent, posée au milieu de la bibliothèque, n'en fait pas un des moindres ornements. Elle vient de l'ancien jardin de Salluste, ce qui augmentait encore le goût que j'avais à la voir; c'est le plus grand et le plus beau morceau que j'aie vu dans ce genre. Elle est travaillée à cannelures torses, et fort transparente : c'est la seule qui reste entière de huit colonnes pareilles qui ornaient les quatre portes du petit temple de Vénus Sallustienne : les autres se trouvent brisées. On en a fait des tables de placage dont le cardinal de Montepulciano fit présent au roi de Portugal.

Derrière le salon des manuscrits, il y a un long corridor étroit, garni de livres jusqu'à une toise de hauteur; ils viennent presque tous de la reine de Suède. Quoique le nombre en soit considérable, ce

---

[1] Duchesne (André), l'un des plus savants et des plus féconds historiens français, né en 1584, mort en 1640; géographe et historiographe du roi. Il a laissé plus de cent volumes in-folio, tous écrits de sa main. R. C.

n'est pas là ce qui fait la réputation de la bibliothèque Vaticane : elle ne la doit qu'à ses manuscrits. Pour se targuer d'avoir des livres, il faut qu'elle attende de s'être approprié le beau recueil du cardinal Passionei, qui nous a paru dans le dessein de le lui léguer à sa mort. Le bon cardinal a souvent fait sa main en Allemagne, où il furetait les couvents de moines, et se faisait donner, de bonne ou mauvaise grâce, quantité de livres curieux et d'éditions rares. Il assaisonnait le tout de beaux compliments ; la pantalonnade italienne ne lui manque pas ; on était assez embarrassé de savoir comment refuser Son Excellence Monseigneur le nonce, dont les remerciements précédaient toujours l'offre de la chose, qu'il finissait par échanger contre une grave bénédiction, que les pauvres moines recevaient prosternés et rechignants.

Près de la bibliothèque il y a une galerie[1], peu large à la vérité pour sa longueur prodigieuse, mais déserte et presque toujours inutile. Ce serait un lieu fort propre à rassembler tout ce que le pape possède en antiques, bas-reliefs, bustes, statues, inscriptions, etc. ; le tout est entassé l'un sur l'autre, d'une manière peu agréable dans les salles du Capitole, trop petites pour ce qu'elles contiennent. Le recueil est très-considérable ; s'il était disposé dans cette galerie et mis dans un aussi bel ordre que celui du grand-duc, je ne doute pas qu'il ne fût de beau-

---

[1] Aujourd'hui le musée Pio-Clementino. R. C.

coup supérieur à celui-ci, surtout depuis qu'on y vient de joindre la nombreuse collection du cardinal Alexandre Albani. Clément XII a fait beaucoup d'acquisitions dans ce genre; il vient encore, en dernier lieu, d'acheter pour huit mille écus, de la veuve de M. Massimi (de la même famille que ceux qui firent venir de Mayence à Rome les inventeurs de l'imprimerie), une statue de Pyrrhus demi-colossale. Elle était fort endommagée; il en a coûté plus de cinq à six mille francs pour la raccommoder; ce qu'un ouvrier de ce pays-ci, dont je ne me remets pas le nom, a fait avec une adresse infinie. Il excelle dans ce genre d'ouvrage, et un homme de cette espèce est fort nécessaire ici; aussi se fait-il payer cher, comme vous le voyez. Cette statue antique n'est pas du nombre des plus belles; mais elle est du nombre des plus rares. Il n'existe pas d'autres statues de Pyrrhus; on l'a placée sur le premier repos de l'escalier du Capitole.

Si, à côté de la galerie que je propose, le pape voulait avoir une pièce aussi distinguée que la Tribune du grand-duc, cela lui serait facile en faisant transporter ici les statues mal placées dans le Cortile du Belvedere. Vous m'avouerez que le Laocoon, l'Apollon, l'Antinoüs, le Torse, la Cléopâtre, etc., ne doivent rien à la Vénus de Médicis, au Faune qui danse, au Rémouleur, aux Lutteurs, etc.

On m'a dit que cette galerie ne pouvait être employée à l'usage que je voulais en faire, parce qu'elle est nécessaire, pendant le conclave, pour servir de réchauffoir aux dîners des cardinaux, que chacun d'eux fait apporter de sa propre maison. Cette raison ne m'a guère touché. Ne vaudrait-il pas mieux que des cardinaux mangeassent froid et qu'ils eussent même un peu mal à l'estomac, que de laisser de telles statues antiques dans un mauvais ordre?

Après la bibliothèque Vaticane, on peut donner le second rang à celle de la Minerve, qui l'emporte même à beaucoup d'égards sur l'autre. Je ne vous en dirai rien de plus, me ressouvenant d'en avoir, à ce qu'il me semble, fait la description à Quintin dans une lettre précédente, ainsi que de diverses autres très-riches et très-nombreuses qui se trouvent dans les palais particuliers de Chigi, Barberini, Ottoboni, etc.

Celle qui m'est le plus commode à cause du voisinage est la bibliothèque de la Propagande, où d'ailleurs je vais souvent pour y voir un de nos compatriotes, l'homme du monde qui, tout à la fois, m'amuse et m'impatiente le plus.

Vous croyez que je ne voyage qu'à Rome? vraiment, plaisante bagatelle! sachez que depuis deux mois je fais un voyage complet à la Chine, dans ce pays que vous aimez tant. J'ai trouvé ici le P. Fouquet, Bourguignon natif de Vezelay, ci-devant mandarin de la société, à présent ex-jésuite et évêque d'Eleuthéropolis; retiré à la Propagande. Il a demeuré vingt-cinq ans à la cour du fameux empereur Kang-hi; il en parle non-seulement tant que l'on veut, mais infiniment plus qu'on ne voudrait. Les moindres visites que je puisse lui faire sont d'une heure et demie. Encore m'esquivé-je à la première virgule. En ceci il est très-importun ; mais non pas ennuyeux ; car il parle avec tout le feu et tout l'esprit possible. C'est un vieillard de soixante-quinze ans, plein de vivacité, d'une figure agréable, décorée d'une majestueuse barbe blanche jusqu'à la ceinture, qui le fait ressembler aux portraits de feu Platon. Il m'a conté la fortune qu'elle avait faite à son retour dans une ville de l'Inde, où, étant venu loger chez un commerçant de sa connaissance, les Gentils du pays entourèrent la maison de l'habitant, comme jadis les habitants de Sodome entourèrent la maison de Loth à la venue d'un ange ; mais non pas pour le même motif. Ils demandèrent au maître du logis d'obtenir de ce seigneur étranger qu'ils eussent le bonheur d'adorer sa barbe ; ils entrèrent en foule et se prosternèrent.

Quand je vis un homme si versé dans les affaires de la Chine, et de si bonne volonté à faire le récit de tout ce qu'il savait, je fus charmé de l'espérance de m'instruire à mon aise de tout ce que je voulais savoir de l'antiquité de cette nation fameuse, de sa chronologie, de son origine, aussi bien que de celle de sa langue singulière ; du fond que l'on peut faire sur son ancienneté soit prouvée par des monuments certains, soit traditionnelle ; en un mot, de tout ce qui est relatif à mon projet d'histoire des temps incertains et fabuleux, jusqu'au règne de Cyrus, car vous savez que je traite tous les siècles postérieurs de petits jeunes gens. *Italiam! Italiam!* Dès lors on voit terre pour se conduire. Or donc, j'ai mis dix fois le bon narrateur Fouquet sur ce chapitre, et j'ai appris de lui toute la Chine complète, excepté ce que je voulais savoir, non qu'il n'ait eu la meilleure envie du monde de me le dire. Mais quand il a une fois commencé son narré, la moindre parole incidente au récit lui sert de transition pour passer à un autre objet. La seconde digression s'enfile dans une troisième à l'instar des *Mille et une Nuits*, et ainsi de suite, jusqu'à ce qu'il y en ait autant que don Japhet d'Arménie a de calottes sur la tête. Alors la patience m'échappe, et n'ayant pas le loisir d'écouter plus longtemps des choses curieuses qui ne sont pas celles que je demandais, je me sauve avec l'espoir d'être plus heureux le lendemain. C'est ainsi que j'en suis à la millième histoire commencée, et pas une finie. Je commence à y avoir moins de regret depuis que j'entrevois que sur l'objet de mes recherches il y mêle du systématique à sa mode; me disant moins ce qui est que ce qu'il se figure; savoir que les Chinois viennent de Chaldée, que leur écriture vient des hiéroglyphes égyptiens, que leurs cinq livres fameux sont une imitation du Pentateuque des Hébreux, quoique ces livres n'aient assurément rien de commun entre eux que le nombre de cinq; et autres imaginations de bibliophile. Ah! mon ami, pardon de ce terme qui m'est échappé, car vous êtes vous-même un grand *bibliolâtre.*

Je sais donc sur le bout du doigt la description du

pays des Tartares Mantchous; l'histoire de la conquête faite il y a cent ans, et le beau trait de politique du prince conquérant. La Chine était alors déchirée par les révoltes et par des brigandages affreux. Ce furent les princes eux-mêmes et le général chargé de la garde de la grande muraille, qui appelèrent les Mantchous au secours de la capitale assiégée par les brigands; ils entrèrent en si petit nombre que si chaque Chinois leur avait jeté une de ses pantoufles, ils auraient été étouffés. Pékin se trouva pris et saccagé à leur arrivée. L'Empereur s'était donné la mort et l'avait donnée à plusieurs de ses enfants; après avoir écrit en lettres rouges sur le bord de sa robe : *Mon peuple m'a abandonné et m'a jeté dans cette extrémité.* Les Tartares rétablirent un peu l'ordre, ils chassèrent les brigands vers les confins de l'empire. Le chef de la maison tartare mourut dans cet intervalle. Il laissait plusieurs enfants en bas âge, et un frère chargé du commandement des troupes, qui pouvait se faire empereur lui-même, et qui préféra d'élever sur le trône l'aîné de ses neveux; il assembla dans le palais tous ses Tartares en armes et tous les seigneurs chinois en habits de cérémonie, auxquels il parla à peu près de la sorte : « Vous nous
« avez appelés ici de votre propre mouvement au
« milieu des horribles désordres où votre État était
« plongé. Nous vous avons trouvés dans l'anarchie,
« environnés de factieux, de rebelles et de brigands.
« Nous vous avons secourus. Le calme est rétabli
« parmi vous. Il ne nous reste plus qu'à nous retirer,

« après avoir remis les rênes de l'empire aux mains
« de son vrai maître. Où est votre roi, qu'avant que
« de partir nous le voyions remonter sur le trône? »
Les mandarins répondirent que leur empereur s'était pendu à un arbre de ses jardins. « Et où sont
« ses fils?—Ils sont tous morts.—Et les princes de
« sa maison?—Ils ont tous péri jusqu'au dernier du-
« rant ces guerres civiles.—Comment, peuple misé-
« rable et lâche, c'est ainsi que vous avez abandonné
« vos légitimes souverains! Vous mériteriez que le
« ciel tombât sur vous pour vous écraser. Que va
« devenir ce grand corps sans tête? Mais le ciel est
« bon. Il vous envoie miraculeusement un chef dans
« votre infortune. C'est cet enfant. Voilà votre
« maître, si vous voulez le recevoir, lui prêter en ce
« moment même serment de fidélité, et rendre grâces
« au ciel de ses faveurs. » Les pauvres mandarins,
tout consternés de cette harangue et de la présence
de tant de sabres tartares, n'eurent rien de mieux à
faire que de suivre un conseil donné d'une manière
si persuasive.

Le général qui les avait introduits en Chine suivit
le torrent comme les autres, quoique très-mécontent; car c'était un des plus grands seigneurs du
pays et des plus zélés pour ses compatriotes. Le nouveau gouvernement, par reconnaissance, l'accabla
de bienfaits et d'emplois qui le mirent hors d'état de
reparaître de sa vie à la cour, et de rien entreprendre
pour affranchir sa patrie du joug étranger. Le petit
empereur gouverna fort bien sous la tutelle de son

oncle, tant que celui-ci vécut. Après sa mort il devint déraisonnable et libertin, et mourut de débauches à l'âge de vingt-quatre ans, pénétré, à ce que l'on rapporte, d'un vif repentir d'avoir mal gouverné. On dit que dans l'incertitude où il était à sa mort sur le choix de son héritier (car à la Chine il n'y a point d'autre droit public que la simple volonté du souverain), il fit venir ses enfants et consulta les missionnaires d'Europe, qui lui conseillèrent de prendre un enfant de quatre ans d'une physionomie avenante. C'est le grand empereur Chang-hi, le Louis XIV de l'Asie, soit que l'on considère la longueur de son règne, ou sa magnificence, et le soin avec lequel il a fait fleurir les arts. On dit que son fils Yong-tching, auquel il a laissé la couronne, a gouverné à merveille ; mais ni lui ni Kien-long son fils, qui vient de lui succéder, n'ont voulu entendre parler de christianisme ni de missionnaires, qu'on a tous mis dehors par les épaules et renvoyés à Macao, sans espoir de retour.

Je suis aussi fort au fait des promenades en Tartarie, du froid insupportable qu'on y souffre, des belles chasses qui se font dans le désert Chamo, du goût qu'a l'empereur d'aller passer les vacances dans son ancien pays, et du peu de goût qu'avait le R. P. Fouquet pour l'y suivre ; de l'économie politique avec laquelle il faisait les frais de ces énormes voyages, donnant ordre chaque année à divers mandarins qui avaient gagné de grosses sommes dans les emplois publics de le défrayer avec toute sa suite, cha-

cun dans un intervalle réglé. Je m'étonne, et je doute assez que ce pays puisse être aussi bien policé et aussi riche en vertus morales qu'on nous le veut faire croire, vu le despotisme absolu qui y règne ; la servitude entraînant l'avilissement du cœur et de l'esprit, qui ne tarde guère pour l'ordinaire à être suivi de la turpitude des mœurs. Je ne puis prendre confiance en un peuple qui n'est dressé que comme les chiens couchants à coups de bâton. Notre narrateur m'a conté qu'il s'était trouvé au palais un jour que Chang-hi avait de l'humeur ; il fit appeler un grand officier qui ne s'y trouva pas. « Qu'est-ce donc que
« cet animal qui ne se trouve pas à l'heure de son
« service? dit l'empereur ; qu'on lui donne vingt
« coups d'étrivières. » En ce pays les ordres du souverain ne souffrent point de délai ; aussitôt dit que fait. On trouva près de l'escalier le mandarin qui arrivait. On lui donna exactement vingt coups d'étrivières sur la place, après quoi il entra en disant :
« Cela est bien malheureux ; voilà la première fois
« que j'ai tardé d'un moment à l'ordre depuis vingt-
« cinq ans que j'ai ma charge ; » il vint tranquillement se placer dans la salle, à son rang. Ces sortes de punitions ne sont point déshonorantes d'une certaine façon. Il m'a conté aussi qu'un jour étant hors de sa maison, dans une province éloignée de Pékin, on vint le chercher en grande hâte de la part d'un petit mandarin qu'il trouva se lamentant sur le retard, et qui le fit partir sur-le-champ sans lui donner le loisir de faire sa malle pour le voyage, disant qu'il

avait ordre de son supérieur de le rendre au lieu marqué à une heure fixe. De là on le conduisit avec la même diligence à Pékin. En route, il trouva deux ou trois autres jésuites conduits par les mêmes ordres, sans être instruits de ce dont il s'agissait. On arriva un jour de grand matin aux portes de la ville, on y gela de froid pendant longtemps, car c'est une longue histoire que de pouvoir entrer à son tour dans cette ville, où il se trouve tous les jours une si grande quantité de peuple et de voitures qui se présentent aux portes ouvrantes. On les mena droit au palais, où l'empereur Chang-hi fut averti que les missionnaires qu'il avait mandés des provinces étaient arrivés. L'empereur, après avoir fini ses affaires, leur donna audience, et leur dit : « Pères, il y a dans ce « livre d'Euclide que vous m'avez donné une propo- « sition que j'ai peine à comprendre, je vous ai fait « venir pour me l'expliquer. » Les R. Pères la lui expliquèrent. Sur quoi il ajouta : « Voilà qui est à « merveille. J'entends à présent, mais je pourrais « l'oublier ; mettez ceci tout de suite en détail sur ce « papier avec les figures. » Là-dessus le mandarin qui les avait amenés représenta qu'ils étaient arrivés de grand matin aux portes de la ville ; qu'ils n'avaient pas encore mangé, et qu'il était cinq heures du soir. L'empereur répondit : *Qu'est-ce que cela fait ?* et rentra dans son appartement ; on fit passer les pauvres jésuites dans une salle voisine, on leur donna pour leur besogne de belle encre, de beau papier, et de beaux pinceaux. Il était huit heures du soir avant qu'ils fussent de retour à leur maison de Pékin pour déjeuner.

Une autre fois l'empereur leur montra un instrument à manivelle, propre à montrer les éclipses futures et passées, tel que celui que vous avez pu voir à l'Observatoire parmi les machines de l'Académie. Il leur dit : « Voilà une belle et curieuse « machine, dont je fais si grand cas que je l'ai pla- « cée ici à côté de mon trône. C'est un présent que « m'a fait mon ami, M. de la Hire de l'Académie de « Paris. Mais les gens de ce pays-ci sont si bêtes, « qu'ils l'ont laissé gâter, pendant que j'étais en « Tartarie. Elle ne va plus. Voyez à me la raccom- « moder. » Après qu'il se fut retiré, les mandarins leur dirent : « Vous autres Européens, vous êtes des « chiens et des canailles (c'est une simple particule « explétive pour l'ornement du discours), l'empe- « reur a dit que vous raccommodassiez sa machine. » Ils se regardèrent tous en pliant humblement les épaules et représentant qu'ils ne savaient pas raccommoder les machines. A cela les mandarins répliquèrent pour toute réponse : « Il faut que vous la « raccommodiez ; il faut qu'elle aille juste, l'empe- « reur l'a dit. » Ils emportèrent donc la machine, et eurent recours à un frère assez adroit en mécanique, qui leur offrit d'éventrer la machine, de la démonter par pièces, de la bien examiner, et d'achever de la gâter, s'il ne parvenait à la remettre en état. Heureusement son travail réussit.

Sur tout ce que j'entends raconter au père Fou-

quet de cet empereur Chang-hi, et sur ce qui nous
en est rapporté d'ailleurs, il fallait que ce fût un
très-grand prince, un homme savant, et de plus un
fort bon homme, quoiqu'il fît quelquefois dîner ses
missionnaires un peu tard. Je le trouve surtout d'une
bonté charmante dans les extraits de la légation de
Mezzabarba[1], quand il se donne lui-même la peine
de vouloir accorder le Légat avec les jésuites; quand
il s'efforce de terminer la querelle sur les rits chinois, et de faire vivre en paix ensemble tous ces
ordres religieux qui ne peuvent réciproquement se
souffrir en pays étranger, où, à force de se dénigrer
mutuellement, ils se font souvent plus de tort eux-mêmes qu'ils n'en reçoivent des nationaux. Ce bon
empereur veut faire entendre raison au Légat, surtout sur la signification du mot *Tien*, qu'il lui assure
ne pas signifier seulement le ciel matériel. Le Légat
ne se rend point. L'autre insiste en disant : « Savez-
« vous le chinois? non. Et moi je ne sais pas l'ita-
« lien. Que penseriez-vous donc de moi, si je m'en
« allais à Rome m'obstiner à disputer contre le pape
« sur la force d'un terme de sa langue? ne me trou-
« veriez-vous pas tout à fait déraisonnable? Je vous
« ai reçus avec bonté, vous autres Européens; je
« vous ai comblés de bienfaits; je vous laisse prê-
« cher votre religion, et tandis que tout le monde

---

[1] Mezzabarba (Charles-Ambroise), patriarche d'Alexandrie et
légat de Clément XI en Chine. Après son retour à Rome, il publia
la relation de son voyage, en français, puis en italien en 1739 : les
jésuites y sont assez maltraités.   R. C.

« ici vous fait du bien, vous ne cessez de vous con-
« trarier et de vous faire du mal les uns aux autres.
« J'ai plus de peine à vous accorder ensemble, qu'à
« gouverner tout le reste de mon empire. Ceci ne
« me produit que du trouble et de l'ennui ; je fais
« réflexion qu'il vaut mieux qu'il n'y ait point de
« religion chrétienne à la Chine. » C'est communément par ce propos que l'empereur termine les conférences. Avez-vous vu ce livre de la légation de Mezzabarba, qu'un père Viani, servite, secrétaire du Légat a fait imprimer à Milan ? C'est la plus violente satire que j'aie vue contre les jésuites ; d'autant mieux qu'elle a un air de simplicité, ne contenant que le détail des faits par de simples extraits des registres de l'ambassade, sans y joindre de réflexions, sinon sur la fin du livre, où l'auteur commence à montrer son venin contre la Société. Les personnes impartiales voient clairement deux choses dans cet ouvrage. L'une que les jésuites refusaient nettement et avec obstination de se rendre à l'autorité du saint-siége ; qu'ils gouvernaient cette affaire vis-à-vis du pape et de ses Légats avec beaucoup de hauteur et d'indépendance, n'étant pas moins roidis contre la bulle que les jansénistes, contre lesquels ils déclament si fort, le sont contre la constitution *Unigenitus*. La seconde que les jésuites avaient raison dans le fond de l'affaire ; qu'ils étaient beaucoup mieux au fait de la question que le pape ni que ses Légats ; qu'il n'y avait rien de répréhensible dans les usages chinois qu'ils voulaient faire tolérer ; que la cour de

Rome aurait beaucoup mieux fait de les en croire que de déférer aux accusations que d'autres religieux n'avaient formées contre eux que par un mouvement de jalousie, et que s'ils en eussent été crus, les établissements d'Europe se seraient peut-être maintenus à la Chine. Au reste, je n'ai rien appris du père Fouquet de tout ce qui touche à cet article-ci ; il n'en parle jamais, ayant été le seul des jésuites de la Chine, qui ait toujours été d'avis de se soumettre, sans balancer, aux ordres de la cour de Rome, et de prohiber aux chrétiens chinois les cérémonies pour les morts, et l'adoration du *Tien*, dès que le saint-siége la regardait comme superstitieuse. On sait assez combien il a eu à souffrir de ses confrères à cet égard. Il a fallu le faire revenir de la Chine, lui donner à son retour le titre d'évêque, et une retraite à la Propagande pour le soustraire à la domination de son ordre. Il paraît conserver dans sa retraite une grande considération pour sa Société, quoiqu'il ne l'aime ni n'en soit aimé, non plus que de ceux qui en sont les partisans ; tels que le cardinal de Tencin, qui ne manque jamais de lui faire très-froide mine lorsqu'ils se rencontrent.

Durant le long séjour qu'il a fait à la cour de Pékin, il s'est surtout appliqué à l'étude de la langue ; il travaille actuellement à mettre en ordre tout ce qu'il sait, et ce qu'il a recueilli sur cet objet pour en former un grand vocabulaire, et une grammaire qui doit être déposée dans la bibliothèque de la Propagande pour l'usage des missions étrangères.

Il n'y a pas de doute que ce travail ne soit meilleur que celui de Fourmont, qui se pique d'avoir si bien deviné le chinois sans le savoir. Je trouvai l'autre jour le père Fouquet bien en colère contre celui-ci, de ce qu'il s'était avisé de le citer pour garant du nombre prodigieux de volumes dont il prétend que certaines bibliothèques chinoises sont composées. « Comment, s'écriait-il en lisant cet écrit, m'aller « citer pour garant d'une telle sottise. Je déclare « qu'il n'y a pas à la Chine une seule bibliothèque « comparable, je ne dis pas à celle du roi de France, « à laquelle nulle autre de l'univers ne se peut com- « parer, mais aux simples cabinets de livres qu'ont « en Europe tant de gens curieux. » Je ne l'ai pas trouvé non plus fort satisfait de l'ouvrage du père du Halde, où il ne trouve rien de bon que la carte géographique, qu'il m'a dit être excellente ; ajoutant qu'il était en état d'en juger assez bien, ayant particulièrement étudié cette partie, et parcouru la plupart des provinces de l'empire.

C'en est assez sur la Chine et sur mon narrateur. J'enraye sur cet article, de peur d'être trouvé aussi long conteur que lui. Ce n'est pas que je n'eusse encore cent histoires à vous faire ; mais si je vous dis tout aujourd'hui, qu'aurai-je à vous dire à mon retour ?

Or se più versi a questo canto giungo,
Temo vi offenda il suo troppo esser lungo.

XLVII. — A M. DE QUINTIN.

Suite du séjour à Rome. — Fabriques de mosaïques. — Nouvelle invention pour remettre les peintures sur des toiles neuves.

Je cheminais sur la Voie Sacrée, lorsque j'ai rencontré le dulcissime Quintin, tranquillement assis, près de la Meta Sudante, dans l'attente que je vinsse continuer de lui montrer ma lanterne magique. Oui, mon ami, et je ne vous donnerai pas de ces effets véreux, car je vous mènerai droit au palais des empereurs romains ; vous verrez qu'il est devenu tout à fait joli garçon, et que le père gardien des capucins n'aurait pas de moins judicieuses réflexions à faire sur ce palais que sur les Césars, ses anciens propriétaires. Promenons-nous d'abord dans l'allée du Campo-Vaccino, et revoyons ces incomparables colonnes du temple de Jupiter Stator, qu'on ne se lasse pas de considérer.

En retournant du Campo-Vaccino vers le Tibre, il faut prendre garde, mon cher Quintin, de vous jeter dans le gouffre de M. Curtius. Votre accident serait en pure perte pour vous, sans aucun fruit pour le public ; car vous n'êtes assurément pas ce qu'il y a de meilleur et de plus précieux à Rome. Détournez-vous à gauche de la petite rotonde de Saint-Théodore, autrefois le *templum Romuli*. On ne regardait pas Romulus comme un grand saint lorsqu'on lui fit un si petit temple ; l'ancien pavé représentait une iconographie de l'ancienne Rome, où toutes les rues et les principaux édifices étaient marqués avec leurs noms. On en a enlevé et transporté les précieux restes au palais Farnese[1] ; vous les pouvez voir gravés dans le traité de Bellori. On peut, d'ici, considérer à son aise, sur la croupe du mont Palatin, les restes immenses du palais d'Auguste, les ruines des fondations et des voûtes sans nombre qui soutenaient les murs des terrasses : ce beau palais, si magnifique, n'est plus qu'un repaire à serpents.

Bianchini y a sans doute rôdé tout à son aise à travers les épines, pour en prendre les dimensions, lorsqu'il a rebâti ce palais avec tant de magnificence, dans son livre intitulé : *Il Palazzo dei Cesari*, que je vous porterai si vous ne l'avez pas. Presque toute cette vaste montagne où était le palais est occupée par la vigne Farnese, assez négligée elle-même. Elle est remplie de débris et de grandes pièces de marbre ; entre autres de fûts de grosses colonnes de porphyre fendues et délitées en long par l'injure des temps. Tout cela est abandonné en plein air, quoiqu'on en puisse faire un bon usage, et le sera de plus en plus, la maison des Farnese se trouvant éteinte. Cependant le roi de Naples, héritier des Farnese, et plus

[1] Ils revêtent maintenant les murs de l'escalier du musée du Capitole. R. C.

puissant qu'eux, avait beau jeu pour faire ici quelque chose de remarquable; mais c'est de quoi il ne se soucie guère.

Il n'y a point de doute que ce mont Palatin ne soit le meilleur endroit de Rome pour y fouiller la terre et faire quelques belles découvertes. Les Farnese le pensaient ainsi; mais, de crainte d'essuyer quelque tracasserie de la part du souverain et de ne pouvoir emporter à Parme ce qu'ils pourraient découvrir, ils voulaient attendre, pour fouiller, qu'ils eussent un pape de leur maison. Au lieu d'un pape Farnese, ils ont un roi de la maison de France, ce qui vaut encore mieux; ainsi le moment est plus favorable que jamais, si l'on voulait en profiter.

Les restes du palais d'Auguste consistent en ces immenses voûtes dont je vous parlais, servant à soutenir le pied de l'édifice, et à le mettre d'un même niveau sur ce terrain inégal; en une vaste salle impériale, jadis incrustée de marbre, ornée de colonnes et de pilastres corinthiens vert et jaune antique, dont les tores, les chapiteaux et la frise sont sculptés en bas-reliefs de la plus excellente beauté. Les tores sont en feuilles de chêne avec leurs glands, les bases et frises en figurines, trophées d'armes et arabesques d'un goût exquis. Les jours de cette superbe salle se tiraient du second étage, comme dans une église; le premier étage, c'est-à-dire le bas de cette salle, est garni de portes et de fausses fenêtres servant de niches à statues; chaque porte ou fenêtre ornée de colonnes et de tympans, et dans les interstices, une haute colonne; toutes sont cannelées. Bianchini les a fait graver dans son ouvrage, telles qu'elles pouvaient être avant que d'être délabrées... En une salle de bains à plafond peint, parsemé de losanges et de rosaces dorées. Les peintures sont des grotesques d'un bon dessin, et dont les couleurs sont encore passables... En un reste d'escalier, autrefois peint à fresque en figures d'animaux ; mais tous les jours on gâte et l'on emporte quelques morceaux de l'enduit de cette fresque.

Les statues les plus remarquables de ce lieu sont : la Livie, femme d'Auguste ; l'excellente Poppée, assise ; la rare Cléopâtre Selène, fille de Cléopâtre et de Marc-Antoine, la même qui a servi de sujet au fameux roman de *Cléopâtre*, de Costes de La Calprenède ; l'Agrippine, femme de Germanicus en Cérès, tenant des pavots à la main ; les deux Vénus, l'une avec un dauphin, l'autre surnommée Callipyge [1] ou la belle Victorieuse. On a fait à ce sujet le conte que voici. Deux sœurs s'étant disputé le prix de la beauté, et se trouvant si parfaites toutes deux que les juges restaient indécis, furent examinées d'un bout à l'autre ; l'aînée se trouva avoir la fesse plate, ce qui décida l'affaire en faveur de l'autre, en l'honneur de laquelle on érigea une statue. J'ai peur que ce petit conte ne vous paraisse aussi plat que la fesse en question.

Nous voudrions encore trouver ici le grand autel

[1] Cette statue se voit maintenant au musée des Studj, à Naples.
R. C.

élevé par Hercule sur le mont Palatin, lorsqu'il enseignait au bonhomme Evandre les rites religieux; le *ficus Ruminalis* avec deux bambins pendus au pis d'une louve; le *Septizonium Severi*, édifice à sept portiques en colonnades, les uns sur les autres. La terrasse supérieure devait être en belle vue.

L'arc des Orfévres *in Velabro*, autre bâtiment de Sévère, et l'arc de Janus Quadrifrons, tous deux de marbre blanc, étalent encore les débris de leur beauté sur le retour. Le premier, d'ordre composite à pilastres, dédié à Septime Sévère, à Julie sa femme, et à ses deux fils Caracalla et Geta. Sévère y est représenté en habit de souverain pontife; Julie, sous la figure de la déesse de la Concorde; l'aîné des fils reste seul. La figure de son frère a été mutilée, et par ordre de Caracalla, à ce que disent les *ciceroni* de ce pays-ci. Les autres bas-reliefs représentent un Hercule qui conduit les bœufs de Géryon, divers instruments de sacrifice, etc.

Le second n'est plus qu'une masse carrée de quatre portes et de quatre piliers garnis de douze niches symboliques des douze mois de l'année. Il a perdu les combles, corniches, architraves, colonnes et les statues qui sans doute le décoraient, et à l'aide desquelles il représentait en public mieux qu'il ne fait aujourd'hui. Les anciens cloaques de [1] Tarquin s'embouchent dans le Tibre près de cet endroit-ci.

Quoique je vous aie déjà parlé de la *Madonna del*

---

[1] La *Cloaca Massima*. R. C.

Sole, redonnons-lui un nouveau coup d'œil ; rien de plus joli que ce petit temple. C'est, avec le temple de Minerve Medica, ma passion favorite en antiques.

Dans la même place, une assez bonne fontaine ; une grosse pierre appelée *la Bouche de la Vérité,* vieille meule de moulin trouée dans le centre, placée sous le portique de l'église de Santa-Maria-*in Cosmedin ;* on tient que cette pierre est consacrée depuis longtemps, et qu'autrefois elle mordait bien serré les parjures qui faisaient de faux serments, la main dans le trou. Ne serait-ce point ici par hasard quelqu'un de ces anciens *bétyles* ou pierres figurées, que l'on graissait d'huile au temps du bonhomme Jacob ? quelqu'une de ces vieilles divinités du plus vieux paganisme, telle que la déesse Matuta, que l'on transporta dans Rome avec tant de cérémonie, le dieu Elagabal, la Vénus de Paphos, l'Apollon de Delphes ou le Bacchus de Thèbes ? Ces beaux messieurs, si renommés, n'étaient que de grosses vilaines pierres carrées, rondes ou pointues. C'est une des plus anciennes espèces d'idolâtrie, qui subsiste encore dans les objets d'adoration des nègres et des Lapons, qui ne sont qu'une pièce de bois, une pierre, une plante, un animal, etc. Les Portugais d'Afrique donnent à tous ces objets le nom générique de *fétiches,* c'est-à-dire chose fée, consacrée, enchantée, etc.

Notre meule de moulin pourrait bien être de la même confrérie, auquel cas je vous déclare que ma vieille mythologie va devenir sa très-humble servante, et la regarder avec un tout autre respect, bien que, jusqu'à présent, elle n'ait pas payé l'intérêt de sa mauvaise mine. Je veux même dans cette supposition soutenir thèse publique en sa faveur pour toute l'espèce des *bétyles fétiches*, en faisant voir que, malgré la sagesse égyptienne si vantée, malgré les allégories de Jamblique et le figurisme des platoniciens, ces peuples, *quorum nascuntur in hortis numina*, n'avaient pas autrefois à cet égard un culte religieux plus raffiné que celui qu'ont toujours conservé les autres Africains, leurs voisins.

Près de là, le temple carré long de la Fortune virile, autrement Sainte-Marie-Égyptienne ; le portique de colonnes corinthiennes cannelées, qui l'entoure de trois côtés, est une des plus belles antiquités, des plus considérables et des mieux conservées. On a scié en long une colonne de *phengitès*, marbre de Libye, de couleur d'orange et transparent, dont on a fait une croix diaphane, incrustée dans la muraille, au fond du chevet. Il n'y a point de marbre antique aussi rare ni plus singulier : cette pièce est presque unique.

Plus avant, les piles du pont *Sublicius*, qu'Horatius Coclès défendit contre le roi Porsenna, et le pont Sénatorial [1] à moitié rompu, ne vous offrent rien de curieux que par réminiscence.

Le pont Sixte, rebâti par Sixte IV, est le plus fréquenté de ce quartier.

---

[1] Le *Ponte-Rotto*. R. C.

Voyez près de là une grosse fontaine [1] qui, du haut d'un rocher aligné aux maisons, tombe sans plus de façon, tout à plat, au milieu de la rue. Ceci se voit quelquefois dans des montagnes désertes; mais le trouver au milieu d'une rue, c'est là ce qui est unique.

Il faut voir combien le palais Savelli [2] est fier d'avoir eu Vitruve pour architecte; c'est l'ancien théâtre de Marcellus, à deux ordres dorique et ionique très-massifs, tels qu'ils conviennent à un tel bâtiment; il le paraît plus encore par l'exhaussement du sol qui enterre l'ordre inférieur. Je n'y suis pas encore entré; mais je n'ai que peu d'opinion des appartements, sa forme en demi-cercle ne paraissant pas favorable aux distributions intérieures. Un beau théâtre doit faire une maison obscure et incommode; il a servi de forteresse dans les troubles publics, au temps que Rome était sous la tyrannie des principaux seigneurs du pays.

Je borne ici votre course pour aujourd'hui; mais, puisque j'ai du papier de reste, et que je ne sens pas encore le doux Morphée s'emparer de mes paupières, je vais vous donner en gros l'explication plus ample que vous me demandez dans une de vos lettres précédentes, sur les tableaux de mosaïque en verre coloré.

Vous savez ce que c'est que les anciennes mosaïques ou tableaux de petites pierres de rapport et de

---

[1] Fontaine du Pont-Sixte.
[2] Aujourd'hui le palais Orsini. R. C.

couleurs naturelles. Il y en a à Dijon dans la rotonde antique de Saint-Bénigne un petit échantillon fort grossier, représentant des animaux.

Ces ouvrages en pierres naturelles ne peuvent jamais être parfaits, quelque habile qu'ait été l'ouvrier, à cause du défaut de nuances immédiates. Depuis l'invention du verre coloré et fondu avec des métaux ou des minéraux, on les a aussi parfaites que l'on veut. C'est par ces sortes de peintures en mosaïque que la peinture de toute espèce s'est renouvelée en Italie.

On fit venir des Grecs à Venise pour le bâtiment de Saint-Marc; ils y ont fait une prodigieuse quantité d'ouvrages, tous fort vilains, comme je vous l'ai dit dans le temps, sans goût, sans dessin, et même d'un coloris plat, tranchant et désagréable. Le peu de succès de ces ouvrages, leur prix considérable et la manière belle et facile dont on a travaillé par la suite à fresque et à l'huile, avaient fait abandonner depuis longtemps le genre de la mosaïque; on a tenté en dernier lieu d'y revenir pour les tableaux des autels de Saint-Pierre, que l'humidité du lieu a presque entièrement perdus; cette belle église étant située dans un fond malsain et marécageux.

On fait donc fondre des tables plates de verre de toutes couleurs et de toutes nuances, que l'on coupe en espèce de chevilles carrées, larges d'environ quatre lignes de chaque face, et longues de deux pouces. On prépare une table épaisse de pierre d'un ou plusieurs morceaux, selon le lieu où on la destine, et rayée de tous sens en creux, pour mieux retenir la couche épaisse de mastic dont on l'enduit; cela fait, l'ouvrier, ayant son tableau original devant lui et ses chevilles de verre rangées par nuances, comme dans des carrés d'imprimerie, copie sa peinture en fichant des chevilles de verre dans le mastic.

L'ouvrage fait ne ressemble pas mal à de forts gros points carrés de tapisserie à la turque. On peut comparer aussi cette méthode de travailler des tableaux à celle des ouvriers des Gobelins pour les tapisseries; ceux-ci, non plus que les mosaïstes, ne savent pas un mot de dessin. Pour moi, je ne puis assez m'étonner que, sans avoir cette connaissance, et même parfaite, les uns et les autres de ces ouvriers puissent parvenir à copier fidèlement et parfaitement les originaux en une forme, soit égale, soit plus grande, ou moindre, *ad libitum*.

Ces grands tableaux étant finis, on les polit comme une glace; ils deviennent aussi unis et aussi brillants, par malheur, ce qui est un grand défaut, car la réflexion de la lumière fait qu'on ne peut les voir à son aise qu'en choisissant avec soin sa position; et même à présent, pour diminuer cet inconvénient, quand ce sont des pièces d'une grandeur fort considérable, faites pour être vues de loin, on ne les polit plus. Elles sont tout aussi belles et encore mieux en les laissant brutes; l'éloignement efface les inégalités de la surface et la petite distance qui se trouve entre les chevilles, lesquelles ne peuvent jamais être jointes bien immédiatement. Par cette raison, cette belle méthode de peinture n'est admirable à pratiquer que dans le très-grand. On a voulu faire ainsi des portraits et autres petits tableaux à portée de la vue ; malgré le soin que l'on prend alors d'employer de fort petites chevilles, je n'ai jamais trouvé que la réussite ait été bonne.

Vous sentez que le grand avantage de cette méthode est la beauté d'un coloris à l'abri de toute injure de l'air ; que si par accident le tableau venait à se gâter ou à se ternir à l'avenir, on en serait quitte pour le repolir. Il ne faut pas craindre d'user la couleur ; il y en a aussi épais que la longueur de la cheville. On a exécuté de cette manière, pour les autels des chapelles à Saint-Pierre, la Pétronille, du Guerchin, le Saint Pierre marchant sur les eaux, de Lanfranc, la Communion de saint Jérôme, du Dominiquin, et quelques autres. On va travailler à la Transfiguration de Raphaël. En vérité, ce serait une dépense digne du roi que de faire venir ces ouvriers, et de faire exécuter dans quelque vaste galerie à Versailles les grandes fresques de Raphaël, telles que la Bataille de Constantin, l'Incendie del Borgo, l'Attila, l'École d'Athènes, l'Héliodore, le Saint Pierre en prison et ses beaux plafonds de Psyché à la Longara ; il aurait des ouvrages plus beaux que les originaux, dont le coloris est aujourd'hui fort gâté.

Revenant aux mosaïques, vous êtes sans doute un peu en peine de savoir comment on place ces masses énormes de tableaux ; vous devriez l'être davantage de savoir comment on a ôté ceux qui étaient peints à fresque sur le mur, en enlevant le mur tout d'une pièce sans gâter la peinture. Après avoir proprement fendu la muraille tout de son long, on y adapte des poutres pour servir de cadre d'un côté, autant en fait-on de l'autre côté et par-dessus; puis le tout étant bien adapté, encastré et serré avec des leviers de fer, on le soutient en l'air pour le couper par-dessous, et pour y adapter le quatrième côté du cadre. Alors on enlève et transporte le tout à la fois, à force de machines. Cela n'est pas maladroit, convenez-en, mon Quintin. On a déposé ces morceaux dans des halles, près Saint-Pierre. C'est en les considérant dans ce lieu qu'on peut bien juger de la grandeur terrible de l'église, lorsqu'en levant la tête on aperçoit ces grands pans de murailles jusqu'au faîte du toit pointu de la halle, eux qui n'étaient l'autre jour que de simples tableaux d'autels.

Pendant que nous sommes sur le chapitre des mécaniques curieuses en peinture, ne m'avez-vous pas ouï dire, qu'on racontait à Milan, qu'un artisan de Rome avait trouvé le secret d'enlever tout d'une pièce les peintures de dessus leur toile et de les poser sur une autre? J'écoutai ceci comme tant d'autres fables ridicules, dont on me berce souvent les oreilles. Cependant il en est de cela comme des contes de *** ; on est tout étonné de trouver quelquefois que cela est vrai. J'en entendis reparler ici ; on me dit de ne m'en pas moquer, qu'il n'y avait rien de plus certain, et que je n'avais qu'à l'aller voir de mes yeux quand je voudrais. Je courus chez l'ouvrier;

c'est un pauvre homme, dans une boutique médiocre. On lui donne un tableau à l'huile dont la toile est pourrie ; il le met sur bois ou sur une toile neuve et vous rend la vieille. Peint sur bois tout vermoulu, il le remet sur toile ou sur une planche neuve, et rend la vieille planche vermoulue aux gens qui ne veulent rien perdre ; dans le dernier cas il vous rend aussi votre peinture toute piquée de vers. N'attendez pas de lui qu'il la raccommode, il ne sait ce que c'est que pinceau ni que peinture. Le morceau qu'il m'a montré, dont la moitié était sur toile et l'autre restée sur bois, me fait croire qu'il est sorcier. Le peuple de son voisinage dit que c'est saint Joseph, à qui il a fait l'aumône sous la figure d'un pauvre, qui lui a montré son secret. Je le croirais bien ; il entre là-dessous un peu de diablerie. Je lui ai demandé s'il saurait transporter les fresques qui périssent par l'humidité ; il m'a dit que non, et qu'il ne pouvait opérer que sur la peinture à l'huile ; que même pour celle-ci il se faisait payer cinq fois davantage si elle était sur bois que si elle était sur toile. Vous jugez combien de tableaux près de périr on va sauver par cette découverte. J'en ai vu de précieux au palais Panfili, qui se pourrissaient entièrement, à ce que l'on m'a dit, avant qu'il ne les eût remis sur une toile neuve, où ils m'ont paru bien sains et entiers. Mais le plus essentiel serait de trouver un procédé pour conserver les fresques, qui sont d'une tout autre importance, et auxquelles on ne peut remédier ni qu'on ne peut sauver quand elles sont mal placées. J'ai oublié de m'informer de lui s'il les enlevait sur cuivre et sur marbre. Par la mécanique de l'ouvrage je ne doute pas néanmoins qu'il ne les enlève sur toutes sortes de corps, même sur verre, quand c'est de la peinture à l'huile, qui a plus de consistance et d'épaisseur qu'on ne croirait, et qui peut se dérouler petit à petit. Je ne l'ai pas vu opérer, et je ne sais s'il veut travailler en présence de spectateurs. Quand j'allai chez lui, je le trouvai occupé d'un assez médiocre petit tableau, dont la vieille toile était d'un côté, la peinture de l'autre, et la toile neuve préparée pour la recevoir. Mais voici ce que j'en ai ouï raconter. Il colle son tableau, du côté de la peinture, sur un corps, soit flexible, soit solide, avec quelque drogue dont il a le secret ; puis il imbibe à fond le tableau d'une liqueur qui détache la peinture de son vieux bois ou de sa vieille toile. Après quoi il roule avec soin et patience, soit la peinture, soit la vieille toile, jusqu'à ce que l'une soit entièrement détachée de l'autre. (Le petit Potot, qui dédouble si bien les cartes, ferait des merveilles à ce métier.) Cela fait, il étend de nouveau sa peinture, en l'appliquant sur une toile neuve (imprimée ou non, c'est ce que l'on ne m'a pas dit) ; puis par un artifice, probablement à peu près pareil, il détache la peinture du corps auquel il l'avait collée en commençant l'ouvrage, pour lui donner plus de consistance.

Après ce récit, je n'ai pas de peine à comprendre pourquoi il n'enlève pas les fresques, qui ne se prêteraient pas volontiers à une telle mécanique ; mais quelquefois une première découverte en amène une seconde. Si jamais ceci arrive, c'est pour le coup que je me ruinerai en projets sur le Vatican, sur le palais du T, sur les fresques de Raphaël et de Jules Romain.

XLVIII. — A M. DE NEUILLY.

Gouvernement de Bourgogne donné à l'ambassadeur. — Maladie du pape. — Courses de chevaux. — Frascati. — Albano. — Tivoli.

La nouvelle qui, sans doute, vous occupe beaucoup aujourd'hui à Dijon, ne fait pas moins de bruit à Rome. Hier j'étais à souper au palais de France, chez madame Detroy, lorsqu'on vint me dire, à une heure et demie après minuit, que l'on demandait à me parler de la part de M. l'ambassadeur. Ce message pressé me surprit à une telle heure. Son secrétaire, du Brocard, entra, et me dit d'un air fort triste que M. l'ambassadeur venait d'apprendre par un courrier exprès la nouvelle de la mort de M. le duc, notre gouverneur ; puis il ajouta d'un air très-joyeux, que le gouvernement de Bourgogne avait été donné au duc de Saint-Aignan, et que celui-ci, ne doutant pas de tout le plaisir que me ferait ce remplacement, l'avait sur-le-champ envoyé pour me chercher et m'en faire part.

Nous avons été ce matin, en corps, faire compliment à Son Excellence. Vous ne sauriez croire combien il est satisfait de se voir si bien placé au sortir d'ici, et la joie que lui a donnée cette circonstance d'avoir, en ce moment même à Rome, six gentilshommes de son gouvernement.

Toute la ville y est venue ce matin ; je m'aperçois que cette aventure a subitement relevé les actions de l'ambassadeur. Ces bons Romains ouvrent des yeux larges comme des salières ; je les entendais dire entre eux : « *Cazzo !* la première pairie du « royaume! succéder à un prince du sang ! » M. de Saint-Aignan a retenu à dîner avec nous vingt-cinq ou trente personnes des plus considérables, auxquelles il a fait servir un repas magnifique. Nous venons, après que la compagnie s'est retirée, de nous entretenir sur ceci, lui, Legouz et moi. Il n'est pas encore trop au fait de son affaire ; il n'a pas encore reçu ses lettres de la cour, mais seulement celle que le duc de Beauvilliers, son fils, lui a envoyée exprès par un de ses gens, qui n'a mis que six jours et vingt heures à faire la course. Il n'a le gouvernement que jusqu'à la majorité du petit prince de Condé. Il nous a demandé ce qu'il pouvait valoir, article sur lequel il faudrait être mieux initié dans les mystères que nous ne sommes pour pouvoir répondre ; on sait assez ce qu'il doit valoir, mais non pas ce qu'il peut valoir. Après tout, les bruits populaires ne méritent pas beaucoup de foi ; je suis très-persuadé qu'il y a beaucoup d'excès dans ce qu'on prétend qu'en tirait la maison de Condé. Au reste, je suis de même persuadé que M. le duc de Saint-Aignan n'aura pas ce gouvernement sur le même pied que l'avait la maison de Condé ; que les ministres qui le voient depuis si longtemps entre les mains des princes seront charmés d'avoir cette occasion d'y mettre le nez, et le voudront régir à leur tour ; et qu'il n'y a rien à gagner pour la province à changer de main. La maison de Condé la regardait comme son patrimoine ; et, quoi qu'en veuillent dire certains frondeurs, c'est un avantage pour une province que d'avoir des princes du sang pour gouverneurs. Quelque peu de crédit qu'ils aient, leur rang leur en donne toujours plus que n'en auraient d'autres ; et, à tout considérer sans partialité, leur autorité est souvent plus profitable que nuisible. Le duc de Saint-Aignan m'a beaucoup surpris en me disant qu'il comptait faire sa résidence habituelle à Dijon, et qu'il lui paraissait par la lettre de son fils que c'était l'intention de la cour. Il m'a demandé si cela ne ferait pas de la peine à M. de Tavannes, et quelle maison il pourrait habiter. Je ne comprends pas trop bien ceci, car il n'est pas vraisemblable, ni que l'on ôte le commandement à M. de Tavannes, ni que l'on laisse ensemble dans la même ville un gouverneur et un commandant. Vous savez l'effet de deux soleils dans un lieu trop étroit. Je lui ai répondu qu'il y avait quantité de belles maisons dans notre ville ; mais que ceux à qui elles appartenaient les gardaient pour eux-mêmes ; que sans doute si la cour voulait qu'il y fît sa résidence, elle lui donnerait la maison royale qu'habitait M. le duc dans les temps d'États, où il y avait deux magnifiques appartements de représentation, mais sans commodité. Il m'a demandé de lui en faire venir un plan pour voir d'ici, au cas qu'on la lui donne (ce qu'il regarde encore comme incertain), comment il pourra s'y arranger avec toute sa famille; car il compte que son fils et sa belle-fille y viendront demeurer avec lui. J'en parlerai à Blancey; mais rien ne presse. Je suis bien aise que les choses soient un peu plus éclaircies, et d'attendre des nouvelles de Bourgogne pour savoir comment va tout ceci et quel effet aura produit cette grande mutation; ainsi ne dites rien à personne, je vous prie, de tout le détail que je vous fais ici. Si je ne me trompe, le duc de Saint-Aignan, lorsqu'il souhaite de résider dans son gouvernement, est comme les enfants de Zébédée. On ne le lui donne que pour le placer au sortir de son ambassade et pour raccommoder ses affaires. Ce serait le vrai chemin d'achever de les ruiner avec le goût qu'il a pour la représentation et la magnificence. Les immenses appartements du logis du roi consommeraient en bois et en bougies la moitié des revenus de la place; au surplus, je pense qu'il se ferait aimer en Bourgogne. Vous le trouverez froid à l'abord, assez occupé de l'honorifique; doux, aimable et spirituel dans la société; bonhomme, peu actif, circonspect et même timide.

La santé du pape baisse tous les jours, il n'y a pas d'apparence qu'il aille loin. Nous allons donc avoir le spectacle d'un conclave qui nous attirera ici beaucoup de Français. Nous verrons si ce temps est aussi curieux à Rome qu'on le dit. Il le sera sans doute au cas que les affaires s'expédient très-promptement, et que nous puissions voir l'exaltation du nouveau pontife. Si les choses traînent en longueur, ce temps doit être triste à Rome, et je ne pense pas que nous puissions attendre l'événement, à moins que les nouvelles qui sortiront du conclave ne nous occupent au point de nous empêcher de songer à prendre aucune résolution. Ce n'est pas notre fort que les délibérations; rarement nous nous mettons à en faire, et le résultat est toujours que nous ne sommes pas d'accord. On vit du jour à la journée. Croyez-vous qu'il soit possible de tirer d'arrêts ni de décisions de quatre têtes comme les nôtres, surtout si vous y joignez les deux nouvelles survenues, qui s'arrogent le droit de voix consultative? Voilà la raison que vous désirez savoir, pour laquelle je ne suis point parti, ni ne songe à mon départ. Nous avons à peu près épuisé tous les objets de curiosité; mon avis était d'abord de se mettre en marche aussitôt après. Mes traîneurs veulent aujourd'hui allonger la courroie, moi-même je me laisse facilement séduire; car il faut que vous sachiez que les gens ne sont jamais croyables quand ils disent qu'ils vont partir de Rome. On y est si bien, si doucement; il y a tant à voir et à revoir, que ce n'est jamais fait.

De plus, il commence à tomber, non des pluies, mais des torrents effroyables, et rien n'indique qu'ils veuillent de sitôt interrompre leur mauvaise volonté pour les voyageurs. Bien que je me laisse aller à la faction prédominante dans nos conseils, je n'en suis pas moins travaillé au dedans de l'impatience de me retrouver en France où j'ai, comme vous le savez, beaucoup d'affaires de différents genres, au nombre desquelles je mets le plaisir de vous revoir, mon doux objet, plaisir qui m'est devenu, je vous le jure, une nécessité.

Figurez-vous encore que je n'ai pas la consolation de profiter actuellement de mon séjour pour repasser sur mes vieilles admirations ; le temps est si horrible, que l'on peut à peine mettre le nez dehors, encore moins s'y tenir en course. L'intérieur du Vatican est si obscur, que le divin Raphaël est là en pure perte pour mes yeux. Je vais passer mes soirées à l'Opéra. Dieu merci, nous n'en manquons pas : il n'y en a que quatre à la fois. Le bon air n'est pas d'écouter la pièce, mais bien d'aller de loge en loge faire des visites et baguenauder avec les petites dames, emploi qui me plairait bien plus avec les nôtres. Tout le jour je suis à chiffonner dans ma chambre ; Quintin en profite pour tirer de moi d'éternelles descriptions qui ne finissent point : je repasse et je commente mes petites remarques. Ci-devant j'étais prêt, comme madame de Sévigné, à me cacher sous mon lit quand j'apercevais mon écritoire ; à présent me voilà remis dans le train de griffonner à la hâte ; Dieu sait de quel style, et combien je donne de soufflets à Vaugelas.

L'inondation de la campagne de Rome vient de

nous valoir, à la ville, le spectacle d'une petite sédition assez jolie. Les paysans de la Sabine et de l'Abruzze, qu'on fait d'ordinaire venir en cette saison, pour donner une culture aux terres dépourvues d'habitants, se trouvant pris par les eaux, se sont jetés dans la ville en grand nombre, où ils se sont mis à piller les boutiques, mais seulement les boutiques de choses comestibles. La soldatesque a montré sa vigueur en cette occasion ; on a mis les plus turbulents en prison où on leur fournit du pain, ils ne demandaient pas mieux ; on a cantonné le reste comme on a pu, de côté et d'autre, pour quelques jours, en attendant que les eaux soient écoulées.

Je vois que nous pousserons le séjour ici jusqu'à la fin du carnaval. Il faut voir toutes les folles joies romaines, plus splendides encore que celles de Venise ; aussi ne sont-elles dans tout leur lustre que les huit derniers jours.

On dit qu'il se fait dans la rue du Cours de très-belles mascarades à cheval, ou dans de grands chars de triomphe, du haut desquels on fait tomber sur la populace une pluie de dragées et de confitures sèches. On nous promet aussi dans la même rue de plus belles courses de chevaux qu'il ne s'en fait ailleurs. Le *Stadium* est assez long depuis la porte del Popolo jusqu'au palais Saint-Marc. Ces chevaux sont tous nus et en liberté ; le palefrenier qui les tient à la barrière les lâche au signal que donne le barigel pour les faire partir. Ils détalent entre deux haies de peuple qui les anime à grands cris ; ceux qui sont expérimentés à ces courses ne se pressent pas d'abord. Ils s'en vont tout bellement un petit train, sans se fatiguer, jusqu'à une certaine distance du but; puis ils se mettent à galoper, *sterminatamente*, lançant des coups de pieds et des coups de tête à droite et à gauche,

Che son presti a girar come un baleno,

pour écarter les autres chevaux et se faire faire place.

Il ronzin or corre, or trotta;
Poi sotto il petto si caccia la testa;
Giuoca di schiena; e mena calci in frotta.

Le prix du vainqueur est ordinairement quelque pièce de brocart dont on le couvre, et avec laquelle il va se montrer, piaffant superbement par les rues.

Basta. Il faut encore voir cette *fonction* du carnaval. Ce sera, selon l'apparence, le dernier retard auquel je consentirai; car de vouloir attendre l'exaltation du nouveau pape, et la fin d'un conclave dont on ne sait pas encore en quel temps on verra le commencement, c'est une pure chimère. De quelque manière que les choses tournent, il ne paraît pas que ce conclave doive être de très-peu de durée. Il faut d'abord un temps considérable pour rassembler les cardinaux étrangers; de plus, il n'est encore question de personne pour le pontificat, si ce n'est par des bruits en l'air; et, quand même ils seraient bien fondés aujourd'hui, l'issue de ces sortes d'assemblées est presque toujours si différente de ce que le commencement semblait promettre, qu'à moins d'en avoir conversé face à face avec le Saint-Esprit, ce serait folie que de hasarder des conjectures : *l'esprit souffle où il veut; mais on ne sait d'où il vient ni où il va.*

Nous avons fait longtemps avant la mauvaise saison la visite des célèbres maisons de campagne aux environs de Rome. Je m'occupai beaucoup plus à me promener et à m'amuser avec les jets d'eau qu'à faire des notes sur mes tablettes; encore le peu de remarques que je crayonnai a-t-il été misérablement mouillé et effacé au milieu des polissonneries d'écoliers que nous prîmes en gré de faire dans les fontaines secrètes. Ainsi vous ne tirerez pas de moi des éclaircissements bien détaillés sur ce que vous m'avez demandé là-dessus. Ce voyage est agréable, mais moins qu'on le dit. Il faut toujours traverser cette désolée campagne de Rome, où l'on n'aperçoit d'autre objet satisfaisant que les ruines des anciens aqueducs, dont je vous ai parlé ailleurs. On vante beaucoup les vues de Frascati et de Tivoli ; je ne pus les admirer autant que j'aurais voulu : véritablement elles sont fort étendues sur la campagne jusque vers la mer, en tirant depuis Ostie à l'ancien *Pomptina Palus*; elles seraient admirables si cette campagne était ornée, bâtie et peuplée comme elle pourrait l'être. Mais qu'est-ce qu'une longue vue sur une plaine déserte ? Et la ville de Rome, qu'on aperçoit dans l'éloignement, se trouve à un trop grand point de distance, pour former un tableau bien marqué dans ces aspects. Les maisons de campagne de Tivoli et de Frascati étaient sans doute mieux entretenues ci-devant et mieux meublées qu'elles ne le sont aujourd'hui ; j'en excepte deux ou trois belles qui valent la peine de vous en parler bientôt plus au long.

La plupart des autres sont assez négligées, ainsi que leurs jardins, qui ne sont pas tenus fort proprement, chose assez ordinaire en Italie. Cependant le grand nombre fait de la petite ville de Frascati un lieu très-agréable ; surtout les eaux y sont en abondance, claires, nettes, magnifiques en quelques endroits, charmantes presque partout.

Nous allâmes d'abord à Grotta-Ferrata, autrefois le *Tusculum* de Cicéron, à qui des moines grecs, de l'ordre de Saint-Basile, ont indignement succédé. Leur église mérite d'être vue ; il y a de bonnes fresques du Dominiquin, représentant l'histoire de saint Nil, où est cette figure remarquable de la Frascatane. Il y a aussi des peintures d'Annibal Carrache... Près de ce lieu, quelques ruines de la maison de Lucullus.... Le *Belvedere* Aldobrandini des Panfili, le Mondragone des Borghese et la villa Ludovisi, sont les trois plus beaux jardins de Frascati. Il y en a cinq ou six autres assez jolis, s'ils étaient bien tenus, mais fort inférieurs à ces trois-ci, dont les maisons sont belles, les jardins vastes, en bel air et bien plantés, et les eaux surtout merveilleuses. Le Belvedere et le parc Ludovisi sont deux montagnes découpées en terrasses couvertes de verdure, de grottes et de superbes cascades.

Le grand jet d'eau du Belvedere, à peu près égal à celui de Saint-Cloud, à ce qu'il m'a paru, est une des plus belles choses qui se puisse voir au monde en ce genre. Il s'élance avec un bruit effroyable d'eau et d'air, entremêlés ensemble, par des tuyaux pratiqués exprès, qui font une continuelle pétarade. Il y a quantité d'autres moindres jets d'eau, la plupart fort jolis. La colline du Belvedere est taillée à trois étages, ornée de grottes et de façades, en architecture rustique, garnies de cascades d'eaux jaillissantes. La grande cascade est couronnée de colonnes à cannelures torses, par lesquelles l'eau circule en ligne spirale. La cascade de Ludovisi, surmontée d'une plate-forme avec un vaste bassin en gerbe, est encore plus belle, du moins autant que je m'en souviens; mais cette maison-ci ni le jardin ne valent ceux d'Aldobrandini. Les longues façades de grottes en portiques, niches, jets d'eau et statues, sont fort belles dans les deux maisons. A cette dernière, sur le pied de la colline, un très-beau bâtiment de l'architecture de Jacques della Porta. Les avenues d'en-bas sont garnies d'orangers et de palissades de lauriers, de terrasses en gradins, de balustrades chargées de vases pleins de myrtes et de grenadiers.

La façade du bâtiment a deux ailes en retour et en forme de grottes. Dans l'une est un centaure sonnant du cornet à bouquin; dans l'autre un faune jouant de la flûte, par le moyen de certains conduits qui fournissent de l'air à ces instruments; mais c'est une déplorable musique. Ces deux messieurs auraient besoin de retourner quelque temps à l'école, ainsi que les neuf Muses qu'on voit avec leur maître Apollon, dans une salle voisine, exécutant sur le mont Parnasse un chétif concert par le même artifice. Cette invention me parut puérile et sans agrément. Rien n'est plus froid que de voir neuf créatures de pierre barbouillée en couleur faire une triste musique sans piper ni remuer. J'aime mieux voir leur cheval Pégase, qui près de là fait jaillir d'un coup de pied la fontaine Hippocrène; mais, pourvu que ces princesses et les oiseaux qui les accompagnent ne se donnent pas la peine de rompre la tête aux assistants, ce salon doit être fort agréable pendant l'été; des conduits, pratiqués sous le pavé, y apportent de l'air qui entre avec assez de force pour soutenir en l'air une boule d'un bois léger. Pour cette fois-ci, nous n'avions pas besoin de rafraîchissement, ayant déjà pris suffisamment la douche de la tête aux pieds. La cérémonie avait commencé à Mondragone autour d'un bassin *polypriape*, c'est-à-dire dont le bord est garni tout autour de jets d'eau à tuyaux de cuir plus gros que la jambe, armés au bout d'ajoutoirs de cuivre; ils étaient penchés négligemment dans un état de repos, lorsque, le robinet ayant été tourné, et l'air poussé par l'eau commençant à gonfler leurs corps caverneux, ces beaux messieurs se mirent à se redresser peu à peu d'une assez curieuse manière et *à pisser incessamment eau fraîche,* comme dit Rabelais. Migieu, que vous n'auriez pas cru le plus polisson de la troupe, s'arma d'un de ces braquemarts qu'il dirigea contre la face du bon Lacurne ; celui-ci ne demeura pas en reste : une si bonne plaisanterie devint aussitôt générale et ne finit qu'après nous être tous inondés jusqu'aux os pendant une demi-heure. La saison de l'hiver ne vous paraît pas heureusement choisie pour ce petit jeu ; mais, en vérité, ce jour-là, il faisait si beau et si doux qu'on ne pouvait résister à la tentation de prendre le bain. Nous allâmes changer de linge et d'habits à notre auberge, et voici ce que nous y gagnâmes : nous étions assis de très-bonne foi sur un parvis du Belvedere pour entendre le centaure jouer de son cornet, sans nous apercevoir d'une centaine de petits traîtres de tuyaux, distribués entre les joints de pierre, qui partirent tout à coup sur nous en arcades. De là, n'ayant plus rien à ménager, puisque nous avions vidé le fond de notre valise après la scène de Mondragone, nous nous enfonçâmes avec intrépidité dans les lieux les plus mouillants du palais, où nous passâmes le reste de la soirée à nous faire de pareilles niches. Il y a surtout un excellent petit escalier tournant où, dès que l'on y est engagé, les jets d'eau partent en se croisant en tous sens du haut, du bas et des côtés. On est pris là sans pouvoir s'en dédire ; *non c'e rimedio.*

Au-dessus de cet escalier, nous fûmes vengés de Legouz, qui nous avait valu l'ondée du parvis. Il voulut tourner un robinet pour nous lancer de l'eau ; ce robinet est fait exprès pour tromper les trompeurs ; il lança à Legouz, avec une roideur épouvantable, un torrent gros comme le bras, droit contre le ventre. Legouz s'enfuit comme un beau diable avec ses culottes pleines d'eau distillant dans ses souliers. Nous en tombâmes par terre à force de rire ; ce fût la fin de la scène. Mais le retour ne fut pas si plaisant que matines ; il fallut rester nus en robe de chambre, à manger un fort mauvais souper, tandis qu'on séchait les chemises et les hardes. Frascati est un lieu d'ombrages, mais non pas de bonne chère. Migieu et Sainte-Palaye adoucissaient leurs misères en mangeant chacun deux ou trois livres de nougat pétri au miel qu'ils avaient acheté au coin d'une rue. J'en voulus goûter ; c'est un vivre détestable, s'il en fut jamais. Pour eux ils le trouvèrent exquis, et pensèrent en crever de mal d'estomac toute la nuit.

Mondragone est la plus belle maison de ce lieu. Les Borghese y viennent passer la belle saison et y font une grande dépense. Le château est sur une hauteur ; les avant-cours forment des terrasses voûtées par-dessous, où sont les offices et les cuisines souterraines, dont les tuyaux de cheminée, faits en jolis petits minarets ou colonnes rustiques à colliers, sortent de terre le long des terrasses et y font un ornement, bien loin d'être un défaut. Il n'était pas possible de pratiquer ces tuyaux de cheminée d'une manière plus agréable. Cette avant-cour est revêtue en architecture, garnie de balustrades et décorée au milieu d'une belle fontaine en guéridon.

Le château est grand, bien meublé, orné d'un

théâtre, d'une longue galerie de statues et de peintures des meilleurs maîtres, telles que l'Orphée, le Polyphème, de Lanfranc; la Cène, d'Albert Durer; une Tête colossale antique d'Antinoüs, etc. Il y a aussi au Belvedere de bonnes peintures du Dominiquin et du Cavalier d'Arpino. J'avais pris un petit mémoire du tout; mais il a péri dans l'inondation de cette fatale naumachie, ou du moins il est tellement effacé qu'on n'y peut rien lire; si bien qu'il faut que M. de Quintin en fasse son deuil, à moins que je ne retourne une seconde fois dans ce même endroit.

Les jardins du château ne sont pas grands, mais agréables, et proprement tenus; la grotte, ou portique cintré, orné de statues au bout du parterre, est un fort joli morceau d'architecture, par Vignole.

Derrière Frascati, vous avez quelques objets dignes de remarque : la maison de campagne de Caton, aujourd'hui *Monte Porzio*; l'ancienne ville de Gabies, détruite par Tarquin, aujourd'hui la *Colonna*; le lac Régille, fameux par le gain de la bataille dont Castor et Pollux apportèrent la première nouvelle à Rome (cela fut fort honnête de leur part); la ville de Palestrine autrefois Preneste, où je n'ai pas encore été et où je veux aller visiter les ruines de ce beau temple de la Fortune *Prenestine*; alors je vous en parlerai.

Au-dessus de Mondragone, l'ermitage des Camaldules, où le cardinal Passionei était en retraite si pieuse et si exacte quand nous y allâmes, que nous ne pûmes avoir l'honneur de le voir : *Ad caput Fe-*

roniœ, où les anciens peuples du Latium tenaient leur assemblée générale : Monte Cavo[1], où était dans l'antiquité le fameux temple de Jupiter Latial; où s'indiquaient les féries latines... etc. Remarquez encore au Belvedere la fontaine du Lion et celle d'Atlas.

Une autre fois nous allâmes à Castel-Gandolfo, maison de campagne du pape; c'est un bâtiment fort commun, les meubles et le jardin à l'avenant. Nous vîmes en passant l'emplacement des Bouvilles[2], villotte antique, ayant été un des faubourgs de Rome. C'est là que Milon, allant à Lanuvium sa patrie, dont il était dictateur, rencontra Clodius qui revenait à cheval d'Aricie et le fit tuer par ses esclaves : dans le vrai, ceci ne fut qu'une rencontre de hasard, sans projet de part ni d'autre. Le lac Albano tout entouré de rochers, le long desquels notre petit Ascagne avait bâti Albe-la-Longue, dont vous jugez bien qu'on n'aperçoit pas aujourd'hui la moindre trace......
Les voûtes et canaux pratiqués sous les rochers, par les anciens Romains, pour amener l'eau du lac dans la plaine..... Le joli *Lago di Nemi*, autrefois *Speculum Dianæ*. *Cynthianum* (Genzano), où croit en abondance une petite liqueur jaunâtre, fade et douce, à laquelle on a mal à propos donné le nom de vin;

---

[1] *Monte Laziale.*

[2] En latin *Bobellas* ou *Bovillæ*, aujourd'hui Boville, située à douze milles de Rome, sur le chemin d'Albano, près de la route qui conduit à Anzio, Nettuno, etc. Les ruines de Boville ont été découvertes en 1823 seulement.   R. C.

cependant il est fort vanté. Ce n'est pas là le *vinum generosum* des anciens Romains ; mais en raison géométrique, les modernes Romains sont aux anciens, comme le Genzano est au vin de Falerne. La petite ville d'Albano, autrefois *villa Pompeii;* Ariccia, autrefois *Aricia; Lanuvium,* aujourd'hui Civita-Lavinia ; l'ancienne forteresse des Albains, aujourd'hui Monte Savelli..... Les ruines d'un palais de Domitien ; l'amphithéâtre Castrense et le *Castrum Prætorium* du même empereur ; le tombeau des Horaces et des Curiaces ; et assez loin de là, en tirant du côté de Rome, l'endroit où l'on prétend qu'ils se battirent. On aperçoit des hauteurs d'Albano la montagne et promontoire de Circé..... Anzio, Nettuno, Ardea, capitale du royaume de Turnus ; la citadelle *Laurentum*[1] du bon roi Latinus ; *Lavinia*, maintenant Pratica, qui était sans doute la maison de plaisance de l'infante Lavinie. Tous ces lieux ne sont aujourd'hui que de petits villages, et n'étaient, à ce que je me figure, rien de mieux autrefois. Je ne me fais pas une plus grande idée de ces royaumes célèbres de Turnus et de Latinus, que d'une de nos terres de cinq ou six mille livres de rente ; il fait beau mentir sur ce qui vient de loin ; messieurs les poëtes nous en donnent bien à garder là-dessus ; et, pour vous en parler sans fard, je me représente ces anciens peuples d'Italie, Rutules, Latins, Sicules et autres, à

---

[1] M. de Bonstetten pense que la ville de Laurentum occupait l'emplacement où est aujourd'hui la *Selva Laurentina*.

R. C.

peu près comme ces petites nations sauvages du Paraguay, dans l'Amérique. Si tout ce que nous vîmes dans cette journée n'est pas à présent fort curieux par lui-même, il l'est du moins par le souvenir des anciens événements qu'il rappelle à l'esprit, et par la réputation que leur ont donné d'excellents écrivains.

J'allai seul l'autre jour à Tivoli, l'ancien *Tibur*, Mes compagnons sont des traîneurs qui, à force de retard, partiront sans l'avoir vu. J'ai quelques curiosités à vous montrer non loin de la route.

Ne voyez-vous pas un peu au delà du *Soracte* le dieu des bois, de retour d'Arcadie, courir de son pied de chèvre pour gagner son gîte, près de la maison de campagne d'Horace ?

Que dites-vous de cette source plus claire que du cristal au pied de la montagne ?

En deçà du Lucretile est la petite rivière d'*Allia* et le champ de bataille où les Gaulois ajustèrent si bien les Romains. Je ne voyais pas tout ceci fort distinctement, pour en être trop loin ; mais je m'en doutais, et ces idées m'amusaient tout seul dans ma chaise de poste. J'arrivai fort à propos à Tivoli, comme l'on travaillait à défaire tous les jets d'eau du jardin d'Este, pour nettoyer les conduits. Ne voulant pas avoir fait une course inutile ni revenir une autre fois, je distribuai quatre sequins à quantité d'ouvriers qui, en moins de deux heures de temps, remirent toutes choses en état. Durant l'intervalle, j'allai me promener sur le pont et voir la cascade du

Téverone, autrefois l'*Anio* [1], dont l'eau rapide se précipite d'une hauteur médiocre, sur un tas de rochers pointus, où elle se met en poussière, et rejaillit en un million de perles brillantes. Une partie de la rivière va de là se briser de nouveau dans un fond contre les rochers; l'autre s'abîme dans les fentes des pierres sous les maisons, d'où on la voit ressortir de la ville et retomber dans la plaine en plusieurs cascatelles. Quoique cette chute d'eau ne soit pas élevée, la disposition des rochers et la facilité de considérer la cascade à son aise de tous les côtés en rendent l'effet plus agréable et plus récréatif que d'aucune autre que j'aie jamais vue. On ne peut rien trouver de plus amusant que ce lieu, auquel le temple de la prétendue Sibylle *Albunea* donne un nouvel agrément.

Ce petit temple, juché sur une pointe de roc, n'est qu'une espèce de cylindre creux où tour assez menue, auquel le cercle de colonnes corinthiennes cannelées qui l'environne donne le diamètre convenable. La colonnade porte son entablement et sa corniche; sur le devant règne une petite terrasse; le tout aussi joli qu'il soit possible. Il faut mettre cette antique avec la Madonna del Sole et le temple de Minerva Medica. C'est dommage qu'il manque ici une partie des colonnes. Pourquoi ne pas réparer

---

[1] Le mont Catillo a été percé de deux galeries, dans lesquelles on a jeté l'Anio, en septembre 1835. Cette dépense a été faite pour sauver le temple de la Sibylle, que l'Anio n'eût pas laissé subsister encore cinquante ans. R. C.

cette charmante antique? La dépense ne serait pas grande. Vignole a voulu l'imiter dans le petit dôme qu'il a fait au-dessus du Janicule, près de Saint-Pierre *in Montorio*; mais le bâtiment moderne, quoique joli, ne vaut pas l'ancien. Remarquez dans la place de Tivoli deux statues égyptiennes, de granit rouge et noir, et la vue des cascatelles; près de la porte qui va à Rome, les ruines de la belle maison de Mécène. Un peu au delà étaient autrefois celle de Salluste, celle de Catulle et celle d'Horace, différente d'une autre sur le mont Lucrétile, dont je vous parlais tout à l'heure.

Retournons aux jardins d'Este. Il n'y en a pas d'autres à voir ici; mais, s'ils n'étaient pas si mal tenus, ils surpasseraient tous ceux de Frascati en grandeur et en magnificence, surtout par l'abondance des eaux. La situation ne pouvait être plus heureuse pour s'en donner à cœur joie : les jardins étant au pied de la montagne et la rivière coulant au-dessus, on n'a eu d'autre peine qu'à faire une saignée dans le lit du Teverone, pour tirer l'eau par des conduits du haut en bas. Ce lieu appartient au duc de Modène, qui le néglige entièrement; les jardins, les portiques de verdure, les bois, les parterres en pente et en terrasses sont tout à fait en friche et délabrés.

La maison ne serait pas mal, si elle n'était en ruines et sans aucun meuble; de sorte qu'il ne reste rien à voir ici que les fontaines : aussi y en a-t-il un si grand nombre, que je ne voudrais pas parier pour moins d'un millier. On m'en a donné pour mes quatre sequins, et je ne dois pas avoir de regret de mon argent. Il serait à souhaiter seulement que de ces mille fontaines, on voulût bien en supprimer plus de neuf cents, qui ne sont que de misérables filets d'eau, de purs colifichets, de vraies amusettes d'enfants, et les réunir aux grandes pièces qui sont d'une admirable beauté. Du nombre de ces dernières est le grand canal sur une terrasse bordée de deux lignes de jets d'eau disposés à la file, comme vous voyez ailleurs les arbres plantés en allées, le long des canaux. Au bout de cette terrasse, du côté de la ville, la belle fontaine du Pégase, et le portique orné de colosses, par où les eaux entrent dans le jardin, en formant une nappe d'une hauteur et d'une largeur surprenantes. Cette pièce d'eau, la plus belle du jardin, est aussi sans contredit une des plus belles qu'il soit possible de trouver, quelque part que ce soit. Au lieu de pratiquer à l'autre bout de la terrasse quelque chose d'équivalent, on s'est avisé de construire une espèce de théâtre appelé *Roma antica*. On y voit une assez bonne statue de marbre grec de Rome armée, entourée de toutes sortes de petits bâtiments antiques, hauts d'une coudée; arc de Constantin, Panthéon, temple de Faustine, colonne Trajane, obélisques, cirques, etc., et d'une statue du Tibre versant de l'eau de son urne (passe encore pour celui-là). Figurez-vous un petit ménage d'enfants, ou les cinq capuchons que le tailleur de Sancho portait au bout de ses doigts. Il sort de tous ces bâtiments une centaine de menus filets d'eau comme s'il y avait quelque rapport entre une fontaine et le Panthéon ; de sorte que toute cette pièce n'est pas moins puérile que d'un faux goût. J'enrage quand je vois de pareils chiffons au milieu de tant de belles choses. Au bas de ce théâtre, il y a un autre bosquet d'instruments à vent, d'oiseaux qui remuent les ailes, et chantent d'un ramage enroué, par le moyen de conduits d'air et d'eau, et d'autres tableaux mouvants. C'est à peu près comme les contes des fées, que vous savez que l'on fait aux petits enfants, de la pomme qui chante, de l'eau qui danse et du petit oiseau qui dit tout. Il ne faut pas vous arrêter ici plus longtemps; j'aime mieux vous mener voir quelques autres bonnes pièces, comme la Girande, la Gerbe, le bassin des Dragons, la fontaine de Bacchus, celle du Triton, celle d'Aréthuse, la grotte de Vénus, celle de la Sibylle, etc. Voyez aussi quelques statues, un Bacchus, Mélicerte, les rivières *Anio* et *Albula*.

Vous me demandez, mon ami, si toutes les eaux si vantées des jardins d'Italie valent mieux que celles de Versailles. Non, assurément; vous voyez qu'il y a ici une quantité de fontaines qui ne sont que de petites minuties. A Versailles, tout est dans le grand, tout porte ce caractère de magnificence qui était le caractère particulier de Louis XIV; il n'y a de petit que les Fables d'Ésope dans le labyrinthe, encore sont-elles beaucoup plus agréablement exécutées que ce que l'on a fait ici. Nous avons ici quelques pièces superbes, telles que la cascade Ludovisi, la haute

Girande du Belvedere Aldobrandini, la nappe de Tivoli ; mais combien ne voit-on pas de ces pièces rassemblées dans le jardin de Versailles ! Latone, le Neptune, la grande Gerbe, le prodigieux Encelade, la haute Girande, dans une niche de verdure près des bains d'Apollon, les trois Fontaines, le Théâtre d'eau, la Colonnade, le Bassin du dragon, etc.

Il faut avouer néanmoins que les eaux de Tibur et de Frascati sont claires et limpides, et que celles de Versailles sont fort défectueuses à cet égard, ce qui fait une énorme différence.

Au sortir de Tivoli, on trouve, à droite du Teverone, les carrières de pierres *Travertines* (par corruption de *Tiburtines*), dont les principaux édifices de Rome sont construits. Cette pierre est d'un excellent service ; elle se lève en gros blocs d'une assez belle couleur, durs et troués comme nos meules de moulin. Le ruisseau qui sort de cette carrière charrie des sucs pierreux, et les brins de paille ou d'écorce qu'on y laisse tremper se chargent en fort peu de temps d'un sel cristallin ; on les met dans des boîtes à bonbons en guise de bâtons de cannelle confits au sucre brillant.

Le lac des îles flottantes se voit au même endroit ; c'est un petit étang d'une eau sulfureuse et bourbeuse, qui, bouillonnant aisément, élève la vase du fond et l'attache aux plantes aquatiques de la surface. Il s'est ainsi formé quelques îlots flottants, ou gazons légers, retenus sur la superficie par les racines des joncs, sur lesquels les paysans montent et naviguent pour le plaisir des curieux : c'est peu de chose.

A gauche du Teverone, on voit les ruines considérables de la vaste maison de campagne d'Adrien. Ce prince, qui aimait Athènes et qui se piquait de philosophie grecque, peut-être plus qu'il ne convenait à un empereur romain, avait fait construire en ce lieu divers bâtiments à l'antique, relatifs à ses idées favorites : une Académie, un Portique, un Lycée, un Prytanée, une Vallée de Tempé, un Pœcile, un Canope à l'égyptienne ; le tout embelli de grands bosquets, de belles pièces d'eau, et d'une bibliothèque considérable. Ligorio (Pirro) a visité avec soin les arcades et masures restantes, pour donner un plan détaillé du total. On y trouve journellement des statues antiques de grand prix ; une partie de ce que l'on rassemble au Capitole, dans le palais des Conservateurs, vient de ce lieu-ci. Le cardinal de Polignac y a trouvé aussi une partie des statues qu'il a maintenant à Paris. Les Jésuites, à qui le Canope appartient, en ont tiré beaucoup de morceaux égyptiens. Je vous ai déjà parlé des deux Centaures de Furietti, et de ce parquet de marbre en mosaïque du cabinet d'Adrien, dont on a fait des tables.

Je reviens à Rome en repassant le Teverone sur le pont Mammolo, jadis construit par ordre de *Julia Mammœa*, grand'mère de l'empereur Alexandre-Sévère.

Il ne me reste plus à vous rendre réponse que sur le fameux château de Caprarola, chef-d'œuvre de l'architecte Vignole, le plus singulier et le plus beau de toute l'Italie ; c'est, mon ami, ce que je ne manquerai pas de faire sitôt que je l'aurai vu.

XLIX. — A M. DE QUINTIN.

Suite du séjour à Rome.

Pour notre sixième et dernière journée, mon cher Quintin, arrêtons-nous ici au carrefour des Quatre-Fontaines. Quoi de mieux entendu que cette croisée à angles droits de quatre rues tirées au cordeau qui donnent, de tous les côtés, une enfilade à perte de vue, depuis la Trinité-du-Mont jusqu'à Sainte-Marie-Majeure, et depuis la porte Pia jusqu'à Monte Cavallo? Voilà ce qu'on entend bien mieux ici qu'à Paris, où l'on n'a pas assez d'attention à étendre les aspects et à ménager des points de vue. Je voudrais qu'en toute ville que l'on a dessein de rendre magnifique, on fît tous les embellissements dans le même quartier, jusqu'à ce qu'il fût entièrement orné ; puis on passerait au quartier voisin. Quand les beaux ouvrages sont dispersés çà et là dans une grande ville, souvent ils se trouvent noyés dans de vilains alentours, et la ville ne paraît pas belle.

Les angles du carrefour sont rabattus et forment quatre jolies fontaines ornées de statues dans des niches. Ce carrefour est aussi embelli de plusieurs jolies petites églises, telles que Saint-Charles et

Sainte-Anne, bien parées au dedans; mais je ne vous y arrête pas, remarquant que vous voudriez avoir autant d'yeux qu'Argus, pour les employer tous à considérer, en dedans et en dehors, le petit Saint-André du Noviciat des Jésuites, qui est un chef-d'œuvre de miniature et de bon goût; Saint-Pierre, dans le grand et dans le superbe; les Chartreux dans le simple et dans le sublime; le Noviciat, dans le petit et le charmant : voilà, à mon gré, *gli tre capi d'opera* de ce pays-ci. L'église est ovale; ainsi que son dôme porté par des colonnes cannelées de marbre précieux; un pavé exquis de marbre, en mosaïques de fleurs; des stucs dorés en or brillant, des peintures modernes de Charles Maratte, de Chiari, de Brandi et autres; des incrustations de pierres précieuses; tout y est d'un éclat et d'un goût délicieux. C'est encore ici que j'admire le Bernin; le bienheureux Stanislas Kostka y a une excellente statue de Legros, et les petits novices, ses compagnons, un fort joli jardin *per passegiar*.

Vous ne serez pas la dupe des deux énormes chevaux de marbre de la place de Monte Cavallo [1], non plus que des deux écuyers qui les tiennent, quoique

[1] L'état des choses n'est plus le même maintenant. Le 8 novembre 1783, l'architecte Antinori, sous le pontificat de Pie VI, fit tourner ces deux groupes, l'un à droite et l'autre à gauche, pour ajouter à leur effet. C'est encore Antinori qui, sur l'ordre de Pie VI, plaça en janvier 1787, au milieu de ces deux groupes, l'obélisque égyptien que l'on y voit. Une belle fontaine, au pied des statues, complète avec bonheur cet ensemble de monuments.
R. C.

vous lisiez sur les piédestaux : *Opus Phidiæ*, *opus Praxitelis;* car je m'assure que ces deux palefrois dégingandés n'ont jamais été pansés de la main de ces illustres sculpteurs. Tels qu'ils sont, ils font un bon effet, ainsi que la fontaine qui les accompagne dans la place au-devant du palais. Entrons, et vous rendrez hommage à Sa Sainteté; mais vous serez privé de l'honneur de baiser sa mule, par la raison que je vous ai déjà dite. Il a toujours fait sa résidence en ce palais-ci; depuis son règne, le Vatican est désert. En effet, outre que celui de Monte Cavallo est mieux situé, en meilleur air, il paraît plus commode et plus logeable; les grands communs qui l'environnent servent de logement à sa maison et à ses officiers. Quoique moins grand que le Vatican, il ne laisse pas que d'être extrêmement vaste.

La cour est très-grande, environnée de portiques; l'escalier large et beau. Tout le bâtiment est simple et peu orné, ainsi que les appartements intérieurs, vastes à la vérité, et à longues enfilades, mais dénués de parures, et meublés simplement en damas cramoisi, qui n'est pas neuf. Quoiqu'il y ait beaucoup de peintures, elles paraissent clair-semées dans un lieu si vaste; d'ailleurs, celles qui attirent le spectateur n'y sont pas en grand nombre. En un mot, ce que vous avez à voir de plus curieux ici, c'est la personne du saint homme, qui vous recevra dans son lit avec beaucoup de bonté.

Les jardins sont grands et assez beaux; ils me plaisent moins cependant que ceux du Belvedere. On y trouve quantité de fontaines jaillissantes, et dans un salon en mosaïques, un mont Parnasse, où les neuf sœurs et leur chef Apollon, sa lyre en main, donnent, quand on veut, un petit concert par le moyen de l'eau, et le concert ne vaut pas grand'chose. La statue de Vaucanson joue tout autrement bien de la flûte que ces princesses-ci.

Le sol du palais est fort escarpé d'un côté; ce qui, joint à une grosse tour, à des suisses, aux chevau-légers, aux gardes à pied et à cheval qui l'environnent, lui donne quelque air d'une forteresse. Ces troupes sont bien vêtues et de bonne mine; elles seraient fort en peine elles-mêmes de vous dire si elles ont un bon jeu, n'ayant, de leur vie, vu d'autre feu que celui de la Saint-Jean; le soleil et la pluie sont les ennemis ordinaires devant lesquels elles prennent la fuite. Dès que l'un ou l'autre paraît, on quitte son poste, et on court se masser sous un corps de garde couvert. Leur campagne de fatigue est de monter la garde à la porte de l'Opéra. Du reste, les officiers ont de bons appointements; ainsi leur métier vaut bien celui de chanoine, car on n'y dit point de bréviaire.

Le palais de la Consulte, qu'habite notre ami le cardinal Passionei, en sa qualité de secrétaire d'État pour les brefs, est un nouvel édifice construit par les ordres du pape régnant. Le chevalier Fuga en est l'architecte. C'est une vaste façade d'un grand goût, à deux ordres de pilastres, l'un demi-rustique, l'autre ionique, surmonté d'un attique pour les mezzanines, et d'une haute balustrade tout le long du comble. Il y a, dans cet attique, un rang de consoles supportant la corniche qui me plaît infiniment. Les portes, en colonnes et pilastrés, sont ornées de trophées d'armes et de statues couchées sur les tympans.

Dans ce palais, le cardinal a sa bibliothèque, composée de livres rares, bien conditionnés et proprement reliés comme en France : article à remarquer en ce pays-ci, où l'on ne donne pas dans les frais de reliure. Il compte la laisser après sa mort au Vatican.

Avant de quitter la place de Monte Cavallo, n'oublions pas d'entrer dans la galerie de la maison Rospigliosi, pour voir le beau plafond du Guide représentant l'Aurore avec ses doigs de rose, précédant le char du Soleil entouré des douze Heures, qui cheminent en se tenant par la main, précédée elle-même par un petit génie, tenant une torche qui représente le crépuscule, ou, si vous voulez, la belle étoile matinière. Rien de mieux inventé, de plus gracieux, de plus léger, ni de mieux dessiné; c'est un *incanto*. Je ne sais cependant si je n'aimerais pas au moins autant l'Aurore du Guerchin, que je vous ai déjà fait voir, à la villa Ludovisi, dans une de mes lettres précédentes; elle est tout autrement bien peinte que celle-ci. Le Rospigliosi a encore divers bons tableaux des grands maîtres, que votre seigneurie fera fort bien de ne pas négliger.

Nous voici dans le quartier de Bagnanapoli, ou

Magnanapoli, mot corrompu de *Balneæ Pauli*. Ces bains de Paul-Émile sont en demi-cercle, façon de théâtre, ou demi-cirque.

L'ancien *Forum Nervæ* n'en est pas éloigné ; il reste quelques colonnes de cet édifice avec une portion d'entablement, dont la frise et la corniche sont fort ornées.

Près de là encore le *Forum Palladium*, école dédiée à Minerve, où l'on instruisait les jeunes filles aux ouvrages convenables à leur sexe. Les exercices de cette espèce y sont sculptés en bas-reliefs, sur une ancienne frise.

Nous pouvons faire un tour de promenade à la maison de plaisance des Panfili, assez déserte et négligée, qui paraît avoir été jolie et bien ornée du temps des Aldobrandini, à qui elle appartenait. C'est là que se voit au-dessus d'une porte, dans une chambre inhabitée, la fameuse Noce Aldobrandine, dont je vous ai suffisamment parlé. Elle est bien digne d'être placée dans un lieu plus honorable. Il faut que ces Panfili ne soient pas riches; cette maison, où ils font leur résidence ordinaire, a l'air bien grêlée. Elle contient cependant diverses choses précieuses, quelques antiques, entre autres un joli Faune et de fameuses peintures, telles que le portrait de la reine Jeanne, par Léonard de Vinci ; les portraits de deux jurisconsultes, par Raphaël, peints à ravir, et bel ouvrage autant qu'il se peut dire. — La Bacchanale, du Titien. — La Psyché, du Carrache, etc.

XLIX.—A M. DE QUINTIN.

Si d'ici vous voulez suivre mon agenda, comme j'ai fait, vous irez en sortant par la porte Pia, vous promener à la villa de madame Patrizzi, et vous verrez une porte fort vantée de la villa Costaguti, bâtie par Michel-Ange et qui ne vous paraîtra pas trop merveilleuse. En vérité, la journée est admirable; poussons notre promenade jusqu'à Sainte-Agnès. Si le voyage que vous avez déjà fait avec moi aux catatombes de Naples n'avait épuisé votre curiosité sur cet article, vous pourriez voir ici la capitale des catacombes de toute la chrétienté. Les martyrs, les confesseurs et les vierges, y fourmillent de tous côtés. Quand on se fait besoin de quelques reliques en pays étrangers, le pape n'a qu'à descendre ici et crier : « Qui de vous autres veut aller être saint en Pologne ? » Alors, s'il se trouve quelque mort de bonne volonté, il se lève et s'en va. C'est une honte que de tant de gens enterrés ici, aucun ne fut aussi magnifiquement logé qu'un malheureux païen, qui gisait dans ce renommé sépulcre de porphyre d'une seule pièce, sculpté au dehors en bas-reliefs d'ornements, festons, animaux et enfants qui cueillent des grappes de raisin. Le couvercle, festonné et orné de mascarons, est aussi d'un seul morceau. Cette pièce de porphyre, que l'on voit à Santa-Costanza, est fort admirée, à cause de la difficulté qu'il y a eue d'y tailler des bas-reliefs; et c'est justement à cause des bas-reliefs que je n'en fais pas grand cas, car ils sont sans délicatesse et mal terminés. C'est folie que de vouloir sculpter une pierre si dure, et de prendre tant de peine pour faire un médiocre ouvrage ; le sépulcre d'Agrippa, en porphyre tout uni, est d'une tout autre beauté que celui-ci.

Santa-Costanza, autrefois temple de Bacchus et derrière Sainte-Agnès, a un dôme rond, orné d'un double rang de colonnes ioniques de granit et d'un reste de fresque antique, représentant des pampres. Près de là quelques restes d'un ancien théâtre. La statue de marbre de Sainte-Agnès, dans l'église de ce nom, est vêtue d'albâtre ; elle est belle et curieuse. En faveur du nom de Sainte-Agnès, on y bénit les petits agneaux, de la toison desquels le pape fait faire les *pallium*. On les donne à élever à certaines religieuses, qui en ont autant de soin que les visitandines de Nevers, de leur perroquet. Malgré cela, les *pallium* seront fort rares cette année, parce que les pauvres bêtes sont mortes de la clavelée.

Faites le long du glacis le tour de l'ancien *Castrum Prætorium*, qui vous ennuiera fort, s'il vous paraît aussi long qu'à moi. En rentrant par la porte Esquiline de Saint-Laurent, vous serez dédommagé à la vue des longs restes d'aqueducs *dell'acqua felice*. On trouve ce quartier rempli de différentes *Ville* ou *Vigne*, dont on pourrait faire quelque chose de beau, si elles étaient mieux soignées ; j'y vais quelquefois prendre l'air le matin et lire en me promenant. Il faut que je n'y aie trouvé que peu de choses dignes de remarque, car je n'ai presque rien noté de ce qui les concerne sur mon agenda.

La villa Montalto est d'une enceinte fort étendue

et peut-être la plus grande de Rome, mais fort négligée, ainsi que presque toutes celles de ce canton ; c'est là qu'était la fameuse Ariane du Guide, l'un de ses plus beaux tableaux, qui fut brûlé par accident, il y a quelques années ; par bonheur Frey venait d'en achever une grande et belle estampe que j'ai achetée.

Sainte-Marie-Majeure, sur le penchant du mont Esquilin, est entourée de divers objets remarquables : 1° l'admirable colonne du temple de la Paix, que Paul V fit placer par Charles Maderne, dans la place vis-à-vis de l'église, et au sommet de laquelle est une statue de la Vierge, en bronze doré ; c'est, je pense, le plus beau morceau qui nous reste aujourd'hui de l'architecture antique ; 2° l'obélisque de granit, sans caractères, tiré du tombeau d'Auguste, placé par Fontana sur le penchant de la colline ; 3° une espèce de petite colonne de granit, surmontée d'une croix couverte d'une façon de baldaquin à quatre piliers. Ce monument fut élevé en mémoire de la conversion de Henri IV. On prétend que cette colonne ressemble à un canon, et que c'est à cette forme que fait allusion l'inscription jointe : *In hoc signo vinces*. Tous les ans, le jour de Sainte-Luce, 13 décembre, l'ambassadeur de France célèbre l'anniversaire de cette conversion, par un superbe festin prodigieusement cher. Le duc de Saint-Aignan aurait voulu s'en dispenser cette année, et avait proposé à notre cour d'en employer la dépense à doter des filles dans quelques églises, mais la cour a répondu à l'ambassadeur qu'il eût à faire comme de coutume.

Ce dîner n'est pas la chose la moins curieuse qui puisse se voir ici. Nous étions cent cinquante assis des deux côtés d'une même table en fer à cheval, contournée en volutes par les bouts. Il y avait sept à huit cardinaux, l'Ottoboni, l'Aquaviva, l'Alexandre Albani, le Corsini, le Tencin, etc.; le Canillac, qui voudrait bien être cardinal aussi ; tous les gentilshommes français ; les principaux gentilshommes étrangers ; un grand nombre de seigneurs romains, surtout ceux affectionnés à la France. Quatre maîtres d'hôtel faisaient le service avec leurs suivants, distingués en quadrilles, par des rubans de couleur : chacun avait son entrée par une porte différente du salon. Avant que de m'asseoir, je comptai sur la table quarante-neuf surtouts ou dormants chargés de cédrats. Le duc de Saint-Aignan me dit après le dîner qu'il y en avait pour 800 livres ; ils formaient la ligne pour le fruit à venir, que l'on compléta au dessert, par deux lignes de cristaux surbaissés. Un déluge de valetaille inondait le salon ; un maître d'hôtel vint nous prier de ne donner nos couverts et nos assiettes, quand nous en changerions, qu'aux gens de livrée de la maison. L'avis n'était pas inutile ; car ce festin est un vrai pillage de maîtres et de valets, qui se fait avec une scandaleuse indécence. Les potages ne furent pas plus tôt desservis qu'une foule de valets étrangers vinrent avec des assiettes nous demander divers mets pour leurs maîtres ; surtout un d'entre eux s'était attaché à moi d'affection, comme au plus niais de la troupe. Je lui donnai successivement un dindon, une poularde, un tronçon d'esturgeon, une perdrix, un morceau de chevreuil, des langues, du jambon ; toujours il revenait à la charge. « Mais, mon ami, lui dis-je, la table est également servie partout, pourquoi votre maître ne mange-t-il pas de ce qui se trouve de son côté? Il n'a pas l'air d'être dégoûté ; car je ne vis jamais personne manger de cette force-là. » Detroy, qui n'était pas éloigné de moi, me dit : Vous êtes bien dupe; tout ce qu'il vous demande, sous le nom de son maître, c'est pour lui-même. En effet, je m'aperçus que les plus modérés fourraient à l'envi dans leur poche, enveloppant pour plus de propreté, une poularde aux truffes dans une serviette : car le linge est aussi de bonne prise. Les plus intelligents escamotaient un plat ; on les voyait sortir à la file du salon et emporter chez eux sous le *ferrajolo*. Les plus prudents, pour ne pas aller jusque chez eux et ne pas s'éloigner du lieu de la mêlée, dans le plus chaud de l'action, avaient des relais sur l'escalier, tels que femmes et enfants qui voituraient les vivres dans leurs taudis. On m'assura même, comme un fait certain, que l'émulation du pillage s'étendait jusqu'aux maîtres, et qu'un gentilhomme italien qui trouvait un plat à son gré, l'envoyait fort bien chez lui par son laquais. Le diable est qu'ils prennent non-seulement les plats, mais encore ce qui est dedans; en un mot, je fus indigné de toute cette conduite. Quand mon coquin revint, je ne lui donnai plus que des sauces et des crèmes ; il s'en dégoûta et alla chercher pratique ailleurs.

Au café, l'ambassadeur me dit qu'il y perdait vingt-cinq à trente pièces de vaisselle par année commune, et souvent de vaisselle d'emprunt, ce qui le fâchait le plus ; il estime qu'indépendamment de cet article, la dépense du festin lui revient à près de 12,000 livres. Je lui demandai pourquoi il souffrait une si mauvaise police, à laquelle il n'était pas bien difficile de mettre ordre. Ah ! me répondit-il en riant, c'est une fête publique, il faut que tout le monde s'en ressente, grands et petits. Le plus beau coup de théâtre fut le moment du fruit. Tandis qu'on le servait, on entendait tous les pieds trépigner d'impatience. A peine fut-il servi, que les bras se jetèrent de tous côtés par-dessus nos épaules, pour piller ouvertement ; les valets de la maison, et même les pages, à l'imitation du chien d'Ésope, qui porte le dîner de son maître, se mirent au plus vite de la partie. Pas un des convives ne goûta du fruit ; il fallut se lever et faire place. Il mourut à cette journée un nombre infini d'*agrumi* confits, mais il ne resta pas un des cadavres sur le champ de bataille.

Rentrons à Sainte-Marie-Majeure. Ce que cette église a de mieux à l'extérieur est la magnifique architecture du chevet, par Rainaldi. Le portique de la façade en colonnes antiques de porphyre n'est pas bien entendu, ayant été élevé longtemps avant la renaissance du bon goût ; il est orné de vieilles mosaïques, par Gaddo Gaddi, et autres premiers peintres florentins. Au dedans, la nef divisée en trois, par deux lignes de colonnes ioniques de marbre blanc, est tout à fait auguste ; c'est ce qu'il y a de mieux.

Tout le reste de l'église, ainsi que son maître-autel à colonnes de porphyre, juché au-dessus d'un escalier, a un peu l'air d'une vieillerie. On a néanmoins tâché de la rajeunir par quelques belles chapelles, par des tombeaux, des statues, et divers autres objets de marque, que vous trouverez crayonnés dans la notice générale : le pavé est de marbre de rapport.

Il y a ici deux belles rues alignées, l'une tirant à Sainte-Croix-de-Jérusalem, l'autre à Saint-Jean-de-Latran. Ces deux rues feraient une excellente figure, si elles étaient bordées de maisons, mais elles nous ramènent dans le désert, où nous ne laisserons pas que de trouver de très-bonnes choses, et qui plus est, des choses relatives à vous-même. Le coup d'œil de l'arc de Gallien, d'ordre corinthien très-massif, à pilastres, celui des aqueducs de l'Acqua-Martia, le Château d'eau, et les ruines des trophées de Marius, ne nous arrêteront qu'un moment.

J'ai trop d'impatience de vous faire voir l'exquise statue de sainte Bibiane, par le Bernin, l'une des quatre fameuses modernes de Rome, et la plus belle des quatre ; les trois autres sont : la Sainte Agnès, de l'Algarde ; la Sainte Cécile, de Maderne ; la Sainte Martine, de Menghino ; d'autres mettent pour la quatrième la Sainte Suzanne, de Duquesnoy[1]. Au même

---

[1] *Fiammingo* (François Duquesnoy, dit le). — R. C.

lieu, les fresques peintes par Pierre de Cortone, et une fort grande urne d'albâtre oriental, tirée du tombeau d'Auguste ou de celui de Germanicus ; plus loin, la basilique de Caïus et Lucius, autrement nommée : *Tempio di Minerva Medica,* petit temple sphérique en ruine, joli à manger. Quoiqu'il n'y ait qu'un mur de briques tout nu avec sa calotte et une fontaine rustique au dedans, on ne peut rien voir de plus charmant, tant cela est bien tourné et d'une proportion élégante. Près de là, les tombeaux des affranchis de Lucius Arruntius, consul sous Tibère, quantité d'inscriptions, d'urnes et autres meubles de sépulcre. Puis nous passerons sous les ruines des longs et beaux aqueducs de l'Acqua-Claudia.

Sainte-Croix-de-Jérusalem, vieille église des moines de Cîteaux, occupe une partie de l'amphithéâtre Castrense, dont on voit encore une partie considérable de l'enveloppe à colonnes corinthiennes, engagée dans les murs de la ville et au dehors. C'est la partie supérieure ; l'inférieure est enterrée. L'église a au dehors un portique de six colonnes à demi enterrées ; au dedans, elle est soutenue par douze autres colonnes de marbre d'Égypte ; tout son intérieur a l'air vieux et bizarre sans être néanmoins déplaisant ; la voûte, en bleu et or, a diverses peintures de manière ancienne ; le maître-autel est recouvert d'une espèce de petit dôme ou baldaquin de marbre blanc. Sous cet autel est une belle urne antique de basalte. N'omettons pas de beaux tableaux de Rubens. Sous cette église, il y en a une autre souterraine, plus claire qu'elles ne le sont pour l'ordinaire ici. J'y aperçois, en descendant, un joli tombeau de marbre blanc, avec un cartouche d'armoiries que je connais. Eh ! Quintin, ce sont les vôtres; approchons : *Hic jacet Franciscus Quarre, patricius divionensis,* etc. C'est votre cousin de Livron, qui mourut ici procureur général de l'ordre de Cîteaux. Dans le jardin des moines, on voit les restes d'un temple de Vénus et de Cupidon.

Si cela vous fait plaisir, nous sortirons une seconde fois de la ville, parce que j'ai omis de vous faire voir Saint-Laurent; mais je ne vous le conseille pas. Quand je vous aurai dit que la face est une colonnade tirée de l'ancien temple de Mars Victor, ce sera comme si vous l'aviez vue. Gagnons plutôt le côté de Saint-Jean-de-Latran ; après quoi je vous jure qu'il sera assez tard pour remonter en voiture et revenir à notre hôtel, place d'Espagne : il y a plus loin que vous ne pensez.

Saint-Jean-de-Latran est la cathédrale de Rome et la vraie métropole du premier évêché de la chrétienté.

Saint-Pierre n'est que la chapelle pontificale. On a fait depuis peu de grandes dépenses pour orner l'église de Saint-Jean, où le pape actuel a choisi sa sépulture dans le tombeau de porphyre d'Agrippa, nouvellement placé dans une chapelle à dôme, à gauche en entrant, que le pape a fait orner avec la dernière magnificence. Il a fait aussi construire tout à neuf la grande façade principale de l'église, par Alexandre Galilei, le même qui a été chargé de la construction de cette belle chapelle de la sépulture. L'ouvrage est beau, mais non pas autant qu'il pourrait l'être, et que le sont beaucoup d'autres construits dans les deux siècles précédents. C'est une façade d'ordre composite à cinq arcades, hautes et étroites, formant au-devant de l'église un péristyle, au-dessus duquel est une galerie en loges, comme à Saint-Pierre. Le corps avancé du milieu est en colonnes, et les arrière-corps en pilastres ; ce que l'on a aussi observé dans les ordres surbaissés des portes et des fenêtres, comme dans le grand ordre qui forme toute la façade. Ce grand ordre est surmonté d'une frise, et le fronton seulement d'un beau tympan. Tout le comble est en balustrades chargées de colosses. Il y a une seconde façade, faite en loges passablement belles, qu'a fait construire Sixte V, et joignant le grand et magnifique palais de Latran, bâti par Fontana, vis-à-vis l'obélisque élevé par cet architecte, sous le même pontificat.

Cet obélisque, le plus haut et le plus beau de tous, était dans le grand cirque. L'inscription porte que Constance le fit venir d'Égypte sur une galère à trois cents rameurs. Il est sculpté en hiéroglyphes bien conservés.

L'église est vaste, toute blanche, à cinq nefs divisées par quatre files de pilastres, ornés de niches, de bas-reliefs et de grandes statues. Comme elle vient d'être rajustée tout à neuf, elle est claire et propre ; mais ce n'est pas là le grand air ni le grand goût que l'on souhaiterait de trouver dans un tel édifice. Les chapelles Corsini et du Saint-Sacrement sont tout à fait magnifiques. Je n'ajouterai rien de plus ici sur les statues et les tombeaux, à ce que j'en ai marqué dans le mémoire général. N'omettons pas cependant les colonnes de vert antique; les colonnes de bronze d'ordre composite cannelées, tirées du temple de Jupiter Capitolin, et dans le cloître voisin les chaises de porphyre ouvertes par devant à l'usage du bain, sorte de bidets à l'antique, où l'on faisait ci-devant asseoir le pape élu pour faire allusion au passage du psaume : *De stercore erigens pauperem.*

Il reste à voir dans le voisinage la Scala Santa, petit édifice passable au dehors, vilain en dedans; et le grand Baptistère général, fait pour baptiser à l'ancienne mode, en entrant nu dans l'eau. On descend par quelques marches de marbre dans une prodigieuse cuve de porphyre, qui a son dôme particulier, soutenu par huit jolies colonnes de porphyre. La bataille contre le tyran Maxence et autres traits de l'histoire de Constantin sont peints à fresque sur les murailles. Les meilleures peintures sont celles de la vie de la Vierge, par André Sacchi.

Ici se terminent les feuilles de mon routier.

Si che tempo è già che fine al canto io metta,
Che dopo tanti giorni io scrivo in fretta.

Toute personne de bon sens jugera qu'elles auraient mieux fait de finir plus tôt, ou même de ne pas commencer du tout; mais enfin vous l'avez voulu; ne vous en prenez qu'à vous-même. Je pourrai bien, la poste prochaine, vous donner le coup de grâce, par l'envoi des feuilles de la notice générale, sans vous répondre des erreurs qui peuvent s'être glissées dans le détail. Ces feuilles sont un vrai *farrago* crayonné tout au travers, rempli d'interlignes et de renvois qui se rapportent je ne sais où ; de sorte que je puis avoir fait plus d'un quiproquo, ayant la tête pleine d'un si grand nombre d'objets dont je vous parle à la fois, et avec si peu d'ordre.

Mille embrassements au gros Blancey, au charmant Neuilly, à la très-bonne Mousseline, à la chère petite Potot[1]. Je réserve à ces deux-ci cent choses à leur narrer en particulier. Oui, bonne Mousseline, j'ai mis en réserve pour vous un magasin d'histoires divines ; ma chère sœur, si vous ne dormez pas, vous verrez que je ne suis pas au bout de tant de beaux contes que je sais.

L. — A M. DE MALETESTE.

Spectacles et Musique.

Vous avez beau dire, mon cher Maleteste, vous ne me persuaderez point ; et, dans la préoccupation où nous sommes tous les deux sur la préférence des deux musiques, nous pourrions disputer tout un siècle sans nous convaincre. Il ne tient d'abord qu'à moi de vous

---

[1] C'est madame de Montot que l'auteur désigne ainsi. R. C.

récuser, comme juge incompétent, ainsi que le sera tout Français qui voudra prononcer sur la musique italienne sans l'avoir entendue dans son pays natal. Les Français ne peuvent pas mieux savoir ce que peut produire *Artaxerxès* au théâtre, que les Italiens sentir l'effet d'*Armide*. J'ai ouï chanter à Rome, chez le cardinal Ottoboni, le second et le dernier acte de cet opéra français : c'était ce que l'on pouvait choisir de mieux dans tout Lulli ; les nationaux bâillaient, et nous levions les épaules.

Rien n'était plus ridicule ; aussi, on sentait bien que nulle voix n'est capable de bien chanter d'autre musique que celle de son propre pays. La musique italienne que nous chantons en France ne doit pas y paraître moins ridicule que la nôtre ne l'est à Rome ; il faut bien se garder d'en juger là-dessus, et certes, pour en juger presque autant que pour la chanter, il faut être parfaitement au fait de la langue et entrer dans le sentiment des paroles.

J'ajouterai encore ici ce que je vous ai toujours soutenu, que la scène d'opéra ne voulait pas être séparée de l'action théâtrale, qui lui donne une grande partie de son expression et de sa force, et qu'elle n'était point propre aux concerts de chambre.

A Paris, nous entendons de jolis menuets italiens, ou de grands airs chargés de roulades : là-dessus, après avoir rendu justice à la beauté de l'harmonie et du chant, nous prononçons que la musique italienne ne sait que badiner sur des syllabes, et qu'elle manque de l'expression qui caractérise le sentiment.

Cela n'est point du tout ainsi; elle excelle, autant que la nôtre, à rendre, selon le génie de la langue, et à bien exprimer les choses de sentiment d'une manière forte ou pathétique. Ce sont ces endroits simples et touchants qui sont ici les plus admirés dans les opéras; mais ce sont ces sortes d'airs que nos chanteuses de France ne choisissent jamais pour nous les faire entendre, parce qu'elles ne sauraient pas les chanter elles-mêmes, et qu'elles n'en sentent pas la force; parce que, étant simples et plus dénués de chants que les autres, nous ne les goûterions pas; parce que le mérite de ces lambeaux arrachés d'une tragédie consiste dans la justesse de l'expression, que l'on ne peut sentir sans être au fait de ce qui a précédé, et de la véritable position de l'acteur.

Je trouvai ici l'autre jour, chez le libraire Pagliarini, un traité des deux musiques, écrit par un Français nommé Bonnet.

Malgré les paradoxes où le jette son entêtement pour la simplicité de la déclamation notée, et l'envie qu'il aurait de soutenir que la musique n'est pas faite pour avoir du chant, on discerne dans son livre un homme d'esprit et de goût, juste admirateur de Lulli, et qui raisonne presque toujours bien, tant qu'il est question de la musique française.

Dès qu'il vient à l'italienne, on ne peut rien de plus absurde que tout ce qu'il dit; il n'y a pas l'ombre de vérité, ni d'apparence de sens commun : il ne peut la souffrir; il en dit pis que pendre; il se décèle en un moment, pour n'avoir jamais été en

Italie, pour ne savoir pas un mot de la langue, et, qui plus est, pour n'avoir jamais entendu de vrais airs italiens.

Il nous donne, pour chef-d'œuvre de la musique italienne, un certain vieux air prétendu italien, *io provo nel cuore un lieto ardore*, fabriqué en France, à ce que j'estime, et répété depuis cinquante ans; c'est là sa pièce de comparaison pour juger du reste.

Le musicien Menicuccio, ayant trouvé ce livre sur ma table, se mit à lire quelques pages, et demeura stupéfait de ce comble de déraison. J'en pris occasion de lui remontrer combien il était injuste lui-même dans son antipathie pour notre musique française, qu'il ne connaît guère mieux, malgré le petit séjour qu'il a fait en France; car les Italiens sont encore plus injustes à notre égard que les plus grands partisans de la musique française ne le peuvent être au leur.

Rien ne les peut faire revenir de leur entêtement contre notre musique; ils sont si infatués de la leur, qu'ils n'imaginent pas qu'il soit supportable d'entendre parler d'aucune autre.

Le fameux compositeur Hasse, *detto il Sassone*, pensa s'en étrangler avec moi à Venise, à propos de quelques douces représentations que je voulais lui faire, sur son indomptable préjugé. « Mais, lui disais-je, avez-vous entendu quelque chose de notre musique? Savez-vous ce que c'est que nos opéras de Lulli, de Campra, de Destouches? Avez-vous jeté les yeux sur l'*Hippolyte* de notre Rameau? — Moi! non, reprit-il, Dieu me garde de voir jamais ni d'entendre d'autre musique que l'italienne, parce qu'il n'y a de langue chantante que l'italienne et qu'il ne peut y avoir de musique qu'en italien. Votre langue est pleine de syllabes dures, ingrates pour le chant, détestables en musique. Qu'on ne me parle d'aucune autre langue que de celle-ci. Mais le latin, lui dis-je, cette langue si noble, si sonore, que vous a-t-elle fait? Que vous ont fait les Psaumes de David, si poétiques, si remplis d'images lyriques? Vous ignorez que nous avons un Lalande, supérieur, pour la musique d'église, à tous vos compositeurs en ce même genre. Là-dessus, je vis mon homme prêt à suffoquer de colère contre Lalande et ses fauteurs : il tenait déjà du chromatique; et si la Faustine, sa femme, ne s'était mise entre nous deux, il m'allait harper avec une double croche et m'accabler de diesis.

Je n'ai trouvé que le seul Tartini raisonnable sur cet article. Quoiqu'il ne soit jamais sorti de Padoue [1], il sent fort bien que chaque nation doit avoir sa musique à elle propre, conforme au génie de sa langue et au genre de voix que produit le pays; par conséquent différente de celle des autres, et ne pouvant être goûtée par des étrangers, qu'autant qu'ils commenceront à se naturaliser dans le pays même. Il en est de ceci comme de la comédie, qui ne peut

---

[1] Tartini mena pendant quelque temps une vie errante; il séjourna à Assise, Venise, Ancône, Prague, et mourut à Padoue en 1770. R. C.

être fort amusante que pour le peuple même chez qui elle est faite, parce que chacun a ses ridicules à soi, ainsi que son chant, et que l'un et l'autre ne sont bien sentis que par ceux à qui ils sont familiers.

Les comédies d'Aristophane et de Congrève ne sont propres à faire rire que des Grecs ou des Anglais, ou du moins que ceux qui commencent à être bien au fait de la langue et des mœurs des deux peuples. Mais peut-être le chant, tout naturel qu'il nous paraît être pour l'homme, a-t-il en soi quelque ridicule, ainsi que l'accent et que toute inflexion de voix qui s'éloigne de la simple parole. Il n'arrive à personne d'entendre pour la première fois un chant étranger, quel qu'il soit, sans avoir envie d'en rire ; peu à peu on s'y accoutume et l'on acquiert deux espèces de plaisir du même genre, au lieu d'un ; c'est un gain véritable.

Les cours d'Europe, chez qui la langue française est encore plus d'usage que l'italienne, n'ont que des opéras italiens et jamais d'opéras français ; c'est un plaisir de plus dont elles se privent volontairement. Je vois des gens parmi nous qui voudraient que nos compositeurs modernes *italianisassent* notre musique. Je ne puis être de leur avis par mille raisons, et entre autres, parce que j'aime mieux qu'il y ait deux musiques que de n'y en avoir qu'une.

Je souhaiterais seulement voir établir à Paris un opéra italien, en laissant subsister le nôtre tel qu'il est. J'avoue qu'il y aurait du danger que l'étranger ne portât coup au national, surtout dans une ville où les nouveautés prennent jusqu'à la frénésie ; les tournures et les beaux chants de l'un pourraient rendre insipide la simplicité monotone de l'autre : les gens blasés de vin de Champagne ne sont plus affectés par le vin de Nuits, quoiqu'ils soient tous deux bons dans leur genre. Mais, pour vous donner lieu de les comparer plus à votre aise, voici ce que je peux vous dire sur l'article des spectacles d'Italie.

Les Italiens ont le goût des spectacles plus qu'aucune autre nation ; et, comme ils n'ont pas moins celui de la musique, ils ne séparent guère l'un de l'autre ; de sorte que le plus souvent la tragédie, la comédie et la farce, tout chez eux est opéra. Je n'ai vu jouer de tragédies déclamées qu'à Gênes. Les simples comédies sont plus communes ; mais j'ai vu trois opéras sur pied à Naples, deux en comédie et un en tragédie. Il y en a quatre à Rome pour cet hiver : trois tragiques, au théâtre d'Aliberti, à celui d'Argentina, à Capranica, et une charmante comédie à la Valle, sans parler du théâtre de Tordinona, qui ne serait peut-être pas resté vacant, si les entrepreneurs n'eussent craint d'être dérangés par la mort prochaine du pape.

Cette abondance de spectacles en musique vient, sans doute, de ce qu'ils ont quantité de bons musiciens compositeurs et très-peu de bons poëtes dramatiques. J'aurais peine à vous citer parmi eux aucun auteur de tragédies comparable à ceux du second rang parmi nous. J'ai lu quelques tragédies dans le goût grec, de leurs anciens auteurs ; je crois que l'on ne joue plus tout cela : elles m'ont paru fastidieuses. La *Mérope* de Maffei et quelques autres pièces de différents poëtes offrent, parfois, d'assez belles situations, du simple et du pathétique, mais souvent du trivial, et presque jamais d'élévation. Au reste, n'étant pas fort au fait de ce qu'ils ont sur cette matière, je n'en dois pas trop parler, non plus que du jeu de leurs acteurs tragiques, qui ne m'a pas plu. Peut-être la troupe n'était-elle pas bonne, et je n'ai vu que celle-là ; peut-être était-ce plutôt ma faute que la leur s'ils m'ont ennuyé, car alors j'entendais peu la langue.

Pour les tragédies en forme d'opéra, ils ont un excellent auteur actuellement vivant, l'abbé Métastase, dont les pièces pleines d'esprit, de situations, de coups de théâtre et d'intérêt, feraient sans doute un grand effet si on les jouait en simples tragédies déclamées, laissant à part tout le petit appareil d'ariettes et d'opéra, qu'il serait facile d'en retrancher.

En comédies, ils ont quelques pièces anciennes assez bonnes. J'en ai lu deux ou trois de l'Arioste assez plaisantes. Ils ont de la force comique, mais qui dépasse le but, et va souvent jusqu'à la grimace. Ils ont peu de ces pièces de mœurs et de caractères qui constituent le vrai genre de comédie. La plus célèbre de leurs comédies est la *Mandragore* de Machiavel, que j'ai ouï Algarotti mettre au-dessus des meilleures de Molière ; parce que, disait-il, les mœurs et le ridicule n'y sont pas moins bien dépeints, et que, de plus, l'intrigue en est parfaitement bien conduite jusqu'à son dénoûment, article souvent négligé par Molière. Vous pouvez voir ce qui en est dans la traduction adoucie qu'en a donnée Rousseau ; ou plutôt n'en jugez point par là ; car il est vrai que la *Mandragore* est une très-bonne comédie, naturellement écrite, bien intriguée, très-comique, parfaitement convenable aux mœurs des gens et du siècle où elle a été composée, peignant à merveille les ruses de la galanterie italienne, l'hypocrisie monacale et la sotte superstition nationale ; mais l'action en est si licencieuse et si éloignée de nos mœurs, qu'elle ne serait pas supportable parmi nous.

Il ne sied pas non plus de l'entendre comparer aux bonnes pièces de Molière, qui sont excellentes par toute l'Europe, et des chefs-d'œuvre pour nous. En effet, quiconque, à jour et à jamais, voudra connaître à fond la nation française du siècle passé n'aura qu'à lire Molière, pour la savoir sur le bout du doigt ; aussi dans ma dispute avec Algarotti, lui soutins-je que nul homme n'était jamais allé aussi loin dans son art que Molière dans le sien, c'est-à-dire qu'il était encore plus grand comique qu'Homère n'était grand épique, que Corneille n'était grand tragique, que Raphaël n'était grand peintre, que César n'était grand capitaine. Là-dessus il m'arrêta, en me disant que César entendait mieux le dénoûment que Molière ; qu'il avait eu l'esprit de se faire tuer au moment du comble de sa gloire, dans le temps qu'il allait peut-être la risquer contre les

Parthes, et qu'il était mort la montre à la main. Là-dessus finit notre dispute.

Toutes les anciennes pièces italiennes imprimées ne se jouent point ; on joue comme aux Italiens à Paris de ces pièces non écrites, dont ils ont par tradition un canevas que les acteurs remplissent et dialoguent à l'impromptu ; elles n'ont ni mœurs, ni caractères, ni vraisemblance ; tout consiste en intrigues, en événements singuliers, en lazzis, en bouffonneries, en actions plaisantes. On ne peut rien de plus réjouissant, quand on n'est pas prévenu, ni de plus insipide, quand on les voit pour la seconde fois. Cette manière de jouer à l'impromptu, qui rend le style très-faible, rend en même temps l'action très-vive et très-vraie. La nation est vraiment comédienne : même parmi les gens du monde dans la conversation, il y a un feu qui ne se trouve pas chez nous qui passons pour être si vifs. Le geste et l'inflexion de la voix se marient toujours avec le propos au théâtre ; les acteurs vont et viennent, dialoguent et agissent comme chez eux. Cette action est tout autrement naturelle, a un tout autre air de vérité, que de voir, comme aux Français, quatre ou cinq acteurs rangés à la file sur une ligne, comme un bas-relief, au-devant du théâtre, débitant leur dialogue, chacun à leur tour.

Toutes les troupes de comédiens que j'ai vues en ce pays-ci sont au moins aussi bonnes que celles de Paris ; ils ont des personnages que nous n'avons pas ; tel qu'un Brighelo, premier Zanni, qui tient lieu d'Arlequin et qui en a le masque, mais avec un habillement différent ; pour second Zanni, une espèce de Polichinelle en guenilles, fait tout autrement que le nôtre, et plus semblable à l'ancien Pierrot. Vous ne lui voudriez pas de mal, si vous le voyiez dans le milieu d'une synagogue, empruntant de l'argent des juifs, qui, après lui avoir fait une usure damnable, exigent encore, pour lui compter son capital, qu'il se fasse juif, et mettent la main à l'œuvre pour le circoncire. C'est alors *che va in collera*, et qu'avec le grand bois dont il est armé, *da loro bastonate tante e tante*. En un mot, ils me font souvent rire et hausser les épaules, tout à la fois. Ce sont d'excellents comédiens et de misérables comédies. Il est étonnant néanmoins, combien Molière a emprunté de ces anciens canevas italiens. Il a pris leurs inventions tout entières, comme il a pris *les deux Sosies* de Rotrou, pour son *Amphitryon*.

Je n'en admire que plus Molière d'avoir su faire de si bonnes pièces avec de mauvaises farces. J'ai vu, entre autres, jouer le *George Dandin* d'un bout à l'autre ; mais il y avait une infinité de sottises, que notre comique n'a eu garde d'adopter. Il n'y a qu'un point qui m'a paru rendu d'une manière plus vraisemblable que chez lui, et qu'il me semble qu'il aurait dû laisser tel qu'il est. Il y a un puits dans la rue, près la porte du mari. Quand la femme revient la nuit de son rendez-vous, et qu'elle trouve son mari à la fenêtre, au lieu de faire semblant de se tuer d'un coup de couteau, elle le menace de se jeter dans le puits, s'il la réduit au désespoir, en refusant de lui ouvrir avant l'arrivée de son père; elle ramasse en effet un pavé qu'elle jette dans ce puits et se tapit aussitôt derrière la margelle; ce qui est fort naturel. Pantalon (c'est le mari) entend le bruit de la pierre dans l'eau, prend peur et descend; mais au lieu d'en rester là comme dans Molière, il va chercher un crochet et se lamente en tirant du puits des rubans, des coiffures, un panier, des jupes de femme et cent autres pauvretés. Je remarque que presque toujours ces gens-ci, à force de charger l'action, soit dans le comique, soit dans le tragique, en manquent l'effet, faute de savoir s'arrêter au point du vraisemblable.

Le nombre et la grandeur des théâtres en Italie sont une bonne marque du goût de la nation pour ce genre d'amusement. Les villes ordinaires en ont de plus beaux que ceux de Paris. Dans les grandes villes, comme Milan, Naples, Rome, etc., ils sont tout à fait vastes et magnifiques, construits d'une architecture belle, noble et bien ornée.

La salle royale de Naples est d'une grandeur prodigieuse, à sept étages, desservis par des corridors, avec un théâtre large et profond, propre à étaler de grandes décorations en perspective. A Rome, le théâtre appelé *Alle Dame*, construit par le comte Alibert, gentilhomme français au service de la reine Christine, est le plus grand, et passe pour le plus beau; c'est là que se fait ordinairement la grande tragédie. Le second, celui d'Argentina, carré d'un bout et rond de l'autre, moins grand que le précédent, mais mieux ramassé, et contenant presque autant de monde, dans un plus petit espace. Celui de Tordinona, à peu près de même forme, est aussi très-joli.

En quelques théâtres, on a observé de construire les loges de même rang un peu en saillie les unes sur les autres, à mesure qu'elles s'éloignent, afin que celles du devant ne nuisent point à la vue dans les plus reculées. Les spectateurs ne se mettent jamais sur le théâtre, ni à la comédie, ni à l'opéra; il n'y a qu'en France où nous ayons cette ridicule habitude d'occuper un espace qui n'est fait que pour l'acteur et pour les décorations; mais en France mille gens vont à la comédie, bien plus pour les spectateurs que pour le spectacle.

Il y a des théâtres où l'on a ménagé une estrade (la *Ringhiera*) au bas et tout le long des premières loges, au-dessus du parterre. Cette invention me semble fort bonne. C'est là que se placent les hommes, et, en se levant dans les entr'actes, ils se trouvent à portée de faire la conversation avec les dames assises dans les loges. Le parterre est rempli de bancs comme une église; on y est assis. Il n'en est pas pour cela moins tumultueux; c'est un carillon de cabale en faveur des acteurs, d'applaudissements tant que le favori d'une faction chante, quelquefois même avant qu'il ne commence, d'échos qui répondent dans les plus hautes loges, de vers jetés ou hurlés à la louange du chanteur; en un mot, un rompement de tête si incommode, si indécent, que le premier rang de loges en devient inhabitable. On l'abandonne aux filles suspectes, comme trop voisin du parterre, qui n'est guère peuplé que par la canaille, et au-dessus duquel ce premier rang n'est presque pas élevé.

Les gens de condition louent les secondes, troisièmes, et même, si la presse y est, les quatrièmes loges ; celles qui sont plus haut sont pour le peuple. L'usage pour la noblesse n'est pas ici, comme en France, de prendre un billet à la porte et de se placer où on veut. On ne donne à la porte que des billets de parterre à fort juste prix, et chacun doit avoir sa place louée dans une loge pour tout le temps des spectacles.

Ici et dans les villes principales, les opéras commencent, soit au mois de novembre, soit vers Noël et vers les Rois, et durent jusqu'au carême. Il n'y en a point le reste de l'année. Les musiciens ne font rien alors ou se rassemblent en petites troupes pour aller à Reggio, à la foire d'Alexandrie ou dans d'autres villes médiocres, quelquefois même dans les campagnes durant l'automne, quand il y a beaucoup de noblesse en *villeggiatura*, dans les châteaux circonvoisins.

Dès que les théâtres ont été ouverts ici, les assemblées ont cessé chez la princesse Borghese, à *casa* Bolognetti, etc. L'assemblée générale est à l'opéra, qui est fort long, et qui dure depuis huit à neuf heures jusqu'à minuit. Les dames tiennent, pour ainsi dire, la *conversazione* dans leurs loges, où les spectateurs de leur connaissance vont leur faire de petites visites. Je vous ai dit que chacun devait avoir sa loge louée. Comme il y a quatre théâtres où l'on joue cet hiver, nous nous sommes mis en société, pour avoir quatre loges louées, au prix de vingt sequins chacun pour les quatre. J'arrive là comme chez moi. On braque sa lorgnette pour démêler qui sont les gens de sa connaissance, et l'on s'entre-visite si l'on veut. Le goût qu'ont ces gens-ci, pour le spectacle et la musique, paraît bien plus par leur assistance que par l'attention qu'ils y donnent. Passé les premières représentations, où le silence est assez modeste, même au parterre, il n'est pas du bon air d'écouter, sinon dans les endroits intéressants. Les loges principales sont proprement meublées et illuminées de girandoles. Quelquefois on y joue, le plus souvent on cause, assis en cercle tout autour de la loge ; car c'est ainsi qu'on se place, et non comme en France, où les dames parent le spectacle en se plaçant à la file sur le devant de chaque loge ; d'où vous pouvez conclure que, malgré la magnificence des salles et des ornements de chaque loge, le coup d'œil du total est infiniment moins beau que chez nous.

Je me suis avisé de jouer aux échecs, une fois que je me trouvai presque seul, dans une loge du théâtre della Valle avec Rochemont, à la charmante comédie de *la Liberté dangereuse*, qui n'est pas fort suivie et qui m'amuse beaucoup plus que leurs grandes tragédies. Les échecs sont inventés à merveille, pour remplir le vide de ces longs récitatifs, et la musique pour interrompre la trop grande assiduité aux échecs.

Le duc de Saint-Aignan, lorsqu'il va au spectacle, fait une galanterie fort bien imaginée, et, à ce qu'il m'a dit, moins coûteuse qu'elle ne paraît. Il envoie ses officiers servir des glaces et des rafraîchissements dans toutes les loges des dames.

L'opéra italien diffère beaucoup de l'opéra français, soit dans le choix des sujets, soit dans la construction des pièces, soit dans le nombre et l'espèce des acteurs, aussi bien que dans la manière de les rassembler. Ce n'est pas comme chez nous une académie fixe, composée des mêmes sujets que l'on renouvelle dans le besoin. Ici un entrepreneur qui veut mettre sur pied un opéra pour un hiver, obtient la permission du gouverneur, loue un théâtre, rassemble de divers endroits des voix et des instruments, fait marché avec les ouvriers et le décorateur, et finit souvent par leur faire banqueroute, ainsi que nos directeurs de comédies de campagne. Pour plus de sûreté, les ouvriers se font déléguer en payement des loges qu'ils louent à leur profit. A chaque théâtre on exécute deux opéras par hiver, quelquefois trois; si bien que nous comptons en avoir environ huit pendant notre séjour. Ce sont chaque année des opéras nouveaux et de nouveaux chanteurs. On ne veut revoir, ni une pièce, ni un ballet, ni une décoration, ni un acteur, que l'on a déjà vu une autre année, à moins que ce ne soit quelque excellent opéra de Vinci, où quelque voix bien fameuse. Lorsque le célèbre

Senesino parut à Naples l'automne dernier, on s'écria :
« Qu'est-ce que ceci ! voilà un acteur que nous avons
« déjà vu ; il va chanter d'un goût antique. » Il a la
voix un peu usée ; mais c'est à mon gré ce que j'ai
ouï de mieux pour le goût du chant.

Voici comment ils peuvent fournir à tant de nouveautés, soit en pièces, soit en voix : un poëme lyrique une fois composé, est un bien commun appartenant à tout le monde ; les musiciens compositeurs ne sont pas rares ; quiconque d'entre eux veut travailler s'empare d'un poëme publié, déjà mis en musique par plusieurs autres, auquel il fait une nouvelle musique sur les mêmes paroles. On s'empare surtout des opéras du Métastase ; il n'y en a guère sur lesquels les plus fameux maîtres n'aient travaillé tour à tour. Cette méthode est utile et commode ; on devrait en user de même parmi nous, où les opéras manquent souvent par la faute du poëte, n'étant pas possible de faire de bonne musique sur de mauvaises paroles.

De plus, quoique dans ce genre dramatique les paroles soient subordonnées à la musique, elles contribuent infiniment à faire réussir la pièce, dont elles font réellement le fond et l'intérêt. Voyez si nos meilleurs opéras ne sont pas ceux où sont les meilleures paroles : Armide, Thésée, Atys, Roland, Thétis, Tancrède, Iphigénie, l'Europe Galante, Issé, les Éléments, les Fêtes Vénitiennes, etc. Je voudrais que Rameau prît tout uniment des poëmes de Quinault ou de Lamotte ; il ferait des opéras différents

de ceux de Lulli ou de Campra, son génie étant différent du leur; il ne les égalerait pas dans la partie du récitatif; mais il serait supérieur à d'autres égards. Je le lui ai conseillé plus d'une fois; il m'a dit en avoir eu lui-même la pensée, mais avoir toujours été retenu par la crainte d'être taxé de vanité, et de vouloir surpasser les anciens maîtres; mais c'est plus encore, à ce que je crois, par la crainte de la cabale adverse et des comparaisons. Ceci est moins à redouter ici, où l'on ne revoit, l'on n'imprime, ni l'on ne grave de musique; de sorte qu'il n'en reste dans le souvenir que les plus fameux morceaux; le reste est bientôt oublié. Il faut néanmoins que les compositeurs italiens soient d'une étonnante fécondité, pour travailler à tant d'ateliers sur le même poëme, sans se trop rencontrer. Leur facilité n'est pas moins grande; un maître, à qui l'entrepreneur demande une pièce, la compose entière en un mois ou six semaines. « Faut-il s'étonner, me disait un jour
« Tartini, si la plupart du temps le récitatif de nos
« opéras ne vaut rien; lorsque le musicien donne
« tout son soin à la composition des airs, et broche à
« la hâte tout ce qui est de déclamation? » Pour moi, je les excuse, aujourd'hui que les spectateurs ont si bien pris l'habitude de ne pas écouter le récitatif. Tartini se plaignait aussi d'un autre abus, en ce que les compositeurs de musique instrumentale veulent se mêler d'en faire de vocale et réciproquement. « Ces
« deux espèces, me disait-il, sont si différentes, que
« tel qui est propre à l'une, ne peut guère être pro-

pre à l'autre ; il faut que chacun se renferme dans
« son talent. J'ai, dit-il, été sollicité de travailler
« pour les théâtres de Venise, et je ne l'ai jamais
« voulu, sachant bien qu'un gosier n'est pas un
« manche de violon. Vivaldi, qui a voulu s'exercer
« dans les deux genres, s'est toujours fait siffler dans
« l'un, tandis qu'il réussissait fort bien dans l'autre. »
Ces compositeurs sont mal payés ; l'entrepreneur
leur donne trente ou quarante pistoles, c'est tout ce
qu'ils en retirent, avec le prix de la première copie
des airs, qu'ils vendent cher dans la nouveauté, n'en
tirant plus rien lorsqu'ils sont une fois divulgués, et
qu'il est facile d'en prendre des doubles.

Je vous ai dit qu'en Italie on ne savait ce que c'était que de graver ou d'imprimer aucune musique,
soit vocale, soit instrumentale. On aurait trop à faire ;
les concertos, les symphonies à grand chœur, pleuvent de toutes parts. Quant aux voix, il n'en faut pas
un grand nombre ; l'opéra italien n'est, pour l'ordinaire, composé que d'environ une demi-douzaine de
personnages, sans tout cet appareil de chœurs, de
fêtes en chants et en danses, qui se trouvent dans les
nôtres.

L'orchestre est ici plus nombreux, et plus varié ;
mais les instruments ne sont ni rares ni chers ; au
lieu que les belles voix se payent à un prix exorbitant,
outre qu'il les faut faire venir de loin à grand frais.

Ces messieurs les châtrés sont de petits-maîtres
fort jolis, fort suffisants, qui ne donnent pas leurs
effets pour rien. Il y a dans un opéra trois ou quatre

voix de dessus, et un *contralto* ou haute-contre, mâles ou femelles, avec un *tenore*, ou taille pour les rôles de rois. Les voix de basse ne sont point en usage; elles sont rares et peu estimées. On ne s'en sert que dans les farces, où le rôle comique est pour l'ordinaire une basse.

Ces trois premiers genres de voix ont une tierce ou une quarte d'élévation plus que chez nous. Les hautes-contre sont rares et prisées ; elles vont à *si-mi*, et ne sont pas du même genre que les nôtres ; aucune espèce de voix française ne pourrait bien rendre leur chant. Ce sont des voix de femmes en bas-dessus plus bas qu'aucun des nôtres ; elles chantent non à l'octave supérieur des femmes, mais à l'unisson des hommes. Quelquefois la voix des châtrés change à la mue, ou baisse en vieillissant, et devient *contralto*, de *soprano* qu'elle était. Il n'est pas rare qu'ils la perdent tout à fait à la mue; de sorte qu'il ne leur reste rien en retour du troc, marché tout à fait désavantageux. On leur fait l'opération vers l'âge de sept ou huit ans ; il faut que l'enfant la demande lui-même : la police y a mis cette condition pour rendre sa tolérance un peu moins intolérable. Ils deviennent pour la plupart grands et gras comme des chapons, avec des hanches, une croupe, les bras, la gorge, le cou rond et potelé comme des femmes. Quand on les rencontre dans une assemblée, on est tout étonné, lorsqu'ils parlent, d'entendre sortir de ces colosses une petite voix d'enfant. Il y en a de fort jolis ; ils sont fats et avantageux avec les belles dames, dont ils sont, à ce que prétend la chronique médisante, fort courus pour leurs talents, qui ne finissent point; car ils en ont des talents. L'on conte même qu'un de ces *demi-vir* présenta une requête au pape Innocent XI, pour avoir permission de se marier, exposant que l'opération avait été mal faite; sur quoi le pape mit en marge : *Che si castri meglio.*

Il faut être accoutumé à ces voix de castrats pour les goûter. Le timbre en est aussi clair et perçant que celui des enfants de chœur, et beaucoup plus fort; il me paraît qu'ils chantent à l'octave au-dessus de la voix naturelle des femmes. Leurs voix ont presque toujours quelque chose de sec et d'aigre, bien éloigné de la douceur jeune et moelleuse des voix de femmes; mais elles sont brillantes, légères, pleines d'éclat, très-fortes et très-étendues. Les voix de femmes italiennes sont aussi d'un pareil genre, légères et flexibles au dernier point; en un mot, du même caractère que leur musique. Pour de la rondeur, ne leur en demandez pas, elles ne savent ce que c'est; ne leur parlez pas de ces admirables sons de notre musique française, filés, soutenus, renflés et diminués par gradation, sur une même note; elles ne seraient guère plus capables de vous comprendre que d'exécuter de tels sons. Les Italiens distinguent néanmoins deux espèces de voix, qu'ils appellent *voce di testa,* qui sont tout à fait légères et propres aux petites tournures charmantes qu'ils savent donner à leurs agréments musicaux; les voix de poitrine, *voce di petto,* ont des sons plus francs, plus naturels et plus pleins. Pour le dire, en un mot, les voix de ce pays-ci sont agréables, flexibles, séduisantes au possible; mais à les mettre toutes à l'alambic, on ne tirerait pas de toutes ensemble réunies, une voix comparable ni approchant de celle de la Lemaure[1]. Quoique zélé partisan de la musique italienne, je demeure d'accord avec vous que ce genre de voix si ronde, si pleine, si moelleuse, si sonore, est préférable à tout autre.

Les meilleures que j'aie entendues sont la Faustina, la Tesi, la Baratti; en castrats, Senesino, Laurenzino, Marianini; Appianino excellent contralto, Egizietto, Monticelli, Salimbeni, Porporino jeune écolier de Porpora, joli comme la plus jolie fille; en *tenore*, Babbi, la plus belle haute-taille qui se puisse, allant aussi haut que Jellyot, et fort bon acteur. Les sexes sont fort mélangés dans l'opéra; à Naples, la Baratti jouait un rôle d'homme; ici l'on ne souffre pas de femmes sur le théâtre; la bienséance ne le permet pas, et n'y veut que de jolis petits garçons, habillés en filles; et, Dieu me pardonne, vu l'affolement qu'on a, par toute la terre, pour les filles de théâtre, je crains fort que la fornication ne s'y glisse parfois. Quelquefois ces beautés déguisées ne sont pas trop petites. Marianini, avec six pieds de haut, joue un rôle de femme sur le théâtre d'Argentina; c'est la plus grande princesse que je verrai de mes jours.

---

[1] Lemaure (Catherine-Nicole), célèbre cantatrice de l'Opéra, née à Paris en 1704, débuta en 1724. Petite et mal faite, elle avait sur la scène une grande noblesse : morte en 1783. R. C.

Pour le goût du chant, personne ne peut mieux vous en donner l'idée que la charmante Vanloo, si vous l'avez ouïe à Paris. Sa voix est peu étendue, il y en a de beaucoup plus belles dans ce pays-ci; mais personne ne la surpasse dans l'art de la conduire, dans la délicatesse et le goût exquis du chant.

Vous voyez que presque tous les rôles, soit que le personnage soit homme ou femme, sont des dessus; ils les notent toujours sur la clef d'*ut* à la première ligne : la clef de *sol*, à la seconde ligne, ne sert que pour les instruments. Ils ne font jamais usage de la clef de *sol* à la première ligne, usitée parmi nous.

Venons à la différence qui se trouve entre la construction de leurs poèmes et celle des nôtres. Les poèmes français sont faits comme ils paraissent devoir l'être pour ce genre dramatique, anormal et singulier, qui n'a rien que d'extravagant, si on le considère selon les règles; mais où l'on est convenu de sacrifier la vraisemblance et le naturel à la réunion d'un grand nombre d'amusements divers, et à la perpétuelle illusion des sens. Pour cela nous avons fort bien choisi la fable, les enchantements, la magie, qui prêtent au merveilleux, aux machines, à l'entremise des divinités, à la variété des fêtes, des danses et du spectacle; où le ciel, la terre et les enfers peuvent paraître successivement; où la non-vraisemblance, étant de l'essence même du sujet, ne peut plus être choquante.

Nous avons un autre genre moins grand et moins

noble, mais plus approchant du naturel; ce sont nos pastorales et nos ballets, où chaque acte, formant en soi une action particulière et complète, se réunit sous une même idée générale, à laquelle ils se rapportent tous. Nous entremêlons fréquemment au simple récit des duos, des trios, de grands chœurs, des danses variées, qui produisent la magnificence et la diversité recherchées dans ce genre de spectacle. Ici, ce n'est rien de tout cela; leurs opéras sont de purs sujets d'histoire. On dirait presque que les Italiens n'ont regardé ce drame que comme une manière de rendre, au moyen du chant, l'action plus forte et plus intéressante qu'elle ne le serait par la simple récitation. Cette idée serait bonne si elle était juste; mais elle n'a qu'une première apparence de vérité. En effet, dans les mouvements violents de l'âme, le chant, qui est une espèce de voix outrée, devient comme naturel, et il est très-réel qu'un sentiment fort passionné remuera plus fortement l'auditeur, s'il est joint à la musique, que par la simple déclamation; mais hors de ces grands mouvements, le chant devient ridicule dans la tragédie. Il semble d'abord qu'il faudrait chanter ou parler selon la situation, ainsi que les Anglais écrivent en vers les endroits forts de leurs tragédies, et le remplissage en prose; mais on sent assez que cette bigarrure de chant et de déclamation ne serait pas supportable.

Les opéras italiens sont donc de vraies tragédies, tout à fait tragiques, dans le goût des Corneilles et de Crébillon; Atrée ne leur paraîtrait pas un sujet trop fort. Les pièces sont en trois actes fort longs, le lieu de la scène changeant deux ou trois fois par acte, afin de pouvoir étaler un plus grand nombre de décorations. Toutes les scènes sont en récitatif, elles se terminent régulièrement par un grand air ; l'acteur s'en va parce qu'il a chanté son air ; un autre reste parce qu'il en doit chanter un ; en un mot, je trouve qu'ils n'entendent point cette partie de la liaison des scènes. Il n'y a dans ces longs actes, ni trios, ni chœurs de voix, si ce n'est un mauvais petit chœur à la fin du dernier acte. Il n'y a pas de danses : ce sont toujours des scènes de récitatif éternelles, suivies d'un air. Cette construction monotone est sans contredit fort inférieure à la nôtre. J'avoue que nos fêtes sont souvent mal amenées, et sans vraisemblance pour le temps et le lieu où on les place ; mais alors c'est la faute du poëte, et non celle du poëme. Un autre défaut bien plus considérable de nos meilleures tragédies en musique, c'est que, dans le temps que l'action du sujet vous a le plus remué l'âme, elle se trouve divertie de son émotion, parce que les yeux sont occupés d'une danse et les oreilles d'un chant, qui forment chacun un amusement d'une autre espèce et laissent refroidir le sentiment que l'action principale doit réchauffer tout de nouveau, quand elle revient sur la scène. L'opéra, pour vouloir réunir trop de plaisirs à la fois, en affaiblit la jouissance : aussi, avec beaucoup de moments agréables, a-t-il pour moi des moments d'ennui, ce que n'a pas la bonne tragédie française, où l'intérêt produit son effet sans diversion, s'accroît par degrés, et retrouve, d'acte en acte, le cœur échauffé par l'acte précédent.

Les partisans de l'opéra diront que l'on n'y va pas pour le sujet, mais pour les accessoires de musique, de spectacle et de danse; cela est vrai : c'est aussi ce qui me fait préférer la comédie et la tragédie, parce que les plaisirs de l'âme sont plus vifs que ceux des yeux ou des oreilles. Que si les Italiens ont cru éviter les inconvénients que je remarque dans nos opéras, par le choix du sujet des leurs, et en les dénuant de cet appareil qui rompt l'action principale, ils se sont fort trompés. A la vérité, leurs poëmes (j'entends ceux du Métastase) sont admirables et très-intéressants; mais les airs cousus au bout des scènes n'étant pas toujours assez liés au sujet, ces airs exquis, qui placent la musique italienne si fort au-dessus de la nôtre, font le même effet de diversion, en laissant refroidir l'intérêt, tandis qu'ils enchantent les oreilles. Ainsi, dès que ce défaut est un vice intrinsèque des poëmes en musique, j'aime encore mieux la variété des nôtres que l'uniforme construction de ceux-ci.

Les airs sont en vers lyriques, et tout le récit en vers libres non rimés, qui diffèrent à peine de la prose; je vous ai dit que ces vers pourraient le plus souvent être retranchés de la pièce, sans en rompre le sens; alors les pièces de Métastase réduites à la simple déclamation, sans aucun chant, deviendraient de fort belles tragédies. Mais ce poëte, plein d'esprit et de goût, sent fort bien qu'il est plus convenable de lier ses airs au sujet, et le fait autant qu'il le peut, surtout dans les endroits intéressants. S'il n'en use pas de même partout, il faut avouer qu'il a raison dans son système d'opéra ; le chant y est la partie capitale ; ainsi la musique y doit tenir le premier rang.

Les Italiens veulent avoir des airs de toutes sortes d'espèces, qui rendent les diverses images que la musique est capable de représenter. Ils en ont à grand fracas, pleins de musique et d'harmonie, pour les voix éclatantes ; d'autres d'un chant agréable et d'une tournure délicieuse, pour les voix fines et flexibles ; d'autres enfin, passionnés, tendres, touchants, vrais dans l'expression du sentiment de la nature, propres à l'action théâtrale et à faire valoir le jeu de l'acteur. Ceux de la première espèce sont des images d'une mer agitée, d'un vent impétueux, d'un torrent débordé, de la foudre en éclat, d'un lion poursuivi par les chasseurs, d'un cheval qui entend la trompette guerrière, de l'horreur d'une nuit silencieuse, etc. Ces figures si propres à la musique ne se trouvent pas naturellement dans la tragédie. Il faut donc les y faire venir, par des comparaisons tirées du rapport qui peut se trouver entre ces images physiques et la situation d'esprit où le poëte a mis son personnage. Je sais que de telles comparaisons sont fort déplacées dans la bouche d'un homme agité de passion, qui ne doit alors s'exprimer que d'une manière vive, mais naturelle ; c'est de quoi s'accommoderait mal la musique, qui joue ici le principal rôle. Cette simplicité ne lui fournirait peut-être que deux mots et ne fournirait pas une image ; et cette musique est si belle, si étonnante, elle peint les objets avec tant d'art et de vérité, qu'on lui pardonne fort volontiers de plus grandes fautes encore, comme est celle de faire rester sur la scène un personnage pour lu faire chanter un air fort long, au moment même où le péril le presse de s'enfuir. Ces sortes d'airs à grands effets sont presque toujours accompagnés par des instruments à vent, hautbois, trompettes et cors, qui font un excellent effet ; cent instruments à cordes et à vent savent accompagner à la fois, sans couvrir la voix.

J'ai envie de vous traduire ici (tellement quellement) un air de cette espèce, pour mieux vous en donner l'idée :

> Ainsi le passager dont la nef entr'ouverte
> Au milieu des rochers est le jouet des vents,
> Voit la terre et les eaux conjurées à sa perte
> Par leurs coups redoublés en hâter les instants.
> Partout à ses regards s'offre l'affreuse Parque.
> De quelque part qu'il jette l'œil,
> Il voit la mer ; il voit l'écueil ;
> Il regarde la vague ; il regarde la barque.
> Il voudrait se jeter ; la frayeur le retient.
> Il ne sait que résoudre en son inquiétude ;
> Jusqu'au moment où le flot vient
> Terminer et son sort et son incertitude.

Les airs de la seconde espèce sont des madrigaux, de jolies chansons contenant quelques pensées ingénieuses et délicates, ou des comparaisons tirées d'objets agréables, tels que les zéphyrs, les oiseaux l'onde qui murmure, la vie champêtre, etc.

Tel est celui-ci dans la bouche d'un amant timide, qui veut obtenir la préférence par son respect :

> Un ruisseau dont l'onde plaintive
> Gazouille entre l'herbe et les fleurs
> Jamais de la nymphe craintive
> Ne peut exciter les frayeurs.
> Dans le cristal de son eau pure
> Elle se mire en sûreté;
> Tandis que par un doux murmure
> Il applaudit à sa beauté.
> Le zéphyr qu'on entend à peine
> Agiter l'orme ou le palmier,
> Jamais sur la liquide plaine
> N'a fait pâlir le nautonnier.
> Il va dans l'empire de Flore
> A la rose faire sa cour;
> Il défend l'amant de l'Aurore
> Des traits brûlants du dieu du jour.

Ou cet autre :

> Un amour vrai qui toujours dure,
> C'est ce phénix tant rebattu ;
> Il en est un : chacun l'assure;
> Jamais personne ne l'a vu.
> En qui prendrait-on confiance,
> Quand on ne trouve en nul amant
> Ni fidélité, ni constance,
> Que tous jurent également?

Quant aux airs de la troisième classe, qui n'expriment que la passion, Métastase a grand soin de les placer dans l'endroit le plus vif et le plus intéressant de sa pièce, et de les lier intimement au sujet. Alors le musicien ne cherche ni tournures, ni passages, mais à rendre avec simplicité le sentiment tel qu'il soit, dans toute sa force. Ces airs ont bien moins de chant que les autres, mais bien plus de pathétique et de vérité, et croyez, je vous prie, qu'ils en ont autant que les scènes les plus théâtrales de Lulli; ajoutez qu'ils ont beaucoup plus de musique. Ces endroits sont toujours les plus goûtés dans les opéras: les spectateurs s'y passionnent presque autant que l'acteur. Ainsi les Italiens sont bien éloignés de dédaigner l'expression, comme on se le figure en France, où mille gens croient que leur musique ne s'occupe jamais qu'à badiner sur des voyelles, et qu'elle a si peu de rapport aux paroles, qu'elle pourrait s'en passer; mais ces morceaux d'expression ne peuvent sortir du théâtre sans perdre les trois quarts de leur prix.

Je mets dans cette même classe les airs simples liés au sujet, dans lesquels Vinci et Pergolese son élève, ces deux compositeurs si naturels et si simples, ont parfaitement bien réussi. J'y mets aussi les airs exprimant la terreur à la vue de quelque objet effrayant; spectre, apparition, etc., et auxquels l'expression musicale prête une force surprenante. Il y en a un dans l'opéra de *Siroës*, qu'on joue à cette heure, qui me fit quasi dresser les cheveux à la tête, la première fois que je l'entendis. Chosroës, au moment qu'il vient de faire mourir son fils, découvre qu'il est innocent; il tombe dans une frénésie où il lui semble voir l'ombre de son fils qui le poursuit. Au milieu de l'air, sur un demi-temps de la mesure, s'élève une trompette qui accompagne seule et représente le spectre poursuivant Chosroës. On ne peut rien de plus lamentable ni de plus effrayant; c'est la trompette du jugement dernier.

Voilà pour la partie musicale des poëmes du Métastase; la partie dramatique vaut bien qu'on en parle aussi. Jamais aucun poëte ne l'a égalé dans l'art de l'exposition du sujet. Cet article, qui met à la torture tous nos poëtes du second rang, et où les premiers maîtres ont échoué plus d'une fois, ne donne aucune peine à Métastase; car il n'en fait jamais. Je ne sais comment diable il vient à bout de manier sa protase de telle manière que, presque sans aucun récit, le spectateur se trouve au fait de tout ce qu'il doit savoir pour l'intelligence de la pièce. Il débute ordinairement par une action d'éclat dès la première scène, et continue à mener avec la même rapidité son sujet jusqu'au dénoûment. Il s'entend à merveille à mettre en jeu les passions. Il est plein d'événements et de coups de théâtre surprenants; il en est même surchargé, et ces coups de théâtre singuliers sont souvent amenés aux dépens de la vraisemblance. Par là, ses bonnes pièces, telles qu'*Adrien*, *Artaxerxès*, *Titus*, *Achille reconnu*, etc., sont très-intéressantes, et les médiocres, telles qu'*Hypsipyle*, *Sémiramis*, etc., sont au moins curieuses. Il compose avec une extrême facilité; il est fertile en inventions variées. L'action de ses pièces est ordinairement double ; mais il lie les deux actions tellement l'une à l'autre, qu'elles ne peuvent cheminer qu'ensemble, ce qui produit cependant un manque d'unité dans l'intérêt. De plus, il est sujet au défaut que l'on remarque dans les *Horaces* du grand Corneille : ainsi, dans *Démophon* (qui est le sujet d'*Inès de Castro*) et dans l'*Olympiade*, après avoir tiré son héros du péril, il le replonge une seconde fois dans un nouveau péril imprévu, et d'une autre espèce. Alors c'est en quelque sorte une seconde action qui commence. Il a beaucoup de ces caractères vertueux au-dessus de l'humanité, qu'on se plaît à voir au théâtre ; il en a d'autres singuliers, qui nous paraîtraient bizarres, outrés, trop faibles ou trop forts : ses nœuds sont petits, roulant sur des méprises et tenant presque du comique. Je suis toujours étonné, quand je vois cette nation-ci n'être pas choquée d'un défaut de noblesse, au milieu des plus grands sujets : l'intrigue roule presque toujours sur une conjuration ou sur une trahison. On dirait que leurs tragédies sont tragiques par les actions, et comiques par la manière de les traiter. Les Italiens admettent volontiers dans leurs tragédies une espèce de Zanni, ou de bouffon tragique, qui conduit l'intrigue par une perfidie, et fait donner les bonnes gens dans le panneau. Les spectateurs ne craignent point de rire, au milieu d'une scène intéressante ; tout aussitôt après, ils reprennent leur douleur, comme si de rien n'était. Le

Métastase est grand plagiaire; il pille de toutes mains, les Corneilles, Racine, Quinault, Crébillon et tout ce qu'il peut attraper; pensées, sujets, situations, tout lui est bon. Mais il rend très-bien ce qu'il s'est approprié, si ce n'est qu'il entasse trop de choses les unes sur les autres, comme lorsqu'il lui faut deux ou trois tragédies pour faire son dernier acte de l'*Olympiade*. Cette pièce n'est pas du nombre de ses meilleures, quoique le second acte soit tout à fait beau et intéressant. Elle est construite un peu différemment des autres: il y a des chœurs dans chaque acte, et dans le premier une très-longue exposition du sujet, qui est fort implexe. Le sujet est tiré de l'histoire de Léon et de Roger dans l'Arioste. Il ne tient qu'à nous d'avoir notre revanche, en puisant à notre tour dans le Métastase; nos auteurs actuels trouveraient assurément chez lui de quoi s'enrichir. Il dialogue comme un ange (j'en excepte les à partés trop fréquents) et avec un air de vérité que je ne trouve pas toujours chez nous : nous avons de trop longues tirades. Chez lui les scènes sont de vraies conversations; son style est coulant, vif, sentencieux; plein de pensées ingénieuses, parfois un peu trop recherchées; encore faut-il lui rendre justice là-dessus, il a moins que personne ce défaut ordinaire à son pays; il entend à merveille l'appareil du spectacle, sachant introduire, d'une façon naturelle, l'attirail des fêtes, des combats, des triomphes et de tout ce qui en peut augmenter la magnificence. J'aime l'art avec lequel il a su, dans *Achille reconnu*, lier une décoration avec le nœud de l'action. Ulysse, rencontrant dans la galerie de Lycomède une jeune femme qu'il soupçonne d'ailleurs être Achille déguisé, se met à examiner les statues représentant les travaux d'Hercule, dont la galerie est ornée. Il comble d'éloges le héros jusqu'au moment où, le voyant déguisé en femme près d'Omphale, il fait éclater son indignation contre une telle dégradation. Par là, il excite un si grand trouble sur le visage d'Achille, qu'il n'a plus lieu de douter que sa conjecture ne soit véritable.

C'est une règle en Italie, de ne jamais ensanglanter la scène, ni la catastrophe, par le meurtre de quelqu'un des principaux personnages, lors même que la pièce contient les actions du monde les plus atroces; tellement qu'on peut s'assurer d'avance que les plus grands forfaits demeureront impunis au dénoûment. Les gens que l'on tue sont tout à fait subalternes, ou ne paraissent pas. Cet usage est si bien établi que, dans le *Caton d'Utique*, dont le sujet est si connu, Métastase, ayant voulu s'en écarter, en ramenant sur la scène Caton blessé à mort, fut obligé de faire un changement en cet endroit de sa pièce. J'ai cependant vu, dans *Hypsipyle*, un Léarque se précipiter dans la mer; mais c'est une manière douce de se tuer sans coup férir. On doit nous donner, pour la fin du carnaval, le *Caton d'Utique*, bel opéra de Leo, au théâtre d'Aliberti.

Métastase, à ce que j'ai ouï dire, est un enfant de naissance inconnue, qu'un gentilhomme romain, le fameux jurisconsulte Gravina, fit élever chez lui par charité et institua pour son héritier. Métastase montra de bonne heure un heureux génie, et fut reçu jeune de l'académie des Arcades. Il est premier poëte de l'empereur et fait sa résidence à Vienne, où il est fort chéri; c'est pour cette cour qu'il a composé ses opéras. Il a fait aussi quelques jolis ballets ou divertissements en un acte, et des oratorios en musique, sur des sujets tirés de l'Écriture sainte.

Le récitatif italien déplaît souverainement à ceux qui n'y sont pas habitués. On dit qu'on le goûte quand on y est accoutumé : il est vrai que je commence à m'y faire ; mais les gens du pays n'y sont peut-être pas encore faits ; car dès qu'ils savent la pièce, ils ne l'écoutent plus, si ce n'est dans les scènes intéressantes. J'admirais, au commencement, comment il peut être à la fois si baroque et si monotone. Je demandai un jour à un Anglais, qui devait être sans prévention sur cet article, s'il était possible que le récitatif de nos opéras fût aussi plat et aussi ridicule que celui-ci. « Tout autant, me répondit-il ; je vous assure que tous deux sont fastidieux et insupportables au dernier point. » Cependant nous aimons le nôtre, et nous savons, à n'en pouvoir douter, qu'il est bon, du moins pour nous. Les Italiens en disent autant du leur ; je sens même déjà que certains endroits bien travaillés commencent à me plaire ; il est plus simple et encore moins chantant que le nôtre ; ce n'est presque qu'une simple récitation scandée dans le goût de celles de ces acteurs tragiques qui chantent en déclamant. J'imagine que c'est à peu près de la sorte que l'on jouait la tragédie en France, avant que Baron et la Lecouvreur eussent donné le vrai ton. La basse continue d'accompagnement est tout à fait simple, ne faisant que fournir un son, dans les repos des phrases, pour soutenir le ton; le clavecin plaque ses accords d'une manière rude, et n'arpége jamais. Ce n'est pas qu'il n'y ait quelques récitatifs avec accompagnement obligé de violon, ce sont même les plus beaux; mais ils sont rares. Quand ils sont parfaitement traités, comme quelques-uns de Jomelli que j'ai entendus, il faut avouer que, par la force de la déclamation et la variété harmonieuse et sublime de l'accompagnement, c'est ce que l'on peut voir et se figurer de plus dramatique, bien au-dessus du meilleur récitatif français et des plus beaux airs italiens. L'exécution de ces récitatifs accompagnés est tout à fait difficile, surtout pour les parties instrumentales, à cause de la bizarrerie des mouvements, qui ne sont conduits par aucune mesure battue.

On bat la mesure à l'église dans la musique latine, mais jamais à l'Opéra, quelque nombreux que soit l'orchestre, quelque chargé de parties que soit l'air que l'on exécute; ces gens-ci ont tout autrement que nous de justesse et de précision; aussi disent-ils encore plus de mal de notre exécution que de notre musique. « Je n'ai, me disait Zuccareni, jamais entendu à l'Opéra français qu'un bon morceau, savoir: le chœur de *Jephté*, encore était-il misérablement estropié. Ils n'ont pas tort pour l'opéra, mais à la chapelle du roi et au concert spirituel on exécute assez bien, quoique ce ne soit pas avec autant de précision qu'ici. L'orchestre italien, soit par le nombre, soit par la variété des instruments, est en état de produire ce grand fracas que demandent certains morceaux. Dans un concert spirituel qui fut exécuté la veille de Noël, dans la salle papale de Monte Cavallo, je jugeai qu'il y avait à peu près deux cents instruments; je m'attendais à un bruit prodigieux. Dans l'exécution, l'effet ne me parut pas plus fort que s'il n'y en eût eu que cinquante; d'où je conjecture qu'un certain nombre de violons est suffisant pour donner à l'air tout l'ébranlement qu'il est capable d'en recevoir, et que mille de plus ne l'augmenteraient pas. Comme tout l'orchestre accompagne, il faut qu'il ait grand soin de s'observer, sans quoi il couvrirait la voix. Tandis que les parties de *ripieno* font les accords harmoniques, le premier violon joue presque partout le même chant que la voix; cet unisson la soutient et l'accompagne fort bien. Je ne sais pourquoi nous n'en usons pas souvent de même. Ils ont une méthode d'accompagner que nous n'entendons pas, qu'il nous serait facile d'introduire dans notre exécution, et qui relève infiniment le prix de leur musique; c'est l'art de l'augmentation ou de la diminution du son, que je pourrais appeler l'art des nuances et du clair-obscur. Ceci se pratique, soit insensiblement par degrés, soit tout à coup. Outre le fort et le doux, le très-fort et le très-doux, ils pratiquent encore un *mezzo piano* et un *mezzo forte* plus ou moins appuyé. Ce sont des reflets, des demi-teintes qui mettent un agrément incroyable dans le coloris du son. (Peste! la jolie expression; le père Castel[1] ne dirait pas mieux.) Quelquefois l'orchestre accompagnant *piano*, tous les instruments se mettent à forcer à la fois pendant une note ou deux, et à couvrir entièrement la voix, puis ils retombent subitement dans la sourdine : c'est un effet excellent.

Une autre variété naît de la manière dont ils emploient les modulations. Ils ne composent guère dans le mode mineur; presque tous leurs airs sont écrits dans le mode majeur; mais ils y entremêlent, sans qu'on s'y attende, des phrases mineures qui surprennent et saisissent l'oreille jusqu'au point d'affecter le cœur. Ils ont de très-beaux tons dont nous ne faisons guère d'usage; un entre autres en *mi* majeur à trois *bémols*, qu'ils appellent *Re-la-fa*, d'une beauté et d'une noblesse singulière.

Ils s'entendent aussi à varier le son par la variété de celui des instruments qu'ils emploient, violons, cors, trompettes, hautbois, flûtes, harpes, violes d'amour, archiluths, mandolines, etc. Nous n'avons pas assez de diversité dans nos instruments; c'est ce qui contribue encore à la monotonie que l'on reproche à notre musique. Leurs ritournelles sont ravis-

---

[1] Castel (Louis-Bertrand), jésuite, géomètre et physicien, né à Montpellier en 1668, mort en 1757; il travailla pendant près de trente ans au *Journal de Trévoux*, et imprima plusieurs ouvrages.

R. C.

santes, et le chœur qui les suit est si joliment tourné, si flatteur ou si surprenant, qu'auprès de ceci nos airs français ne sont que du plain-chant; c'est folie que de vouloir les mettre en parallèle. Je ne dirai qu'un mot là-dessus pour combattre votre opinion; savoir, que l'essence de la musique étant d'être chantée, celle qui a le plus de chant doit avoir la préférence. Les morceaux les plus unis de la leur sont au niveau des plus chantants de la nôtre; si la nôtre est uniforme, la leur paraît se répéter aussi, surtout aux oreilles étrangères, celles-ci n'étant pas faites à leurs ports de voix, à leur manière de couler les notes, à leurs chutes très-différentes des nôtres; elles en sont d'abord surprises, puis en remarquent plus aisément les retours.

Le défaut de leur musique, dont ils conviennent eux-mêmes, est de n'être propre qu'aux spectacles et qu'aux concerts, ne pouvant se passer d'accompagnement. Une chanteuse à qui vous demanderez un air dans une chambre ne chantera pas sans se mettre au clavecin pour s'accompagner, jouant la basse de la main gauche, et le sujet, non les accords de la droite; toutes en savent assez pour cela. Aussi, malgré le peu de cas qu'ils font de nos chants, louent-ils beaucoup nos vaudevilles gais, nos duos et chansonnettes de table; c'est tout ce qu'ils aiment de notre musique.

Presque tous leurs airs sont à voix seule; à peine a-t-on deux ou trois duos dans tout un opéra, et quasi jamais de trio. Les duos sont consacrés au genre tendre et touchant, aux situations les plus pathétiques de la pièce ; ils sont d'une beauté merveilleuse, et produisent un extrême attendrissement. C'est là surtout que les voix, ainsi que les violons, emploient ce clair-obscur, ce renflement insensible du son, qui augmente de force de note en note, jusqu'au plus haut degré, puis revient à une nuance extrêmement douce et attendrissante. On admire ici les cadences ou points d'orgue, qui se font à la finale de chaque air dans les *solos*. Pour moi, ils ne me plaisent point du tout, outre qu'ils sont trop fréquents, ils disent toujours la même chose. J'ai envie de rire quand je vois un gros châtré se renfler comme un ballon, pour faire du haut en bas de sa voix pendant un demi-quart d'heure, sans reprendre haleine, vingt roulements les uns sur les autres. Je n'aime pas non plus l'usage éternel d'avoir, ainsi que dans nos cantates, chaque air divisé en deux parties, dont la première se reprend après la seconde. Ceci même est choquant, par la manière dont les paroles sont construites ; car ce sont deux quatrains où le plus fort de la pensée, se trouvant dans le second, est affaibli par la répétition du premier.

Si l'on danse quelquefois sur le théâtre de l'Opéra, ce n'est pas que les ballets fassent partie de la pièce ; ils ne sont ni amenés par des fêtes, ni liés au sujet. Chaque opéra étant de trois actes, chacun de près d'une heure de durée, on en use la longueur par deux entr'actes en danses ou en intermèdes. Ces danses sont des espèces de pantomimes très-ridiculement placées dans les intervalles d'une tragédie. Les danseurs, hommes et femmes, sont vifs, légers, s'élevant plus haut que la Camargo et autant que Maltère l'oiseau ; ils ont du jarret, de plus une certaine gentillesse plaisante, et ne manquent pas de précision ; mais ils n'ont ni bras, ni grâces, ni noblesse. En un mot, la danse des Italiens est fort au-dessous de la nôtre ; ils le reconnaissent eux-mêmes. Lorsqu'ils veulent danser au bal, n'ayez peur qu'ils prennent de leurs airs ; ils font jouer des menuets français et allemands. La musique italienne n'est pas aussi dansante qu'elle est chantante ; leurs symphonies si belles, si harmonieuses ne sont pas du genre qu'il faut pour y adapter des pas. Ils ne savent même pas trop bien composer dans cette vue, n'ayant que peu de bons airs propres aux ballets de théâtre. J'ai ouï dire mille fois en France que la musique instrumentale d'Italie valait mieux que la nôtre, mais que nous l'emportions pour la vocale. Il me semble que c'est tout le contraire, et que ces gens-ci en jugent ainsi que moi. Premièrement pour la musique vocale, point de comparaison ; car je n'en souffrirai jamais. Pour l'instrumentale, ils ont des concertos, soit à grands chœurs, soit mêlés de chœurs et de récits à violon seul, fort au-dessus de tout ce que nous pourrions faire dans ce genre : ils couchent mieux leurs parties ; l'harmonie leur est plus familière. Ils observent de ne faire travailler qu'une partie à la fois, et de tenir les autres couchées fort simplement, pour que le chant du sujet sorte et se distingue d'une manière nette, pour que les accords soient justes et précis, les uns contre les autres, sans se brouiller, comme il arrive lorsque le dessus et la basse travaillent trop à la fois; ils entendent tout ceci mieux que nous. D'un autre côté, nos opéras sont pleins d'une infinité d'airs à danser, de mouvements et d'espèces variées, d'un chant naturel, agréable, facile à retenir, et qui, au sortir du théâtre, courent de bouche en bouche. C'est là notre vraie symphonie française, moins grande, moins harmonieuse que la leur, mais d'un chant plus vif et plus gai.

Quant à la sonate à violon seul, tranchons le mot, ils n'en ont pas d'égales à celles de Leclair; au reste, soit qu'ils ne se tiennent pas forts de leurs richesses en ce genre, ou que la symphonie ne leur plaise qu'autant qu'elle est à grands chœurs, ils exécutent peu de sonates. Je menai dernièrement un assez bon violon français, au concert chez le cardinal Bichi, et je lui fis jouer la sixième sonate en *ut* mineur du troisième livre de Leclair, pour voir si ces gens-ci auraient le front de ne point trouver cela beau; ils ne furent pas si mal avisés; mais ils firent peu de cas de l'exécutant, qui ne jouait cependant pas mal. Je ne sais, mais je trouve que le jeu français paraît mat et insipide auprès du leur; ce n'est pas que nous n'ayons la main aussi bonne qu'eux sur le manche du violon, c'est la main de l'archet qui nous manque; ils ont mille tournures délicates, mille saillies, en un mot, une articulation que nous ne savons pas attraper. Pascalini de Rome est exquis dans cette partie brillante; il joua l'autre jour à Sainte-Cécile, comme un dieu. C'est le Guignon[1] de l'Italie, comme Tartini de Padoue en est le Leclair. Pour la grande exécution et pour être clef de meute à la tête d'un orchestre, je crois que la fille de Venise ne le cède à personne.

Si vous êtes choqué de voir remplir les entr'actes d'une grave tragédie par des ballets pantomimes, vous le serez bien davantage de la voir coupée par des intermèdes. On appelle *intermezzi* de petites farces en deux actes, dans le bas comique, à peu près du ton de celles que l'on joue sur des tréteaux à la place Royale.

Jugez si de telles pièces riment à rien dans les entr'actes d'une tragédie; mais, de grâce, pardonnez-leur, c'est un délice, pourvu que la musique en soit parfaitement bonne et parfaitement bien exécutée; le médiocre en ce genre n'est plus que bas et trivial. Ces petites farces n'ont que deux ou trois personnages bouffons; la musique en est simple, gaie, naturelle, d'une expression comique, vive et risible au dernier point. Je voudrais pour quelque chose de bon vous pouvoir faire entendre un mari contrefaisant sa femme, qui perd tout son argent au pharaon; les regrets d'un pauvre diable qu'on va pendre, ou quelque duo d'une querelle bizarre, ou d'un raccommodement entre un galant et sa maîtresse; il n'y a

[1] Guignon (Jean-Pierre), habile violoniste, né à Turin en 1702, mort à Versailles en 1774; devint le rival du fameux Leclair et acquit une grande fortune. R. C.

rien au monde de plus plaisant. Ajoutez à cela l'air de vérité dont ceci est traité de la part du musicien et rendu de celle de l'acteur, et la précision singulière de l'exécution. Ces bouffons pleurent, rient à gorge déployée, se démènent, font toutes sortes de pantomimes, sans jamais s'écarter de la mesure d'un demi-quart de seconde. J'avoue que ces sortes de pièces, quand elles sont telles que le *Maître de musique* de Scarlatti, la *Serva Padrona*, *Livieta e Tracollo* de mon charmant Pergolese, me font plus de plaisir que toutes les autres. Les précieuses de ce pays-ci, qui n'estiment que leurs pièces sérieuses, me raillent de mon affolement pour ces farces. Mais je persiste dans mon opinion, que moins le genre est grave, mieux la musique italienne y réussit. En effet, on sent qu'elle respire la gaieté, et qu'elle y est dans son élément. J'aime aussi leurs comédies mêlées de sérieux et de rôles comiques. On nous en donna une très-jolie de Rinaldo di Capua, au théâtre della Valle, et j'en vis une charmante à Naples, de Leonardo Leo. Je ne pense pas que nous puissions réussir à faire de la musique risible, quoique nous ayons d'excellentes comédies d'un genre un peu plus élevé, témoin les *Fêtes vénitiennes*, dont le ton est vraiment celui de la comédie; et plût à Dieu qu'on nous en donnât souvent de pareilles!

Les meilleures écoles de musique, ou, pour me servir de leurs termes, les séminaires de maîtres de chapelle sont à Naples. C'est de là que sont sortis Scarlatti, Porpora, Domenico Sarri, Porta, Leo,

Vinci, Pergolese, Gaëtan Latilla, Rinaldo di Capua, et plusieurs autres célèbres compositeurs. Pour les voix, la bonne école est à Bologne ; la Lombardie excelle dans la musique instrumentale. Il me paraît que la musique italienne était à son plus haut période, il y a six ou sept ans ; le goût change fréquemment ici. Latilla est aujourd'hui à la mode à Rome. L'opéra de *Siroës*, qu'on nous donne au théâtre d'Aliberti, est de sa composition ; mais ni lui, ni Terradellas et autres, ne sont de la force de ceux qui travaillaient le plus il y a peu d'années ; et ceux-ci avaient surpassé leurs prédécesseurs, tels que Buononcini, Porta, l'aîné Scarlatti, Sarri, compositeur savant et triste, Porpora, naturel, mais peu inventif. Vinci, Hasse, communément nommé le Saxon, et Leo, sont ceux dont les pièces ont le plus de réputation. Vinci est le Lulli de l'Italie, vrai, simple, naturel, expressif et le plus beau chant du monde, sans être recherché ; il a beaucoup travaillé quoique mort jeune. On dit qu'il était insolent, et qu'après avoir été plus d'une fois châtié pour une galanterie qu'il menait trop publiquement avec une dame, il finit par être empoisonné. *Artaxerce* passe pour son plus bel ouvrage ; c'est en même temps l'une des meilleures pièces du Métastase, qui l'a prise tant du *Stilicon* de Thomas Corneille, que du *Xerxès* de Crébillon. C'est le plus fameux opéra italien. Je ne l'ai pas vu jouer, mais je le connais pour l'avoir ouï presque tout entier en concerts, et j'en ai été charmé. Tout excellent qu'est cet ouvrage de

Vinci, la scène du désespoir d'Artaban, ajoutée par le poëte et mise en musique par le Sassone, surpasse peut-être encore toutes les autres. Le récitatif *Eccomi al fine in libertà del mio dolor*, est admirable, ainsi que l'air qui suit : *Pallido il sole*. Ce morceau ne se trouve pas facilement ; c'est le prince Édouard qui a eu la bonté de me le donner ; je le regarde comme ce que j'ai de plus beau parmi sept ou huit cents airs que j'ai fait copier de diverses pièces. Le Saxon est très-savant ; ses opéras sont travaillés d'un grand goût d'expression et d'harmonie. Leo a un génie peu commun ; il rend bien les images ; son harmonie est très-pure ; ses chants sont d'une tournure agréable et délicate, pleins d'une invention recherchée. Ils ne sont pas trop faciles à déchiffrer, quoiqu'en général la musique italienne soit plus aisée à lire et à chanter que la nôtre, outre qu'elle n'exige pas tant de voix. J'en avais déjà vu l'expérience avec surprise, sur de jeunes demoiselles de Genève, à qui on les enseignait toutes les deux à la fois, et qui avaient plutôt appris trois airs italiens qu'un air français.

Pergolese, Bernasconi, Scarlatti, Jomelli, sont presque égaux aux trois dont je viens de vous parler. Parmi tous ces musiciens, mon auteur d'affection est Pergolese. Ah ! le joli génie, simple et naturel. On ne peut pas écrire avec plus de facilité, de grâce et de goût. Consolez-moi dans mon affliction ; j'en ai grand besoin ; mon pauvre favori vient de mourir de la poitrine, à l'âge de trente-trois ans, jouissant déjà d'une réputation qui aurait bientôt égalé celle de Vinci, son maître. Il est mort au milieu des applaudissements que lui attirait son excellent opéra de l'*Olympiade*, qui m'a tant fait de plaisir. Ses petits intermèdes sont charmants, si gais, si réjouissants. On regarde sa cantate d'*Orphée* comme la meilleure des cantates italiennes ; son *Stabat Mater*, comme le chef-d'œuvre de la musique latine. Il n'y a guère de pièce plus vantée que celle-ci pour la profonde science des accords. On dit aussi des merveilles d'un *De profundis* de sa composition qui est entre les mains du duc de Monteleone ; on m'avait promis de me le faire avoir, mais il est encore à venir. Jomelli nous a donné en dernier lieu l'opéra de *Ricimer* au théâtre d'Argentina, et quelques autres pièces. Ce jeune homme promet d'aller loin et d'égaler bientôt tout ce qu'il y a jamais eu de grands maîtres. Il n'a pas moins de force que de goût et de délicatesse ; il possède à fond l'harmonie, qu'il déploie avec une richesse surprenante. Je ne dois oublier, dans le catalogue des compositeurs que je connais, ni Jacomelli, ni Lampugnani qui a fait des airs si touchants, ni un Français, nommé Antoine Gay, qui n'a pas mal réussi en ce pays-ci. J'en passe quantité d'autres sous silence. Haendel a une grande réputation en Angleterre ; ses ouvrages ne sont pas répandus en Italie, et, sur ce que j'ai vu de sa musique vocale, je le croirais inférieur à tous ceux que je vous ai nommés.

La magnificence de la décoration dans les opéras italiens est telle, surtout comparée à la mesquinerie ordinaire de la nôtre, que je ne puis vous en donner qu'une faible idée; il faut l'avoir vue. L'art de la peinture est aujourd'hui perdu en Italie; il n'y reste d'habiles gens que dans la partie de perspective et de décoration. L'immense grandeur des théâtres leur donne lieu d'étaler leur savoir-faire dans un espace convenable que nous n'avons pas dans nos chétives salles de Paris; vous ne sauriez croire avec combien de vérité, dans le tout et dans le détail, ils rendent le lieu représenté; c'est en effet une galerie, une forêt, un champ, une grange, un cabinet, une prison voûtée, etc. Au lieu de placer uniformément comme nous les pièces de la décoration sur les deux files de coulisses, ils les répandent tout au travers du théâtre; si ce sont des colonnades ou des galeries, ils les disposent obliquement sur plusieurs lignes diagonales, ce qui augmente l'effet de perspective; si le lieu doit avoir peu d'espace, ils y restreignent le théâtre et le ferment si bien de toutes parts, qu'on dirait être dans une caverne, dans une tente ou sous une voûte. Il y a deux ou trois changements par acte; ils s'exécutent sans beaucoup d'adresse, avec moins d'ensemble et de promptitude que chez nous. Mais aussi, quand ils sont faits, la vérité en est telle que toute mon attention se porte à reconnaître, lorsque l'on doit changer la scène, où se trouve la jonction de ces pièces que je viens de voir poser l'une après l'autre.

Au lieu des chœurs de voix et de danseurs qui peuplent et parent notre spectacle, ils remplissent le leur d'un grand appareil de marches, de sacrifices, de cérémonies de toute espèce, qu'ils rendent avec un détail vrai, curieux et amusant. Les spectacles muets, que Servandoni commence à donner aux Tuileries, sont à peu près du même genre. Pour des machines proprement dites, je ne leur en ai pas vu ; leurs poëmes n'ayant ni merveilleux, ni divinités, ni magie, n'en sont pas susceptibles. Les marches sont nombreuses, quelquefois de cent et de cent cinquante personnes. Au premier coup d'œil, le spectacle de ces chars de triomphe, de cette foule, de tout cet attirail, a de la pompe et de la magnificence ; mais il ne rompt pas cette éternelle uniformité de scènes terminées par un air, aussi bien que le pourrait faire une variété de chœurs et de danses intercalées. De plus, ces gens de la suite des principaux acteurs ne sont ni mis ni vêtus comme nos groupes de choristes, comme nos troupes galantes de danseuses. Ce sont des gueux mal chaussés, revêtus d'une longue soubreveste peinte en oripeau et d'un bonnet tel quel.

Le peuple aime surtout les combats, les mêlées ; il faut, pour plaire au parterre, qu'il y ait dans chaque opéra une semblable pompe : *Quando succede qualche zuffa spaventosa qui si fa gran fracasso,* et le parterre est content. Ces combats sont assez bien exécutés ; ils m'amusent aussi. J'ai vu des capitaines arriver à la tête de leur troupe montés sur de très-beaux chevaux effectifs ; mais ces chevaux paraissaient n'avoir qu'un goût médiocre pour la musique, et ne se pas plaire à trotter sur les planches d'un théâtre.

Pour résumer en un mot la longueur inouïe de cette dissertation où m'a jeté votre lettre, bien au delà de mon attente et de la vôtre, la musique italienne est certainement au-dessus de la nôtre; mais notre opéra vaut le leur, tout mis en balance, si ce n'est qu'il leur serait plus aisé de donner à leur opéra la forme du nôtre, qu'à nous de donner au chant français la tournure brillante et les agréments flatteurs du chant italien.

J'ajouterai deux mots sur la musique d'église : nous en entendons souvent, car toutes les fois qu'il y a *Fonction* dans une église, il y a musique, et il y a tant d'églises ici qui ont chacune tant de fêtes! On y exécute non-seulement des motets, mais aussi des concertos, et quelquefois à deux chœurs, qui se correspondent dans deux tribunes, d'une aile de l'église à l'autre.

Il y eut une musique superbe de cette espèce aux Jésuites le premier jour de l'an, inférieure encore cependant à celle de Sainte-Cécile, où un Espagnol donna un motet de sa composition, le plus beau que j'aie ouï en Italie. Les chœurs de leurs motets sont admirables; mais les récits manquent de la noblesse et de la gravité convenables aux sujets. J'y louerai la science et l'harmonie, non pas le goût. Nos motets de Lalande sont plus beaux et mieux faits que tous ceux-ci. La musique latine n'a pas la même vogue que la musique en langue vulgaire : on n'en exécute guère hors de l'église. J'aurais peine à vous dire quels sont les plus célèbres compositeurs en ce genre. Pour le vieux

Carissimi[1] dont vous me faites mention, pour Dieu ! gardez-vous d'en parler ici, sous peine d'être regardé comme un chapeau pointu; il y a longtemps que ceux qui lui ont succédé sont passés de mode. On vantait beaucoup à Venise les psaumes en langue vulgaire d'un nommé Benedetto Marcello; ils sont à trois et à quatre voix, à basse continue, sans symphonie. Ce que j'en ai ouï m'a paru savant, mais triste et dénué de chant.

Voilà, mon cher Maléteste, tout le compte que je puis vous rendre de la musique italienne. Mille embrassements à tous nos amis; faites part de ma lettre au petit Potot[2], qui est un *dilettante*, quasi même un *virtuose*.

LI. — A M. L'ABBÉ CORTOIS DE QUINCEY.

Mort de Clément XII.—Obsèques.—Conclave.

Si vous avez une bénédiction à demander au saint-père *in articulo mortis* (je parle de la sienne et non de la vôtre, mon cher abbé), vous n'avez pas un moment à perdre. Depuis l'accident qu'il eut au mois d'octobre, il n'a pas été en état de sortir un moment de son lit. A présent il tire tout à fait à sa fin, c'est une affaire de quelques jours de plus ou de moins;

---

[1] Compositeur célèbre, né à Venise en 1600; réformateur de la musique moderne en Italie.   R. C.
[2] M. de Montot.

on croyait qu'il ne passerait pas l'autre semaine. Le cardinal-vicaire avait fait cesser les spectacles, et exposer le Saint-Sacrement dans toutes les églises, si bien que les pauvres étrangers, ne sachant plus où donner de la tête pour leur soirée par défaut d'opéra, se trouvaient tout à fait désorientés. Au bout de quelques jours, les choses n'avançant ni ne reculant, les ouvriers qui ont travaillé pour les entrepreneurs des théâtres se sont mis à crier; car la plupart ne reçoivent en payement de leur travail que la rétribution journalière de certaines loges de hauts étages dont l'entrepreneur leur abandonne le produit. Le gouverneur de Rome a voulu faire rouvrir les théâtres. Il est allé faire ses représentations au cardinal-vicaire, qui a répondu que cela ne se pouvait tant que le Saint-Sacrement serait exposé. A quoi le gouverneur a répliqué, qu'il était plus à propos de le renfermer que de laisser mourir de faim les ouvriers. Il fallut longtemps batailler avec ce bon cardinal Guadagni pour lui faire entendre raison :

> Et ce n'est pas sans peine
> Qu'enfin le diable a repris le dessus.

Les spectacles ont recommencé; mais voilà qu'on parle déjà de les interrompre de nouveau. Tout ce tracas m'impatiente au dernier point; en vérité, le saint-Père devrait bien prendre son parti d'une manière ou d'une autre. Croit-il que j'aie le temps d'attendre, et que je veuille demeurer ici trois fois dix ans? J'envoie tous les matins savoir des nouvelles à

Monte Cavallo, et je m'y prends d'avance à tenir cette lettre toute prête pour vous donner incontinent avis de la conclusion. En attendant, pour vous aider à dresser votre plan sur le prochain conclave, je vais joindre ici une feuille de quelques petites notes que j'ai faites sur ce que j'ai vu et entendu dire çà et là du caractère de plusieurs cardinaux. Le bruit public se tait encore sur le successeur ; cependant le grand âge du pape et sa longue maladie ont donné le temps nécessaire pour faire des brigues. Les deux factions dominantes seront celle du Camerlingue et du cardinal neveu. Il y a apparence que les factions de France et d'Espagne, très-puissantes par elles-mêmes, se joignant à celle de ce dernier, qui a un si grand nombre de créatures de son oncle, lui doivent assurer la victoire ; mais il a affaire à un maître homme.

GUADAGNI, carme, grand-vicaire, bigot, papelard, sans esprit, sans goût, pauvre moine ; c'est le cardinal blanc. Les moines portent l'habit de cardinal dans la forme ordinaire, mais de la couleur de leur ordre, au lieu de le porter rouge.

AQUAVIVA D'ARAGON, archevêque de Montréal, protecteur d'Espagne et de Naples, le plus grand seigneur de Rome et le plus magnifique ; figure noble et un peu épaisse, l'esprit comme la figure, puissant par sa faction, considéré, accrédité, passe pour homme de bien et grand débrideur de filles.

ACCORAMBONI, *un cardinalone*, beaucoup d'importance et peu de fond,

Corio, Milanais, gouverneur de Rome; ce qui l'a fait cardinal : honnête homme.

Ottoboni, doyen, neveu d'Alexandre VIII, Vénitien, protecteur de France, fait cardinal à dix-sept ou dix-huit ans; sans mœurs, sans crédit, débauché, ruiné, amateur des arts, grand musicien.

Corsini, clerc tonsuré, Florentin, neveu du pape actuel, peu d'esprit, moins de tête, nulle capacité, courtisé pour sa place et par le grand nombre de créatures qu'a son oncle dans le Collége. On verra au conclave ce qu'il sait faire. Le gouvernement est entre ses faibles mains : il a mis les finances surtout en pitoyable état. Le peuple crie hautement de la rareté et du mauvais titre de l'argent, se plaint du transport de l'espèce à Florence, ne veut plus de pape qui ne soit Romain ou de l'État ecclésiastique. La famille Corsini a du mérite; elle s'est logée mal à propos dans un palais du Transtevere, rue de la Longara, quartier fort éloigné. Aujourd'hui on va lui faire la cour; dans trois mois personne n'y mettra le pied. La princesse Albani disait que les gens de la famille papale mouraient deux fois : la première de la mort de leur oncle, la seconde de leur mort naturelle.

Fleury, Français, ministre d'État, considéré au dernier point, surtout depuis la dernière guerre et la paix de Vienne; regardé comme l'oracle de l'Europe ; *major è longinquo reverentia*.

Alberoni, Plaisantin, plein d'esprit et de feu; inquiet, remuant, méprisé, sans mœurs, sans décence, sans considération, sans jugement. Selon lui, un cardinal est un Jean...... habillé de rouge. On l'a nommé légat à Ravenne, où il a formé le beau projet de conquérir la république de Saint-Marin.

Ruffo, Napolitain, homme de mérite et de crédit, l'un des Zelanti. Il est convaincu qu'on ne peut faire un meilleur choix que celui de sa personne au prochain conclave; peut-être a-t-il raison.

De Bossu, Flamand, archevêque de Malines, homme de vertu et fort estimé, mais étranger, c'est-à-dire inutile et sans crédit.

Fini, fort peu de chose, jadis dans les bas emplois domestiques.

Davia [1], Bolonais, nonce en Flandre, à Cologne, en Pologne, à Vienne; savant, homme de tête, très-estimé, passe pour janséniste, a concouru pour le pontificat avec Clément XII, eût été pape, dit-on, sans le cardinal de Bissy.

Polignac, Français, archevêque d'Auch, homme de lettres et d'esprit; plus de brillant que de fond, médiocre négociateur; poli, doux, sociable et fort aimé à Rome.

Petra, grand pénitencier, vieux radoteur. Il croit qu'il sera pape, et le croit tout seul.

Rezzonico, Vénitien, fils d'un banquier, ne manque pas de mérite.

Aldrovandi, Bolonais, de bonne maison, estimé, tête bien faite; sujet papable.

---

[1] Le cardinal Davia était mort avant l'ouverture du conclave. (Voir p. 57.) R. C.

Del Giudici, protecteur de l'Empire, considéré.

Quirini, évêque de Brescia, bibliothécaire du Vatican, pieux et savant, mais d'une science lourde.

Colonna, pauvre sot. Naguère les Colonna étaient Allemands, aujourd'hui ils sont Espagnols : ils seront toujours ce que sera le possesseur du royaume de Naples, dont le chef de leur maison est connétable.

Le cardinal Infant, archevêque de Tolède, fils du roi d'Espagne. Celui-ci ne viendra certainement pas.

Molta, Portugais; peu connu à Rome.

Les deux Altieri, de haute naissance, neveux de Clément X. Le premier est attentif, exact; le second tout uni : tous deux bonnes gens. Le premier est estimé, l'autre jouit de peu de considération.

Sacripanti, ci-devant trésorier général, fripon de la première classe. Comme il n'a pas volé pour lui tout seul, on l'a fait cardinal; ce qui le dispense de rendre compte.

Macchi, nonce en France, évêque d'Ancône, homme de rien, mais fort estimé. On le regarde comme papable.

Zondadari, demeure à Sienne sa patrie, dont il est archevêque; frère du feu grandmaître de Malte; haï des Français, qui l'ont traversé.

Colonitz et Zinzendorf, l'un archevêque de Vienne, l'autre évêque de Breslaw; demeurent tous deux en Allemagne.

Lambertini, Bolonais, archevêque de Bologne, bonhomme, uni, facile, aimable et sans morgue, chose rare en ceux de son espèce; goguenard et licencieux dans ses discours ; exemplaire et vertueux dans ses actions ; plus d'agrément dans l'esprit que d'étendue dans le génie; savant surtout dans le droit canon; passe pour pencher vers le jansénisme ; estimé et aimé dans son corps, quoique sans morgue, ce qui est très-singulier.

Riviera, respectable, d'une grande probité; jadis un peu galant, aujourd'hui d'une grande régularité : l'un de leurs meilleurs sujets.

Albani (Annibal), neveu de Clément XI, Camerlingue, extrêmement considéré par sa capacité, haï et redouté à l'excès; sans foi, sans principes, ennemi implacable, même quand il paraît s'être réconcilié; grand génie dans les affaires, inépuisable en ressources dans les intrigues, la première tête du collége et le plus méchant homme de Rome. Sa faction n'est pas nombreuse; les créatures de son oncle diminuant tous les jours; mais il se mettra à la tête des Zelanti, et battra le Corsini avec tout son monde. Une armée de cerfs, commandée par un lion, vaut mieux qu'une armée de lions commandée par un cerf. Il gouverne tout dans le conclave par la supériorité de son génie; l'autorité de sa charge, et ses manières impérieuses et terribles. Il sait bien qu'il ne sera jamais pape; mais il en veut un de sa main; et, s'il ne le fait tout seul, du moins empêchera-t-il qu'on ne le fasse sans lui. Il est ennemi des Français.

Albani (Alexandre), frère du précédent et son ennemi. Quelques gens prétendent néanmoins que cette haine n'est qu'un jeu pour mieux couvrir leurs menées. Ils se sont un peu rapprochés depuis peu : celui-ci est chef des Piémontais, homme d'esprit, galant et le plus répandu de tous dans les sociétés de la ville. Il aime le jeu, les femmes, les spectacles, la littérature et les beaux-arts, dans lesquels il est grand connaisseur.

Firrao, Napolitain, secrétaire d'État, mince politique, médiocre à tous égards.

Valenti, Mantouan, allié de la maison de Gonzague, n'est point à Rome. On en dit du bien, et que c'est une tête des plus capables du sacré Collége.

Borghese, jeune homme d'une jolie figure. Le sang des Borghese est ordinairement beau comme celui des Rohans en France. Il y a onze ans qu'il est cardinal : son père donna, dit-on, dix mille écus romains à Coscia, pour lui obtenir cette place ; d'autres assurent que le fils ayant su ce que voulait faire son père, l'en empêcha et refusa d'être cardinal par ce moyen ; mais le plus grand nombre croit que la somme a été donnée.

Ferreri, Piémontais, évêque de Nice où il demeure.

Gesvres, Français ; oublié.

Gotti, jacobin ; il a quelque science monacale, assez de piété et peu de crédit. Cependant on en parle pour le conclave ; mais cela ne peut être sérieux, si ce n'est que parce que c'est un sujet médiocre.

Tolomei, jésuite ; assez estimé.

De Bovillon, comme on l'appelle ici ; c'est le cardinal d'Auvergne : ce mot dit tout. Les Romains ne le connaissent point; ils sont portés à le considérer par son nom et la mémoire de son oncle ; ils verront.

Pico della Mirandola, vieux bonhomme fort cassé, estimé du pape; a fait les études des moines; scotiste ; dévoué aux jésuites; de la faction allemande.

Coscia, ministre sous Benoît XIII, digne de la potence, condamné à une prison perpétuelle au château Saint-Ange, où il se trouve à merveille, dit-on, parce qu'il ne lui en coûte rien et qu'il amasse de l'argent. Le pape a modéré sa peine ; il sera mis en liberté au prochain conclave, où il ne sera peut-être pas sans crédit, étant homme d'intrigues.

D'Acunha, Portugais, grand inquisiteur, ignorant, fait grande dépense à Rome.

Spinola, Génois, légat à Bologne, belle figure, manières d'un homme de qualité, a de la considération.

Rohan, magnifique ici comme en France, l'air noble, les manières d'un grand seigneur, cependant peu estimé et peu accrédité. On croit que tout ce qu'il a fait, au sujet des affaires de notre clergé, n'a été que par air ou par ambition. D'ailleurs, ne sachant point se plier aux manières italiennes, hasardant le propos légèrement et divulguant sa politique dans les ruelles. Lui et l'abbé de Vauréal cassèrent le cou au feu cardinal Olivieri, à qui tout le monde songeait pour la papauté, pour avoir dit trop haut qu'ils étaient venus le mettre sur le trône. Les Italiens furent piqués de ce propos si décisif; et Olivieri lui-même, donnant plus à la ruse italienne qu'à la légèreté française, a cru pendant quelque temps que le cardinal de Rohan n'en avait usé de la sorte que pour le perdre.

Bichi, Siennais. C'est lui qui a suscité à la cour de Rome tant d'affaires en Portugal et qui se fit faire cardinal malgré le pape; fourbe et pauvre espèce d'ailleurs; peu de crédit et point d'estime; grand amateur de musique : c'est ce qu'il a de mieux.

Porzia, bénédictin, Vénitien du Frioul, de haute naissance, d'un très-grand mérite et d'une égale considération; l'esprit noble et élevé, ferme, sévère, grand justicier, impitoyable pour la canaille, sujet très-papable et capable de rétablir le bon ordre dans Rome. Il serait naturel qu'on jetât les yeux sur lui; probablement le fera-t-on; mais il est fort haï du menu peuple, qui l'appelle : *Il nemico del povero*.

Tencin, Français, archevêque d'Embrun; dur, haineux et vindicatif par tempérament, grave et politique par état, aimerait par goût le commerce du monde et des femmes; souple et ambitieux à la cour de France, fier et hautain à celle de Rome, représentant bien et tenant un plus grand état que nul autre : très-redouté, très-considéré, très-accrédité. On a ici une opinion de sa capacité au moins égale à tout ce qu'il en peut avoir. Joignez à cela que le nom du roi de France est tout-puissant en Italie depuis la dernière guerre : par cette raison et par le pouvoir qu'a le génie français sur la faction d'Espagne très-puissante en nombre, on est persuadé que ce sera le cardinal de Tencin qui fera le pape, et cela doit être.

Son métier, au prochain conclave, est de faire tête au Camerlingue, de mener le Corsini et de se conserver étroitement uni avec Aquaviva.

Cinci, Romain, sujet ni bon ni mauvais; par ces deux raisons peut-être *il papegera*.

Spinelli, Napolitain, archevêque de Naples, recommandable par sa piété et par la régularité de ses mœurs.

Lercari, Génois, n'est pas mauvais sujet.

Delci, Florentin, ci-devant nonce en France.

Mosca, de Pesaro, fait peu de bruit. On dit qu'il est en liaison avec les Albani.

Passionei, de Fossombrone, nonce en Suisse et à Vienne, grand partisan du génie allemand, secrétaire des Brefs; rond et uni dans ses manières, d'une extrême liberté de langue, contant beaucoup et avec esprit, méprisant souverainement la morgue cardinalique : peu estimé de plusieurs de ses confrères, à qui il le rend au double. Quelques-uns l'accusent de cacher un esprit double sous l'extérieur d'une franchise excessive ; affecte beaucoup la réputation d'homme de lettres.

Marini, Génois, n'est pas dans les ordres sacrés.

Lipski, Polonais, inconnu à Rome ; c'est l'archevêque de Gnesne.

Belluga, Espagnol. Avant que d'être ecclésiastique, il a été officier général dans les armées d'Espagne et commandant dans le royaume de Valence ; c'est un bon vieux militaire, il a conservé ses moustaches guerrières...

Enfin, le fidèle Pernet entrant ce matin dans ma chambre, vient de m'annoncer que tout était consommé pour le vicaire de Jésus-Christ : il est mort entre sept et huit heures. Je vais m'habiller sur-le-champ et aller à Monte Cavallo. J'entends déjà sonner la cloche du Capitole et battre le tambour dans notre quartier.

Je viens de voir au palais pontifical une triste image des grandeurs humaines : tous les appartements étaient ouverts et désertés, je les ai traversés, sans y trouver un chat, jusqu'à la chambre du pape, dont j'ai trouvé le corps couché à l'ordinaire dans son lit et gardé par quatre jésuites de la Pénitencerie, qui récitaient des prières ou en faisaient semblant. Le cardinal Camerlingue était venu sur les neuf heures faire sa fonction : il a frappé à diverses reprises d'un petit marteau sur le front du défunt, l'appelant par son nom, *Lorenzo Corsini*, et, voyant qu'il ne répondait pas, il a dit : *Voilà ce qui fait que votre fille est muette;* et lui ayant ôté du doigt l'anneau du pêcheur, il l'a brisé selon l'usage. Il y a apparence que tout le monde l'a suivi lorsqu'il est sorti. Aussitôt après, comme le corps du pape doit rester longtemps exposé en public, on est venu lui raser le visage et mettre un peu de rouge aux joues, pour adoucir cette grande pâleur de la mort. Je vous assure qu'en cet état, il a meilleure mine que je ne lui ai jamais vu durant sa maladie. Il a naturellement les traits assez réguliers ; c'était un fort beau vieillard : son corps doit être embaumé ce soir. Incontinent on va s'occuper de beaucoup de choses qui mettront la ville en mouvement : les obsèques, le catafalque, les préparatifs du conclave. Le Camerlingue commande souverainement durant la vacance. Il a le droit, pendant quelques jours, de faire frapper la monnaie en son nom et à son profit. Il vient d'envoyer dire au directeur de la Monnaie que, si dans l'espace des trois jours suivants il n'en avait pas fabriqué pour une certaine somme fort considérable, il le ferait pendre. Le directeur n'aura garde d'y manquer ; ce terrible Camerlingue est homme de parole. On m'avait annoncé que, régulièrement le jour de la mort du pape, la populace du Trastevere venait faire une sédition dans la place d'Espagne. Je m'attendais à voir, sous mes fenêtres, le spectacle d'une émeute populaire, inutilement m'y suis-je mis, il n'est rien arrivé...

Si la cérémonie de l'exaltation du nouveau pape ne vaut pas mieux que les obsèques du défunt, ce n'est pas la peine d'attendre la fin du conclave, qui m'a la mine de durer plus que de raison. Les manœuvres du conclave seraient à la vérité un objet plus digne de curiosité, s'il n'était réservé seulement à ceux qui sont dans l'intérieur d'en voir au juste la pratique ; ils achètent si cher cette connaissance par leur prison, que je n'ai garde de leur envier le spectacle à pareil prix. Je suis allé chez le duc de Saint-Aignan voir passer ces obsèques, qui ne sont que la translation du corps à Saint-Pierre. Il était porté sur une litière découverte de velours cramoisi brodé d'or, entouré de la garde suisse en hallebardes, précédé des chevau-légers, et de quelques autres troupes, des trompettes et de plusieurs pièces de canon posées à l'envers sur leurs affûts roulants ; le tout accompagné de plusieurs estafiers et d'une considérable illumination : c'était à huit heures du soir. J'ai cru d'abord que c'était quelque général d'armée, tué dans une bataille, que l'on rapportait dans son camp. Au diable si j'y ai vu apparence de clergé, que quelques prêtres de la Pénitencerie en longs manteaux noirs! Le catafalque élevé à Saint-Pierre est magnifique et d'un grand goût, orné d'architecture, de statues feintes et de médaillons, d'inscriptions et de tableaux, représentant les principales actions du pontificat et les monuments élevés par le pape. On n'y a pas oublié le port d'Ancône et la construction d'un beau lazaret au milieu de la mer. Il est étonnant qu'on ait pu, avec tant de promptitude, élever un catafalque qu'on pourrait appeler un édifice. Aussi c'est un plaisir que de travailler aux décorations de cette espèce à Saint-Pierre ; on a du large et de l'exhaussement tant que l'on en veut. Le corps doit rester exposé jusqu'au neuvième jour, auquel le sacré Collége et les chanoines de Saint-Pierre feront un enterrement préliminaire, c'est-à-dire, que l'on expose le corps dans un trou carré de muraille, où il reste jusqu'au jour de l'anniversaire de sa mort. Alors la famille du défunt lui fera faire, à ses propres frais, une superbe pompe funèbre, pour le transporter dans le mausolée, et dans la superbe chapelle qu'il a fait construire pour sa sépulture à Saint-Jean-de-Latran. On le mettra *in pace* dans cet admirable tombeau de porphyre d'Agrippa, qui était ci-devant sous le portique du Panthéon.

Le sacré consistoire s'assemble tous les jours depuis la mort du pape. Les cardinaux se regardent tous comme autant de princes régnants, possédant la souveraineté par indivis. Depuis que le siége est vacant, nous ne nous mettons plus à côté du cardinal de Tencin, dans son carrosse; il est seul dans le fond, comme représentant une portion de monarque. Tous ceux qui l'accompagnent sont sur le devant ou aux portières.

C'est un plaisir de voir toute la ville en course et en mouvement pour la construction du conclave. Vous savez qu'on le bâtit dans l'intérieur du Vatican; pour vous le dire, en un mot, on bâtit une ville dans une maison et de petites maisons dans de grandes chambres; d'où vous devez conclure que c'est la ville de l'univers la moins logeable et la plus étouffée. D'abord les maçons se sont mis à murer en briques toutes les portes extérieures du palais, les portiques des loges ou galeries hautes, et toutes les fenêtres, où l'on n'a laissé de libre que deux ou trois carreaux de vitre au-dessus de chacune, pour faire entrer dans l'intérieur un peu de crépuscule. Les appartements étant très-vastes et fort élevés, on peut y pratiquer au-dedans des cabanes en planches avec des entre-sols au-dessus, en laissant tout le long des chambres un corridor libre pour le passage. On ne se sert pas des pièces où sont les plus belles peintures de peur de les gâter. Le grand péristyle d'en haut, au-dessus du portail de Saint-Pierre, forme une spacieuse galerie, où il y a de quoi bâtir des cellules des deux côtés, en laissant un corridor au milieu. Ce péristyle seul contient dix-sept logements, et les plus commodes ; toute la construction de ceci doit être faite dans l'espace de douze jours. Il n'y a, pour faire entrer les ouvriers, les échafauds, les bois, les meubles, les ustensiles et tout, qu'une petite porte étroite et haute ou fenêtre à balcon, à laquelle on monte de la rue par un petit escalier fait exprès. Jugez quel tumulte et quel embarras pour construire de la sorte, à la fois, soixante-dix maisons dans un appartement! L'artisan de Rome, tout habitué qu'il est à la paresse dans le cours ordinaire de sa vie, en sort avec une activité sans égale, dès que l'occasion se trouve aussi nécessaire que pressée. Je voudrais que vous vissiez dans ce palais les ouvriers, les valets des cardinaux et le nombre infini de badauds regardant, aller, venir, s'agiter, travailler à toutes sortes d'ouvrages à la fois, donner des coups et en recevoir, entrer et sortir de la même porte par une fluctuation continuelle ; c'est une vraie fourmilière, une ruche d'abeilles. Les ouvriers, sans s'égosiller à dire gare, ni s'arrêter un moment pour la foule, laissent le soin aux longs soliveaux qu'ils portent de se faire faire place en avant, le long de ces étroits corridors.

Chaque logement est à peu près composé d'une cellule où est le lit du cardinal, d'une autre petite pièce à côté, d'un bout de cabinet, avec un escalier montant à l'entre-sol, où l'on ménage deux petites pièces pour des domestiques : quand l'espace se trouve favorable, on a un peu plus. Ceux qui sont dans la grande loge au-dessus du portail, c'est-à-dire dans le péristyle dont je vous parlais, ont l'avantage d'avoir vis-à-vis d'eux, de l'autre côté du corridor, tout un rang de cabanes le long des fenêtres, dont ils font des cabinets d'étude ou d'assemblée. Quand il se trouve, dans le fond des appartements, de petites pièces sans issue, ou trop peu spacieuses, soit pour y bâtir, soit pour y pratiquer des corridors déserts, on les laisse en entier telles qu'elles sont, en y mettant seulement la cellule de planches où doit coucher le cardinal ; car la règle invariable est d'avoir son lit dans la cellule : ces logements sont les meilleurs de tous. Le fripon de Coscia en a un de cette espèce, composé d'une belle chambre et de deux jolis cabinets. Après lui, c'est le cardinal de Rohan qui a le mieux rencontré. Les logements se tirent au sort. Le cardinal de Fleury est gîté on ne peut pas plus mal, tout au bout d'un appartement désert et perdu ; pour le coup il ne s'en soucie guère. Mais j'attends à son gîte le cardinal d'Auvergne, qui est aussi très-mal tombé, lui qui aime tant ses commodités. Notre cardinal de Tencin est au milieu du péristyle, justement vis-à-vis du grand balcon, au-dessus de la principale porte de Saint-Pierre ; de sorte que l'enfoncement de ce balcon muré sert d'arrière-cabinet passablement spacieux à son cabinet d'étude ; mais aussi il sera pillé et mis en pièces quand le nouveau pape viendra se mettre sur ce balcon et donner sa bénédiction au peuple assemblé dans la place Saint-Pierre. Il a aussi un peu étendu ses coudes aux dépens de son voisin Molta, qui ne vient point au conclave ; si bien qu'il n'est pas mal à l'aise. Passionei, Aquaviva et l'Infant d'Espagne sont aussi dans le péristyle. Vous entendez que soit qu'un cardinal vienne au conclave ou non, il faut toujours qu'il fasse les frais de la construction, qui ne vont pas à moins de cinq ou six mille francs ; car Dieu sait comme les ouvriers se font payer cher dans ce cas de nécessité.

Chaque cabane de planches est partout uniformément revêtue en dehors de serge violette, si c'est une créature de feu Clément XII ; verte, si c'est un cardinal de l'ancien collége ; en dedans on la meuble comme on veut. Vous croyez bien qu'on n'y cherche pas beaucoup de façon. Celle de l'Infant, qui reste inhabitée, est bien plus magnifique que les autres, en damas, trumeaux et tables de marbre, avec des vitraux de glace, les plus grands qu'il a été possible de les faire, pour laisser la parure de l'intérieur à découvert ; on dirait le café du conclave. Les autres ont dans chaque pièce une petite fenêtre carrée qui tire un peu de jour des corridors ténébreux. On est là pressé comme des harengs en caque, sans air, sans lumière, avec de la bougie en plein midi, perdu d'infection, dévoré des puces et des punaises. Ce sera un joli séjour si ces messieurs n'expédient pas leur besogne avant que les chaleurs arrivent ; aussi compte-t-on qu'il en meurt d'ordinaire trois ou quatre par conclave.

Le Camerlingue, en sa qualité de chef de la chambre apostolique, a droit de commander dans le conclave et d'y faire observer la police. Le cardinal Annibal Albani, revêtu de cette charge, s'en acquitte d'une manière hautaine et sévère. Il fait sa ronde tous les soirs pour reconnaître si tout est en repos et en bon ordre. La nuit il a des émissaires en sentinelle pour empêcher les visites nocturnes, favorables aux brigues secrètes ; mais on trouve le moyen de rôder à la faveur de l'obscurité. Quand un cardinal ne veut pas être interrompu dans sa cellule, il croise en dehors certains bâtons au-devant de sa porte ; ce qui est un signe qu'il dort, ou du moins qu'il ne veut pas être chez lui.

Quelque ennuyeuse et incommode que soit la vie que l'on mène en cette odieuse prison, peut-être le temps s'y écoule-t-il fort vite, tant il y a de menées, d'intrigues et d'occupations. Soir et matin les cardinaux s'assemblent à la chapelle Sixtine pour procéder à l'élection. Ils se rangent dans les stalles, chacun ayant devant soi un catalogue du sacré Collége pour marquer, à mesure qu'on ouvre le scrutin, le nombre des suffrages donnés à chacun. Trois cardinaux pris dans chaque ordre, évêque, prêtre et diacre, sont nommés chaque jour pour présider au scrutin, l'ouvrir et proclamer les élus. Chaque cardinal, après avoir été faire serment sur l'autel qu'il procède sans brigues, intérêt ni vue humaine, mais dans sa conscience, pour la plus grande gloire de Dieu et le plus grand bien de l'Église (formulaire qui se répète chaque fois), va poser son bulletin de suffrage, en présence de trois inspecteurs, dans un calice, sur une petite table au milieu de la chapelle. Les bulletins contenant les noms de celui qui nomme, de celui qui est nommé, et de plus une certaine devise particulière, prise de quelque passage de l'Écriture, sont fermés à plusieurs plis et cachetés à chaque pli. On commence à les ouvrir par le bas, de sorte que l'on ne voit d'abord que le nom de celui qui est élu. On compte soigneusement les bulletins avant que de rien ouvrir. Si le nombre ne se trouve pas égal à celui des cardinaux présents, on brûle le scrutin sans rien voir, et l'on recommence ; si l'un des cardinaux n'a pas le nombre suffisant pour être élu, savoir : les deux tiers des suffrages, on brûle le scrutin sans décacheter plus avant, pour que les nominateurs restent inconnus ; si le nombre était suffisant, il faudrait décacheter les autres plis pour vérifier les nominateurs et les devises, dont chacun, sans doute, retient copie. Mais, comme on ne finirait jamais, si l'on s'en tenait au scrutin, après y avoir procédé, on vient à *l'accessit;* c'est l'adhésion à l'élection d'un cardinal déjà porté au scrutin ; et, si les deux ensemble font le nombre de voix suffisant, l'élection est canonique ; chaque cardinal s'approche de l'autel et dit : *J'accède à ceux qui ont donné leurs suffrages à un tel.* Alors, si le nombre est bon, on vérifie les nominateurs du scrutin pour voir s'ils sont différents des *accessit,* de peur qu'une même voix donnée, dans l'un et dans l'autre, ne soit comptée pour deux. A l'*accessit* on est maître de n'accéder à personne : *accedo nemini;* cela est fréquent, et c'est même le cardinal *Nemini* qui a souvent le plus de voix. D'autres fois on renverse subitement, à cette seconde cérémonie, tout ce qui avait été fait à la première ; c'est à l'*accessit* aussi que se font les plus fins coups de politique. Quelquefois, par exemple, quand la partie est liée pour quelqu'un, le chef de la faction met en réserve pour l'*accessit* tous les bons suffrages certains, et charge tous ceux que l'on croit douteux de se jeter au scrutin, afin de reconnaître d'avance par le nombre, si ceux dont il soupçonne la fidélité ont procédé de bonne foi dans l'exécution de leur promesse, et de ne lever ensuite le masque qu'à jeu sûr. Il y a d'autres manières d'élire, par *acclamation,* par *inspiration,* par *adoration,* quand on se voit assez fort pour le déclarer hautement tout d'un coup, dans l'espérance que le petit nombre, intimidé par la crainte, se laissera entraîner au torrent ; car personne n'est curieux d'avoir refusé son suffrage au souverain qui vient d'être élu ; mais, pour user de ces dernières méthodes, il faut qu'un chef de parti sache bien prendre son moment décisif, où qu'il voie régner un instant d'enthousiasme. Par *adoration,* un cardinal se prosterne aux pieds d'un autre, et l'adore tout à coup comme Vicaire de Jésus-Christ. C'est ainsi que fut élu le cardinal des Ursins, autrement Benoît XIII. Ces manières tumultueuses étant terribles lorsqu'elles manquent leur coup ne s'emploient que rarement. Dans l'usage ordinaire, le pape se nomme dans un scrutin unanime prévu d'avance ; ces gens-ci connaissent si bien quand une partie est liée de façon à ne pouvoir manquer de réussir, qu'alors les contradicteurs se taisent, et que toute opposition cesse. Je crois que depuis Panfili, pour qui les Barberini achetèrent en secret le consentement de l'ambassadeur de France, qui le devait exclure, il n'y a pas eu diversité de suffrages le jour de l'élection ; aussi l'artifice consiste-t-il à tendre des piéges aux contradicteurs pour les intimider, en leur faisant croire que le coup est certain ; mais il est rare qu'ils en soient les dupes : au reste, ils sortent presque toujours de leurs menées d'une toute autre manière qu'ils ne s'y étaient attendus.

J'ai ouï dire au cardinal Alexandre Albani, qu'il y avait si loin du dessein de leurs batteries à l'effet qui en résultait, qu'il était tenté de croire réellement que le Saint-Esprit se servait de toutes ces machines pour les faire arriver à ses vues. Il serait plus simple de dire qu'étant bien plus facile de renverser que d'édifier, quand les factions sont venues à bout de ruiner sans ressources leurs batteries réciproques, elles se voient contraintes à les abandonner ; il faut donc se rejeter ailleurs, et en sortir par quelque autre porte. Alors tel, à qui l'on ne songeait pas d'abord, se voit accepté par la crainte qu'on a d'un autre.

Je reviens à vous, mon cher abbé, au sortir de la

procession que les cardinaux ont faite en entrant au conclave, et d'un copieux dîner que j'ai été faire ensuite, pour donner du courage à nos gens qui vont se battre.

J'ai assisté ce matin à la messe du Saint-Esprit, célébrée dans la grande chapelle de Saint-Pierre par Ottoboni, doyen du sacré Collége. Les cardinaux occupaient les hauts siéges, et les prélats de la cour, ayant à leur tête le gouverneur de Rome, se sont placés dans le bas. Assemani a fait en latin le sermon *de eligendo pontifice.* Il m'a rappelé ces vers d'un poëte burlesque :

Phlégias là fait des sermons,
Outre qu'ils sont mauvais, fort longs.

Ce n'était qu'une fort plate rapsodie de lieux communs, en assez mauvais langage. Les cardinaux, précédés du clergé, chantant le *Veni, Creator,* se sont mis en marche ; ils ont traversé processionnellement l'église de Saint-Pierre, et sont montés par le grand escalier du Vatican, où nous avons pris congé d'eux en leur souhaitant beaucoup de plaisir. Cette procession n'est pas si bien ordonnée que les nôtres, et plus confuse encore que celle que vous voyez faire à Versailles aux chevaliers de l'Ordre. Je m'étais mis en rang avec les Eminences, toujours faisant la conversation avec notre cardinal, au milieu de la haie des assistants, que nous entendions faire leurs conjectures sur le futur conclave ; car, à cette heure, ce dont on est le plus curieux, c'est de savoir qui sera pape. On en nomme une douzaine ; il y a à parier pour un de ceux-là, et plus à parier encore que ce ne sera aucun d'eux ; selon le proverbe qui dit : que celui qui entre pape au conclave, en sort cardinal. Outre l'intérêt général de la nation, il n'y a ni petit ni grand dans Rome qui n'ait un intérêt personnel à ce que tel ou tel soit élu, à cause des liaisons et des protections, à cause des cardinaux qu'il fera, et parce qu'il rend incontinent son chapeau, à quelque autre personne appartenant à la famille du pape qui le lui a donné ; de sorte qu'il importe à beaucoup de gens que le nouveau pontife soit choisi dans le nombre des créatures de tel ou tel pape.

Parmi les créatures des différents papes, celles de Clément XII, étant en plus grand nombre, rendent la faction de Corsini plus considérable qu'aucune autre. Il y a trente-deux cardinaux de la promotion de son oncle, et si Corsini sait conduire sa barque, avec l'appui qu'il aura d'ailleurs, il n'y a point de doute qu'il ne doive déterminer l'élection de son côté. On peut compter au nombre des sujets éligibles dans ses créatures, Macchi, Aldrovandi, Delci, Cinci, Ruspoli et Rezzonico. Macchi et Delci ont contre eux d'être nés Florentins, c'est une raison pour avoir la faveur de Corsini leur compatriote, mais c'en est une aussi pour n'être pas agréable à Rome, où l'on se plaint beaucoup du mauvais état dans lequel le dernier pontificat d'un Florentin a mis les finances, et où l'on prétend, peut-être à tort, que l'on a fait passer beaucoup d'argent en Toscane ; de sorte que l'on demande un pape romain, ce qui est favorable à Cinci et à Ruspoli, dont on parlerait peu sans cela. On le veut du moins sujet de l'Etat ecclésiastique, tel qu'est Aldrovandi, Bolonais de naissance : d'ailleurs, Macchi et Delci ont eu tous deux la nonciature de France, ce qui peut les rendre suspects à la maison d'Autriche. Rezzonico, qui est né Vénitien, n'a aucune de ces raisons pour ni contre lui ; il est homme de mérite, mais de peu d'extérieur et de peu de naissance.

Les créatures des plus anciens papes ne doivent pas être comptées pour beaucoup. Il n'y a plus, de la création d'Alexandre VIII, qu'Ottoboni et les Altieri. On dit qu'Ottoboni y songeait pour lui-même, mais cela n'est croyable par aucun endroit. Il est Protecteur de France ; il est neveu de ce pape, et n'a par lui-même aucune considération dans le public. Altieri est estimé ; il est Romain et sujet assez papable, mais il est neveu de Clément X, et l'on ne reprend pas sitôt dans la même famille. Alexandre Albani reste seul de la promotion d'Innocent XIII ; il est attaché à la maison de Savoie, et se rangera selon que le comporteront les intérêts du roi de Sardaigne. Quoique les créatures de Clément XI soient encore en assez grand nombre, il ne paraît pas qu'on puisse les compter pour beaucoup ; ce sont pour la plupart des étrangers, ou des cardinaux attachés aux couronnes. Le Camerlingue, Annibal Albani, doit être regardé comme chef des créatures de son oncle ; sa faction est recommandable par l'habileté du chef, par la grande expérience qu'il a des conclaves, par le pouvoir que lui donne ici sa charge, pour nuire aux brigues des autres et en pratiquer lui-même. Je ne vois pas quel sujet il pourrait porter parmi les créatures de son oncle, si ce n'est Ruffo. Il ramassera de côté et d'autre autant de partisans qu'il en pourra rassembler; avec cela ils seront peu nombreux; mais, s'il manque de pouvoir pour faire, il en a beaucoup pour empêcher; car le nombre qui ne suffit pas pour élire est plus que suffisant pour donner des exclusions. On fait de grandes tentatives pour le réconcilier avec son frère; et il est certain que le cardinal Alexandre, ayant plus de liaisons et étant plus répandu dans le monde qu'aucun autre, sa réunion avec Annibal peut avoir une grande utilité pour ce dernier. Au reste, bien des gens prétendent que l'on travaille fort gratuitement pour faire cesser une brouillerie qui n'est que feinte entre les deux frères.

Les cardinaux bénédictins, c'est-à-dire créatures de Benoît XIII, sont assez nombreux; ils peuvent être regardés comme indifférents. Ils n'ont point de chef: ils ont parmi eux de bons sujets, entre autres Porzia. Je ne doute pas que celui-ci n'ait bonne part au gâteau.

Les *zelanti* forment la troisième faction, composée de ceux qui font profession de ne suivre que l'inspiration du Saint-Esprit, et sans vouloir se mêler ni entendre aucune brigue, se déclareront pour celui qu'ils croiront n'avoir point intrigué pour parvenir au pontificat. Il y a beaucoup de vieillards dans cette faction, Ruffo et Petra sont à leur tête, tous deux ayant des prétentions pour eux-mêmes. Ruffo est bon sujet et fort âgé; deux circonstances favorables.

Del Giudici, homme capable, est à la tête de la faction allemande, qui n'est pas sans crédit. Tencin a le secret de celle de France, peu nombreuse, composée du peu de cardinaux français qui arriveront, et de quelques autres attachés à la France par des raisons particulières. Aquaviva commande celle d'Espagne, dans laquelle il faut comprendre les Napolitains qui en dépendent aujourd'hui et qui sont en grand nombre dans le sacré Collége. Celle-ci est donc la plus puissante des factions nationales; mais la liaison qui est entre les branches de la maison de Bourbon, l'ascendant de la branche aînée sur la cadette, et celui qu'on se figure que la supériorité d'esprit doit donner à Tencin sur Aquaviva, font regarder ici l'Espagne comme succursale de la France. Joignez à ceci la haute considération où la France est en Italie, surtout depuis la dernière guerre; joignez-y le crédit qu'a dans toute l'Europe le cardinal de Fleury, dont on croit ici que Tencin est le confident; et enfin l'opinion où l'on est que Tencin gouverne l'esprit timide de Corsini et l'esprit peu délié d'Aquaviva. C'est donc un sentiment presque généralement répandu que Tencin porte le Saint-Esprit dans sa poche, et qu'il décidera seul de l'élection. En conversant avec lui durant la procession, nous entendions, non sans plaisir, les assistants raisonner sur ce ton. J'en ai vu plus d'un le montrer au doigt, en disant : *Sarà questo che farà il papa.* Quel est celui que l'on peut avoir en vue de ce côté-ci? c'est ce que je ne sais ni ne saurai qu'après l'événement. Je me figure néanmoins que le choix tombera principalement sur Porzia ou sur Aldrovandi, mais plutôt sur le premier.

Toutes les factions peuvent se réduire à deux, celle de Corsini et celle d'Annibal Albani, celui-là plus puissant, celui-ci plus habile. Je joins à Corsini, Aquaviva et Tencin avec leur suite : tant de créatures de Clément XII, les Français et les Napolitains, doivent faire présumer que Corsini restera maître du choix, soit qu'il le veuille faire parmi les créatures de son oncle ou parmi les indifférents. Mais il s'en faut de quelque chose que Corsini dispose de toutes les créatures de son oncle. Annibal paraît s'attacher aux vieillards, aux zélés. Étant ennemi de la France, il a pour lui les partisans du génie autrichien; il a détaché quelques créatures de Corsini : le cardinal Alexandre Albani, tout réfléchi, reviendra du côté de son frère. Tel est le corps avec lequel Annibal va jouer un rôle défensif et donner de la pratique au parti contraire, étant homme rompu et corrompu dans les affaires. Les zélés se jetteront d'un ou d'autre côté, selon que le sujet proposé leur conviendra. Les vieillards sont toujours opposés à l'élection d'un jeune homme : ils se porteront volontiers sur Ruffo, dont le grand âge leur peut laisser des espérances, car il n'y a presque point de cardinal qui n'espère parvenir à son tour et qui ne soit possédé de la maladie qu'on appelle ici la *rabbia papale*. Parmi les gens âgés, vous pouvez compter pour papables Ruffo, Gotti, Porzia, Aldrovandi, Riviera. Comptons aussi ceux de moyen âge à qui l'on pourrait songer : Rezzonico, Spinola, Lambertini, Lercari, Valenti; mais on ne parle pas de ces derniers. Cependant le public souhaite que l'on fasse choix d'un pontife dont le règne puisse être long, qui puisse avoir des vues pour le rétablissement des affaires et le temps de les exécuter. On parle très-bien de la capacité de Valenti; mais il est né sujet de l'empereur, outre que ce n'est pas un titre dans le conclave, que trop de réputation de capacité, chaque chef de parti n'ayant en vue que de gouverner celui qu'il nommera. Voilà, mon cher abbé, ce que l'on dit en substance sur le prospectus d'un événement qui fait la matière ordinaire de tous les entretiens.

Au sortir de la procession du Saint-Esprit, nous sommes allés tous six à un grand festin, que les Anglais avaient préparé al Vascello, près de la porte Saint-Pancrace. Je n'ai fait de ma vie de partie plus folle ni plus originale; nous étions tous frais émoulus des cérémonies que nous venions de voir. L'assemblée s'est mise en tête de tenir le conclave et de faire le pape. L'*eminentissimo Naso* a fait les fonctions de maître des cérémonies; d'abord, monsignor *Loppino* y a procédé gravement, et j'ai de bonne foi donné mon suffrage au cardinal Lambertini qui est, à ce que je crois, celui de tout le sacré Collége qui vaut le mieux. C'est du moins celui que j'aime le plus assurément, parce qu'il est honnête homme et bon diable, autant qu'il est possible ; ce que ne sont pas messieurs ses confrères. Mais bientôt les Anglais ont tourné la cérémonie en dérision ; ces maudits hérétiques ont troublé la gravité de la fonction ; il nous a été impossible de résister à la faction anglaise, qui, étant prédominante en nombre, s'est rendue maîtresse de l'élection. Le chevalier Ashewd, un des plus comiques hommes du monde, a ôté sa perruque et s'est fagoté en cardinal doyen ; Stafford et le cardinal Legouz se sont faits prêtre et diacre au scrutin. Ce cardinal Stafford, quoique de la maison Howard, est un des mauvais catholiques que je connaisse. Ashewd prenant à s'y tromper le ton du cardinal Ottoboni, s'est mis à entonner d'une voix tremblante des orémus qui, à coup sûr, ne sont pas dans le rituel ; il en fallait pâmer de rire. Ce damné huguenot a dans la tête un répertoire de chansons libertines contre la papauté ; enfin, c'était un vrai *scandalum magnatûm*. Alberoni a été élu, mais jamais il n'y eut d'élection si peu canonique. Je suis tellement en colère d'une cérémonie si peu édifiante, que de dépit j'ai quitté le dîner à sept heures du soir et me suis venu renfermer chez moi pour me resanctifier un peu avec vous.

Voilà donc les cardinaux enfermés pour tout de bon. Après s'être installés dans le conclave, le reste du jour a été employé à régler au dehors quelques affaires domestiques, et à recevoir les visites de cérémonie que les ambassadeurs des couronnes ont coutume de faire aux chefs d'ordre ; je vis, en retournant chez moi, passer Coscia dans un carrosse fermé du cardinal Aquaviva, qui l'avait été prendre dans sa prison du château Saint-Ange, et le menait à sa cellule. Il sera libre au sortir du conclave, le feu pape lui ayant accordé cette grâce et commué ainsi la peine de la prison perpétuelle, à laquelle il avait été condamné. Tout déshonoré qu'est ce personnage, il ne sera pas sans utilité à la faction dans laquelle il voudra se jeter ; c'est un esprit dangereux, et qui a beaucoup de pratique de l'intrigue de cour.

Le même soir, on acheva de murer le conclave. Il n'y reste pour communiquer au dehors que des roues ou tours en façon de parloirs de religieuses ; ils sont à la garde des Auditeurs de Rote (c'est de là que ceux-ci tirent leurs noms), du clergé et des Conservateurs du peuple romain. Les Suisses montent la garde au dehors du Vatican ; le prince Savelli a la charge de Maréchal du conclave. Les cardinaux vont recevoir aux tours les visites extérieures qu'on leur fait en présence des assistants de la Rote ; mais la première chose que fait un cardinal dès qu'il est prisonnier, c'est de se mettre, lui et ses domestiques, à gratter durant l'obscurité, les murs fraîchement maçonnés, dans le voisinage de sa cellule, jusqu'à ce qu'ils aient fait un petit trou pour se donner, quand ils peuvent, un peu d'air et de clarté, mais surtout pour pendre par là, durant la nuit, des ficelles, semblables aux tirelires des prisonniers pauvres, par où les avis vont et viennent du dedans au dehors.

Chaque cardinal a pour domestiques conclavistes un secrétaire, un *scalco*, un valet de chambre. Dans la règle, ils n'en doivent avoir que deux ; on en permet trois ou quatre aux étrangers et à ceux qui sont vieux et incommodés. Il y a un certain nombre de *facchini* et d'ouvriers, pour la grosse besogne du plus bas service. Malgré cela, il n'y a pas un plus triste métier que celui de conclaviste ; on peut dire que c'est un véritable métier de valet. Cependant il est fort recherché pour les utilités qui en résultent. Vous voyez qu'en France les abbés de la plus grande distinction s'empressent de l'être, tant par curiosité que parce que les conclavistes obtiennent gratis les bulles des bénéfices dont ils peuvent être pourvus à l'avenir.

Les cardinaux font venir de chez eux leur dîner en grande pompe et cérémonie. Tous les carrosses marchent gravement à grand attelage *in fiocchi* ; ils sont remplis de surtouts bien parés, entourés d'estafiers, précédés de massiers ayant à leur tête un *scalco*, maître-d'hôtel ou écuyer tranchant, comme il vous plaira de l'appeler. Ce n'est quelquefois qu'un pauvre poulet maigre, qui marche en si grand cortége. Ceux qui ne veulent pas faire venir à manger de chez eux, sont servis dans les cuisines du Vatican, où il y a des maîtres-d'hôtel et des cuisiniers gagés aux dépens de la chambre apostolique. Dans la règle étroite, après la première huitaine, on devrait leur retrancher chaque jour un plat, et après les réduire au potage. Si ce règlement s'exécutait à

la rigueur, j'aurais l'espérance de voir dans peu s'élever une faction gourmande qui, mettant fin au conclave, nous donnerait le spectacle que l'on veut nous persuader d'attendre ; à moins de cela il n'y a pas moyen de s'en flatter. Cela sera long, et peut aller à deux mois, peut-être même à trois ; il y a là-dedans des gens qui ne sont pas pressés. Je me rappelle d'avoir ouï tenir au Camerlingue le discours suivant : « Messieurs les cardinaux français et tous
« autres étrangers sont toujours pressés, nous
« disait-il ; dès qu'ils arrivent, ils voudraient voir
« besogne faite, et l'impatience les prend déjà de
« repartir. Ils restent ici, quelques semaines après
« l'exaltation, à s'amuser agréablement, fêtés de tout
« le monde et caressés du nouveau pontife ; puis ils
« s'en retournent, et n'entendent de leur vie parler
« du pape, si ce n'est de loin. Mais moi, je reste ici
« sous la férule ; c'est mon souverain, il me fait
« mettre en prison s'il veut. Ainsi, messieurs les car-
« dinaux étrangers auront pour agréable que je me
« donne tout le temps nécessaire pour le choisir, et
« que j'y songe autant qu'il peut être convenable à
« mes propres intérêts. »

La résolution est donc prise entre Sainte-Palaye, Lacurne et moi, de partir dans très-peu de jours. La ville est d'un triste à mourir, depuis qu'il n'y a plus ni pape, ni cardinaux, ni opéra, ni assemblées. On ne fait que chuchoter à l'oreille ce qu'a dit la souris du conclave, dont le petit doigt est, le plus souvent, un menteur. Je suis las de politique en l'air, et je m'en vais. Loppin est encore irrésolu. Pour Legouz et Migieu, ils sont à peu près déterminés à rester, n'étant arrivés qu'après nous, et n'ayant pas encore fini leur revue de curiosités. Je vais donc fermer cette lettre ; ce sera la dernière que vous recevrez de moi. Faites-en part à Neuilly, à qui j'écrirai sur la route ; il vous dira de mes nouvelles.

LII.—A M. L'ABBÉ CORTOIS DE QUINCEY.

Suite du même sujet.—Élection de Benoît XIV.

Je vous écrivis de Rome, mon cher abbé, presque immédiatement avant mon départ. Je me rappelle que j'entrais dans divers détails sur le conclave et sur les factions qui le partagent ; il est juste de suivre avec vous le même chapitre. Les lettres que je reçois de cette ville contiennent quelquefois des circonstances qui pourront vous paraître curieuses et amuser votre politique. Je vais vous en faire part, à mesure qu'elles m'arriveront ; je vous les donne comme je les reçois.

On n'a rien fait d'important durant les premiers jours du conclave ; c'est l'usage d'attendre l'arrivée des cardinaux des couronnes pour travailler sérieusement. Les Allemands étaient arrivés lors de mon départ, et les Français étaient en route. Le cardinal de Bossu, archevêque de Malines, qui depuis longtemps se trouvait à Rome quand le siége est devenu vacant, est le premier qui a rassemblé pour lui un nombre remarquable de suffrages : vous jugez assez néanmoins que ceci n'est qu'un hasard ou qu'une badinerie. Quoique ce cardinal soit fort estimé, et l'un des meilleurs sujets du sacré Collége, où ils ne sont pas communs, on n'est nullement dans le dessein d'élever un Flamand au pontificat; mais c'est une politesse usitée entre les cardinaux, tandis que l'on ne fait que peloter en attendant partie, de se donner réciproquement des suffrages de civilités. Fleury, Tencin et autres, ont de même eu de ces voix de politesse. Aldrovandi est le premier sujet papable qu'on ait mis tout de bon sur le tapis. Je m'étonne qu'il ait été proposé sitôt; ceci me ferait croire que je me suis trompé dans ma conjecture, lorsque j'ai cru que l'on songeait sérieusement à lui ; on ne s'avise guère de proposer dans les commencements ceux auxquels on songe en effet. Ces débuts sont très-orageux, chacun alors est entêté de sa faction, et, dans le premier feu de l'espérance de réussir, les partis se présentent alors des fantômes sur lesquels ils tâchent de faire épuiser en vain l'opiniâtreté de leurs adversaires; puis, quand ils les jugent las du combat, ils produisent les sujets qu'ils avaient mis en réserve, et ce sont ceux-là qu'ils veulent tout de bon. Après Aldrovandi la pluralité s'est déclarée pour Ruffo. Ce choix paraissait devoir réussir; il est bon et convenable. Ruffo a de la naissance et du mérite; il est d'un âge fort avancé, ce qui lui attire la faveur des vieillards, comme sa bonne conduite met de son côté les zélés, dont il s'est d'ailleurs déclaré le chef. Annibal Albani doit le favoriser comme créature de son oncle. Ruffo lui-même croyait avoir une espèce de certitude sur la réussite; il ne lui a manqué en effet que deux voix pour être élu pape. Jusqu'à présent il n'a pu aller plus avant. Si son âge lui sert auprès des vieillards, il lui nuit dans l'idée de ceux qui ont dessein de faire choix d'un pape qui puisse régner longtemps, et les vieillards ne sont pas assez nombreux pour disposer de l'élection. Après Ruffo on a travaillé sur Riviera, homme de bien, fort respecté, et de mœurs aujourd'hui très-régulières; mais on n'a pas oublié que jadis elles n'ont pas été telles dans sa jeunesse, et ceci lui a cassé le cou dans la faction des zélés. Rezzonico, qui a suivi, n'a manqué la tiare que d'une voix. Ce grand nombre de suffrages paraît plutôt l'effet de quelque coup indirect que nous ne savons pas, que d'une résolution véritablement prise en sa faveur. Cependant Ottoboni vient de trouver dans le conclave la fin de sa vie et de ses prétentions; il est tombé malade et son mal l'a emporté en peu de jours. L'aventure est triste au dernier point pour ses conclavistes; ils ont inutilement demandé de se retirer après la mort de leur maître, on les retient sous prétexte qu'ils peuvent être instruits de ce qui s'est passé dans l'intérieur. Ils ne pourront sortir qu'à la fin; et les voilà condamnés à la plus infructueuse et la plus incommode prison qu'il soit possible de se figurer. Ruffo, Altieri, Corradini et Spinelli ont été contraints aussi de sortir pour maladies. Altieri et Corradini sont à l'extrémité. Il y a eu au travers de tout ceci une intrigue pour Delci conduite par le cardinal de Tencin. Je ne sais comment les choses ont tourné, on ne m'en dit rien en détail ; mais seulement qu'elles ont tellement changé de face à cet égard depuis peu que Delci se verrait peut-être aujourd'hui exclu par la faction française.

Enfin il est question de Porzia, et c'est ici, je pense, que la partie commence à se jouer tout de bon. Porzia est le sujet qui convient ; son âge est celui auquel on devient pape ; il est du nombre des indifférents, étant créature de Benoît XIII. Il a de la naissance, du mérite, une grande réputation de capacité. Il est sévère et tel qu'il le faut pour rétablir le bon ordre dans un État qui en a si grand besoin ; il saura régner et sera un petit Sixte-Quint ; aussi le menu peuple l'appréhende-t-il au dernier point ; mais on espère que, malgré les vœux de la canaille, la brigue faite pour lui sera suivie d'un plein succès. A la vérité, il n'est ni Romain, ni sujet de l'État de l'Eglise, mais des Vénitiens. Il a été religieux de l'ordre de Saint-Benoît ; comme on ne se soucie pas beaucoup de moines, ceci pourrait lui nuire, mais non pas autant que s'il fût sorti d'un ordre mendiant ou qu'il eût été jésuite. Vous ne verrez jamais choisir de pape parmi ces derniers, dans la crainte qu'ils ne vinssent à remplir le sacré Collége de gens de leur robe. Par exemple, j'ai toujours ouï parler en bien de Tolomei, et ne l'ai jamais ouï nommer parmi les sujets papables. Autrefois Bellarmin fut souvent proposé et toujours rejeté malgré sa science et sa vie exemplaire. On me mande que Porzia est porté par les zélés et par la faction Corsini, et fort contrarié par Annibal Albani qui le craint particulièrement.....

...Dites adieu au pauvre Porzia; son rôle a fini par une catastrophe vraiment tragique pour lui. Sa partie était si bien faite, qu'avec un peu de vigueur et quelques coups de collier, il se voyait monté *sul soglio*. Sur ces entrefaites on a semé la nuit, dans le conclave, un libelle rempli d'injures graves contre son honneur, et de menaces tout à fait grossières contre sa personne. Quoique cette infamie ait indigné tous les gens de bien, et que Porzia en ait poursuivi vengeance avec toute la force et la hauteur qui lui sont naturelles, il ne lui a pas été possible d'obtenir satisfaction. On n'a pu découvrir les auteurs du libelle diffamatoire ; il a été fort mal servi à cet égard par le Camerlingue que l'on soupçonne, non sans vraisemblance, d'avoir eu part à la pièce. Annibal Albani, de son côté, l'a rejetée sur les ennemis qu'il prétend que Porzia s'est faits dans Rome, et la donne comme une marque de la haine qu'a conçue pour lui le peuple romain. Quoi qu'il en soit de cette lâche trame, elle a fait son effet ; quelques-uns des partisans de Porzia se sont refroidis, disant qu'il n'y avait pas moyen d'élever un homme au trône au moment même où l'on vient de le couvrir d'un affront public. Les *zelanti* ont trouvé qu'il avait montré dans cette conjoncture trop de fureur et d'ambition ; il a vu ses espérances aller à vau-l'eau dans les scrutins suivants. Sa réputation commise et sa fortune perdue, lui ont mis la rage dans le cœur ; il s'est retiré dans sa cellule, où il est mort au bout de trois jours, *della rabbia papale*.

Aldrovandi est revenu sur l'eau. Corsini, Aquaviva et Tencin poussent celui-ci de toute leur force ; Annibal Albani ne fait pas de moindres efforts pour l'exclure. Le sujet n'est pas de son goût, parce qu'il est créature du feu pape, parce qu'il est porté pour la France, dont Annibal est ennemi ; plus particulièrement encore, parce que la famille d'Aldrovandi a été maltraitée sous le pontificat de Clément XI, et qu'il craint de voir un pape de cette maison prendre sa revanche sur les Albani. Cependant le parti formé pour Aldrovandi est si nombreux qu'Annibal, doutant que ses forces fussent suffisantes pour y résister, a jugé à propos de susciter une diversion qui l'interrompît. Il a, je ne sais comment, fait mettre sur le tapis Firrao, créature de Corsini, qu'il a paru accepter ; en même temps qu'il a fait parmi les siens une cabale qui l'assurait d'être maître de lui donner l'exclusion en temps et lieu. L'affaire a été portée si loin qu'on l'a jugée, ou qu'on l'a voulu juger conclue. Les cardinaux se sont assemblés en foule à l'appartement de Firrao ; on lui a fait compliment sur son exaltation ; ils l'ont mis au milieu d'eux en le conduisant à la chapelle Sixtine, où s'allait faire le scrutin décisif : décisif en effet, car c'était là que l'exclusion l'attendait, soit de la part de la faction du Camerlingue, soit de celle des ministres de l'empereur, qui ont déclaré qu'un cardinal napolitain n'était pas agréable à leur maître. On lui a donc donné vilainement le coup de Jarnac, à l'instant même de son triomphe. Il s'en est retourné pauvre cardinal à sa cellule, où l'on s'attendait à le voir crever de dépit en deux fois vingt-quatre heures ; mais il n'a pas été si dupe que Porzia. Tout malhonnête qu'est pour lui cet événement, il l'a pris avec un flegme qui lui a fait beaucoup d'honneur parmi ses confrères. Le Camerlingue n'a gagné à ceci qu'un délai. On a repris, pour la troisième fois, Aldrovandi plus fort que jamais.

Voici bien une autre histoire à laquelle je ne m'attendais guère. Tencin est brouillé avec Aquaviva ; c'est un nouvel artifice du Camerlingue dont on n'a pu ou voulu me faire un suffisant détail. Voici tout ce que j'en apprends. Annibal Albani, sachant bien que Tencin avait trop d'esprit pour se laisser duper, lui a détaché Passionei, l'un des partisans de la faction allemande ; il l'a trouvé propre à ses vues, jugeant que Tencin, qui n'en fait aucun cas, ne se défierait pas de lui. En effet, j'ai toujours vu à Tencin un grand mépris pour Passionei, et je m'en étonnais ; car je me figure que celui-ci, avec son extérieur brusque et rustique, en sait bien autant que l'autre. Je ne puis vous dire sur quoi roulait cette intrigue ni les circonstances ; je l'ignore.

On me marque seulement que Tencin a donné dans le piége que lui tendait Passionei, que l'effet de ceci a été de faire naître une altercation assez vive entre Aquaviva et Tencin; que le premier, mal satisfait du ton de l'autre, l'a pris de hauteur, et s'en est séparé avec tous les siens, de sorte que Tencin reste à présent sans crédit dans le conclave. Aquaviva demeure chef de la faction entière, et conduit seul tout le parti, Corsini n'étant, pour ainsi dire, qu'un fantôme. Les intérêts d'Aldrovandi n'ont rien souffert de cette rupture : on continue à le pousser avec constance. Les zélés lui sont favorables; il a jusqu'à trente-une et trente-deux voix : il ne lui en faut que trente-quatre pour avoir le nombre suffisant. Il n'est pas improbable qu'on ne parvienne à lui acquérir ce peu de suffrages qui lui manque jusqu'à présent; tellement que l'on commence à regarder dans Rome son élection comme certaine.

Annibal Albani néanmoins ne perd point courage; il persiste avec la même opiniâtreté dans le parti de l'opposition. Il s'est abouché avec Corsini, lui offrant de choisir le pape parmi les créatures de feu son oncle, et de nommer un cardinal des promotions de Clément XI, autre qu'Aldrovandi. Il lui a proposé Mosca, sujet qui n'est ni bon ni mauvais; ce que Corsini n'a eu garde d'accepter, puisque ce serait donner au Camerlingue tout l'honneur de l'élection. Celui-ci ne laisse pas que de pousser sa pointe autant qu'il peut en faveur de Mosca, quoique avec un médiocre succès, même parmi les siens, assez nombreux à la vérité pour traverser une élection, mais trop peu pour la déterminer, outre qu'il n'a pas le même crédit pour l'un que pour l'autre. En général, dans chaque faction, les cardinaux se trouvent toujours plus disposés à l'exclusion qu'à l'élection : le chef, n'ayant pas autant de facilité à les porter à l'un qu'à l'autre, est toujours plus assuré du premier que du dernier.....

Fin de l'histoire d'Aldrovandi. Il avait toujours le plus beau jeu du monde, trente-trois voix au scrutin. On me mande que, lorsque Passionei, scrutateur de jour, vint à ouvrir le trente-troisième bulletin en faveur de ce cardinal, il devint pâle comme un linge, dans la crainte de trouver bientôt le trente-quatrième parmi ceux qui restaient dans le calice. Il en a été quitte pour la peur ; rien de plus à l'*accessit*. Aldrovandi a été tenu ainsi, pendant un temps considérable, tous les jours à trente-trois voix sans avancer ni reculer, sans pouvoir acquérir la trente-quatrième qui lui était nécessaire. Chacun est demeuré fidèle à son parti ; cependant il y a plus de cinq mois que le conclave dure. Annibal Albani, craignant que l'ennui, l'incommodité, les chaleurs, l'infection et autres motifs, ne déterminassent enfin quelqu'un des siens à se déclarer en faveur de son adversaire (et il serait surprenant en effet qu'aucun de ceux-ci n'ait voulu se donner à lui-même l'avantage de rendre au prétendant un service de cette importance, si l'on n'avait l'expérience du peu de souvenir que conservent les papes des intrigues

faites en leur faveur durant le conclave); Annibal Albani, dis-je, a résolu de faire jouer un dernier ressort, et de se défaire à tout prix d'Aldrovandi. Il lui a mis aux trousses un certain père Ravali, cordelier à la grand'manche, et l'un des grands colliers de l'ordre. Celui-ci est allé rendre visite à la Rote au cardinal Aldrovandi, et lui faire compliment sur son exaltation future, qu'on regardait à Rome comme certaine. A quoi le cardinal a répondu qu'il était vrai que le plus grand nombre lui faisait l'honneur de songer à lui; mais qu'il ne voyait rien de fait en cela, et même peu d'apparence que cette bonne volonté qu'on lui marquait dût avoir son effet, puisqu'il n'y avait aucun progrès depuis longtemps, et que quelques personnes prévenues contre lui le traversaient de toutes leurs forces. Le moine a pris son texte sur ce discours; il a fait au cardinal un sermon très-religieux et très-pathétique sur l'énorme durée de ce conclave, sur l'abus des intrigues, sur le scandale qu'une telle longueur donnait à toute la chrétienté, sur le danger de laisser ainsi si longtemps l'Église sans un chef. « Je sens assez la vérité de tout
« cela, lui répliqua le cardinal; mais c'est à votre
« ami, M. le Camerlingue, qu'il faudrait faire de si
« justes représentations, lui qui n'emploie son crédit
« et son savoir-faire qu'à ruiner tous ceux que l'on
« propose.—Ah! monseigneur, a repris le cordelier,
« j'ai pris la liberté de les lui faire plus d'une fois,
« mais que Votre Éminence se mette à la place de
« M. le Camerlingue. Vous savez les anciens démêlés

« de vos deux maisons. La vôtre n'a pas été bien
« traitée sous le pontificat de son oncle ; il appré-
« hende le même sort pour la sienne, quand le pou-
« voir suprême sera dans vos mains. D'ailleurs, je
« crois avoir assez démêlé ses véritables sentiments,
« dans les conversations que nous avons eues en-
« semble, pour pouvoir vous assurer qu'il n'a aucune
« inimitié personnelle contre vous, et que, sans cette
« crainte, il cesserait bientôt de vous être contraire ;
« mais je ne puis vous dissimuler qu'il croit que
« vous lui voulez du mal.—Il se trompe assurément,
« a répondu le cardinal, charmé de cette ouverture ;
« cette vieille mésintelligence n'a jamais roulé sur
« de grands objets, j'en ai dès longtemps perdu
« tout souvenir. D'ailleurs, je ne pense pas que
« M. le Camerlingue y ait jamais eu lui-même aucune
« part. Il ne doit pas douter que je ne l'honore per-
« sonnellement, et que je ne fasse de lui tout le cas
« qu'il mérite. De plus, je ne suis pas homme à
« oublier ceux qui m'auront rendu de bons offices.—
« Mais, puisque cela est ainsi, a repris le moine, il
« me paraît bien plus facile qu'on ne l'aurait cru de
« vous mettre bien ensemble. J'y vois une disposi-
« tion réciproque de part et d'autre. Voulez-vous
« me permettre de lui faire part de votre façon de
« penser sur son compte, et je vous rapporterai sa
« réponse ? »

Aldrovandi, qui ne voyait d'autre obstacle à son
élection que celui-ci, et qui, pour toute chose au
monde, aurait voulu se tirer cette épine du pied, y a

fort volontiers consenti. Là-dessus on a changé de propos ; et, après un quart d'heure de conversation indifférente, le moine a pris congé de lui. Puis, tout d'un coup, comme par réflexion, Ravali a dit au cardinal en le quittant : « Mais, monseigneur, les
« paroles d'un pauvre moine tel que moi sont une
« mince caution entre des personnes de votre impor-
« tance ; je ne sais si elles trouveront grand crédit
« sur l'esprit de M. le Camerlingue, il faudrait que
« j'eusse à lui faire voir des choses plus capables de
« le convaincre. Permettez-moi de vous écrire comme
« de mon propre mouvement, et de glisser dans ma
« lettre les représentations que j'ai pris la liberté de
« vous faire sur le scandale de ce très-long conclave ;
« ce qui me donnera lieu d'entrer en matière pour y
« ajouter les mêmes choses qui viennent de faire le
« sujet de notre conversation. Par là vous aurez occa-
« sion dans votre réponse de me dire tout ce que
« vous m'avez dit pour monseigneur le cardinal
« Albani ; et, quand je lui aurai parlé de vos senti-
« ments à son égard, s'il lui reste des doutes, j'aurai
« en main de quoi les lever. » On est demeuré d'accord de ceci, et cela s'est exécuté. On me marque même que la réponse d'Aldrovandi était assez forte sur l'article de la reconnaissance. Annibal Albani, nanti de cette réponse, est allé trouver les *zelanti*, en leur disant : « Voyez, voyez votre Aldrovandi,
« que vous me vantez tous les jours comme un
« homme de Dieu, incapable d'employer l'intrigue
« pour devenir son vicaire ! Le voilà pourtant qui

« cherche des souterrains, et met les promesses en
« œuvre pour se raccommoder avec moi et briguer
« mes suffrages. » Là-dessus Ruffo, Petra et les
autres zélés, à la lecture de la lettre, se sont écriés :
« Cela est vrai ; cela est horrible ; Aldrovandi brigue.
« Le Saint-Esprit n'en veut point, qu'on ne nous
« parle plus de lui. » Le pauvre homme a vu de
jour en jour ses espérances décliner au scrutin. Il
a reconnu qu'il s'était cassé le cou lui-même par sa
duperie, et il a été le premier à prier ses partisans
de ne plus songer à lui. On dit que c'est lui qui leur
a proposé de tourner leur bonne volonté vers Lambertini, son compatriote et son parent.

Enfin, Aquaviva s'est abouché une dernière fois
avec le Camerlingue ; il lui a représenté que, depuis
puis plus de cinq mois et demi que le conclave
durait, il n'était plus possible d'y tenir, et qu'il fallait bien en sortir d'une manière ou d'une autre.
Annibal Albani a insisté pour Mosca, se plaignant
de l'opiniâtreté du cardinal neveu, qui refusait une
créature des Corsini. « Il est inutile de parler de
« Mosca, lui dit le cardinal d'Aragon, nous ne ferons
« pas un pape de votre choix ; mais nous le voulons
« faire de votre consentement. Aldrovandi vous
« déplaît, à la bonne heure, n'y songeons plus. Vous
« ne voulez point de nos cardinaux ; nous ne pren« drons point les vôtres : reste donc à choisir parmi
« les cardinaux indifférents, qui sont les bénédictins.
« Entre ceux-ci, je ne vois de papable que Lamber« tini ou Lercari, lequel voulez-vous des deux ? Vou-

« lez-vous Lambertini ? Il est né dans les États de
« l'Église, comme le demandent les Romains.—Lam-
« bertini ? soit! de tout mon cœur, dit le Camerlingue,
« qui aurait pris un iman pour n'avoir pas Aldro-
« vandi.—Eh bien donc! a répliqué l'autre, allons de
« ce pas ; c'est une affaire conclue. » Les chefs étant
ainsi d'accord, on est allé prendre Lambertini ; on l'a
mené à la chapelle où il a été élu tout d'une voix par
scrutin, le lendemain de la Notre-Dame d'août. Il a
pris le nom de Benedetto, en mémoire du pape
Benoît XIII, qui lui a donné le chapeau. On m'écrit
qu'il ne se sentait pas de joie à cet événement. Depuis
longtemps il leur disait de son ton grivois en badi-
nant : *Se volete un buon coglione, pigliatemi.*

Prospero Lambertini est né à Bologne, dont il
était ci-devant archevêque, d'une famille noble, et
même, à ce que j'ai ouï dire, assez ancienne ; mais
non pas illustre. Son âge est d'environ soixante-
quatre à soixante-cinq ans. Il est d'une taille au-dessous de la moyenne, assez gros, d'un tempérament
robuste ; le visage rond et plein, l'air jovial, la
physionomie d'un bonhomme ; il a le caractère franc,
uni et facile, l'esprit gai et plaisant, la conversation
agréable, la langue libre, le propos indécent, les
mœurs pures et la conduite très-régulière, semblable
en cela au cardinal Le Camus, évêque de Grenoble.
Il conduisait son diocèse de Bologne avec beaucoup
de charité et d'édification ; mais il faudra qu'il se
défasse de l'habitude plus grenadière que papale
d'assembler ses phrases. Il a commencé sa carrière

par le métier d'avocat, qu'il a exercé assez longtemps et auquel il se plaît encore. Il a la réputation d'homme savant, surtout dans le droit canon et dans les rites ecclésiastiques, sur lesquels il a publié un assez long ouvrage. S'il sera propre au gouvernement d'un État, c'est ce que je ne puis vous dire, et ce qu'on ne saura que par l'événement ; jusqu'à présent, il paraît avoir plus de goût pour s'amuser d'études littéraires dans son cabinet, que pour s'occuper d'affaires publiques ; pour faire des contes avec quelques amis, que pour se casser la tête de longues vues politiques. Ce sera, suivant l'apparence, un gouvernement tranquille et pacifique. A tout prendre, c'est un fort bon choix. Eh ! le moyen d'en douter, puisque je lui avais donné ma voix lors de l'élection que nous fîmes l'hiver dernier à la porte Saint-Pancrace? Ils vont me croire sorcier à Bologne, ou tout au moins profondément versé dans les affaires, pour leur avoir annoncé ce choix, lorsque j'y repassai au commencement de la tenue du conclave. Voilà comment le hasard, en dépit de Tacite, fait quelquefois la réputation des plus fameux politiques ; car on aime toujours à trouver aux choses plus de finesse qu'il n'y en a. Mais le saint-père lui-même, nous verrons son bon procédé à mon égard, et s'il se souviendra de me témoigner sa reconnaissance pour lui avoir prédit son exaltation, quand nous nous rencontrâmes à la poste d'Ancône. Si le Saint-Esprit m'eût alors inspiré tout à fait, je n'aurais pas manqué de lui demander son chapeau de cardinal; il aurait été tout content de me le donner à pareil prix. Quel malheur! J'ai manqué la plus belle occasion que j'eusse pu jamais trouver de faire une grande fortune dans l'état ecclésiastique; mais je vois bien que le ciel ne m'y destine pas. Je m'en console, pourvu qu'il lui plaise de retourner ses faveurs de votre côté et de faire choir sur vous ses bénédictions temporelles. Ainsi soit-il.

LIII. — A M. DE NEUILLY.

Route de Rome à Modène.—Séjour à Modène.

A Modène, le mercredi des Cendres 1740.

Je vous ai tenu parole, mon doux objet; et, dès le lendemain de la dernière lettre que vous avez reçue de moi, nous prîmes le parti de laisser en prison messeigneurs les cardinaux se faire réciproquement d'éminentissimes coïonneries. Nous avons embrassé bras dessus bras dessous Loppin, Legouz et Migieu. Les deux derniers n'ont pas fait encore un séjour suffisant dans la capitale de l'univers, et l'autre n'a pas voulu exposer l'embonpoint de son individu à l'inclémence de la saison glaciale. Ils héritent d'un demi-palais, dont nous leur laissons la pleine jouissance pour s'étendre; mais je doute qu'ils en fassent grand usage. Je crois que chacun va tirer à son enseigne et que notre départ sera la fin de la société.

Notre nombre n'est cependant pas diminué. Lacurne, fort malgré moi, s'est allé engendrer d'un grand marquis Bevilacqua, enseigne des chevau-légers de la garde du pape et cousin de sa douce mie Bentivoglio; mais de ces cousins à qui on dit : *Mon cousin, que faites-vous?* Cela m'a mis de mauvaise humeur. Les nouvelles sociétés me déplaisent, surtout en voyage, où l'on veut être à son aise, en pleine liberté. Nous voilà donc en quatre chaises de poste, le 28 février, sur les huit heures du soir, par un froid des plus gaillards, prenant congé à droite et à gauche des obélisques et des fontaines. Je pleurai sur la face, à la porte del Popolo. Je fis un signe de protection au Ponte-Molle, et me mis à courir à la lueur des étoiles, sur le grand chemin d'Otricoli. De vous dire de quelle couleur est cette ville, c'est ce que je ne sais pas. En général, je vais vous mener grand train tout le long de cette route-ci, qui n'a rien de bien remarquable. D'ailleurs, mon cher Neuilly, j'ai trop d'impatience de vous rejoindre pour vous amuser à la bagatelle. En faveur du motif, vous ne me saurez pas mauvais gré de vous avoir déjà passé sans rien dire Castelnuovo, Regnano et Civita-Castellana. Aussi n'y a-t-il rien qui en vaille la peine.

On a l'honneur d'être roué tout le long par la Via Flaminia, qui est une des plus dures antiquités que je connaisse. Ce fut à Regnano, qu'au milieu de la nuit, après avoir fait atteler nos chevaux et payé la poste au postillon qui nous allait mener, nous fûmes surpris de sentir que nous n'allions point. La raison de cela, ne vous en déplaise, c'est que notre postillon rusé, feignant de s'en aller pisser, avait sourdement enfilé la venelle avec notre argent. Le maître de la poste ne put jamais se mettre au fait de ce tour d'adresse. Il fallut lui donner de nouveaux sequins pour pouvoir aller en avant. Je l'ai cependant toujours soupçonné d'avoir eu part à la gloire de l'invention.

Avant que d'arriver à Otricoli, on repasse le Tibre sur un beau pont de pierre, que les papes ont fait faire. De là on va à Narni, ville située dans un terrain inégal, et où il y a quelques fontaines passables. Pour y arriver, il y a des chemins fort escarpés et des vallons assez agréables. Puis, toujours chemin faisant, on se trouve à Terni (*inter amnes*), situé dans un fond, au milieu d'une petite plaine étroite, bien plantée d'arbres. Cette ville, aussi bien que Narni, n'a rien que d'assez commun ; mais vous n'entendez pas raillerie sur la cascade ; si je ne vous la faisais voir vous feriez autant de bruit qu'elle. Il faut quitter sa chaise [1], monter à cheval, s'enfoncer dans les bois et les montagnes jusqu'à une lieue et plus.

Le bruit de la cascade se fait entendre d'assez loin, dans un temps calme. Elle est formée par la chute de la rivière du Velino, qui, ayant son cours

[1] On peut y aller maintenant en calèche, par le chemin que le pape Benoît XIV fit faire à grands frais. On jouit tout à son aise de la vue de cette magnifique cascade du pavillon nommé *la Specola*, élevé par Pie VI en 1781.   R. C.

au-dessus de montagnes escarpées, se précipite tout d'un coup quand le terrain vient à lui manquer sur un bassin de pierres qui fait rebondir l'eau avec un assez bel effet. De ce bassin elle retombe en nappe sur trois rochers, qui lui font une digue. Elle la surmonte par son impétuosité, en formant trois espèces de roues d'eau bouillonnante, retombe dans un second bassin, et de là, avec grand fracas, va se jeter dans la rivière de Nera, qui est si étonnée de cette brusque incartade, qu'elle est longtemps à se remettre de son trouble et de son agitation.

Voilà ce que c'est que la cascade de Terni tant vantée. Quoique plus haute de beaucoup que celle du Teverone à Tivoli, à mon gré elle ne la vaut pas. Son effet n'est ni si agréable, ni si commode à considérer en tout sens, pour en pouvoir jouir à son aise, la disposition des lieux les rendant difficiles à pratiquer. La rivière est peu considérable, ce qui rend la grande nappe un peu étroite.

La montagne d'où elle se précipite, à vue de pays, n'a guère que 90 à 100 pieds de haut[1]. J'ai vu dans le Bugey et ailleurs diverses chutes d'eau qui ne valent guère moins que celle-ci, et je ne conseillerai pas aux voyageurs qui seront pressés de se détourner de leur route pour la voir, surtout s'il est tard et que le temps soit sombre. En revanche, s'il fait

[1] Forte erreur ; la chute est de 143 mètres. TOURNON, tome I, page 186.

Sans doute M. de Brosses était malade lors de son passage à Terni ; il ne sent ni le beau paysage ni l'admirable cascade. R. C.

un beau soleil, c'est une vraie partie de plaisir à faire dans la belle saison, que de porter un bon dîner champêtre au fond du vallon, d'y descendre soi-même à pied pour se camper entre la montagne et l'arc de la chute d'eau, et de passer quelques heures là-bas à s'amuser, tant des divers effets de ce torrent que de ceux de la réfraction des rayons du soleil. Ce détour nous retarda assez longtemps pour n'arriver qu'à la nuit à Spolette. Le terrain depuis Terni est tout montueux, le pays vilain.

La ville de Spolette est située sur une hauteur. La nuit nous empêcha de la voir; aussi bien n'en vaut-elle pas la peine. Il y a en haut un pont singulier, ou plutôt un aqueduc qui communique d'une montagne à une autre, outre un arc de triomphe et quelques autres restes d'antiquités. Près de là est la ville d'Assise, où je me gardai bien d'aller, craignant les stigmates comme tous les diables.

Le lendemain matin; ah! messieurs mes amis, *fa fresco, fresco*. Diantre, ce n'était que roses et fleurs que le froid que nous avions eu la nuit, en partant de Rome; en comparaison de celui qu'on trouve ici, à ce maudit passage des Apennins et tout le long de l'Ombrie. C'est une bise pointue qui vous perce à jour de part en part; et quand on va au nord dans une chaise à l'italienne, ouverte par devant, on a l'avantage de n'en pas perdre le plus petit souffle. Pour vous rafraîchir le sang, vous avez une suite in-discontinue de précipices horribles avec un chemin très-étroit, fort en talus du côté de la chute; mécanique peu agréable pour les voyageurs, mais nécessaire à cause des eaux qui, sans ce penchant, feraient des ravines impraticables. On va donc tout le long d'une chaîne de montagnes; et non loin de Pesignano, on rencontre un très-joli petit temple de marbre blanc, à colonnes corinthiennes. De là on descend insensiblement à Foligno, dont la plaine environnée de montagnes forme un bassin rempli de maisonnettes. De la hauteur le coup d'œil est joli, et le pays doit être charmant dans la belle saison. L'air est un peu moins rigoureux dans la plaine; mais bon! Cela n'est pas de durée; il faut se renfoncer pis que jamais dans les rochers, et pour le coup on n'en voit pas le bout; cela ne finit plus. A Serravalle, on me porta tout roide au sortir de ma chaise, près d'une troupe de jeunes filles jolies comme de petits cœurs; elles en tiraient bon augure; mais, hélas! ce n'était pas *parte in quâ*. Elles se chauffaient à l'entour d'un grand feu, allumé sur un théâtre de briques. Je leur demandai s'il faisait souvent de ces froids-là dans leur Italie. « Ordinairement, me dirent-elles, jusqu'au mois de juin. » Ah! pardieu, mesdemoiselles, je vous en félicite, je ne crois pas que je fasse jamais bâtir de maison de campagne dans votre région pour mon plaisir. Nous nous étendîmes à terre, sur de grosses couvertures, environnés d'un grand feu. Nous dévorâmes du pain noir et quelques gros oignons, le pavé nous servant de nappe. Là-dessus on s'endort comme si de rien n'était; mais le diable, c'est qu'il faut repartir. Ouf! voici une furieuse journée. On va cependant à Valcimara, puis à Tolentino, où je fis vos compliments à saint Nicolas et dis adieu à l'Apennin, dont le passage en cette saison est en vérité du dernier ridicule. Maudite montagne! je t'ai mise en lettres noires sur mon registre, à côté du Vésuve, et je ne pense pas que de longtemps il me prenne fantaisie de renouveler connaissance avec vous deux.

La route cependant devient supportable et le pays prend une physionomie plus honnête. Vous arriverez sans ennui à Macerata et à Recanati; ils ne valent pas la peine de s'y arrêter. Dans le fond, Lorette ne le mérite guère mieux; mais enfin il est plus célèbre : il faut y faire une pose.

La ville de Lorette est médiocrement grande, les rues ne sont pas mal percées et passablement bâties. La place publique, au-devant de l'église, est ornée, ce me semble, d'une fontaine et d'une statue de Sixte-Quint. On a placé sur une plate-forme au-dessus de la façade de l'église quelques pièces de canon pour la défendre en cas d'insulte imprévue de la part des pirates. Elles n'y seraient pas d'un grand secours si on s'avisait de tenter quelque entreprise sur les richesses de la *Santa-Casa*; mais diverses circonstances rendent ce projet peu praticable. Lorette est à trois quarts de lieue dans les terres. Il n'y a pas là auprès sur la côte de la mer d'endroit propre à faire une descente. Au-dessus et au-dessous sont les villes d'Ancône et de Fermo, où il y a toujours garnison, et il serait difficile qu'une flotte de corsaires pût y rôder sans être aperçue, ce qui donnerait l'alarme dans le pays; mais quand même les pirates seraient venus à bout de surprendre Lorette, on leur aurait bientôt coupé le chemin du retour et repris ce qu'ils auraient volé. Ajoutez à cela que pour un pareil projet il faudrait armer une escadre considérable, ce que de petits corsaires de Tunis et d'Alger ne seraient pas en état de faire : outre que les frais de l'armement absorberaient une partie du profit. Il n'y aurait donc que le Grand Seigneur qui pourrait tenter une pareille chose, ce qu'il ne fera assurément pas, n'ayant nul besoin pour s'enrichir de faire le métier de voleur de grand chemin.

L'église n'est ni belle ni laide, toute simple, blanche, divisée par des arcades. La Santa-Casa est au milieu, isolée et occupant la place du chœur. Vous savez que cette Santa-Casa est tout entourée extérieurement d'un revêtement de marbre, qui cependant ne la touche pas immédiatement, par respect; il y a un petit vide entre-deux, large de quelques doigts. L'architecture et les bas-reliefs de ce revêtement sont de différents auteurs; quelques-uns du Sansovino, et la plupart de Raphaël de Montelupo. Les uns ni les autres de ces ouvrages ne sont pas fort bons, quoique Misson les exalte beaucoup.

Je n'ai que faire de m'étendre sur le détail de ceci, non plus que sur tout ce qui concerne la divine chambre. La description en a été donnée fort au long et avec grande exactitude par Misson, auquel je vous renvoie. Vous y trouverez les dimensions, détails, figures, gravures et tout. Elle est bâtie de pierres d'un gris jaunâtre, taillées en forme de petites briques. Cette pierre, fort reconnaissable par son grain singulier et par sa couleur, est commune aux environs de Lorette et de Recanati, comme je l'ai facilement remarqué. Le miracle de construire exprès la Santa-Casa, si tant est qu'on se soit donné cette peine, n'a pas été difficile; c'est un ouvrage à faire en peu d'heures. L'intérieur était jadis revêtu d'un enduit presque tout tombé aujourd'hui. On avait barbouillé par-dessus quelques peintures grossières, telles qu'on les faisait dans le xiii° siècle. On y aperçoit encore les restes d'une figure de roi de France. Personne ne dit la messe sur l'autel qui est dans la chambre; c'était un privilége réservé à saint Pierre, dont messieurs ses successeurs ont hérité. Il y a un autre autel dans un petit réduit, long et étroit, derrière la chambre. C'est celui-là qui sert habituellement pour le commun des célébrants. Ce petit cabinet n'est du haut en bas, tout le long des murs, qu'or et diamants. Sa principale figure est la *Beatissima madonna di Loreto*, haute de près de trois pieds et demi et faite par saint Luc, comme tant d'autres. On ne lui voit plus que le bout du nez. Elle est tout affublée d'une mante ou robe longue de diamants avec une couronne de même, superbe. Celle de l'enfant Jésus, aussi bien que l'habillement, sous de pareille étoffe, et plus belle encore, les pierreries étant d'un plus beau choix. Vis-à-vis, un ange d'argent présente à la Madone un petit Louis XIV, d'or, du même poids qu'avait ce prince en venant au monde : c'est un vœu d'Anne d'Autriche. L'amour naturel qu'ont les Français pour leur souverain me donnait un grand désir d'avoir celui-ci en ma puissance. Je ne vous ennuierai pas ni moi non plus du catalogue des *ex-voto* qui sont là suspendus, non plus que des tas de breloques d'argent et d'or, et de pierreries de toute espèce, qui sont dans le grand trésor, où à force d'objets on ne voit rien. Passez sur le quai des Orfévres à Paris, cela est tout aussi curieux. Les plats de faïence peints par Raphaël n'y manquent pas non plus. Dans ce pays-ci, dès qu'une soucoupe est barbouillée de bleu et de jaune, la voilà peinte par Raphaël. Il est vrai, cependant, qu'il y a en quelques endroits de ces porcelaines qui sont belles, et qui peuvent avoir été peintes sur ses dessins, mais fussent-elles le chef-d'œuvre du Japon, elles n'arriveraient pas à être aussi solennelles que deux vieilles écuelles de terre ébréchées, où le petit Jésus mangeait sa bouillie. On les garde précieusement dans un trou de muraille avec la robe de la sainte Vierge, d'un tapis de soie ponceau à gros grain, comme du gros de Naples. Elle s'est bien conservée jusqu'à présent, par miracle. N'allez pas, je vous prie, chicaner cette robe, sur ce que la soie était alors, même en Orient, une marchandise trop chère et trop rare pour servir au vêtement des gens du commun, ni le miracle sur ce que l'étoffe est scellée entre quatre glaces, sans jamais sentir les impressions de l'air. Le plafond du trésor est peint par Pomarancio. Des sentinelles y montent la garde, aussi bien qu'à l'église.

Ancône, où nous arrivâmes au sortir de Lorette, mérite mieux d'être vu. La ville est bâtie en très-bel aspect, sur un rocher baigné par la mer. Elle a un bel et bon port que Trajan fit autrefois construire ou réparer. Il vient de l'être magnifiquement et à grands frais par le pape Clément XII. Il a fait bâtir dans la mer même un lazaret commode et sûr pour faire la quarantaine. Le port est fermé par un long môle; c'est un des meilleurs de la mer Adriatique. A l'entrée du môle est un très-bel arc de triomphe de marbre blanc de Paros, élevé en l'honneur de Trajan, de Plotine sa femme et de Marciana sa sœur.

La ville d'Ancône est ce que nous avons trouvé de mieux depuis notre départ de Rome. On peut la mettre au quatrième rang de celles de l'État ecclésiastique, après Bologne, Ferrare, Ravenne. Je n'ai point été à cette dernière, et j'ai mal fait, car on dit qu'il y a de bonnes antiquités; c'est le seul endroit de marque dans l'Italie que je n'aie pas vu.

Nous fîmes rencontre à Ancône de notre ami le cardinal Lambertini, que nous saluâmes; il s'en va au conclave. Je lui dis, en riant, qu'à l'élection que nous avions faite *al Vascello*, je lui avais donné ma voix pour être pape, et qu'il devrait me faire cardinal. Il me répondit sur le même ton, qu'il n'était pas encore assez vieux, et qu'il fallait garder ma bonne volonté pour un autre conclave. Après un quart d'heure de conversation, nous nous séparâmes. Il tira à son enseigne et nous tout le long de la mer à

Sinigaglia, petite ville de fort jolie apparence, où nous n'entrâmes point. Il s'y tient chaque été une foire célèbre pour la quantité de Levantins qui y abordent.

Après Sinigaglia, c'est Fano, où il y a un arc de triomphe à trois arcades, mal conservées. Puis Pesaro, petit, mais joli, avec une fontaine dans la place publique. Enfin Rimini, où l'on entre par un arc de triomphe, jadis élevé en l'honneur d'Auguste. J'y remarquai, au clair de la lune, une longue rue droite, une place, un beau pont de marbre antique à cinq arches. Toutes ces villes sont bâties de briques.

Rien n'est plus beau que toute cette route à travers la marche d'Ancône. Depuis Lorette jusqu'ici le pays est extrêmement fertile et bien planté, et s'il nous parut agréable à la vue, malgré une couche de neige de deux pieds d'épaisseur qui, pour vous l'annoncer d'avance, a la modération de n'avoir que cent quarante lieues de long, de Lorette au Mont-Cenis, que serait-ce si nous avions joui de la vue de cette plaine dans la belle saison! Quel dommage que ce pays ne soit pas entre les mains d'un souverain qui en puisse faire un meilleur usage! Il ne faut pas dire, comme Misson, que c'est la rigueur du gouvernement papal qui ruine ce pays-ci. Rien n'est plus faux que cette accusation, aussi bien que la plupart des contes ridicules que cet écrivain, estimable d'ailleurs, se plaît à inventer en haine du papisme. Le gouvernement papal, quoiqu'il soit en effet le plus mauvais qu'il y ait en Europe, est en même temps le plus doux. C'est cette même douceur, devenant insouciance et faiblesse, qui a contribué à appauvrir le pays et a tout fait dépérir sous la main de vieux et débiles souverains. Le bas peuple est extrêmement fainéant, mais en même temps il est fort sobre, de sorte que comme il ne paye presque point d'impôts, et qu'il ne se soucie de rien pour lui-même, il passe volontiers sa vie sans rien faire.

Une bonne partie de notre route depuis Lorette s'est faite dans la mer même, sur un sable fin. Les postillons aiment mieux cela que de marcher au bord sur le galet, et ils ont raison. La manière d'aller est amusante, surtout la nuit, par une lune brillante telle que nous l'avions.

A Rimini on quitte la mer pour prendre à gauche. Forli, Faenza, qui a l'honneur de donner son nom à la faïence, et Imola, voilà les trois villes où l'on passe avant que d'arriver à Bologne. Il fallut presque gratter sur la neige pour retrouver celle-ci. Nous la revîmes enfin, ayant fait trois cent huit milles, presque tout d'une haleine, depuis Rome. C'est une furieuse traite, mon ami; vous m'en voyez tout essoufflé; cherchez-moi une auberge de coton pour me remettre.

Je voulus savoir le lendemain matin s'il était vrai qu'à force d'avoir vu des tableaux j'en fusse las et dégoûté. J'allai revoir d'abord le Martyre de sainte Agnès, du Dominiquin, et je trouvai que ce tableau, que le Job et le Salomon du Guide, la sainte Cécile du Parmigianino et les merveilles de Louis Carrache étaient toujours les mêmes merveilles. Je ne m'étais à la fin lassé de peintures à Rome que parce qu'elles y sont souvent trop mélangées, et qu'on a eu, dans diverses galeries, plus d'égard à la quantité qu'à la qualité. Enfin je persiste à mon dire, et l'école de Bologne est toujours ma favorite.

Nous allâmes aussi sans délai renouveler connaissance avec nos petites dames de l'été dernier, que nous trouvâmes toujours les meilleures personnes du monde. Le soir il y eut bal *al casino*, où *tutta la nobiltà* s'était rassemblée; mais je fus l'homme du jour. Dès que j'entrai, on s'attroupa autour de moi pour apprendre des nouvelles du conclave, et savoir qui serait pape. Moi, suivant toujours mon système et pour faire ma cour à ces messieurs, je leur dis que ce serait Lambertini[1], leur archevêque. Il leur parut que cette nouvelle demandait confirmation; mais ce qui me surprit, c'est que l'un d'eux, se tournant de mon côté, me dit d'un ton de mépris : *faranno qui un bel cazzo!* Je trouvai ce propos non-seulement impertinent, mais encore très-déplacé, ayant toujours vu Lambertini aimé et estimé, soit dans son pays, soit à Rome.

Le Gaulois Sainte-Palaye avait trop d'impatience de se faire exhiber, par Muratori, je ne sais quel recueil de vieux jongleurs provençaux pour passer

---

[1] Ce pape, homme aimable et de beaucoup d'esprit, s'exprimait ainsi au sujet du roi de France : « Est-il besoin d'autre preuve de « l'existence d'une Providence que de voir prospérer le royaume « de France sous Louis XV? »   R. C.

toute cette journée à Bologne avec nous ; il s'envola à Modène sur les ailes de sa vieille doctrine, et ne trouva non plus de Muratori que de chiens verts. J'ai lieu de croire qu'il se dépiqua sur mademoiselle Grognet, jadis danseuse à l'Opéra-Comique, favorite de mademoiselle Sallé, à ce que portait la chronique, aujourd'hui première sautilleuse du duché de Modène, et fort avant dans les bonnes grâces de certaines dames de la ville, parce qu'elle a, comme vous savez, *des talents grands et des dents*. Aussi, pour donner aux aventures plus d'air de vraisemblance, elle va toujours *vestita da uomo*. Une Sapho valant bien un Muratori, Sainte-Palaye se la donna pour compagnie, tête à tête à souper. Je ne puis vous dire au juste lequel des deux eut le dessus dans cette affaire.

> C'est dommage que dans Paris
> Tous ces messieurs les beaux-esprits,
> Ces messieurs de l'Académie
> Soient sujets à telle infamie [1].

Tant il y a qu'ils s'en trouvèrent assez bien pour se raccrocher le lendemain matin à déjeuner, et qu'à peine étaient-ils remis des fatigues de leurs occupations quand nous les rejoignîmes, Lacurne et moi. Le marquis Bevilacqua était allé descendre chez sa sœur; il nous vint retrouver après dîner. Nous allâmes faire visite au marquis Rangoni, premier ministre, et le prier de nous présenter à madame la

[1] Voyage de Chapelle et Bachaumont. R. C.

duchesse; mais le marquis nous avertit qu'il n'était pas jour, et que dans cette maison on ne dînait qu'à sept heures du soir. Madame la duchesse de Modène[1] a trouvé plaisant de jouer au biribi toute la nuit, de souper à six heures du matin et de se coucher à huit; en conséquence elle se lève à cinq heures du soir, donne la matinée à ses affaires et se met à table à l'heure que je vous ai dit. Le susdit marquis ne trouve pas cela si plaisant qu'elle; il se plaint amèrement du dérangement que cette petite vie apporte à la cour. Pour moi, je crois que le principal dérangement est celui de tenir tête au biribi régulièrement pendant huit heures chaque nuit. Ce métier,

---

[1] Mademoiselle de Valois, fille aînée du Régent. Ses relations intimes avec le duc de Richelieu donnèrent lieu à un tel éclat, que le public en fut instruit. Mademoiselle de Valois, dans la première jeunesse (dix-sept ans), d'une beauté éblouissante, fille du maître de la France, avait été demandée en mariage par le roi de Sardaigne; mais la découverte des liaisons de cette princesse avec M. de Richelieu fit un si grand bruit, qu'il eut du retentissement jusqu'en Piémont. Dès lors, la négociation relative à son mariage fut rompue. Le duc de Modène, dont l'ouïe apparemment était moins fine que celle du roi de Sardaigne, se mit sur les rangs et fut accepté avec empressement par le Régent. Seulement mademoiselle de Valois, fidèle à son amant, refusait obstinément cette alliance. Son père ne parvint à l'y faire consentir qu'en lui accordant la grâce et la liberté de M. de Richelieu, alors enfermé à la Bastille, impliqué dans la conjuration de Cellamare, dirigée par la duchesse du Maine contre le Régent. Le cas était grave. Après ce douloureux sacrifice pour sauver son amant, mademoiselle de Valois s'abandonna à un profond désespoir.

On peut se rappeler, au surplus, que la duchesse de Bourgogne avait raffolé de M. de Richelieu, alors qu'il comptait à peine seize ans! R. C.

où l'on mangerait fort bien le fonds de la châtellenie de Panurge en un hiver, doit fort altérer les revenus de la principauté. Tant il y a qu'elle est toujours fort aimable, la bonne princesse. Nous allâmes le même jour, à l'issue de son dîner, lui faire notre cour et lui présenter les lettres que le cardinal de Tencin nous avait remises pour elle. Elle nous reçut avec beaucoup de bonté, nous fit l'honneur de nous inviter à dîner pour le lendemain, et nous donna rendez-vous pour le soir même à un beau bal que donnait un gentilhomme de la ville. Elle n'a pas changé de figure depuis le voyage qu'elle a fait en dernier lieu en France; elle est fort grosse, assez haute en couleur, l'air majestueux et bon ; en un mot, elle prend de plus en plus la ressemblance de feu M. le Régent, son père. En tout, c'est toujours une assez belle femme et de bon air. Elle n'est pas mécontente de son sort aujourd'hui ; et à défaut de Paris, où l'on ne peut pas toujours être, elle paraît s'accommoder de Modène, où elle est en effet fort bien depuis la mort de son vieux beau-père, qui la désolait. Son mari paraît en user fort bien avec elle ; elle vit avec lui bourgeoisement et d'un air d'amitié, et avec les dames de sa cour familièrement et avec bonté. Avant que d'aller chez elle, nous avions fait notre visite au duc. Il était seul dans son cabinet, où nous restâmes une petite demi-heure à nous entretenir de Paris, de Rome, et autres propos généraux ; il nous recommanda fort de revenir le lendemain de bonne heure voir ses tableaux. Rien ne nous aurait moins ressemblé que d'y manquer. Il a raison de les préconiser ; c'est assurément la plus belle galerie qui soit en Italie, non qu'elle soit la plus nombreuse, mais c'est la mieux tenue, la mieux distribuée et la mieux ornée. Ce n'est point ce fatras de peintures l'une sur l'autre, mélangées sans ordre, sans goût, sans cadre et sans intervalle ; ce qui étourdit la vue sans la satisfaire. Voilà comment cela est la plupart du temps à Rome chez les Giustiniani, Altieri et ailleurs. Ici, tout est de choix ; les tableaux sont en petit nombre dans chaque pièce, magnifiquement encadrés, et disposés sans confusion sur une tenture de damas qui les fait bien ressortir ; ils sont distribués avec gradation, de manière qu'à mesure que vous avancez dans une nouvelle pièce, vous y trouvez de plus beaux ouvrages que dans la précédente. D'abord, c'est du Jules-César Procaccini ; mais de son meilleur, c'est-à-dire du fort beau ; puis de l'Albane, du Parmigianino, du Veronese, du Titien, du Raphaël, de sa première manière ; le Reddite Cæsari, l'Assomption, de Louis Carrache ; le Saint Roch, d'Annibal, tous deux d'une composition grande et noble, et plusieurs autres, dont j'ai très-mal fait de ne pas dresser un catalogue ; ma paresse est une sotte. Enfin, du Corrége ; mais quel Corrége ! deux grands tableaux de la Vierge, d'un beau style et d'un charmant coloris... Le Saint-George, qui est sorti tout entier de sa toile, et qui sera aussitôt que vous au bout de la chambre... La petite Madeleine, grande comme la main, qu'on tient infixée dans le mur, et cachée dans une petite armoire, car elle est fort portative et délicieuse à voler : c'est un enchantement. Le feu duc la portait avec lui partout où il allait; j'en voudrais bien faire autant..... La Nuit de Noël; oh Dieu! quel tableau! je ne puis jamais y songer sans exclamation. Pardon, divin Raphaël, si aucun de vos ouvrages ne m'a causé l'émotion que j'ai eue à la vue de celui-ci. Vous avez votre grâce à vous, plus noble, plus décente; mais celle-ci est plus séduisante. Vous savez combien je vous admire, combien je vous estime; laissez-moi aimer l'autre de tout mon cœur. L'action de ce tableau se passe au milieu de la nuit, comme vous le voyez ; la campagne au-dehors de l'étable est éclairée par un peu de lune. Cette faible lumière fait contraste avec celle qui part du corps de l'enfant Jésus, et qui éclaire tous les objets au-dedans de l'étable. L'effet de ce clair-obscur est incroyable; non-seulement par le merveilleux contraste ci-dessus avec la lumière du dehors, et aussi par l'artifice qu'a eu le Corrége de réunir la lumière en un point et de ne la faire porter que légèrement sur les superficies éloignées du centre, mais encore par le ton des couleurs qui y sont employées. Cette lumière n'est pas une lumière jaunâtre de lampe, telle qu'on la voit dans les ouvrages du Caravage ou de l'école hollandaise ; mais une pure et vive lumière du soleil, telle qu'on ne trouve rien de pareil nulle part ailleurs. Le Saint Pierre en prison de Raphaël n'est pas même de cette force. Une bergère dont la vue en entrant dans l'étable se porte naturellement sur le corps de l'enfant, clignote les yeux comme il arrive quand on a la prunelle frappée des rayons du soleil. Dès qu'on eut découvert le tableau, je ne pus m'empêcher de faire le même mouvement, tant cet éclat surprend et éblouit. Les herbages, les terrains, enfin tout le détail de l'ouvrage, sont d'un coloris, d'un frais, d'un fini, d'une conservation admirables; on dirait que ce tableau est fait d'hier seulement. Aussi ai-je ouï dire aux artistes qu'on n'avait jamais pu deviner quel procédé le Corrége avait employé dans le mélange de ses couleurs. Mais qui pourrait décrire la tendresse, l'agrément, l'affection, la beauté, l'expression du visage, tant de l'enfant que de la mère, qui est presque couchée sur lui pour le caresser. C'est ici Marie pleine de grâces, ou il n'y en eut jamais.

Enfin, quoique, à tout mettre dans la balance, il y ait des tableaux plus parfaits que celui-ci, si on me donnait à choisir parmi tous ceux que j'ai jamais vus, je le prendrais sans hésiter, tant j'y ai mis mon inclination. Le duc de Modène m'a dit qu'il conservait le marché par écrit qui fut fait avec le Corrége pour cet ouvrage (il revient à environ 600 livres de notre monnaie, autant que je puis m'en souvenir); et que c'est une fable ridicule que ce qu'ont raconté quelques historiens; savoir, qu'on lui donna 200 livres en liards pour le prix de son ouvrage, dont il fut si charmé, n'ayant jamais reçu de si grosse somme, qu'il revint courant chez lui avec cette lourde charge; ce qui lui fit prendre une pleurésie dont il mourut.

Nous ne manquâmes point au rendez-vous du bal : en y allant, mes porteurs me versèrent sur un gros tas de neige fondue. Je m'en tirai fort adroitement à ce qu'il me sembla, et tout en entrant dans la salle, on me vint prendre pour danser avec la jeune princesse[1]. Moi danser! belle proposition! vous savez comme je m'en acquitte. Je crus cependant qu'il ne serait ni poli ni respectueux de refuser. Au beau milieu de mon menuet, je m'aperçus que dans ma chute j'avais rempli de boue mes beaux bas blancs, large comme la main, tout le long de la jambe. Vous ne sauriez croire combien cette vision augmenta les grâces de ma danse. Je ne sais si on y prit garde; mais, dès que j'en fus quitte, j'allai me camper dans le coin le plus obscur de la salle. Le duc y vint peu après, et, pendant une partie du bal, il eut la bonté de s'entretenir avec moi de musique et de quantité d'autres choses. Il a beaucoup d'esprit et parle fort agréablement. Il me mit très-bien au fait de la chronique scandaleuse de la ville; les femmes qu'il passait en revue lui servaient volontiers de texte. Il est railleur, le bon seigneur! Le lendemain matin se passa à voir la ville; ce fut bientôt fait. Elle est médiocrement grande, peu jolie, et aussi sale que du temps du Potta. Le sol où Modène est bâtie est bas, peu ferme et fangeux; il semble que ce soit une terre

[1] Aujourd'hui mariée en France au duc de Penthièvre.
(*Note de l'auteur.*)

de nouvelle création. Vous savez qu'on y trouve à une extrême profondeur des plantes et fragments d'arbre qui doivent être là depuis quelques milliers de siècles. Beau sujet de réflexions morales et physiques ; mais ne nous jetons point dans la dissertation, et revenons au Poïta et à la *Secchia rapita* (le Seau enlevé, sujet du poëme épique de Tassoni). On le garde sous la tour de la cathédrale, dans une précieuse boîte. On s'empressait beaucoup pour nous le mener voir : je n'en fus pas curieux, et je devinai sans peine un vieux seau de bois pourri et vermoulu. Cette tour est haute et a un bel escalier de marbre. La cathédrale ne contient rien de distingué dont je me souvienne. Le seul bâtiment de marque qui soit dans cette ville est le palais : s'il était fini, ce serait un des plus magnifiques édifices de l'Italie. Le goût d'architecture de la façade extérieure ne me plaît point du tout ; on a commencé d'y construire au milieu je ne sais quel donjon d'une hauteur démesurée, ou tour de Babel à quatre étages *che sarà uno sproposito*, pour le reste de la ligne du bâtiment. Ne me fera-t-on jamais des façades comme celle du Louvre, ou comme le portique d'Antonin (la Dogana), à Rome ? L'intérieur du bâtiment est admirable ; la cour est environnée d'un double étage de portiques et de colonnades, dont il n'y a encore que deux côtés et un demi-portique de construits. Mais je vous prie de fixer un peu votre attention sur un escalier ouvert qui va de fond en comble, et dont les étages sont portés par des files de colonnes accouplées.

Dites-moi si ce n'est pas là le roi des escaliers, et si vous pouvez vous lasser de le considérer.

L'heure de notre dîner faisant une lacune dans notre journée, nous la donnâmes à la bibliothèque et à Muratori. Nous trouvâmes ce bon vieillard avec ses quatre cheveux blancs et sa tête chauve, travaillant, malgré le froid extrême, sans feu et nu-tête dans cette galerie glaciale, au milieu d'un tas d'antiquités ou plutôt de vieilleries italiennes; car, en vérité, je ne puis me résoudre à donner le nom d'antiquité à tout ce qui concerne ces vilains siècles d'ignorance. Je n'imagine pas, qu'hormis la théologie polémique, il y ait rien d'aussi rebutant que cette étude. Il est heureux que quelques gens veuillent s'y adonner; et je loue fort les Du Cange et Muratori qui, se dévouant comme Curtius, se sont précipités dans ce gouffre ; mais je serais peu curieux de les imiter. Sainte-Palaye, au contraire s'extasiait de voir ensemble tant de paperasses du Xe siècle. Nous y fîmes diversion par quelques inscriptions romaines ; car notre Muratori est un homme à plusieurs mains. Il nous dit qu'il s'était habitué à travailler ainsi tous les jours de sa vie sans se soucier des précautions qu'on prend contre le froid ou le chaud. Il nous fit des plaintes amères de ce que *tutti i danari si spendevano in soldatesca, che andava rovinando affatto le lettere.* Enfin, après deux heures de conversation, où ne fut pas oublié le chapitre de notre ami le président Bouhier, dont le nom se trouve toujours naturellement dans la bouche des gens de lettres de tout pays, nous nous séparâmes du bonhomme, fort contents de sa simplicité et de sa vaste doctrine. Chemin faisant, après l'avoir quitté, nous faisions des réflexions sur cette fantaisie du duc de Modène, qui met le plus beau et le plus clair de son revenu à entretenir deux mille hommes qui ne lui servent durant la paix que de recrues pour les autres souverains, auxquels ils ne cessent de déserter, et qui, pendant la guerre, ne lui sont d'aucun secours pour sa propre défense vis-à-vis des grosses armées qui se chamaillent en Lombardie. Mais que voulez-vous?

Tout marquis veut avoir des pages[1].

Il faut cependant qu'à chaque guerre d'Italie il endure, faute de pouvoir faire mieux, que son état devienne la proie du premier venu. C'est ce que le feu duc éprouva assez durement dans la dernière guerre de la part du maréchal de Villars, qui lui fit dire de lui remettre les clefs de Modène. Le duc ne les refusait pas, mais il demandait seulement que, pour l'honneur et parce qu'il est feudataire de l'Empire, on fît approcher du canon ou au moins quelques troupes, ce que le maréchal n'eut jamais la complaisance de faire. Ce fait m'a été rapporté par le gentilhomme même qui alla traiter avec le maréchal de Villars ; il était encore tout scandalisé de cette

---

[1] La Fontaine. *La Grenouille qui veut se faire aussi grosse que le bœuf.*   R. C.

dureté. Voilà le grand inconvénient de ce petit État, le seul qui reste de cette espèce en Lombardie. Il a bien perdu de sa valeur depuis qu'il a pour voisins, non plus ses égaux comme ci-devant, mais des puissances telles que celles de Bourbon ou d'Autriche. Du reste, c'est une très-jolie souveraineté qui vaut deux millions de rente, et n'est pas sujette à cette infinité de chapitres de dépenses qui accablent les grands royaumes. J'ai fait souvent cette remarque que les petits princes sont plus riches à proportion que les grands. L'appareil d'une grande monarchie, et surtout le militaire, épuise ceux-ci ; les autres, quand ils sont sages, n'ont de dépenses de luxe à faire qu'en bâtiments et en objets d'arts : aussi se voient-ils en état d'acquérir des collections souvent de plus grande valeur que celles des rois, comme ont fait les Farnese et les Médicis. Si le pape tirait de ses sujets autant qu'un autre souverain, et que ses finances fussent passablement administrées, ce serait, toute dépense défalquée, le plus riche potentat de l'Europe.

Pendant que nous nous entretenions ainsi, nous faisions des visites chez le marquis Guicciardi, le jeune Rangoni, madame Cesi, et plusieurs autres cavaliers et dames, avec qui nous avions commencé à faire connaissance ; elles ont été assez promptes ici, la noblesse de l'un et de l'autre sexe y étant fort polie et prévenante. Il me paraît qu'elle aime le plaisir, et a grande vocation à s'amuser. Tout le temps que nous sommes restés à Modène s'est passé en fêtes; à la vérité ce sont les derniers jours du carnaval, peut-être la ville n'a-t-elle pas l'air si vif ni si brillant dans le reste de l'année. Le duc a eu cette année une fort bonne idée; c'est de mettre le carnaval de Modène sur le même pied que celui de Venise. On va masqué à la cour, aux promenades, aux spectacles, aux Ridotti, qui sont des galeries près de l'Opéra où l'on s'assemble pour jouer. Ces mascarades donnent à une ville un perpétuel air de fête. Nous allâmes sur le soir dans nos carrosses faire *il corso*, c'est-à-dire nous promener au petit pas de nos chevaux tout le long de la grande rue. Ce n'était pas la beauté du temps ni celle de la saison qui nous y invitaient; mais enfin il fallut suivre le torrent, faire comme le reste de la ville et aller badauder à voir les masques, ainsi qu'on a coutume de faire à Paris à la porte Saint-Antoine. Or sus, mes petits amis, je vous conseille de vous plaindre de ce que je vous fais toujours attendre en chaque occasion : vraiment cela vous convient bien à dire, après que j'ai fait attendre la duchesse de Modène pour dîner, dans sa capitale; c'était une circonstance qui manquait à ma gloire, et je ne sais pourquoi j'en fus si honteux. Au cours nous avions donné ordre à notre cocher de se détacher de la file des carrosses, et de suivre celui de la duchesse quand il la verrait retourner au palais. Il prit martre pour renard; et, voyant toujours là des gardes, qui étaient ceux du duc, il continua d'aller et venir d'un grand sang-froid, et nous de le laisser faire; de sorte que nous arrivâmes au palais de grand matin à ce que nous nous imaginions, car il n'était guère plus de six heures du soir. En entrant dans l'antichambre, on nous dit que Son Altesse était à table ; qu'elle nous avait attendus pendant une demi-heure, avait envoyé trois fois voir si nous ne venions pas, et enfin avait conclu que nous l'avions oubliée. Là-dessus nous décidâmes qu'il fallait s'en retourner. Je jugeai cependant qu'il était convenable, pour ne pas combler notre sottise, de lui faire savoir auparavant que nous étions venus. Elle nous envoya dire aussitôt d'entrer ; je poussai Lacurne pour être l'orateur de cette mauvaise cause. Il lui bredouilla un bout de méchante harangue, qu'elle interrompit en prenant fort bien la chose, et nous disant qu'elle avait dîné beaucoup plus tôt qu'à l'ordinaire, parce qu'elle voulait aller immédiatement après à l'Opéra, où nous viendrions avec elle. On nous donna des chaises ; le potage ne faisait que d'être servi, et le dîner se passa en conversation fort gaie, presque toute en français. Les deux princesses ses belles-sœurs y étaient, sept ou huit dames et deux ou trois hommes, outre nous quatre, le marquis Bevilacqua faisant le quatrième. Au sortir de table, nous allâmes à l'Opéra dans la loge de la duchesse. Cet opéra était une chose nouvelle en Italie. Le duc de Modène, jugeant avec raison que la construction de nos poëmes lyriques, mêlés de récits, d'airs, de chœurs, de duos et de ballets, est fort préférable pour la variété du spectacle et de la musique à l'éternelle monotonie des poëmes italiens, qui n'ont que de longues scènes de récitatifs toujours terminées par un air, avait fait traduire un opéra français intitulé : *le Carnaval et la Folie*. Les paroles en sont fort jolies et étaient très-bien traduites ; mais la musique assez médiocre du S.' Pully n'y répondait pas : de manière que je ne sais comment cet essai prendra sur le goût des Italiens. Il fallait mon ami Pergolese ou le Sassone pour faire réussir l'affaire. Les ballets étaient fort jolis ; ils étaient de la composition de mademoiselle Grognet, qui ne s'y démenait point mal en habits d'homme, haute comme une pinte. A la fin du premier acte, la duchesse me dit : « Remarquez, je vous prie, la danseuse qui va entrer, et vous me direz si, dans toutes vos courses, vous avez jamais vu une aussi belle créature. » Je tirai ma lorgnette, et je reconnus mon admirable Ancilla de Venise. A ma mine, la duchesse me dit en riant qu'elle s'apercevait que je la connaissais encore mieux qu'elle. La créature tient ici sous ses lois le jeune Rangoni, qu'elle désole par sa bêtise et ses caprices ; car les Contes des Fées n'ont jamais rien fait de si beau que cette figure, et les serpents n'ont jamais rien eu de si bête parmi eux. Dès que l'opéra fut fini, j'allai la voir dans sa loge, où nous renouvelâmes connaissance. J'y trouvai Rangoni qui me donna son agrément pour la voir chez elle, où je ne manquai pas de me rendre le lendemain. Cette même nuit, il y eut grand bal et grand biribi ; je ne m'occupai non plus de l'un que de l'autre. Après avoir un peu trotté et fait tous mes tours comme Jeannot Lapin[1], je dormis six contre-danses dans un coin de la salle.

Le mardi gras, le duc nous invita à une grande fête qu'il donnait le soir. Nous nous rendîmes à l'Opéra, où tous les jeunes princes étaient; le duc fit approcher le cadet, dont sa femme est accouchée en France, il y a trois ans, en me disant : « Voyez mon petit Parisien, n'est-il pas joli? » Il m'en parut fort en train; c'est l'effigie de M. le Régent. L'aîné des princes a environ seize ans, il ressemble beaucoup à son père par le visage et par la taille; on le dit fort hautain. Son mariage vient d'être conclu avec la jeune Cibo, fille unique du prince de Massa-Carrara; c'est une petite souveraineté qui sépare les États de Lucques de ceux de Gênes. C'est de là qu'on tire ce beau marbre de Carrare, le plus beau de nos marbres blancs modernes, mais qui n'approche pas de l'éclat de celui de Paros dans l'Archipel, qu'employaient toujours les Romains. Ce mariage est une bonne affaire, surtout en ce qu'il donne au duc de Modène une petite place sur la Méditerranée.

Après l'opéra, le duc me prit la main et me dit : Venez, que je vous fasse voir la salle des Tuileries. Il fit apporter des flambeaux par ses pages, et me conduisit dans une grande salle de spectacle entièrement semblable à celle-ci : le même architecte a construit l'une et l'autre; celle de Modène est l'original. Sur la réputation qu'elle avait, le roi voulut

---

[1] La Fontaine, *Le Chat, la Belette et le petit Lapin.*

en avoir une pareille en France. On ne s'en sert pas trop à Modène, non plus qu'à Paris; on a reconnu que la forme ordinaire de nos théâtres est encore plus commode.

Je vous ai annoncé une fête du duc pour ce soir; elle a été aussi complète que galamment imaginée; il traita la ville et les faubourgs, sans exception. Immédiatement à l'issue de l'Opéra, on servit un souper au parterre, et dans chaque loge pour les spectateurs; un autre au théâtre pour les acteurs; un dans l'orchestre pour les musiciens. Cependant il emmena toute la cour dans une galerie des Ridotti, où l'on servit quatre tables : sa femme, ses deux sœurs et lui, en tenaient chacun une. Il avait assorti et nommé toutes les personnes qui devaient être à chacune et nous avait distribués tous quatre à une différente. Nous entendîmes dans la foule un maître d'hôtel qui criait comme un diable, sa liste à la main, *quattro signori francesi*. Il avait naturalisé pour cette fois le Bevilacqua.

Nous nous hâtâmes afin de ne pas tomber dans l'inconvénient de l'avant-veille; je me trouvai à celle du duc; nous n'étions que dix à chaque table. Le souper fut extrêmement gai, plein de familiarité et de bonnes plaisanteries. Nous tînmes table plus longtemps qu'on ne fit à la salle du théâtre; et, pendant que nous finissions, on haussa le parterre pour faire une salle de bal, que nous trouvâmes à notre retour tout arrangée et éclairée d'une infinité de lustres et de girandoles; aux deux bouts de la salle du bal, on avait ménagé deux salons en retranchement pour un pharaon et un lansquenet. Je travaillai à gagner quelques sequins, non sans besoin, car nos finances, que nous avions échangées à Rome avec Migieu contre des lettres de change sur Milan, visaient totalement à leur fin. La duchesse, de son côté, s'en donnait de toute sa force au biribi dans sa loge. C'est le fermier des revenus de l'État qui tient le biribi et exerce par des commis porte-sacs; c'est-à-dire qu'il passe la nuit à se faire donner des quittances.

Sur les quatre heures du matin nous avons pris congé de leurs Altesses, comblés de leurs bontés. Je suis venu fermer cette lettre pour vous l'envoyer, et nous allons monter dans nos chaises de poste pour aller mener la même vie à Milan. Cette dernière résolution peut vous paraître déplacée; votre profonde régularité à faire le carême ne vous laisse pas trop deviner comment on se met dans la tête de s'en aller, comme des fous, commencer un carnaval le mercredi des Cendres.

LIV. — A M. DE NEUILLY.

Route de Modène à Milan.

Milan, 23 mars 1740.

Sappia dunque V. S. che la Quaresima est faite en bonne règle pour avoir quarante jours; c'est ainsi que cela se pratiquait du temps de saint Ambroise. Je ne sais quels épilogueurs qui, mettant les points sur les *i*, allèrent s'aviser ensuite que dans ces quarante jours il y avait quatre dimanches où l'on ne jeûnait point, ce qui rendait la figure du carême imparfaite ; là-dessus ils nous régalèrent de cette queue additionnelle de quatre jours hors d'œuvre, que nous avons bonnement reçus. Mais leur rhétorique ne fit que glisser sur l'esprit des Milanais, qui alléguèrent le rituel et se moquèrent de l'ordonnance. Il n'y eut prières ni menaces qui pussent sur ce point altérer leur zèle pour les formes de la primitive Église. Saint Charles, de son temps, voulut inutilement renouveler la querelle. Ses diocésains envoyèrent un ambassadeur à Rome, chargé des affaires du carnaval, et cependant, parce qu'on les contrariait, ils ôtèrent l'observation ordinaire du vendredi et du samedi de cette semaine, alléguant qu'il était inouï que la veille du carême fût un jour maigre ; les gens mitigés ont depuis étendu cette pratique au dimanche, par la raison qu'il ne serait pas convenable de commencer par le jour du repos une si longue pénitence. Ainsi, à la suite d'un grand bal qui commence le dimanche au soir et dure jusqu'au jour, on va se mettre à table, où l'on reste une grande partie du lundi ; car tout cela, c'est le souper du dimanche. A la vérité, cette dernière circonstance n'est, comme ils en conviennent eux-mêmes, qu'une tolérance : ils ne la regardent pas comme de droit étroit. Sérieusement cette petite pratique ne laisse pas de valoir beaucoup d'argent à la ville de Milan. Tous les gens des diocèses circonvoisins y accourent en foule selon la maxime : *Odia restringenda*.

Avant que de partir, nous dîmes adieu fort tendrement, et avec grand regret, à notre ami le marquis Bevilacqua ; j'ai eu le plus grand tort de vous en mal parler en partant de Rome. Je m'étais butté contre lui à lui voir faire métier d'être éternellement sur les épaules de madame Bentivoglio, sans jamais dire un mot ; car le rôle de Sigisbée est intolérable aux yeux des spectateurs. J'avais tort, ce n'était de sa part que mauvaise habitude nationale ; c'est un garçon charmant, plein de sens, d'esprit et de douceur ; en un mot, de la plus agréable société du monde. Il s'en retourne de son côté à Ferrare, sa patrie.

Nous ne fîmes que traverser Reggio sans nous y arrêter, tant nous avions hâte d'arriver en diligence pour le carnaval de Milan. Reggio me parut aussi grand que Modène, mieux percé et mieux bâti. On y tient tous les ans une foire assez fameuse, pendant laquelle la cour de Modène vient à Reggio se divertir. Il y a toujours en ce temps, à ce qu'on m'a dit, un fort bon Opéra ; voilà ce qui m'en plairait le plus. La route de là jusqu'à Parme est presque toute de prairies arrosées par une petite rivière qu'il faut traverser. La ville de Parme est médiocrement belle, parfaitement bien située dans une riche plaine, et n'est pas moins riche que Modène en peintures du Corrége. C'est ici que sont ces deux dômes fameux, qui firent faire tant d'exclamations aux Carraches, sur ce qu'ils avaient trouvé des choses plus belles encore que la Sainte Cécile de Raphaël : oui, plus belles sans contredit, et même de beaucoup, car il y a tant d'ouvrages de Raphaël au-dessus de la Sainte Cécile ! Mais les Carraches n'avaient encore vu que cela de lui. Vous vous imaginez sans peine que nous courûmes à ces dômes comme au feu. Je n'eus pas grande satisfaction de celui de la cathédrale. On n'a pas eu assez de soin d'entretenir les toits, de sorte que l'humidité l'a fort gâté. Outre cela, il y a une grande faute de composition de l'avoir peint à petits compartiments et en figurines, qui se discernent mal à une si grande élévation. Les quatre statues qui paraissent servir d'appui aux quatre angles de la voûte m'ont paru de meilleur goût que le reste, et dans une proportion convenable. L'autre dôme, celui de Saint-Jean, effaça la mauvaise impression que pouvait m'avoir donnée le précédent. Il n'est composé que de douze figures prodigieuses, dessinées d'une hardiesse inouïe, et qui plafonnent d'une manière si vraie, si perspective, qu'assurément il ne s'est jamais rien fait d'égal en ce genre. Remarquez que, parmi ces figures gigantesques, il y en a qui n'ont pas deux pieds effectifs de hauteur ; cela est vu de fond en comble depuis la plante des pieds jusqu'à la tête, et pour le coup, je vous jure bien qu'elles sont en l'air. Les Carraches ont imité en beaucoup d'endroits cette belle manière dont le Corrége est l'inventeur. Avant lui, on appliquait les tableaux sur les plafonds comme des tapisseries. Vous vous souvenez de ce que je vous ai rapporté à ce sujet, en vous parlant du plafond de Psyché à la Longara, à Rome. En vérité, quand on fait un catalogue des peintres, il n'y faut jamais mettre ces deux-ci ; ils sont trop hors de pair pour entrer dans aucune classe. Ce sont deux anges descendus du ciel et qui y sont remontés ; et même je vois que leurs imitateurs ont moins réussi à approcher du Corrége que de Raphaël. Le Corrége a de plus sur l'autre de n'avoir jamais eu aucun parfait modèle à imiter, de n'avoir pas été à portée de se former sur le grand goût de l'antique, pour n'être jamais sorti de son pays ; en un mot, de tout devoir à sa propre invention et à la beauté ravissante de son génie. Ce n'est pas cependant qu'il n'ait eu un meilleur maître que n'a eu Raphaël : Mantegna est fort au-dessus du Pérugin ; mais il y a si loin des maîtres aux élèves qu'il ne faut les compter ici pour rien. Je dis tout cela, non pour égaler le Corrége à Raphaël, mais pour que vous lui donniez une place distinguée après lui. Mettez ensuite qui vous voudrez au premier rang de la première classe. Nos historiens français vous ont proposé Rubens et le Poussin ; quant à moi, si j'en crois mon esprit, ce sera Louis Carrache ; si je laisse faire mon cœur, ce sera le Guide.

Pour revenir au dernier dôme dont je vous parlais, il mérite d'être mis au premier rang de la première classe des grands ouvrages. Il y a aussi dans une autre église un très-fameux tableau du Corrége représentant la Madeleine en adoration devant la Vierge et l'enfant Jésus, toujours de cet éclat et de ce coloris ravissant qui n'appartiennent qu'à ce peintre. Depuis que la ville de Parme n'a plus de cour ni de Farnese, elle devient pauvre, comme il est arrivé à Ferrare et aux autres villes qui ont perdu leurs souverains.

Je ne m'amuserai pas à voir autre chose au palais que le fameux théâtre construit à peu près à l'antique; il vaut une belle et bonne description. La forme en est circulaire dans une des moitiés; c'est celle destinée aux spectateurs, et carrée dans l'autre moitié, qui contient le théâtre proprement dit. On entre par une porte peu élevée, placée en face du théâtre, dans un parterre demi-ovale, dont le sol est pavé de pierres de taille, et creusé en bateau d'environ trois pieds, pour y mettre l'eau à cette hauteur, quand on le veut : ordinairement et aujourd'hui le sol est chargé de terre et nivelé. Autour de ce parterre règne un fer à cheval passablement élevé, bordé d'une balustrade qui soutient vingt-quatre statues de petits génies. Sur ce fer à cheval, s'élève un amphithéâtre de gradins hauts d'une quarantaine de pieds, et interrompus de temps en temps par de petits escaliers fort étroits servant à parvenir aux différents gradins. C'est sur ces gradins que se placent les dames d'une manière assez incommode à la vérité, car elles n'ont rien pour s'appuyer par-devant; mais qui pare infiniment le spectacle, en laissant voir en entier, et par étage, toutes les dames et toute leur parure. L'amphithéâtre des gradins est couronné par un rang d'arcades, aussi en demi-ovale ; chacune des arcades séparée par deux colonnes accouplées forme une loge. Une corniche continue au-dessus de ce rang, soutient un second étage de pareilles loges et arcades, et ce second étage a pour comble une balustrade surmontée de statues. C'est à ce troisième étage qu'est le paradis. Voilà pour les spectateurs ; il y a de quoi en placer quinze mille. L'orchestre est dans deux tribunes qui sont au-devant du théâtre et par les côtés. Le théâtre a bien cent vingt pieds de profondeur et une largeur proportionnelle ; les ailes sont ornées de colonnes et de quatorze statues, dont les deux premières, équestres, représentent Alexandre et Ranuce Farnese. Cet édifice ne paraît pas fort vaste, eu égard à tout ce qu'il contient, tant les proportions y sont bien observées et le terrain ménagé. On entend très-distinctement de la porte d'entrée tout ce qui se dit à voix ordinaire au fond du théâtre ; j'en ai fait l'épreuve. Au surplus, on ne fait usage de ce théâtre que pour des fêtes ou occasions solennelles ; à l'ordinaire, on se sert d'un théâtre fait comme ils le sont tous dans le pays.

Notre séjour à Parme fut court. Nous en repartîmes le soir, et enfilâmes une très-belle chaussée, bordée de deux navilles, laquelle forme le grand chemin. Nous nous arrêtâmes assez longtemps à considérer le champ de la bataille que nous gagnâmes en 1734, contre le général Mercy. La place ne paraît guère propre à une action de quelque importance : elle est fort couverte d'arbres. Les deux navilles qui côtoient le grand chemin, sur lequel eut lieu une partie de l'action, y durent apporter assez d'embarras. Le fort de l'affaire se passa aux environs d'un moulin distant de la ville d'un quart de lieue. Nous prîmes grand plaisir à nous faire montrer et expliquer le tout avec exactitude, par des gens de la ville que nous avions amenés exprès. Cette affaire fut une rencontre étourdie, à laquelle ni l'un ni l'autre des partis ne s'attendait, et dont MM. nos généraux qui, comme dit la chanson, n'avaient assurément point de tort, ne se doutaient pas un quart d'heure auparavant.

Cette longue et droite chaussée nous conduisit à Borgo-San-Donnino, gros bourg, où nous couchâmes et de là à Plaisance, où je fis peu de séjour. La ville est grande et n'a pas mauvais air. Les rues que je vis sont larges, passablement bâties, et ne me parurent pas trop fréquentées. La principale est fort longue et tirée à droite ligne ; c'est celle où l'on fait le *Cours*, c'est-à-dire où l'on va étouffer en carrosse à l'heure de la promenade, selon l'usage assez plat de quantité de villes d'Italie.

Le vaisseau de la cathédrale est vieux, son plus grand mérite pour moi est d'avoir des fresques du Guerchin, de Lanfranc et même des Carraches. A la chapelle de l'Assomption, la figure de la Vierge par Franceschini, plafonne très-bien, quoique la voûte soit presque plate. L'ouvrage est bon et serait meilleur s'il n'était pas blanchâtre. Remarquez encore l'Adoration des images et la Circoncision du même auteur. Ce que j'ai vu de mieux à Plaisance est l'église des Augustins; c'est une croisée tout en arcades. Les flancs de la croisée ont encore un double rang d'arcades. Une colonnade forme la grande nef, et des arcades simples divisent deux collatérales de chaque côté. Il y a autant de petites coupoles que d'arcades dans chacun des flancs. Tout cela est de pierre blanche et d'un goût d'architecture assez bon.

La place devant l'hôtel de ville est ornée de deux statues équestres de bronze de Ranuce Farnese et de son père. La noblesse plaisantine a sa *conversation* publique *al casino*, comme à Bologne, et loue ses équipages aux étrangers, comme à Sienne; je crois que sur cette nippe-là elle trouve peu d'argent. Nous ne fîmes usage ni des carrosses ni de la *conversation*; après peu d'heures de séjour, nous prîmes le chemin de Milan. Tout au sortir de Plaisance, on passe le Pô fort commodément sur de petits ponts volants, qui aboutissent de côté et d'autre du rivage à des estrades, par le moyen desquelles on place les voitures sur le pont. Ce pont a des anneaux dans lesquels passe une corde fortement tendue : on les fait couler tout le long, et vous voilà de l'autre côté. Ce sont toujours de même des plaines, des chaussées et des navilles jusqu'à Milan, où nous nous retrouvâmes la seconde fois avec beaucoup moins d'argent que la première; et, pour vous dire les choses tout nettement, avec si peu qu'à grand'peine eûmes-nous de quoi payer la dernière poste. Ainsi la première visite qu'il fallut faire fut celle au banquier. Je fus député de la société pour lui rendre ce devoir, et très-mal reçu d'icelle à mon retour, lorsque j'annonçai que Jéroboam Rousselet,

> Avec un cœur d'airain,
> Refusait un billet endossé de ma main;

il me dit pour ses raisons que l'écriture de M. Migieu valait son pesant d'or, et qu'il en faisait si grand cas, qu'il voulait, selon l'usage, avant de payer, avoir de lui une lettre d'avis. Or, jugez où cela nous rejette. Je parie que Migieu s'en est allé courir à Naples; mais je ne veux pas parier qu'il oubliera d'écrire, car je suis trop certain de gagner. J'employai pour fléchir ce malheureux banquier une rhétorique qui aurait amolli le cœur d'un cannibale. Je crois même que je lui citai plusieurs passages latins; mais, bon! doctrine perdue, vous savez que : *Si l'empire romain avait eu des banquiers plus durs que les rochers et plus juifs que le diable, il n'aurait pas été si ferme et si durable.* Heureusement, qu'à l'exemple de ce que le fidèle Brinon avait fait pour le comte de Gramont, je m'étais gardé une poire pour la soif, savoir : certaines vieilles pièces d'or du temps de Louis XIV, que j'exhibai à mes compatriotes pour calmer leur douleur. Voilà sur quoi nous nous reposons pour notre séjour ici et notre route jusqu'à Turin, où nous recevrons le montant de nouvelles lettres de change; en tous cas, nous avons ici de vieux amis, comme le comte Simonetta, qui apparemment ne nous laisseront pas dans cet embarras. Vous voyez comme je vous entretiens de toutes nos petites disgrâces ; c'est que l'on charme ses ennuis en les racontant.

J'ai voulu ici, comme à Bologne, aller repasser sur mes vieilles admirations ; mais, ma foi ! Rome et tant d'autres belles choses que j'ai vues depuis m'ont tout gâté Milan ; à mesure qu'on se forme le goût, on devient plus difficile. Je voudrais bien retenir tous les superlatifs qui sont dans les premières lettres que je vous écrivais ; bien des choses, dont je vous ai parlé avec des expressions tout à fait magnifiques étaient alors en effet telles à mes yeux, qui n'avaient rien vu de mieux, et sont devenues médiocres, par comparaison avec d'autres meilleures.

Par exemple, je me souviens de vous avoir envoyé un catalogue pompeux des tableaux de l'Ambroisienne qui me paraissent cette fois assez mesquins. Il est vrai que le jour est si noir et si vilain qu'il attriste tous les objets. Il y a plus de dix pieds de neige amoncelée dans les places. Je n'ai trouvé que la colonnade antique de Saint-Laurent qui résistât à un tel entourage. Laissons donc toutes les beautés matérielles pour ne nous occuper que des amusements du carnaval, et de la société plus aimable et plus à la française ici qu'en aucune autre ville d'Italie. Nous revoyons nos anciennes connaissances, la princesse Trivulce, la bonne comtesse Simonetta, les Bellinzoni, Archinti, Clerici et autres. Nous festinons, nous narguons un peu le carême. Nous allons le soir à l'Opéra, la nuit nous courons au bal ; mais nous ne jouons point, vous en savez la raison. On donne à l'Opéra une pièce dont la musique est de Leo, un de mes auteurs favoris. Je soupçonne que je la trouverais fort bonne, si je pouvais l'entendre, mais le parterre est fou ou ivre, ou plutôt tous les deux à la fois. Je ne crois pas qu'il y ait rien de si désolant et en même temps de si impertinent que le bruit qu'il fait; la halle n'en approche pas. Ce n'est poit assez que chacun y fasse la conversation en criant du plus haut de sa tête, et qu'on applaudisse avec de grands hurlements, non les chants, mais les chanteurs dès qu'ils paraissent, et tout le temps qu'ils chantent, et cela sans les écouter. Messieurs du parterre ont, en outre, de longs bâtons refendus dont ils frappent tant qu'ils peuvent sur les bancs, par forme d'admiration. Ils ont des correspondants dans les cinquièmes loges qui, à ce signal, lancent à millions des feuilles contenant un *sonetto* imprimé, à la louange de la *signora* ou du *virtuoso* qui vient de chanter. Chacun s'élance à mi-corps des loges pour en attraper. Le parterre bondit et la scène finit par un *ah!* général, comme au feu de la Saint-Jean. Autant d'acteurs autant de factions, autant de scènes pareilles. Le plus grand carillon est le plus grand triomphe, et le dénoûment de la pièce est un mal de tête prodigieux infligé aux assistants. Le gouverneur était présent à tout ceci. Je manquai lui aller faire une scène, à mon tour, sur ce qu'il ne réprimait pas un pareil scandale. Je n'ai pas laissé que de me douter, après quelques représentations, que le sujet de la pièce est la continence de Scipion, et qu'un nommé Salimbeni, qui y faisait le rôle du mari, a une des belles voix de castrats de l'Italie. Les décorations sont belles, mais moins qu'à Rome. Il y a un combat de gladiateurs dans un amphithéâtre qui a été très-bien exécuté. Nous ne ferions pas mal d'introduire dans nos opéras ces sortes de représentations qui divertiraient le peuple et même aussi les gens de plus haut étage; mais notre théâtre est si petit qu'on ne peut y mettre un nombre suffisant de gens pour des batailles, ou autres choses de cette espèce. Celui de Milan est extrêmement vaste, plus même à ce qu'il m'a paru que celui d'Aliberti à Rome; mais moins que le théâtre neuf de Naples : à dire vrai, l'un et l'autre le sont trop.

Les bals sont magnifiques ici, tant par l'ornement des salles et les illuminations, que par le grand nombre de dames parées et masquées. Ne croyez pas cependant que ce soit un coup d'œil aussi surprenant ni aussi superbe que celui de l'opéra à Paris; mais il est moins mélangé de mascarades communes. Le jeune de Senneterre, fils de l'ambassadeur, ne laisse pas que de s'en mêler, malgré la foule et deux yeux qui lui manquent. Il prend pour conducteur le premier qu'il trouve sous sa main et va partout causant avec l'un ou avec l'autre, et se faisant raconter tout ce qui se passe. Je lui sais bon gré de prendre son mal en patience et de n'avoir pas renoncé aux spectacles, lors même qu'il ne peut plus être spectateur.

A quoi tient-il que nous ne partions? Voilà ce carnaval postiche passé, et même quelques jours au delà; mais vite! qu'on ouvre les portes à deux battants. Ma foi! Migieu m'a trompé, la lettre d'avis est enfin arrivée, et voilà M. le banquier qui, avec de grandes révérences, nous apporte notre argent. Hom! que je le trouve bien plus bel homme cette fois-ci que l'autre! Or çà, bonsoir pour aujourd'hui.

Je m'en vais à Turin, où je vous donne rendez-vous. Il faut cependant que je vous dise avant de vous quitter que je suis allé exprès à la cathédrale de Milan, pour en comparer le coup d'œil au dedans avec celui de Saint-Pierre. L'église de Milan, quoique moins grande, paraît l'être davantage, parce que les proportions n'y sont pas si bien observées et que les piliers, qui sont en plus grand nombre, paraissent faire une perspective plus étendue. Du reste, je crois qu'en effet c'est le plus grand vaisseau que je connaisse après celui de Saint-Pierre, si ce n'est peut-être celui de Saint-Paul, hors des murs, qui peut bien l'égaler ou du moins en approcher d'assez près. Ce n'est que pour la grandeur qu'on peut mettre en comparaison l'église de Milan et celle de Rome. A cela près, le *Duomo* n'est en rien digne d'être nommé en même temps que Saint-Pierre. Il est noir, obscur, et par-dessus tout cela gothique. Quelque magnifique et d'un travail prodigieux que soit ce gothique, on redouble furieusement de mauvaise humeur contre lui, quand on a vu les bâtiments des anciens Romains. Il n'y a de vraiment beau ici que la hardiesse et la grandeur de l'entreprise, qui, vue dans les détails, donne l'idée d'un prodigieux travail et de dépenses non moins excessives. J'ai vu célébrer la grand'messe dans ce dôme, suivant le rite ambrosien qui s'y est conservé. On chante le *Kyrie eleison* après le *Gloria in excelsis*. Au lieu d'épître on chante deux leçons, puis une troupe d'hommes et une troupe de femmes représentant le peuple de Milan vont successivement faire l'oblation du pain et du vin. Après l'offrande, on dit le *Credo*. Le célébrant se lave les mains immédiatement avant la consécration, et la messe finit par un nouveau *Kyrie eleison*.

J'ai été retirer à la bibliothèque Ambroisienne diverses collations de manuscrits de Salluste. Il m'est revenu dans la pensée de vérifier sur le fameux manuscrit de Josèphe, traduit par Ruffin, si le passage sur Jésus-Christ, tant contesté entre les savants, s'y trouvait ou non ; mais je n'ai pu avoir satisfaction sur ce que je souhaitais. Le manuscrit a beaucoup de lacunes, et l'endroit des ouvrages de Josèphe où l'on aurait intercalé ce passage est du nombre de ceux qui y manquent. Après tout, il n'est pas besoin de doctrine ni de grand examen. Il ne faut que lire l'endroit de Josèphe pour voir que le passage est supposé, et même fort maladroitement. Car coupant en deux la narration de deux faits subséquents, il partage deux phrases qu'on voit se devoir suivre immédiatement. Ce manuscrit de Josèphe, écrit sur du papyrus d'Égypte, est un des plus singuliers qui existent. Il ne paraît pas avoir moins de treize cents ans d'antiquité, de sorte qu'il peut avoir été écrit du temps même de Ruffin. Il est fort incomplet et ne contient que cinq livres des *Antiquités judaïques*, savoir le VIe jusqu'au Xe, encore sont-ils imparfaits.

Pour le coup, bonsoir tout à fait.

LV et dernière.—A M. DE NEUILLY.

Route de Milan à Turin.—Séjour à Turin.

Turin, 3 avril 1740.

Avant de recommencer, je veux vous donner un avis par forme de préface ; c'est de ne jamais prendre la *cambiatura*, si vous venez en ce pays, quoique je vous aie pu dire de contraire dans mes précédentes lettres. Le gouverneur de Milan nous avait donné, sur notre requête, un ordre pour l'avoir. Cela ne s'obtient pas sans peine, et ce fut une faveur dont nous nous serions bien passés. Les maîtres de poste et les postillons, enragés quand on l'a, parce que l'on paye un tiers de moins, vous font toutes sortes de chicanes ; ils ne voulurent jamais partir de Milan la nuit, disant que la cambiatura n'allait qu'avec le soleil. Ils faisaient décharger et peser les malles à chaque relais, pour faire payer le surplus de ce que doit porter la cambiatura, à moins que pour empêcher ce retard, nous ne leur payassions le surplus de poids, sur leur estime, qui était toujours du double de la réalité. Il faisait un froid de tous les diables sur le grand chemin. Quand je parlais à mes postillons de faire aller leurs chevaux au trot, j'avais pour toute réponse : *Come dunque Eccellenza? questo è la cambiatura, non è la posta.* Vainement leur offrîmes-nous de leur payer la poste, les bourreaux eurent la malice de n'en point vouloir : *Oh! Signori, no. Avete la cambiatura, non avete la posta.* Nous renonçâmes bien vite à notre bénéfice, dès que nous fûmes hors des terres de l'empereur; et à moins qu'on n'ait que de fort petites traites à faire, d'une ville à une autre voisine, il ne faut jamais prendre d'autre voiture que la poste. Il est vrai qu'elle est fort chère presque partout, excepté dans les États du pape ; mais surtout dans le Piémont et en Lombardie. De tous les articles de notre dépense celui-ci a été le plus élevé. Il a même dépassé ce que j'en avais prévu en commençant le voyage ; mais aussi sont-elles parfaitement bien servies, et l'on marche à sa guise sans dépendre de personne, ce que l'on ne peut faire avec des voiturins qu'il faudrait d'ailleurs, à tout moment, rouer de coups de bâton, et c'est une fatigue.

De Bologne à Turin 212 milles; en tout, de Rome à Turin, par cette route, la plus longue qu'on puisse prendre, 520 milles ; c'est-à-dire selon moi, 208 lieues. On compte ordinairement trois milles pour une lieue, ou une heure de chemin ; mais un homme à pied, qui marche d'un pas de route bien égal, ne fait pas plus de deux milles et demi par heure.

Enfin, nous voici à Turin avec deux cents lieues d'avance. Ainsi, mon cher objet, il ne reste plus pour vous rejoindre que le mont Cenis, qui, comme vous savez, est un pas ridicule; car je compte le reste pour rien. Celui-ci ne sera pas trop plaisant; on nous a donné avis qu'il était gelé à fond : ce qui m'a paru peu difficile à croire, en voyant le froid qu'il fait en Lombardie à la fin de mars. Si par hasard vous avez des amis qui se figurent qu'il ne se fait point d'hiver en Italie, avertissez-les bien de ma part que c'est une erreur populaire que Brown n'aurait pas dû omettre dans sa réfutation.

Quoique nous soyons venus de Novara tant que les chevaux de poste ont pu courir, je n'ai pas laissé de trouver le chemin fort long, par l'excessive froidure qu'il m'a fallu endurer sur la route. Nous n'y étions pas seuls exposés. J'eus la consolation de voir que nos cardinaux français, qui s'en vont au conclave, n'en tiraient pas meilleur marché que nous. Je fis rencontre, à Verceil, du cardinal de Rohan, que je saluai. La garnison s'était mise en haie pour le recevoir à son passage. Il était avec l'abbé de Soubise-Ventadour, son neveu, dans une chaise à l'italienne, ouverte à tout vent comme les nôtres, dont ledit seigneur abbé paraissait mal édifié; pour le cardinal il n'en tenait compte. J'admirai sa vigueur à son âge et incommodé comme il l'est. Verceil est entièrement démantelé. Les lambeaux de fortifications qu'on a fait sauter sont encore sur la place. C'est une chose qui fait pitié à voir qu'une place démolie, surtout avec la neige, qui attriste les objets les plus riants. J'avais passé précédemment à Novara, qui me parut alors plus joli. C'est tout ce que je vous en puis dire, n'ayant fait que traverser et jeter un coup d'œil sur la nouvelle église de San-Gaudenzio, laquelle, aussi bien que son maître-autel, vaut assez la peine d'être vue. La ville, qui fait construire ce bâtiment, s'est imposée un tribut sur la viande pour subvenir aux frais.

Turin me paraît la plus jolie ville de l'Italie; et, à ce que je crois, de l'Europe, par l'alignement de ses rues, la régularité de ses bâtiments et la beauté de ses places, dont la plus neuve est entourée de portiques. Il est vrai que l'on n'y trouve plus, ou du moins rarement, ce grand goût d'architecture qui règne dans quelques monuments des autres villes; mais aussi on n'y a pas le désagrément d'y voir des chaumières à côté des palais. Ici, rien n'est fort beau, mais tout y est égal, et rien n'est médiocre, ce qui forme un total, petit à la vérité (car la ville est petite), mais charmant. Le palais du roi est assez beau; les appartements sont vastes. Je ne les ai vus qu'en courant, non plus que les tableaux : il y en a de bons et en bon nombre; mais que Quintin ne m'en demande point de catalogue. Je n'ai eu garde de m'amuser, la plume à la main, à détailler ces peintures glaciales : les galeries ne sont pas tenables par le temps qu'il fait; on ne peut habiter que sous les cheminées. Dans l'appartement de la reine, il y a un cabinet tout de vernis de la Chine, sur un fond noir ; cela est magnifiquement triste. Le palais, qu'on appelle le *Palais-Madame*[1], a une façade superbe, et bien au-dessus de celle du grand palais. La balustrade qui termine le second ordre d'architecture supporte des statues de pierre d'une grande légèreté : on peut dire que cette façade est le principal ornement de la ville. Au-dedans, on trouve un des plus beaux escaliers qu'il y ait au monde, à deux rampes, et orné d'une belle architecture. La voûte qui le soutient est légère et bien tournée ; et celle qui le termine, toute garnie de rosaces, de pierres variées : ne cherchez rien de plus ici. Au bout de cela, il n'y a point d'appartements ; c'est un escalier sans palais. Le petit logement qu'il contient est occupé par le jeune duc de Savoie, à qui nous fûmes présentés par M. de ***, son gouverneur.

Le soir de mon arrivée, j'allai chez le marquis de Senneterre, notre ambassadeur. Sa femme a beaucoup d'esprit, et n'en est pas un brin moins caustique. Sa belle-fille est gentille : c'est une Sainte-Suplis. Le jeune Senneterre l'a épousée par réminiscence depuis qu'il a perdu la vue. Il s'est souvenu de l'avoir connue jolie et l'a voulu avoir. Pour l'ambassadeur, c'est, comme vous savez, un excellent humain ; il n'a pas inventé la poudre, mais, ce qui me paraît préférable, il aime passionnément la musique et s'y entend

[1] L'auteur veut parler, sans doute, du palais del Duca, sur la place Castello. R. C.

à merveille. J'y fus régalé d'un excellent concert ; bonne chanteuse et de ces airs, de ces charmants airs italiens. On n'en veut point d'autres en paradis. Ajoutez Lanzetti, dont vous connaissez tout le mérite sur le violoncelle, par-dessus tout, les deux Bezzuzzi, l'un hautbois, l'autre basson, qui eurent ensemble de petites conversations musicales dont il fallait pâmer d'aise. Je ne puis vous exprimer les ravissements où cela jette. Je n'ai rien éprouvé en ma vie de plus enchanteur ; cela ne peut se comparer qu'à la *Nuit du Corrége*. La fête se donnait pour le cardinal d'Auvergne, qui était arrivé de la veille. L'ambassadeur nous présenta à lui, aussi bien que quantité d'autres gentilshommes piémontais ou étrangers, parmi lesquels était le marquis de Courbon. Je fus fort choqué, à vous dire vrai, qu'un homme fugitif de France et condamné pour une action infâme fût ainsi reçu tout ouvertement chez un ambassadeur. Le pauvre cardinal est en train d'aller faire un pape, et montrer sa calotte rouge ainsi que son ruban bleu au peuple et au sénat romain, comme un enfant est en train de sa poupée. Je rabattis un peu les fumées de son enthousiasme, en tirant de ma poche la carte du conclave, et lui faisant voir le nid à rats qui lui est destiné pour gîte ; car il a été des plus maltraités par le sort, lors du tirage des places. Je lui expliquai toutes les appartenances et dépendances de ces sortes de logements, et en même temps je lui enseignai son métier de cardinal, qu'il ne savait pas, et lui appris quelle était la manière dont on passait son temps dans cette honnête prison du conclave. Il ne me parut pas prendre tant de plaisir à ce récit qu'à une partie de brelan.

La cour est en deuil à cause de la mort de M. le duc, beau-frère de la feue reine. Je ne vous dis rien de la reine d'aujourd'hui, vous la connaissez ; sa lèvre d'Autriche se marque de plus en plus, et elle est encore plus couperosée que nous ne l'avons vue à Dijon : à cela près, sa figure n'est pas déplaisante, elle a surtout l'air noble et majestueux. Elle tient tous les soirs un cercle aussi triste qu'il soit possible d'imaginer. Elle est assise dans son fauteuil au milieu de son cabinet; toutes les dames sont rangées autour d'elle à une certaine distance, debout sur leurs pieds comme des péronnelles ; car elles ne s'asseoient jamais que pour jouer. La reine, de temps en temps, adresse quelques mots à quelqu'une d'entre elles, qui répond succinctement sans s'approcher ni bouger. De là, on va au salut ou au *Stabat*. Voilà la récréation actuelle de la cour de Turin; on n'y joue pas à cause du deuil et plus encore à cause du carême. Quand on joue, c'est un triste quadrille entre quatre femmes, les hommes ne jouant jamais avec la reine. Je me figure qu'une étiquette si divertissante ne fait pas moins bâiller le souverain que les courtisans.

La ville est plus amusante que la cour; il y a beaucoup de dames aimables et des maisons où les assemblées sont brillantes et nombreuses ; on y joue au pharaon d'une manière fort singulière. Le banquier est un colporteur du haut étage, comme vous diriez quelque commis des seigneurs Bazire ou La Fresnaye; il met en banque sa boîte garnie de breloques quelconques, chiffons et bijoux d'or du plus mauvais aloi qu'il peut, chacun desquels porte son prix numéroté, qui ne manque jamais d'être au moins au double de la vraie valeur. Les pontes qui gagnent se payent en bijoux à leur choix; quand ils perdent, ils payent en argent. Je vous laisse le maître de décider si cette mécanique a été inventée pour rétablir l'égalité dans ce jeu si désavantageux. Il faut bien s'observer dans ces sortes d'assemblées et partout ailleurs, en parlant des gens du pays. Je ne sais où les maris piémontais ont pris cette dangereuse coutume de faire porter à leurs femmes un nom différent du leur. La femme de M. le comte A... est madame la marquise B..., cela pourrait causer aux gens qui ne seraient pas prévenus de fâcheuses équivoques. Le français et l'italien sont presque également en usage à Turin. Ni l'un ni l'autre ne sont néanmoins la langue propre et vulgaire du pays; c'est le piémontais, espèce de dialecte de l'italien tout à fait abâtardi, auquel je n'entends goutte. C'est un pauvre langage, de l'aveu même de ceux qui le parlent.

Nous n'avons pas eu de peine à nous faufiler ici dans le monde assez promptement, étant munis de quantité de lettres de recommandation pour le marquis de la Roque, le frère du commandeur de Solar, et beaucoup d'autres. D'ailleurs je me trouve en pays de connaissance, ayant ici plusieurs parents (M. de Bellegarde qui a été ambassadeur en France, et le marquis des Marches). A propos, ne vous rappelez-vous pas d'avoir vu à Dijon ce grand comte de la Roque, le terrible argus de la reine? Vous souvient-il que nous le prenions tous pour un ogre qui mangeait les petits enfants tout crus? Point du tout, c'est un homme charmant et d'une politesse achevée. Il nous a reçus le plus agréablement du monde, nous festine sans cesse, et par-dessus tout cela nous régale de la voix d'Ezéchiel, l'un des bons châtrés d'Italie. Il fallait qu'il eût son ordre d'être ainsi rébarbatif. J'allai un matin à la chapelle, dans l'intention d'entendre Somis, mais il ne joue pas tous les jours, et son tour ne devait revenir que dans quelque temps; de sorte qu'il me fallut user de cajoleries, tant envers le maître de chapelle qu'envers lui, pour l'avoir incessamment. Je dis à l'un que sa musique était la meilleure de l'Europe; à l'autre, qu'il en faisait le principal ornement, et qu'il serait dur pour moi, après avoir entendu les plus fameux violons de l'Italie, de partir sans entendre le maître de tous. Avec cette rhétorique, j'eus mon Somis pour le lendemain. Il joua un concerto *a posta* pour moi, et fit une sottise; je serais parti persuadé qu'il était de la première force, au lieu que, quoique bon violon, je le trouvai inférieur aux Tartini, Veracini, Pasqualini, San-Martini et quelques autres encore. Oh! que je le troquerais bien contre sa sœur, la charmante, la céleste Vanloo, dont aucune voix que j'ai entendue en Italie ne m'a fait perdre l'idée! Il y en a beaucoup de plus grandes et de plus sonores, mais on ne trouvera nulle part plus de grâces ni plus de goût, ni personne qui mette autant qu'elle de vie et de joie dans son chant.

Le roi [1] était à la chapelle; sa figure est désavantageuse, il est de petite taille et de mauvaise mine; mais il est laborieux, intelligent, grand politique, brave et habile dans l'art militaire. J'ai ouï en France quelques personnes faire honneur au maréchal de Broglie du gain de la bataille de Guastalla; au contraire, le marquis des Marches qui y était et qui ne quitta pas le roi de Sardaigne m'a assuré que c'était à son maître seul qu'on en était redevable. En récompense, il m'a dit n'avoir de sa vie rien vu de si grand que le fut le maréchal de Broglie le jour de sa funeste aventure de la surprise de la Secchia, quand il parut devant le roi et toute l'armée, sans culotte, venant de perdre tout ce qu'il avait au monde de plus cher, sa réputation, son bien et sa famille; en un mot, dans des circonstances où tout autre que lui serait tombé dans le découragement et aurait fini par perdre la tête. Tout était dans un désordre et dans une confusion facile à imaginer, au milieu de laquelle le roi d'un côté, et le maréchal de Coigny de l'autre, donnaient des ordres qui allaient achever de tout gâter. Le seul M. de Broglie, d'un sang-froid admirable, vit d'un coup d'œil ce que leurs

---

[1] Charles-Emmanuel III.

dispositions avaient de défectueux, le leur fit voir en quatre mots, les rectifia, y ajouta ce qu'il fallait, et sauva l'armée. Il n'y a jamais eu, me disait-il, de plus grand homme qu'il ne le fut en ce moment.

Le marquis d'Ormea, premier ministre, possède lui seul et en entier la confiance du roi. Il passe pour très-capable, et l'on dit que c'est bien lui qui contribue le plus au grand rôle que son maître joue en Europe, et qu'il y jouera encore longtemps selon les apparences. Aussi de toutes les puissances d'Italie, les Italiens ne craignent que lui ; il est à leur gorge à ce qu'ils disent, et les suffoquera tôt ou tard ; il n'est pas assez fort à la vérité pour envahir beaucoup à la fois, mais il s'étend peu à peu. Le roi Victor, son père, disait que l'Italie était comme un artichaut qu'il fallait manger feuille à feuille. Son fils suivra tant qu'il pourra cette maxime, et s'alliera successivement et sans égards pour le passé, avec tous les grands princes qui lui feront sa condition meilleure, toujours par préférence, cependant, avec la maison d'Autriche plutôt qu'avec les Espagnols, ni avec nous, quoiqu'il ne puisse s'agrandir qu'aux dépens de cette maison ; car le duché de Milan est le véritable objet de sa concupiscence. Mais, dans les temps difficiles, il accrochera quelque chose d'elle, et avec de la patience, il aura tout; au lieu que, s'il laissait s'établir en Lombardie quelque prince de la branche d'Espagne, comme don Carlos ou un de ses frères, ce serait une puissance au moins égale à la sienne, qu'il trouverait immédiatement sur la place même, et qui lui servirait à jamais de pierre d'achoppement. Ce n'est pas que, s'il vient jamais à bout d'avoir Milan, il ne trouve de terribles difficultés à s'y maintenir, les Milanais ayant les Piémontais en exécration, et dans tout le reste de l'Italie ils ne sont guère moins mal voulus. Le roi a fait, il y a quelque temps, une action peu généreuse. Vous savez les discussions considérables qu'il a avec le pape, et qui sont actuellement en voie de se terminer par le moyen du cardinal Alexandre Albani. Giannone [1], qui a écrit l'histoire du royaume de Naples d'une manière qui a furieusement mis aux champs contre lui la cour de Rome, était venu chercher un asile en Piémont, et le roi l'a fait ensevelir dans une prison obscure, pour faire sa cour aux papaux, et avoir quelque peu meilleur marché de son affaire. Le gouvernement piémontais vise assez au despotisme; les Savoyards surtout y sont cruellement foulés.

Tandis que nous sommes sur le chapitre de la politique et du militaire, voulez-vous, mon cher objet, que je vous fasse voir la citadelle de Turin? C'est une place régulièrement fortifiée et à cinq bastions; les ouvrages sont, dit-on, minés et contre-minés. La plupart, aussi bien que les souterrains, ont été faits par le duc Philibert de Savoie. Il y a au milieu de la place un puits admirable qui tombe aujourd'hui en ruine; il y a un double escalier dont les deux rampes circulent l'une sur l'autre, de telle sorte qu'un che-

---

[1] Mort dans la citadelle de Turin, en 1748, à l'âge de soixante-douze ans. R. C.

val qui y descend en tournant remonte, après avoir bu, par une autre rampe, et ne rencontre point les chevaux qui descendent par la première. Une voûte qui couvrait ce puits, et qu'on a laissé détruire, a entraîné la destruction de l'escalier. Je voulais aller voir le château du Valentin [1], qui vient de ma famille ; ce fut le bisaïeul de mon vieux oncle sempiternel qui, en quittant le domicile de Turin, le vendit au prince Emmanuel-Philibert, lequel en fit une maison de plaisance. Mais la neige perpétuelle qui tombe sans cesse m'en a empêché jusqu'à présent. On a ici une manière très-commode de déblayer la neige des rues en très-peu de temps. Il y a dans le quartier le plus haut de la ville, laquelle est à peu près plate, un ruisseau qui donne de l'eau, dont on a amassé un lac, qu'on grossit en jetant de la neige dedans. Quand il est assez gros, on le distribue par toute la ville, selon les différentes pentes, tout le long des rues. La populace pousse la neige dedans, dont la fonte va toujours augmentant le ruisseau. Ce torrent va se jeter dans le Pô, et, en deux heures, il nettoye toutes les rues.

Un des principaux objets que l'on vante à Turin est la chapelle du Saint-Suaire ; elle est élevée de

[1] Le Valentino est un château royal situé sur le bord du Pô, au delà de la Porte-Neuve. On donnait autrefois dans ce château une fête le jour de Saint-Valentin, le 14 février. Chaque dame appelait le cavalier qui la servait *son Valentin;* c'est de là qu'est venu le nom de cette demeure. Jean de Brosses, maître d'hôtel de Henri II et de Henri IV, acheta le château du Valentin en 1559 et le revendit en 1577. R. C.

quarante degrés au-dessus et derrière le chœur de l'église métropolitaine de Saint-Jean : l'architecture intérieure est du père Guarini, théatin, qui l'a exécutée tout entière en marbre noir, mais qui n'est pas d'un beau noir. Six grandes arcades, disposées en rond, s'élèvent depuis le bas jusqu'à un cordon surmonté d'une corniche régnant tout autour, partagée par trois tribunes pratiquées dans l'épaisseur de la voûte et garnies de balustrades dorées ; le reste de la voûte est divisé en espèces de fenêtres cintrées, dont les arcs portent les uns sur les autres : les cintres s'élèvent ainsi jusqu'au sommet du dôme. Cette manière tient un peu du gothique, et le total de la chapelle, quoique noble, est triste et d'un goût qui ne me plaît nullement. J'aime bien mieux vous parler du théâtre neuf, que le roi vient de faire construire ; c'est un des plus magnifiques et des mieux entendus qu'il y ait en Italie. On n'en a pas encore fait usage ; il ne commencera à servir que l'hiver prochain. L'Opéra de Turin a très-bonne réputation ; on dit qu'il est toujours fort bien composé ; je souhaite aussi qu'il soit moins tumultueux que ceux des autres villes. La bibliothèque de l'Université n'est pas extrêmement nombreuse, mais elle paraît bien composée. Il y a assez de manuscrits, entre autres un très-beau Lactance, qu'on prétend être l'original sur lequel il a été imprimé ; j'en mis, selon ma coutume, quelques-uns de Salluste à part. De là, j'allai voir ce qu'on appelle le trésor des Archives. C'est un grand bâtiment composé de plusieurs salles. On y conserve entre autres choses trente volumes in-fol. des ouvrages de Ligorio (Pirro), antiquaire napolitain, tous écrits de sa main, avec une quantité d'excellents dessins de toute espèce, aussi de sa main. Cet ouvrage roule presque en entier sur les médailles, les antiquités et la géographie ; c'est un travail immense ; mais la principale pièce qui se voit en cet endroit, c'est la fameuse table isiaque, de basalte. C'est un des plus fameux morceaux qui nous restent de la haute antiquité égyptienne. Elle est chargée d'hiéroglyphes, de figures égyptiennes relatives peut-être au culte d'Isis, peut-être à autre chose ; car que sait-on ? Ces figures étaient la plupart en argent incrusté dans la pierre. Il en manque aujourd'hui une grande partie. J'ai su toute l'histoire de ce monument, mais je l'ai oubliée, et ceux qui la montrent n'en savent pas un mot : tout ce dont je me souviens, c'est qu'elle était jadis à Mantoue, et que, dans une prise de cette ville, elle fut pillée par les soldats, à cause de l'incrustation d'argent qui était dessus, dont ils arrachèrent une partie. Elle a été perdue pendant longtemps, et je ne sais plus comment elle est revenue au roi de Sardaigne. Pignoria en a donné le dessin avec une longue et savante explication ; c'est un livre dont je vous conseille l'emplette, si vous ne l'avez pas. Avouez, monsieur le doux objet, qu'il faut que j'aie de la bonté de reste pour vous écrire de ces longues pancartes, tandis que vous me faites inutilement soupirer pour vos lettres depuis un siècle. Savez-vous bien que, dans la place que j'ai l'honneur d'occuper à la Tournelle, j'en ai vu mettre à la question qui ne vous valaient pas? Je crois que vous vous tenez pour atteint et convaincu d'être un fainéant du premier ordre; et vous savez si je suis disposé à l'indulgence, quand il s'agit du septième péché mortel. Cependant je veux bien encore préférer miséricorde à justice; mais, croyez-moi, le plus sûr pour vous est de vous mettre incessamment en état par une bonne longue réponse à Genève, où je vais actuellement voir s'il n'y aurait pas moyen de rendre les derniers devoirs à mon cher oncle, qui a manqué la plus belle occasion du monde d'entrer en paradis à la suite du saint-père. N'oubliez pas non plus, pour plus grande précaution, de vous faire promptement expédier des lettres de grâce par votre secrétaire Magnien, que j'aurai la bonté d'entériner à mon retour. Je ne vous fais pas le détail de tout ce que vous devez dire de ma part à nos amis et amies; vous savez cela sur le bout du doigt; mais il faut un chapitre particulier de ces jolies choses que vous savez si bien dire à nos charmantes petites dames, Bourbonne, Montot et Fontette. *Oh! che gusto* de les revoir après un an d'absence, et de parler du Capitole avec ce qu'on aime!

Adieu, mon roi, mes respects très-humbles à madame votre mère et à madame de Neuilly, que je compte trouver grosse d'un garçon. Prenez vos mesures, si cela n'est pas fait actuellement, et figurez-vous bien que, de nécessité nécessitante, il faut que dans le courant de l'année elle nous fasse un petit doux objet. Vous le voyez, vous avez beau ne rien valoir, j'ai beau en être convaincu, il y a toujours pour vous un tendre maudit qui me prend à la gorge et dont je ne puis me défaire.

FIN DU DEUXIÈME ET DERNIER VOLUME.

TABLE DES LETTRES

CONTENUES DANS LE TOME DEUXIÈME.

Pages.

XXXVI. A M. DE NEUILLY.—Lettre générale sur Rome. 1
XXXVII. A MM. DE BLANCEY ET DE NEUILLY.—Arrivée à Rome.—Idée générale de la ville.—Du genre de faste des Italiens.—Douanes............ 8
XXXVIII. A M. L'ABBÉ CORTOIS DE QUINCEY.—Finances.—Billets de banque.—Loterie, etc.......... 29
XXXIX. A M. DE QUINTIN.—Suite du séjour à Rome... 44
XL. A MM. DE TOURNAY ET DE NEUILLY.—Audiences du pape.—Visites au roi d'Angleterre, et autres............................ 79
XLI. A M. DE QUINTIN.—Suite du séjour à Rome.. 104
XLII. A M. L'ABBÉ CORTOIS DE QUINCEY.—Inquisition. —Puissance papale.—Népotisme.—Derniers papes de ce siècle.—Politique.—Nuit de Noël. —Tribunaux............................ 148
XLIII. A M. DE QUINTIN.—Suite du séjour à Rome... 170
XLIV. A MADAME CORTOIS DE QUINCEY. — Femmes. — Assemblées.—Conversations.............. 206
XLV. A M. DE QUINTIN.—Suite du séjour à Rome... 232
XLVI. A M. DE NEUILLY. — Poëtes épiques. — Antiquaires.—Bibliothèque Vaticane.—Père Fouquet, missionnaire à la Chine............. 264
XLVII. A M. DE QUINTIN.—Suite du séjour à Rome.— Fabriques de mosaïques.—Nouvelle invention pour remettre les peintures sur des toiles neuves............................... 283

XLVIII. A M. DE NEUILLY.—Gouvernement de Bourgogne donné à l'ambassadeur.—Maladie du pape.—Courses de chevaux.—Frascati.—Albano.—Tivoli 302
XLIX. A M. DE QUINTIN.—Suite du séjour à Rome... 326
L. A M. DE MALETESTE.—Spectacles.—Musique.. 343
LI. A M. L'ABBÉ CORTOIS DE QUINCEY.—Mort de Clément XII.—Obsèques.—Conclave...... 393
LII. A M. L'ABBÉ CORTOIS DE QUINCEY.—Suite du même sujet.—Élection de Benoît XIV...... 426
LIII. A M. DE NEUILLY.—Route de Rome à Modène.—Séjour à Modène 441
LIV. A M. DE NEUILLY.—Route de Modène à Milan. 471
LV. ET DERNIÈRE. A M. DE NEUILLY. — Route de Milan à Turin.—Séjour à Turin........... 486

FIN DE LA TABLE DU TOME DEUXIÈME ET DERNIER.

PARIS.—IMPRIMÉ CHEZ BONAVENTURE ET DUCESSOIS,
55, QUAI DES AUGUSTINS.

www.ingramcontent.com/pod-product-compliance
Lightning Source LLC
Chambersburg PA
CBHW071720230426
43670CB00008B/1075